Eugen Biser
Paulus

SERIE PIPER
Band 1477

Zu diesem Buch

Wie keine andere Gestalt des Christentums – sein Stifter ausgenommen – wirkt Paulus auf die Geschichte ein. Entscheidende Umbrüche und Paradigmenwechsel des christlichen Glaubens sind mit seinem Namen verbunden bis in die Gegenwart hinein. Eugen Biser geht es in diesem Buch um die innere Biographie des Apostels, um die Entstehung seiner religiösen Identität, seiner Spiritualität und seiner Botschaft. Gerade in der heutigen religiösen Situation läßt sich so ein neuer Paulus entdekken.

Eugen Biser, geboren 1918 in Oberbergen/Kaiserstuhl, Dr. phil., Dr. theol., war von 1974–1986 Inhaber des renommierten Guardini-Lehrstuhles für Christliche Weltanschauung und Religionsphilosophie an der Universität München und leitet seit 1987 das dortige Seniorenstudium.

Bei Piper erschienen: »Der Freund. Annäherungen an Jesus« (²1989).

Eugen Biser

PAULUS

Zeuge
Mystiker
Vordenker

Piper
München Zürich

Von Eugen Biser liegt in der Serie Piper außerdem vor:
Der Freund (981)

ISBN 3-492-11477-6
Originalausgabe
Juni 1992
© R. Piper GmbH & Co. KG, München 1992
Umschlag: Federico Luci,
unter Verwendung eines ravennatischen Mosaiks
Gesamtherstellung: Clausen & Bosse, Leck
Printed in Germany

DIÖZESANBISCHOF
DR. HERMANN JOSEF SPITAL
IN VEREHRUNG
UND DANKBARKEIT

Inhalt

Vorgespräch mit dem Leser

Für die Verständigung mit dem Leser gibt es ein unüberbietbares Modell in Gestalt des Urteils Jesu über Johannes den Täufer, das, aktualisiert, so wiedergegeben werden könnte: Was interessiert euch an Paulus? Seine vom Sturm wechselnder Einflüsse hin- und hergetriebene Gestalt? Oder der Glanz seiner Geistesgaben und seine Kunst, sich in jeder Situation zurechtzufinden und »allen alles zu sein«? Oder sucht ihr mehr? Fasziniert euch sein religiöses Ingenium? Wenn es das ist, dann erwarten euch Überraschungen größten Stils; denn – und damit kehrt die Paraphrase zu ihrer Grundform zurück – er ist der große Rufer in der Wüste des Unglaubens, mehr noch: der Engel, der dem Christentum den Weg in die Geschichte ebnete.

Doch das Interesse des religiös bewegten Lesers richtet sich heute nicht nur auf das Profil und die Lebensleistung des großen Protagonisten der Sache Jesu, sondern insgeheim auch auf das, was er in die Schatzkammer der Glaubenserfahrung einbrachte. Denn der großen Wende, die einen epochalen Umbruch der politischen Landschaft nach sich zog, ging eine noch kaum wahrgenommene Wende glaubensgeschichtlicher Art von vergleichbarer Größenordnung voran. Sie führte zu einer tiefgreifenden Umschichtung in der Glaubensbereitschaft des heutigen Menschen. Hatte sich diese bis weit über die Jahrhundertmitte hinaus, wie nicht zuletzt die sich in heftigen Diskussionen ergehende Kontroverstheologie bewies, in erster Linie an Argumente für die als »richtig« angenommenen Inhalte gebunden, so verlagerte sich das Interesse seither rapide auf den Erfahrungsbereich. Wie die Hochkonjunktur der Spiritualität gerade auch in ihren exotischen und esoterischen Randformen zeigt, hat sich der Glaubenswilligen ein regelrechter Erfahrungshunger bemächtigt. Die unausgesprochene Forderung heißt nicht mehr: Zeige mir die Gründe und argumentativen Stützen dessen, was ich glauben soll, sondern kürzer: Verhilf mir zur Erfahrung, und ich glaube!

Auf dieses Ansinnen geht das vorliegende Paulus-Buch ein. Im Gegensatz zu dem modischen Trend, die Lebensspur des Apostels nachzuzeichnen und womöglich neue Anlegeplätze seiner Seereisen ausfindig zu machen, tastet es sich in erster Linie in seine innere Werdegeschichte vor. Denn so dramatisch sich seine äußere Biographie darstellt – seine Wende vom Verfolger zum Apostel, sein Kampf um Anerkennung, sein Wagnis, den Bogen der Missionsarbeit über Kleinasien hinaus bis nach Griechenland und Rom zu spannen, dieses Leben voller Entbehrungen, Gefahren, Rückschläge und Siege –, noch faszinierender ist die Entstehung seiner religiösen Identität, seiner Innerlichkeit und seiner Botschaft, kurz, die Einbringung jenes »Schatzes« im zerbrechlichen Gefäß seiner angefochtenen Existenz, den er mit vollen Händen an seine Um- und Nachwelt verschenkte.

Denn wie keine andere Gestalt des Christentums, die seines Stifters ausgenommen, wirkt Paulus in die Geschichte hinein. Entscheidende Umbrüche und Paradigmenwechsel sind unwiderruflich mit seinem Namen verbunden. Davon macht die Gegenwart keine Ausnahme. Immer noch warten verborgene Impulse und programmatische Fragestellungen seiner Briefe darauf, ausfindig gemacht und in ihrer verblüffenden Aktualität verdeutlicht zu werden. Vor allem gilt es, gegen die immer noch nachwirkenden Verdrängungstendenzen seinen überragenden Rang als Osterzeuge und Apostel glaubhaft zu machen, gegen die Überbetonung seiner missionarischen Aktivität seine mystische Innenwelt zu erschließen und gegen die Bezweiflung seiner Gegenwartsnähe ihn als den noch immer nicht eingeholten Vordenker der Christenheit zu würdigen.

Dem steht freilich die unbestreitbare Tatsache entgegen, daß die Gegenwart trotz imponierender Forschungsleistungen in eine ausgesprochene Flaute der paulinischen Wirkungsgeschichte fällt. Der Satansbote, der bei Lebzeiten mit Fäusten auf ihn einschlug, um seine Tatkraft zu schwächen, tritt ihm heute in neuer Gestalt in den Weg. Doch erscheint er nicht etwa, wie ihm Paulus unterstellte, als verführerischer Lichtengel, sondern als der niederdrückende und lähmende Geist der Schwere, der neuerdings im kirchlichen Lebensraum Einzug hielt. Er verwandelt die lebendige, evozierende Botschaft in eine festgeschriebene Lehre, den Glauben in einen Akt geistiger Unterwerfung, die hilfreiche Weisung in ein starres Gesetz. Überdies baut er in Gestalt der Medienszene eine Lärmkulisse auf, in deren Stimmengewirr der Erweckungsruf des Apostels unterzugehen droht. Ihm im Gegenzug dazu nach Kräften Gehör zu verschaffen, ist das vordringliche Gebot der Zeit. Denn keine Gestalt der Christenheit leistet bei der von der gegenwärtigen Stunde geforderten Neuinterpretation des Evangeliums eine so wirksame Hilfe wie er, weil er dieselbe Aufgabe selbst auf beispielhafte Weise gelöst hat. Dies zu verdeutlichen und dadurch sein Mitspracherecht im Disput der Gegenwart glaubhaft zu machen, ist Sinn und Ziel dieser Darstellung.

I. Die Annäherung

Der Unzeitgemäße

Nach Angaben aus seiner Umgebung fühlte sich GUSTAV MAH-LER »dreifach heimatlos: als Böhme unter den Österreichern, als Österreicher unter den Deutschen und als Jude in der ganzen Welt«.[1] Durch eine vergleichbare Distanz ist auch Paulus dreifach beiseitegestellt und zum Fremdling geworden: durch seinen Christenglauben dem Judentum, durch seine Kreuzespredigt der rationalen Daseinsinterpretation und durch seinen Freiheitswillen jedem gedanklichen und sozialen Ordnungssystem. Das trug ihm den Bannfluch des Judentums ein, der erst durch die Buber-Schule von ihm genommen wurde; das macht ihn zum Vorzugsziel philosophischer Kritik, die in Nietzsche ihren Höhepunkt erreichte, und das zog sein innerkirchliches Schicksal nach sich, das fortwährend zwischen Integration und Distanzierung schwankte.

Ein Fremdling überall

Tatsächlich ist Paulus, der weder denkerisch noch kirchlich je ganz Integrierbare, als Traditionsbewahrer der Urheber entscheidender Innovationen, als Schöpfer der ersten ausgearbeiteten Theologie zugleich der leibhaftige Kontrapunkt dazu, als Garant der Einheit der sich weltweit ausdehnenden, Juden- und Heidenchristen umfassenden Kirche zugleich die Bezugsgestalt aller separatistischen und systemkritischen Bestrebungen, als die profilierteste Figur der jungen Kirche zugleich der Ungreifbare, dessen Umrisse sich letztlich im Dunkel verlieren. Zwar gab es zu allen Zeiten Integrationsversuche, die Paulus aus seiner Randposition herauszuholen und in die Mitte zu rücken suchten, radikale wie diejenigen, die mit Markion und Luther darauf ausgingen, dem Christentum insgesamt einen paulinischen Zuschnitt zu geben, oder gemäßigte, die mit Augustin oder Kierkegaard, Wesley oder Barth lediglich die Denkweise des Apostels intensiver zum Zug bringen wollten. Doch bewirkten sie allesamt das Gegenteil. Paulus blieb der von allen diesen Versuchen letztlich Uneingeholte, der Nichtidentische, Nichtintegrierbare, der »Stachel im Fleisch der Christenheit«, wie ihn die Untersuchung ERNST DASSMANNS über seine Rolle in der Frühpatristik, seine eigene Metapher gegen ihn wendend, bezeichnete.[2]

Es ist, als sollte der Apostel nicht nur seine gesamte Lebensgeschichte, sondern auch noch die Kirchengeschichte hindurch dafür büßen müssen, daß er als Außenseiter zur Gruppe der Altapostel stieß, dazu noch behaftet mit dem Makel, die junge Kirche mit einer Art frontenverkehrtem Renegateneifer verfolgt zu haben. Und es hat überdies den Anschein, als genügten weder seine ungeheure Arbeitsleistung noch seine überragenden Missionserfolge, noch nicht einmal seine für die Sache des Christentums ausgestandenen Leiden, diesen Schandfleck von ihm abzuwaschen.

Im Schußfeld der Kritik

Eine ans Absurde grenzende Beobachtung kommt hinzu: Während bei anderen eine Geste der Selbstverdemütigung als Erweis der Tugend gilt und in der Regel zum Anlaß wird, sie nur um so höher auf das Podest der Vorbildlichkeit zu stellen, bewirkt sie in seinem Fall das exakte Gegenteil. Nicht nur, daß die wiederholten Auskünfte über seine leiblichen und seelischen Gebrechen die Analytiker aller Schattierungen auf den Plan riefen, um bei ihm Inkompetenz (LAGARDE), Ressentiment (NIETZSCHE), Hysterie (WINDISCH) oder Epilepsie (ZIEGLER) zu diagnostizieren; nur zu bereitwillig folgte auch fast die gesamte Theologie der Selbstverkleinerung, mit der er

sich in sein zusammenfassendes Auferstehungszeugnis ein-
bringt (1 Kor 15,8), so daß seine Rolle als Osterzeuge in den
Hintergrund trat und seine Stellung als Apostel zumindest ins
Zwielicht geriet.

Doch handelte es sich dabei keineswegs um Blickverzerrun-
gen, die erst im Gefolge neuerer Polemik auftraten. Nach Ausweis des Selbstzeugnisses, das die Paulusbriefe spiegeln, hatte
es der Apostel von Anfang an schwer, sich in seinem ureigenen
Arbeitsfeld durchzusetzen und gegen ständige Kritik und Anfeindung zu behaupten. Was er als Denker gestaltete und als
Missionar bewirkte, kam unter einem anhaltenden Leidensdruck zustande. An diesem Tatbestand änderte sich auch in der
Folgezeit nichts. Zwar bekunden so wichtige Sprecher der jungen Christenheit wie Clemens Romanus, Ignatius von Antiochien und Polykarp von Smyrna die hohe Verehrung, die der
Apostel in der Frühzeit genoß.[3] Doch setzt fast gleichzeitig, wie
die Äußerung des Zweiten Petrusbriefs (3,15f.) erkennen läßt,
eine wachsende Distanzierung ein, die in der Folge dazu führt,
daß Paulus in breiten Kreisen über die Jahrzehnte hinweg totgeschwiegen wurde (BORNKAMM) und daß ihm insbesondere
Kleinasien, dem der Einsatz seiner ganzen Lebenskraft gegolten hatte, mit dem Kirchenhistoriker KARL HOLL gesprochen,
»mit dem schwärzesten Undank« lohnte.[4]

Die spätapostolische Bemerkung über den »lieben Bruder«
Paulus, dessen schwer verständliche Briefe von »ungebildeten
und ungefestigten Leuten« mißdeutet werden, fällt um so
schwerer ins Gewicht, als sie im Zusammenhang mit dem Glaubensverständnis steht, das aus der Überwindung des großen
Grabenbruchs, den der Tod der Altapostel und die Parusieverzögerung nach sich zogen, hervorgegangen war. Mit seinem
Verlangen nach einer klar umschriebenen, lehr- und tradierba-
ren Doktrin ließ sich der heiße Atem, der die Paulusbriefe
durchweht, kaum vereinbaren. Seiner Botschaft konnten zwar
Impulse, jedoch keine festen Strukturen entnommen werden.
Das mag in radikaleren Kreisen, die sich weniger Zurückhaltung auferlegten, dazu geführt haben, daß man ihn nicht nur
zum Gegenspieler des Petrus – und damit des Ordnungs- und
Stabilitätsinteresses – stilisierte, sondern, wie vor allem in den

Pseudo-Clementinen, geradezu in die Ecke der Ketzerei verwies.[5]

Indessen wurde die Stellung des Apostels nicht nur durch diese halboffene oder offene Kritik angefochten. Ungleich folgenschwerer wirkten sich die Versuche aus, ihn auf die Linie der nachpaulinischen Lehre zu bringen und ihn damit in das Ordnungssystem zu integrieren, mit dem die junge Kirche die Doppelkrise überwand und ihre Geschichtsfähigkeit bewies. Das eine geschah in dem von der Apostelgeschichte entworfenen Paulusbild, das die Selbsteinschätzung des Apostels an entscheidenden Stellen retuschierte, das andere durch die Pastoralbriefe, die, gestützt auf seine fingierte Autorität und den – im Stil der antiken Pseudepigraphie ausgespielten – Namen, seinem Umgang mit den Gemeinden bereits die spätere Kirchenordnung unterstellten. Brachte das Verfahren der Apostelbriefe Paulus in den Anschein, sich mit zunehmendem Alter der Sache der Stabilität verschrieben zu haben, so daß seine Gestalt eine irritierende Schlagseite zum Hierarchisch-Institutionellen hin bekam, so hatte die lukanische Darstellung in der Apostelgeschichte noch ungleich gravierendere Folgen. Lief sie doch – bei aller Würdigung der unvergleichlichen Missionsleistung – auf eine Halbierung des paulinischen Selbstverständnisses hinaus. Wie ist dem zu begegnen?

Der antwortende Zeuge

Die Antwort kann nur im Rückgang auf Paulus, im Grunde nur von ihm selbst gegeben werden. Doch stehen dem erhebliche Hindernisse aus dem Methodenbereich entgegen. Sie bestehen in einer frömmigkeitsgeschichlich motivierten Voreingenommenheit gegenüber konfessorischen, von subjektiven Erfahrungen eingegebenen Äußerungen, die sich am krassesten in dem Bultmann-Satz bekunden: »Wie es in Jesu Herzen ausgesehen hat, weiß ich nicht und will ich nicht wissen«.[6] Dem entspricht die Tendenz der historischen Kritik, die Verfasser der biblischen Schriften auf den Rang vom Sammlern und Redaktoren herabzustufen.

Nun ist der seine Leser oft geradezu »anspringende« Paulus diesem Methodenzwang kaum zu unterwerfen. Daß sich aber das Problem der Reduktion auch für ihn stellt, hängt mit der Verunklärung des Verfasserbildes zusammen, die sich aus der unkritischen Rezeption seiner Briefe ergab. Jahrhundertelang galt der Hebräerbrief als Werk des Apostels, obwohl er sich nach Stil und Inhalt tiefgreifend von den echten Paulusbriefen unterscheidet. Das führte dazu, daß sich infolge der Zuordnung dieser – im Stil eines kerygmatischen Lehrschreibens gehaltenen – Abhandlung zu den originären Paulusbriefen der Briefstil verdunkelte und die sich aus ihm ergebenden Auskünfte verkannt wurden. Gleichzeitig wurde die individuelle Identifizierung des Apostels durch den Umstand erschwert, daß die Pseudonymität der Pastoralbriefe erst spät erkannt und Paulus dadurch weithin mit den unbekannten Verfassern gleichgesetzt wurde, die sich seiner Sprache und Diktion auf imitatorische Weise bedienten, um unter seiner Maske die Probleme einer ihm ferngerückten Spätzeit zu verhandeln. So baute sich jenseits der frömmigkeitsgeschichtlich motivierten Voreingenommenheit eine zweite, rezeptionsgeschichtlich begründete auf, die das Vernehmen des paulinischen »Originaltons« erschwerte.

Auf jeden anderen hätten sich diese irritierenden Umstände verhängnisvoll ausgewirkt. Die Überlegenheit des Apostels besteht aber gerade darin, daß er sich gegenüber diesen Vorbehalten und Restriktionen als resistent erweist. Zwar verbirgt sich hinter der von der neueren Paulusforschung geübten Zurückhaltung gegenüber dem »Enthusiasten« und »Ekstatiker« etwas von der Art des Bultmannschen Vetos, das sich den Einblick in die Herzenstiefe des interpretierten Autors verbietet. Doch beweist die weit verbreitete Neigung, die innere Biographie des Autors hinter seinem Werk, sei es die Missionsleistung oder die Theologie, verschwinden zu lassen, daß auch das Veto der historischen Kritik an der Paulusforschung nicht spurlos vorüberging. Indessen ist selbst die objektive Aussage des Apostels so sehr von seinem persönlichen Engagement durchglüht, daß das, was an ihr Sachcharakter hat, ohne daß es sich verhindern ließe, auf seine Subjektivität zurückverweist. Doch Paulus setzt sich nicht nur mit seinem personalen Eigenprofil gegen alle methodischen Zwänge und Vorbehalte durch; er fordert auch in aller Form zum Dialog mit sich heraus. Daher verbaut man sich den wichtigsten Zugang zu ihm, wenn man auf diese Herausforderung nicht eingeht. Worin besteht sie?

Zur Antwort provoziert

Die Antwort ergibt sich aus einer der zahlreichen Paradoxien, die das Bild des Apostels bestimmen. Auf eine Kurzformel gebracht, besagt sie: Paulus fordert deshalb zum Gespräch mit sich heraus, weil er selbst ein Herausgeforderter ist. Wie sehr das Herausgefordertsein für ihn den Regelfall bildet, zeigt die unterschiedliche Veranlassung und Anlage seiner Briefe. Während er im Römerbrief, der großen Ausnahme von der Regel, auf dem Weg über eine feierliche Einleitung sich an die ihm unbekannten Adressaten herantastet, fällt er im Galaterbrief, dem extremen Gegenbeispiel, förmlich mit der Tür ins Haus. Ohne sich mit den bei ihm sonst üblichen Eingangswendungen aufzuhalten, schlägt er unverzüglich den erregten Grundton an, auf den das gesamte Schreiben abgestimmt ist:

> Ich wundere mich doch sehr, daß ihr euch so schnell von dem abwendet, der euch durch die Gnade Christi berufen hat, und daß ihr euch einem anderen Evangelium zuwendet. Aber es gibt kein anderes Evangelium, es gibt nur einige, die euch verwirren und das Evangelium Christi verfälschen wollen (1,6f.).[7]

Demgegenüber sind es im Ersten Korintherbrief Informationen von Vertretern der Gemeinde (1,11; 5,1; 6,1; 16,12; 16,17f.) und deren schriftlich eingebrachten Anfragen (7,1; 8,1; 12,1; 16,1), die ihm Anlaß zu seinen Reaktionen und Überreaktionen – wie insbesondere im Fall des »Blutschänders« (5,1–11) – geben. Den Gegenpol der möglichen Veran-

24

lassungen bildet der Philemonbrief. Entsprechend unterschiedlich stellt sich in diesem Fall dann auch das Herausgefordertsein des Apostels dar. Sind es sonst meist Sorgen und Probleme, die Paulus zur Abfassung seiner Briefe bewegen, so gibt ihm hier ein unverhoffter Vorfall in seiner – vermutlich ephesinischen – Gefangenschaft den Anlaß dazu. In seiner Ratlosigkeit hat sich der entlaufene Sklave Onesimus bei ihm Zutritt zu verschaffen gewußt, um bei ihm, dem Gefangenen, Hilfe zu suchen. Dem außerordentlichen Anlaß entspricht das innere Format des Schreibens, das im Grunde nur als Begleit- und Schutzbrief für das »auf Herzenstafeln aus Fleisch« geschriebene Original (2 Kor 3,3) in Gestalt des von Paulus an seinen Herrn zurückgeschickten Überbringers gedacht ist: der Appell eines Hochherzigen an die erhoffte Hochherzigkeit des Adressaten, dem er diesen einzig erhalten gebliebenen Privatbrief durch den straffällig gewordenen Sklaven in der Zuversicht überbringen läßt, daß er ihn aufnehmen werde wie ihn selbst, ja wie sein »eigenes Herz« (12).[8] Einem vergleichbaren, wenn auch weniger dramatischen Anlaß verdankt auch der Philipperbrief seine Entstehung.[9]

Der Beweggrund

Indessen bezeichnen diese »Provokationen« lediglich die konkreten Anstöße, nicht aber den innersten Beweggrund, der zur Abfassung des Briefwerks führte. Daß diese Anstöße den kreativen Prozeß in Paulus auslösten, erklärt sich daraus, daß sie auf ein vorgängiges Ergriffensein auftreffen. Vor jeder anderen Veranlassung untersteht er einem inneren Anruf, der ihn zur Rückäußerung bewegt. Mit Worten, die an die Konfessionen des Propheten Jeremia erinnern, spricht er im Ersten Korintherbrief von dem Zwang, der auf ihm laste und ihn zur Verkündigung des Evangeliums nötige (9,16). So erscheint Paulus gleichzeitig von innen und außen, grundsätzlich und okkasionell, zur Äußerung bewogen. Das verleiht dieser eine Dringlichkeit, die signifikant über den Status der rein sachlichen Aussage hinausgeht. Rezeptionstheoretisch könnte man sagen, daß in den

Paulustexten der Autor präsenter ist als im Normalfall. Er steht auf Abruf bereit. Was der Erste Petrusbrief zur allgemeinen Forderung erhebt: »Seid jederzeit bereit, euch einem jeden gegenüber zu verantworten, der Rechenschaft über eure Glaubenszuversicht verlangt« (3,15), ist bei Paulus zur persönlichen Maxime geworden. Er ist der antwortende, sich verantwortende, jederzeit zur Selbstverantwortung bereite Zeuge. Und schon ein erster Durchblick durch seine literarische Hinterlassenschaft zeigt, wo sich diese grundsätzliche Bereitschaft mit besonderen Präferenzen verbindet, worauf sich also der Drang zur Selbstverantwortung konzentriert. Wie aber verhält es sich mit dieser Hinterlassenschaft und den sonstigen Quellen über sein Leben und Wirken?

Quellenlage und Diskussionsstand

Zu den Spitzenleistungen der exegetischen Forschung gehört die Klärung der Quellenfrage, die sich bei der Annäherung an Paulus stellt.[10] Sie vollzog sich in drei Stufen. Relativ einfach gestaltete sich die Scheidung der authentischen Quellen von den apokryphen, obwohl den *Paulusakten*, wenn man von dem indirekten Hinweis der Apostelgeschichte (14,12) absieht, die einzige Auskunft über die äußere Erscheinung des Apostels zu entnehmen ist. Von seinem Gastgeber wird berichtet:

> Er sah aber Paulus daherkommen, einen Mann klein von Gestalt, mit kahlem Kopf und krummen Beinen, in edler Haltung, mit zusammengewachsenen Augenbrauen und etwas hervorspringender Nase, voller Freundlichkeit; denn bald erschien er wie ein Mensch, bald hatte er das Antlitz eines Engels.[11]

Vor größere Schwierigkeiten sah sich unter dem Druck der nachwirkenden Pauschalrezeption dagegen die Ausgrenzung der originären von den sekundären pseudoepigraphischen Paulusschriften gestellt. Doch herrscht hier, bis auf wenige Verteidiger fundamentalistischer Rückzugspositionen, nicht nur weitgehender Konsens hinsichtlich der echten Paulusbriefe – außer dem Römer-, Galater-, Philipper- und Philemonbrief die beiden Korintherbriefe –, sondern auch in der Frage der unterschiedlichen Wertung der Restgruppe. Während die durch den Kolosser- und Epheserbrief vertretene Paulusschule Intuitionen und Gedanken des Apostels fortzubilden sucht, wird Paulus in den Pastoralbriefen umgekehrt dem Lehr- und Ordnungskonzept der Folgezeit unterworfen oder doch als Autorität dafür in Anspruch genommen. Das erste verdeutlicht etwa der das Motiv der »Neuschöpfung« (Gal 6,15) fortentwickelnde Christushymnus des Kolosserbriefs (1,15–20). Denn Paulus versichert: »Wenn einer in Christus ist, dann ist er eine neue Schöpfung. Das Alte ist vergangen; Neues ist geworden« (2 Kor 5,17), während der Verfasser des Kolosserbriefs diesen Gedanken in kosmische Dimensionen weitet und gleichzeitig auf seinen christologischen Sinngrund zurückführt:

> Alles wurde in ihm geschaffen, was im Himmel und auf Erden ist, das Sichtbare und das Unsichtbare, ob Throne, Mächte, Herrschaften oder Gewalten: alles ist durch ihn und zu ihm hin geschaffen; er ist vor allem, und das All hat in ihm Bestand (Kol 1,16 f.).

Demgegenüber erweisen sich die Pastoralbriefe eindeutig als das Werk der Epigonen. Ihnen ist Paulus in erster Linie der mit dem »Siegeskranz der Gerechtigkeit« gekrönte »Herold« der Heilsbotschaft (2 Tim 1,11; 4,8), dem es nachzueifern gilt, wenn im christlichen Wettkampf der Siegeskranz gewonnen werden soll (2,5). Und er ist zugleich, kaum weniger deutlich, der Garant der »gesunden Lehre« (4,3), die allein vor dem »Schiffbruch im Glauben« bewahrt (1 Tim 1,19). Hier wird die

Dynamik des paulinischen Gedankens definitiv von einem zunehmenden Stabilitätsinteresse überlagert. Gleichzeitig vollzog sich eine geistige Frontenverkehrung. Während Paulus darauf ausgeht, jeden Gedanken der Herrschaft Christi zu unterwerfen (2 Kor 10,4f.), geht es jetzt vordringlich darum, die Reinheit der Lehre vor dem Eindringen irriger Meinungen, vorwiegend frühgnostischer Art, zu bewahren.

Das lukanische Paulusbild

Während das Werk der Quellenscheidung im Bereich der Briefliteratur als abgeschlossen gelten kann, ist die Frage nach dem Quellenwert der Apostelgeschichte noch immer im Fluß.[12] Durchgesetzt hat sich freilich eine vorwiegend kritische, zumindest aber zurückhaltende Einschätzung. So wenig an einem Grundbestand von historischen Daten zu zweifeln ist, die in das Paulusbild der Apostelgeschichte eingewoben sind, steht doch nicht minder fest, daß sein Gestalter dabei im Sinne antiker Geschichtsschreibung verfuhr und überdies seinen Helden in einen heilsgeschichtlichen Gesamtzusammenhang zu bringen suchte. Dem einen entspricht sein souveräner Umgang mit den Fakten und die freie Komposition der Paulus in den Mund gelegten Reden; dem andern seine durchgängige Tendenz zur symbolischen Überhöhung, nicht zuletzt auch in Gestalt von dramatischen Szenen, bei denen er wiederholt auf mythische und legendarische Traditionen zurückgreift. Ausgeschlossen hat sich von dieser Wertung lediglich das Paulusbild des religiösen Tourismus, der an der Historizität der lukanischen Angaben durchweg festhält, um in Paulus einen kleinasiatischen Reiseführer zu gewinnen.[13]

Was die Apostelgeschichte entwirft, ist ein von Bewunderung getragenes und zudem kunstvoll gestaltetes Bild des von Gott berufenen, durch die Altapostel anerkannten und durch eine Reihe spektakulärer Wundertaten zum Leuchten gebrachtes Bild des Heidenapostels, der im Verlauf von wenigen Jahren Kleinasien für den Christenglauben gewinnt und schließlich sogar, wenngleich als Gefangener, die Metropole Rom erreicht. Indessen fallen auf dieses Heiligenbild schon dadurch erhebliche Schatten, daß die Angaben wiederholt den Auskünften der Paulusbriefe widersprechen und daß der Gestalter weder von diesen noch von der paulinischen Theologie Kenntnis nimmt.[14] Weit schwerer noch fällt jedoch die Tatsache ins Gewicht, daß die Apostelgeschichte Paulus »Rang und Namen eines Apostels« konsequent versagt (BORNKAMM) und zudem der von ihr dreimal erzählten Damaskusvision gerade die Bedeutung abspricht, an der für Paulus selbst alles gelegen ist. Denn die lukanische Chronologie verwehrt es ihm, sich im Sinne seiner dezidierten Selbstaussage den zu Aposteln bestellten Osterzeugen zuzuordnen. Man übertreibt also nicht mit der Behauptung, daß die Apostelgeschichte Paulus – wenngleich nicht in herabsetzender Absicht, sondern aufgrund ihrer ekklesialen Sehweise – das apostolische Erstgeburtsrecht aberkennt. Obwohl dieser Tatbestand in der neueren Forschung kaum noch strittig ist, zögert diese doch, vermutlich infolge der immer noch nachwirkenden lukanischen Optik, dem Apostel in sein eindeutiges Selbstverständnis zu folgen. »Wir tun gut daran«, meint BORNKAMM, »den Lichtkegel seiner eigenen Aussagen nicht phantasierend zu überschreiten und uns von dem ablenken zu lassen, was ihm selbst wesentlich ist«.[15] Weit übler verhielte man sich jedoch, wenn man sich mit der Registrierung dessen begnügen würde, worauf dieser »Lichtkegel« fällt, und sich aus theologischer Voreingenommenheit davon abhalten ließe, den Blick zu dem zu erheben, was sich in und mit ihm mitteilt. Doch gerade das ist in der neueren Paulusliteratur weithin der Fall.

»Paulus scheint ein Mensch gewesen zu sein«, urteilte ROMANO GUARDINI, »der Schweres anzog. Sein Wesen war so, daß er die Widerstände und Widersprüche des Daseins zu voller Schärfe hervortrieb; sein ganzer Lebensgang zeigt es«.[16] Im Anschluß an eine christologische Aussage des Hebräerbriefs (12,3) könnte man dem eine Wendung ins Appellative geben und zu einer Betrachtung des Apostels einladen, sofern dieser aufgrund seiner Wesensstruktur den »Widerspruch der Geister« auf sich zieht. Damit käme in erster Linie sein Verhältnis zur Philosophie in den Blick. Zwar beginnt dieses affirmativ, nachdem HEGEL den Sinn der Geschichte mit dem »Fortschritt im Bewußtsein der Freiheit« gleichsetzte und den entscheidenden Anstoß dazu in der christlichen Heilsbotschaft erblickte.[17] Dieses Urteil konnte sich nur auf die Sicht dessen beziehen, der, wenn ihm die Aufgabe zugefallen wäre, den Eingangssatz des Johannesevangeliums in die Aussage »Im Anfang war die Freiheit« abgewandelt hätte.

Widerspruch und Engführung

Um so heftiger bricht in der Folgezeit der Sturm gegen Paulus los. Aber hatte Paulus, so wird man ergänzend fragen müssen, mit seiner Polemik gegen die »Weltweisheit« nicht selbst den Wind gesät, der ihm diese stürmische Ernte einbrachte? Schon PAUL DE LAGARDE führte die verhängnisvolle Entwicklung des Christentums darauf zurück, daß ein »völlig Unberufener« Einfluß auf die Kirche erhielt.[18] Das hatte KIERKEGAARD mit der Behauptung vorweggenommen, daß die paulinische Theologie den wahren Glauben von Grund auf verändert und kraftlos gemacht habe. In der Folge vergröberte das PAUL HÄBERLIN noch zu der These von der »dämonischen Unchristlichkeit der paulinischen Lehre«.[19] Dabei befand er sich in der Rückendeckung durch NIETZSCHE, dessen antichristlicher Affekt sich am vehementesten an Paulus entlud: In und mit ihm folgte der frohen Botschaft Jesu »die allerschlimmste« auf dem Fuße; denn dieses »Genie im Haß« habe den Erlöser erst wirklich ans Kreuz geschlagen: an das Kreuz seiner ressentimenterfüllten, lebensfeindlichen Lehre.[20] In diesen Chor stimmt schließlich FREUD mit der Bemerkung ein, daß Paulus dadurch, daß er die »allgemeine Menschenliebe zum Fundament seiner christlichen Gemeinde« erhob, die »äußerste Intoleranz des Christentums gegen die draußen Verbliebenen« heraufbeschworen habe.[21]

Angesichts der engen Wechselwirkung von Philosophie und theologischer Forschung wäre es höchst unwahrscheinlich, wenn die philosophische Pauluskritik nicht auf diese durchschlagen würde. Damit ist freilich nicht in Abrede gestellt, daß

sie primär dem Einfluß innertheologischer und glaubensgeschichtlicher Vorgänge unterliegt. Doch fällt immerhin auf,
daß annähernd gleichzeitig mit dem Anschwellen der antipaulinischen Stimmen die Rückwendung von Paulus zu Jesus an
Boden gewann. Auch im theologischen Raum mehrten sich die
Äußerungen, die ein Übergewicht des paulinischen Elements
registrierten, die etwa mit ADOLF VON HARNACK die Identität
der paulinischen Theologie mit dem ursprünglichen Evangelium bezweifeln und die mit OSKAR PFISTER insbesondere der
Reformation vorwarfen, mehr auf Paulus als auf die echte Botschaft Jesu zurückgegriffen zu haben.[22] Im Blick auf diese Entwicklung konnte mit Fug und Recht gefragt werden: »Geht das
paulinische Christentum zu Ende?«[23]

Vom Anbruch der »paulinischen Stunde« hatte demgegenüber MARTIN BUBER in seiner Kampfschrift ›Zwei Glaubensweisen‹ (von 1950) gesprochen, wenngleich in der Absicht,
dem Christentum dadurch die Ursache seiner abkünftigen
Glaubensweise vor Augen zu führen und es zur Besinnung auf
seine jüdischen Quellen zu nötigen.[24] Doch damit war bereits
das Eis der jahrhundertelangen Verhärtung gebrochen, die das
jüdisch-christliche »Paulusgespräch« blockiert hatte. Primär
ging es dabei aber nicht um Paulus, sondern um Jesus, in welchem Buber, wegweisend für eine umfassende Neuorientierung, seinen »Bruder« entdeckte und damit für die jüdische
Glaubensgeschichte in Anspruch zu nehmen suchte. Mit diesem jüdischen Beitrag zur »glaubensgeschichtlichen Wende«,
die in ihrem Zentrum zu einer Neuentdeckung Jesu führte, trat
dann aber auch die Gestalt des Apostels in eine positivere Beleuchtung. Sicher ist es kein Zufall, daß gleichzeitig mit der
Fülle von Jesusbüchern, die den Eintritt der Wende signalisier-
ten, eine Reihe von Paulusbüchern erschien, die auf die Aufhebung des über ihn verhängten Verdikts hinwirkten: nach dem
Werk von OTTO KUSS (von 1970) die bedeutsame Monogra-
phie von GÜNTHER BORNKAMM (von 1972) und noch im selben
Jahr das erstaunliche Buch des Buber-Schülers BEN-CHORIN,
das den »Völkerapostel in jüdischer Sicht« würdigte. So kam
für diesen die Wende – ebenso überraschend wie folgerichtig –
nicht zuletzt durch Beiträge von jüdischer Seite: überraschend,

sofern er jahrhundertelang als Vorzugsfeind gegolten hatte; folgerichtig, sofern er sich nach eigenem Geständnis in »unaufhörlichem Schmerz« für das Heil seines Volkes verzehrte (Röm 9,2).[25]

Freilich hatte diese »Rettung« ihren nicht unerheblichen Preis. Denn Paulus geriet im Zug der seitherigen Forschung überwiegend in die Perspektive der Rechtfertigungslehre, die sich biblisch aus der jesajanischen Vorstellung von einem stellvertretenden Sühneleiden (Jes 53,4f.) und religionsgeschichtlich aus dem angstbesetzten Bedürfnis nach Versöhnung der erzürnten Gottheit herleitet. Nachdem EBERHARD JÜNGEL sie zur unerläßlichen Voraussetzung dafür erklärte, daß die Bestimmung der Theologie als »Rede von Gott« überhaupt aufrechterhalten werden kann, stieß OTFRIED HOFIUS neuerdings mit der speziellen Behauptung nach, daß sie als die »konsequente Entfaltung« der von Paulus entwickelten Christologie und Soteriologie und damit des Zentrums seiner Theologie zu gelten habe.[26] Auf dieser Spur bewegt sich dann auch, wenngleich zurückhaltender als andere Autoren, das dem »Apostel der Völker« gewidmete Paulusbuch von JÜRGEN BECKER, das wesentliche Teile des paulinischen Schrifttums insgesamt, beginnend mit dem Galaterbrief als »ältestem Zeugnis«, auf die Linie der Rechtfertigungslehre zu bringen sucht.[27]

Der Gegenzug

Offensichtlich war die Überzeugung, mit dieser Paulusinterpretation die Rückendeckung der »reformatorischen Theologie« (HOFIUS) zu besitzen, so ausgeprägt, daß die bekannte Einrede ALBERT SCHWEITZERS, wonach die Rechtfertigungslehre lediglich einen »Nebenkrater« im Ganzen der paulinischen Soteriologie bilde, ungehört verhallte, zu schweigen von der nicht mehr zu übersehenden Tatsache, daß der eklatante Schwund des Sündenbewußtseins einem darauf abgestellten Christenglauben den Boden entzieht.[28] Zwar kann das Kriterium der Effizienz über Recht und Unrecht dieser Paulusinterpretation nicht entscheiden; doch verweist es nach Art eines

Fingerzeigs auf ein Defizit, das die Einschätzung des »paulinischen Ausgangspunktes«, der Damaskusvision, betrifft. Sie gewinnt in den angesprochenen Deutungen, selbst in den sachlich richtig referierenden, nirgendwo den Stellenwert, der ihr nach der Selbsteinschätzung des Apostels zukommt. BORNKAMM verwirft sogar in aller Form den Gedanken, daß Paulus »jenem einmaligen Erlebnis vor Damaskus den Inhalt seiner ganzen weiteren Verkündigung entnommen« und daraus überdies die Legitimation seiner Sendung abgeleitet habe.[29] Hier aber kam, so erstaunlich es klingt, die jüdische Paulusdeutung dem Apostel zum zweiten Mal zu Hilfe. Mit einer in der christlichen Literatur nur selten erreichten Klarheit trat BEN-CHORIN für den überragenden Rang der Damaskusvision ein, der für ihn darin besteht, daß sich der Apostel »als Ort« der an ihn ergangenen Theophanie empfindet; dem fügt er hinzu:

> Rückblickend läßt sich sagen, daß, was immer sich auch in Jerusalem und Galiläa nach dem Kreuzestode des Jesus von Nazareth im Kreise der Seinen ereignet haben mag, Episode geblieben wäre . . ., wenn nicht die Erscheinung des Auferstandenen dem Paulus von Damaskus zuteil geworden wäre.[30]

Das künftige Schicksal der Paulusforschung wird von der Annahme dieser – inzwischen von CHRISTIAN DIETZFELBINGER mit programmatischem Nachdruck herausgestellten – Erkenntnis abhängen.[31] Denn nur eine zulängliche Einschätzung dessen, worauf der Apostel ebenso seine Sendung wie seine Botschaft zurückbezieht, wird verhindern, daß seine Gestalt in die zeitgeschichtlichen Verhältnisse der kirchlichen Anfänge eingeebnet wird, und – im Gegenzug dazu – erkennen lassen, daß seiner Position paradigmatische Bedeutung zukommt. Denn Paulus hat das Christenum nicht nur über die räumlichen Grenzen seines Ursprungs hinausgeführt; er hat auch in zeitgeschichtlicher Hinsicht »Vorarbeit« geleistet. Noch immer wurden die Probleme der Christenheit mit seiner Hilfe, wenn nicht gelöst, so doch in Angriff genommen. Das gilt erst recht für die Probleme des gegenwärtigen Um- und Aufbruchs. Dem muß eine Paulusforschung, die ebenso dem Anruf der Zeit wie der zu verhandelnden Sache gerecht werden will, nach besten Kräften zu entsprechen suchen.

Der Standpunkt

In der modernen Rezeptionstheorie hat der Begriff des »impliziten Lesers« einen festen Platz gewonnen, nachdem klargeworden ist, daß ein Text immer erst in der Interaktion mit dem Leser seine volle Realität gewinnt. »Dort also«, bemerkt WOLFGANG ISER verdeutlichend, »wo Text und Leser zur Konvergenz gelangen, liegt der Ort des literarischen Werks, und dieser hat zwangsläufig einen virtuellen Charakter, da er weder auf die Realität des Textes noch auf die den Leser kennzeichnenden Dispositionen reduziert wird«.[32] Gemeint ist mit dem Begriff des impliziten Lesers näherhin die Summe der für ein adäquates Textverständnis erforderlichen Rezeptionsbedingungen. Dem entspricht die sich vielfach bestätigende Tatsache, daß die Werke der hohen Literatur diese Bedingungen schon von sich aus benennen, nicht selten in Form von bildhaften Konfigurationen. Angesichts seines hohen Reflexionsgrades ist es nicht verwunderlich, daß die Suche nach derartigen Erschließungsfiguren innerbiblisch gerade im paulinischen Briefwerk und im Johannesevangelium fündig wird.

Der Vorzugsjünger

Angesprochen ist damit die – eindeutig als fiktiv charakterisierte – Gestalt des Vorzugsjüngers im Johannesevangelium, die im ursprünglichen Text des Evangeliums dreifach – bei der Entlarvung des Verräters (13,21–30), mit Maria unter dem Kreuz (19,25 ff.) und schließlich mit Petrus im Wettlauf zum Grab (20,1–10) – eingeführt wird.[33] Nach den Hinweisen am Schluß der Kreuzigungsszene (19,35) und im Epilog des Evangeliums (21,24) dient die Figur des Vorzugsjüngers in erster Linie der Beglaubigung der Zeugenschaft des Verfassers, zumindest hinsichtlich der auf eine »relecture« zurückgehenden Teile des Evangeliums. Insbesondere bezieht sich diese Zeugenschaft auf die ausgedehnten Redestücke, die als Worte des Erhöhten stilisiert sind und deswegen geradezu nach einem Bescheid über ihre Herkunft schreien. In Form einer Konfiguration »antwortet« darauf die Figur des Jüngers, der wie der am Herzen des Vaters ruhende »Eingeborene« (1,18) beim letzten Mahl seinen Platz an der Brust Jesu einnimmt (13,23).[34]

Damit ist eine funktionale Deutung jedoch keineswegs ausgeschlossen. Ihr zufolge spiegelt sich in der Figur des Vorzugsjüngers der vom Evangelium geforderte Leser, der seine Qualifikation dadurch beweist, daß er an der Herzensnot des Verratenen durch seine Frage teilnimmt, daß er den Anruf des Gekreuzigten vernimmt und daß er sich nicht erst durch Selbsterweise des Verherrlichten, sondern schon durch Spuren und Relikte zum Glauben an seine Auferstehung bewegen läßt. In Erinnerung an ein Wort aus dem Gespräch mit der Samariterin (4,23) könnte man sagen: Solche Leser sucht das Evangelium!

Der Anschluß

Zum Anschluß an Paulus hilft eine – wenngleich gewagte – Hypothese. Zweifellos sind in die Figur des Vorzugsjüngers unterschiedliche Züge eingetragen, vielleicht wurden bei ihrer Entstehung sogar mehrere »Modelle« übereinander geschichtet. Wenn das Evangelium seine abschließende Fassung in einer Region erhielt, die Paulus (in Röm 15,23) als sein »Arbeitsfeld« reklamierte, wäre zu erwägen, ob dabei nicht auch Erinnerungen an den großen »Vorarbeiter« einflossen. Immerhin entspricht der Einführung des Vorzugsjüngers beim letzten Mahl die Unterweisung darüber im Ersten Korintherbrief (11,23–26), der Kreuzigungsszene der staurologische Schwerpunkt der paulinischen Theologie – »nichts anderes als Jesus Christus und er als der Gekreuzigte« (1 Kor 2,2) –, dem Wettlauf zum Grab die antiochenische Kontroverse, zumal sich diese letztlich auf die Konsequenzen des Auferstehungsglaubens beziehen.[35]

Doch stellt sich auch unabhängig von dieser Hypothese die Frage nach einer paulinischen Entsprechung. Angesichts der ausgesprochen mystischen Denkweise des Apostels, der sich zu seinen Aktivitäten von Gott »ermächtigt«, in den Erweisen seiner Liebe von Gott geliebt und in seinen Erkenntnissen von Gott erkannt weiß, ist freilich mit keiner Figur im Sinn des johanneischen Modells zu rechnen. An deren Stelle tritt das innerste Prinzip aller »Hermeneutik« (1 Kor 12,10), der Gottesgeist, der den Reichtum der Charismen bewirkt und ihre Äußerungen deutet, so wie er in seinem Seufzen selbst von Gott verstanden wird (Röm 8,26).

Zur Figur des »inwendigen Lehrers« verdichtet sich das dann schließlich bei AUGUSTIN, der seinen jugendlichen Gesprächspartner Adeodat von diesem am Schluß des Dialogs ›De Magistro‹ sagen läßt:

> Ich habe durch das, was mir deine Worte zu verstehen gaben, gelernt, daß der Mensch durch die Worte immer nur zur Belehrung angeregt wird, da die Sprache nur einen kleinen Teil von dem zu enthüllen vermag, was sich der Sprechende denkt. Klargeworden ist mir insbesondere, daß dann, wenn ein Lehrer etwas Wahres sagt, derjenige allein uns belehrt, der uns durch die äußeren Worte von seiner Anwesenheit in unserm Innern benachrichtigt.[36]

Der innere Brief

Bei Paulus entspricht dem – vermutlich aufgrund einer vergleichbaren Interessenlage – die Vorstellung von einem inneren, »auf fleischernen Herzenstafeln« geschriebenen Brief, die der Zweite Korintherbrief in zweifacher Abwandlung – zunächst als den ihm selbst »ins Herz geschriebenen« (3,2), sodann als den von ihm in Gestalt seiner Adressaten »ausgestellten« Brief Christi (3,3) – entwickelt:

> Unser Brief seid ihr, eingeschrieben in unsere Herzen, von allen Menschen verstanden und gelesen; denn ihr steht vor aller Augen da als der von uns ausgefertigte Brief

Christi, der nicht mit Tinte, sondern mit dem Geist des lebendigen Gottes geschrieben ist, und dies nicht auf Tafeln aus Stein, sondern auf Herzenstafeln aus Fleisch (3,2f.).

Wenn irgendwo, liegt hier der Schlüssel zu den Paulusbriefen. Was vom Philemonbrief zu sagen ist, gilt von allen: Sie sind insgesamt nur Begleitschreiben zu dem, was durch den – von Paulus interpretierten – inwendigen Lehrer bereits ins Herz der Leser geschrieben ist. Mit ihnen verdeutlicht er das, was sich die vom Gottesgeist belehrten Leser selbst gesagt sein lassen müßten, auch wenn er sie, wie zu Beginn des Galaterbriefs, anfährt oder sie, wie die Gemeinde von Korinth, mit dem »Stock« bedroht (1 Kor 4,21). So ergibt es sich aus der mystischen Grundhaltung dieses unablässig Tätigen und vielseitig Engagierten. Wer wie er seine Einsicht auf ein vorgängiges Erkanntsein zurückführt und sogar seine Liebe als Reflex eines bedingenden Geliebtseins empfindet, hat in seiner Verkündigung nichts zu sagen, was nicht bereits auf pneumatische Weise mitgeteilt wäre. Deshalb müssen die Paulusbriefe von innen, nicht von außen her gelesen werden. Sie sind »erweckend«, nicht »informativ« gemeint. Das meint Paulus, wenn er seinen Lesern versichert, er wolle nicht der Herr ihres Glaubens, sondern Diener ihrer Freude sein (2 Kor 1,24). Doch wie kam es bei ihm, der aller Welt als extravertierter Fanatiker gilt, zu dieser extrem gegensinnigen Lebensform? Das ist die Frage nach seiner empirischen und mehr noch nach seiner inneren Biographie.

II. Der Lebensweg

Der sensible Fanatiker

Für jede Rekonstruktion des paulinischen Lebenswegs ist die Feststellung wichtig, daß der auch auf die Fragen seiner Biographie »antwortende Zeuge« diese in strenger Zweiteilung und gegensätzlicher Wertung darstellt. Was für ihn zählt, ist nur der Lebensabschnitt seit seiner Damaskusvision, die, wenn auch das Stichwort nicht fällt, für ihn den Charakter einer Wiedergeburt besitzt. Alles Vorangehende ist Vorgeschichte und wird aus betonter Retrospektive berichtet. Mit voller Schärfe markiert der Erzähler den Bruch, der seine Lebensgeschichte in zwei ungleiche Hälften zerreißt, im Zweiten Korintherbrief, der in der Verallgemeinerung das subjektive Erlebnis noch deutlich durchschimmern läßt:

> Wenn einer in Christus ist, dann ist er eine neue Schöpfung. Das Alte ist vergangen, Neues ist geworden (2 Kor 5,17).

Und in der autobiographischen Stelle des Philipperbriefs spricht Paulus sogar mit wegwerfender Geste davon, daß er alle Vergünstigungen seiner »Vorgeschichte« für »Verlust« und »Dreck« angesehen hat, »um Christus zu gewinnen« (3,7f.). Diese »Verwerfungssprache« hindert ihn freilich hier so wenig wie an anderer Stelle (Gal 1,13f.), von den Vorzügen seiner jüdischen Herkunft mit unverkennbarem Stolz – und dazu in geradezu hieratischen Wendungen – zu berichten:

Am achten Tage beschnitten, aus dem Volk Israel, vom Stamme Benjamin, ein Hebräer von Hebräern, der Gesetzestreue nach ein Pharisäer, ein eifernder Verfolger der Kirche, der Gesetzesgerechtigkeit nach untadelig (3,5f).

Erst recht klingt dieses Selbstbewußtsein in den vehement herausgestoßenen Fragen zu Beginn der »Narrenrede« durch:

Hebräer sind sie? – ich auch! Israeliten sind sie? – ich auch! Nachkommen Abrahams sind sie? – ich auch! Diener Christi sind sie? – jetzt rede ich vollends als Narr – ich noch viel mehr! (2 Kor 11,22f.).

Wie die als Klimax angelegte Fragesequenz zeigt, markiert die Lebenswende bei aller Heftigkeit der Absage keinen vollständigen Bruch. Im Nein zur Vorgeschichte klingt ein affirmativer Ton mit. Insofern wirft die Vorgeschichte mehr an Fragen auf, als die polarisierende Schilderung zunächst erkennen läßt.

Der Verfolger

Derselbe Zwiespalt bestimmt die Schilderung der Verfolgertätigkeit. Sie wird von Paulus mit allen Zeichen des Entsetzens, in den schwärzesten Farben, beschrieben:

Ihr habt doch gehört, daß ich früher als gesetzestreuer Jude lebte und wie maßlos ich die Kirche verfolgte und zu vernichten suchte (Gal 1,13).

Im Auferstehungszeugnis des Ersten Korintherbriefs nennt er sich im Gedanken an seine Verfolgertätigkeit sogar eine »Mißgeburt« (15,9). Doch abgesehen davon, daß er sich damit nur den dunklen Hintergrund schafft, um im Folgesatz seine Lebensleistung um so deutlicher hervortreten zu lassen, fehlt jedes Eingeständnis einer Schuldhaftigkeit seines Fehlverhaltens. Erst die epigonale Nachgestaltung wird ihn sagen lassen:

Obwohl ich früher ein Lästerer, ein Verfolger und Frevler war, habe ich doch Erbarmen gefunden, weil ich unwissend, in Unglauben handelte... Wahr ist das Wort und aller Beachtung wert: Jesus Christus kam in die Welt, um die Sünder zu erretten. Unter ihnen stehe ich an erster Stelle (1 Tim 1,13.15).

Demgegenüber ist im originären Selbstzeugnis des Apostels bei allem Abscheu vor seiner Verfolgertätigkeit von einem Sündenbewußtsein nicht die Rede. Deshalb ist dann auch seine Berufung ebensowenig der »Musterfall für die Rechtfertigung des Sünders« wie »für die Bekehrung des bis dahin noch unwissenden Sünders«.[1] Paulus sieht sie nicht als moralisches, sondern existentielles, sein Leben auf eine neue Sinnstufe hebendes Ereignis. Denn der Gott, auf den sich sein Damaskuserlebnis bezieht, ist nicht der Gott des Erbarmens, der den Schatten seines Zornes von ihm nahm, sondern der Offenbarer, der in ihm das Gefäß für seine Selbstmitteilung fand. Deshalb heißt das Stichwort, unter welchem Paulus seine Lebenswende bedenkt, auch nicht »Vergebung«, sondern »Neuschöpfung«.

Die Anreicherung

Wie die knappen Fragen zu Eingang der »Narrenrede« unterstreichen, setzt Paulus mit seinen autobiographischen Angaben nur Markierungspunkte für eine Umrißskizze. Diesen Rahmen füllt die Apostelgeschichte mit dem Stoff der schon früh aufkommenden Pauluslegende, aber auch mit – im Einzelfall schwer als solche zu verifizierenden – historischen Daten auf. Sie nennt als Geburtsort Tarsus in Kilikien (22,3), betont die gehobene Herkunft, die Paulus »von Geburt an« das römische Bürgerrecht sichert (16,37; 22,28), und seine Ausbildung durch den führenden Gesetzeslehrer Gamaliel in Jerusalem (22,3), eine Angabe, die sich zwar vortrefflich in das Bild des bis zuletzt gesetzestreuen Pharisäers einfügt, sich jedoch mit der Bemerkung des Apostels stößt, daß er »den christlichen Gemeinden Judäas« persönlich unbekannt geblieben sei (Gal 1,22).

Die Divergenzen erklären sich aus unterschiedlichen Gründen. Einmal ist die Apostelgeschichte aus später Rückschau auf Paulus verfaßt, dazu offensichtlich ohne Kenntnis seines Briefwerks, also aus einer Optik, in der sich das Bild des Heidenapostels gleicherweise verklärte wie verdunkelte: Verklärte zu der Vorbildfigur des trotz aller Anfeindungen und Leiden unermüdlich für die Sache Christi wirkenden Missionars, der seine in einer grandiosen Christophanie begründete Sendung durch eine Reihe spektakulärer Wundertaten – Blendung des Zauberers Elymas (13,8–11), Heilung einer unter dämonischem Einfluß wahrsagenden Sklavin (16,16ff.), Wiederbelebung des während seiner Predigt aus dem Fenster gestürzten Jünglings (20,9–12) – bekräftigt und, wie seine Abschiedsrede vor den in Milet versammelten Presbytern zu verstehen gibt (20,24.38), durch das Martyrium krönt. Aber auch verdunkelt, weil theologische Interessen die historischen Gegebenheiten bis zur Unkenntlichkeit überlagern. Im Bestreben, Paulus zur Leitfigur des dem Thema der weltweiten Ausdehnung des Christentums gewidmeten Werks zu stilisieren, aber auch auf Grund der lukanischen Chronologie der Osterereignisse, übergeht die Apostelgeschichte die für das Selbstverständnis ihres Helden konstitutiven Daten: Bei aller Größe ist er weder Auferstehungszeuge wie Petrus und Jakobus noch im gleichen Sinn Apostel wie diese. So steht im lukanischen Portrait der Visionär gegen den Osterzeugen, der Missionar gegen den Apostel und der Wundertäter gegen den, der sich bei seinem Werk ausschließlich auf die Kraft des Wortes verläßt, wenn freilich im Vertrauen auf den damit verbundenen »Erweis des Geistes und der Kraft« (1 Kor 2,4).

Das Doppelbild

In der dreifachen Berichterstattung über die Damaskusvision (9,1–9; 22,3–11; 26,12–19), auf die die Apostelgeschichte ihr Paulusbild aufbaut, macht sie zugleich etwas von dessen geheimer Doppelbödigkeit deutlich. Danach wird der »in Wut und Mordgier« rasende Verfolger (9,1) mit einem Schlag das Gegenteil seiner selbst: das gefügige Werkzeug des Erhöhten, dessen Weisung er nicht, wie man von den alttestamentlichen Prophetenberufungen her erwarten sollte, widerspricht, sondern widerstandslos gehorcht und von ihm überdies erfährt, »wieviel er für ihn zu leiden hat« (9,16). Doch könnte er dieser sensible Empfänger der himmlischen Weisung, als der er hier entgegentritt, unmöglich sein, wenn er nicht von Anfang an zugleich der Gegentyp seines manifesten Erscheinungsbildes gewesen wäre. Eine psychologische oder doch typologische Rückfrage, wie sie damit erforderlich wird, liegt freilich nicht im Zug der lukanischen Narrativität. Immerhin treten damit die Hinweise auf die vornehme Herkunft und hohe Bildung in ein neues Licht. Hinter dem Fanatiker wird unversehens ein ganz anderer, der Damaskusstunde insgeheim entgegenharrender, ein Paulus der Sensibilität und Sehnsucht, sichtbar; hinter dem Aktivisten der Besinnliche, Introvertierte, hinter dem Prosaiker, wie im Blick auf das Briefwerk hinzuzufügen ist, der Dichter.

Der Spätberufene

Wenn Paulus zurückhaltender auf seine Lebenswende zu sprechen kommt, als es der Erwartung einer indiskreten Leserschaft entspricht, so deshalb, weil ihm die – in und mit ihm entstehende – Form des autobiographischen Sprechens erst ansatzweise zur Verfügung steht.[2] Daran gemessen ist es sogar erstaunlich viel, daß Paulus, abgesehen von der wiederholten Feststellung der Tatsache (1 Kor 9,1; 15,8), ebenso oft wie die Apostelgeschichte, also dreimal, auf sein Damaskuserlebnis eingeht, das er zunächst als Offenbarungsempfang (Gal 1,16), dann als visionäre Schau (2 Kor 3,18; 4,6) und schließlich als mystisches Ergriffensein (Phil 3,12) beschreibt.

Grundlegend ist für sein Selbstzeugnis, daß das Ereignis vor Damaskus nicht als subjektive Vision, sondern – entgegen aller katechetischen Arithmetik – als letzte Erscheinung des Auferstandenen zu gelten hat. Deshalb fügt sich Paulus der Liste der hauptsächlichen Osterzeugen unterschiedslos – wenngleich mit betonter Selbstverkleinerung – an (1 Kor 15,8), nachdem er zuvor rhetorisch gefragt hatte: »Habe ich nicht unsern Herrn Jesus gesehen?« (9,1). Dabei bezieht sich seine Einschätzung als »Mißgeburt« keineswegs auf die Qualität seiner Erfahrung, noch nicht einmal auf seine Leistung, die im Kontrast dazu nur um so leuchtender zum Vorschein kommt. Mit der Abwertung seines vorherigen Zustands zur »Mißgeburt« stilisiert er vielmehr die Damaskusvision zur Stunde seiner Wiedergeburt, mit der der nach seiner Einschätzung erst wirklich zählende Abschnitt seiner Lebensgeschichte beginnt.

Soviel ist auch den Bekundungen der übrigen Osterzeugen zu entnehmen. Sie stehen mit der Dignität ihrer Persönlichkeit, mit ihrem Einsatz und zuletzt sogar mit ihrem Lebensopfer für die Wahrheit dessen ein, was sie – mit diesem »Letzten« – in den Protokollsatz fassen: »Ich habe den Herrn gesehen.«

Was Paulus von ihnen abhebt, sind die drei Zeugnisse, die sein Erlebnis zunächst als Offenbarungsempfang, dann als visionäre Schau und schließlich als mystisches Ergriffensein qualifizieren. So wenig er auf das Interesse an autobiographischen »Enthüllungen« eingeht, so sehr entspricht er damit dem Erfahrungshunger des heutigen Lesers, der sogar seine Glaubensbereitschaft an das Angebot religiöser Erfahrungsinhalte bindet.[3] Die Gesprächsbereitschaft des Apostels bezieht sich somit, wie hier erstmals deutlich wird, nicht nur auf seine konkrete Situation, in der alles an der effektiven Vermittlung des österlichen Urerlebnisses gelegen war; sie bezieht sich in erstaunlicher Konvergenz nicht minder auf die heutige Glaubenserwartung.

Im Grunde ist der weitere Lebensweg dieses »Spätberufenen« nur zu verstehen, wenn man die volle Tragweite seiner Damaskusvision erfaßt. Wäre ihm bereits die virtuose Sprachkompetenz seines Wiederentdeckers AUGUSTIN zu Gebote gestanden, so hätte er zur Verdeutlichung ihres Stellenwertes wohl ähnliche Worte wie diese gefunden:

> Spät habe ich dich geliebt, du ewig alte und ewig neue Schönheit; spät habe ich dich geliebt! Du warst drinnen, und ich war draußen und suchte dich in den schönen Gestalten deiner Schöpfung, ich die Mißgestalt. Du warst bei mir, und ich war nicht bei dir... Da riefst du mich, und dein Schrei brach meine Taubheit; du leuchtetest mir auf, und dein Blick behob meine Blindheit; du verströmtest deinen Duft, und ich sog ihn ein und verlange nach dir.[4]

Auf Paulus angewandt gibt das – gegen Bornkamms Protest – der »landläufigen Auslegung« recht, wonach er seiner Christophanie den Gesamtinhalt seiner Verkündigung und die Legitimation seiner Sendung entnahm.[5] Nach der grundlegenden Galaterstelle (1,15 f.) hatte sein Erlebnis Offenbarungscharakter. Ihm wurde in jener Gnadenstunde das Geheimnis des Gottessohnes und damit der Inbegriff der rettenden Selbsterschließung Gottes ins Herz gesprochen. Nicht umsonst besteht er leidenschaftlich darauf, daß er sein Evangelium nirgendwo gelernt und von keinem Menschen übernommen, sondern »durch eine Offenbarung Jesu Christi« empfangen habe (Gal 1,12). Niemand trägt daher in das Bild des Apostels »schwärmerische Züge« ein (BORNKAMM), wenn er ihm in dieser Überzeugung folgt.

Daß ihm damit auch der Inhalt seiner Verkündigung zugesprochen wurde, betonen die Stellen, die (wie 2 Kor 3,18 und 4,6) den schauend-visionären Charakter dieses Offenbarungsempfangs hervorheben. Freilich teilte sich Paulus die mitgeteilte Gotteswahrheit nicht in Begriffen oder definierten Sätzen, sondern antlitzhaft, in der anverwandelnden Schau des verklärten Angesichts des Auferstandenen, mit. Doch das ist, verglichen mit der begrifflich-satzhaften, die ursprüngliche Form der Wahrheitsrezeption. Was Paulus konkret – und dies ebenso aufgrund einer göttlichen Nötigung (1 Kor 9,16) wie als Folge spekulativer Verarbeitung – zu sagen hat, ist nur die Explikation dieser primordialen Wahrnehmung. Deshalb schimmert bei ihm bis in seine eschatologischen Aussagen hinein die Grundstruktur seines Damaskuserlebnisses durch.

Demgegenüber bestimmt das dritte Zeugnis, das von einem wechselseitigen Ergreifen und Ergriffensein spricht (Phil 3,12), ebenso seinen apostolischen Rang wie den Stil seiner Verkündigung. Wie sein Lebensbericht (Gal 1,18 f.; 2,1–10) und seine Selbstrechtfertigung gegenüber gegnerischen Angriffen (Gal 4,10 ff.; 6,12 ff.; 2 Kor 11,13 ff.; 12,11 f.) zeigen, diente sein zweimaliger Jerusalembesuch ebenso wie seine oft hemmungslose Polemik in erster Linie der Anerkennung und Verteidigung seines Apostolats. Dabei berief er sich, wie der Kontext zeigt, in beiden Fällen primär auf seine Schau des Auferstandenen, in zunehmendem Maß aber auch auf den stupenden Missionserfolg; denn dieser sprach auf augenfällige Weise dafür, daß der Erhöhte tatsächlich die Hand auf ihn gelegt hatte und – wie die Gemeinden (nach 2 Kor 13,3) mit Recht von einem Apostel erwarteten – durch ihn redete.

Das Kriterium

Kriterium dieses Redens im Auftrag und anstelle des Erhöhten ist, mit einem Kernbegriff der paulinischen Selbstcharakteristik gesprochen, der »Erweis des Geistes und der Kraft« (2 Kor 2,4). Mag der Apostel dabei auch – wie LESSING, der größte Interpret dieser Stelle urteilt – vordergründig die Beglaubigung seiner Predigt durch wunderbare Machterweise (Röm 15,19) im Auge haben, so wird dabei doch auch an sprachliche Symptome seiner Besitzergreifung durch den Verkündigten zu denken sein. So sehr sich in seinen Briefen, die als »Begleitschreiben« zu seiner Verkündigung von dieser allerdings keinen adäquaten Eindruck vermitteln, feste Redewendungen, geprägte Formeln und Stereotype finden, sind sie doch insgesamt als Zeugnisse einer Darstellung der christlichen Botschaft anzusehen, die das Vorstadium ihrer Gerinnung zu einer ausgeformten Doktrin spiegeln.

Wie wiederholt zu beobachten ist, kristallisiert sich in ihnen das Wort oft erst aus der Lauge der gedanklichen Verarbeitung aus. In diesen Fällen erzittert die Aussage dann förmlich noch unter der staunenden oder auch leidenden Betroffenheit durch den anvisierten Inhalt. Im formulierten Wort ist dann noch ein Überschuß an uneingelöstem Aussagewillen fühlbar; nicht selten eilt es diesem aber auch ebenso spürbar voraus. Oft spricht Paulus als Herr und Meister seines Wortes, nicht selten aber auch als sein demütiger Diener, der ihm in mühsamer Anstrengung gerecht zu werden sucht. In alledem aber erweist sich seine Sprache als das Medium eines Ergriffenen, der »ergreifen möchte«, so wie er sich selbst ergriffen weiß. Kaum braucht dem hinzugefügt zu werden, daß es dieser Sprache, die oft genug an die ihr als Medium gezogenen Grenzen stößt, weniger um die Vermittlúng eines klaren Bildes als vielmehr um ein Maximum an Eindruck und Wirkung geht. Es ist eine Sprache, die sich fortwährend gegen die Befürchtung aufbäumt, daß Erfahrungen nicht mitgeteilt werden können; eine Sprache, in der der Redende nicht hinter sein Wort zurücktritt, sondern in ihm in suggestiver Mächtigkeit präsent ist; die Sprache eines Botschafters, der sich bisweilen in seinem Wort mit den Adressaten zu autoritativem Selbsterweis »versammelt« (1 Kor 5,4), grundsätzlich aber »allen alles« zu werden sucht, »um wenigstens einige zu gewinnen« (1 Kor 9,22).

Der Sämann und Baumeister

Der Lebensweg des Apostels beschreibt keinen kontinuierlichen, sondern einen nach eineinhalb Jahrzehnten – gezählt nach der Zäsur der Damaskusvision – steil ansteigenden Verlauf, der Paulus auf einem fünfjährigen Höhepunkt seiner Kreativität zeigt, bevor ihn eine letzte Reise nach Jersualem in

Gefangenschaft und in den Tod führt, den er dann allerdings nicht am Ort der Passion Jesu, sondern – bezeichnend für das neue Zentrum der Christenheit – in Rom erleidet.

Der Anstoß

Daß sich seine Sendung aus dem Damaskuserlebnis ergibt, sagt Paulus übereinstimmend mit der Apostelgeschichte, jedoch mit einem signifikanten Unterschied zu ihr. Während sie für diese eher »instrumentell« mit der Lebenswende verbunden ist – »Er ist mein auserwähltes Werkzeug; er soll meinen Namen vor Völker und Könige und vor die Söhne Israels tragen« (9,15) –, ergibt sie sich für Paulus unmittelbar aus seiner Vision. Nach der Schlüsselstelle des Galaterbriefes wurde ihm das Geheimnis des Gottessohnes geoffenbart, damit er ihn unter den Heiden verkündige (1,16). Demgemäß gehen die Darstellungen auseinander. Nach der Apostelgeschichte bemüht sich Paulus nach seiner dramatischen Flucht aus Damaskus, wo er wegen seines verblüffenden Auftretens als Verteidiger Jesu in Lebensgefahr gerät (9,23ff.; 2 Kor 11,32f.), zunächst um seine Anerkennung durch die Urgemeinde in Jerusalem; demgemäß erfolgt dann auch seine Aussendung zum ersten Missionszug nach Zypern und Pisidien aufgrund eines charismatischen Beschlusses der Gemeinde von Antiochia (13,2f.), die damit als die eigentliche Initiatorin des Missionsgedankens erscheint.

Ganz anders Paulus selbst, der mit großem Nachdruck (Gal 1,20) versichert, daß er nach seiner Christophanie weder »Fleisch und Blut« zu Rate gezogen und erst recht keinen Kontakt mit den Aposteln in Jersalem aufgenommen habe, sondern unverzüglich – und dies sicher nicht nur im Interesse meditativer Zurückgezogenheit, sondern auch erster Missionsversuche – nach Arabien gezogen sei, um dann wieder nach Damaskus zurückzukehren und von dort aus nach dreijährigem Abstand die erste Jerusalemreise anzutreten. Mit der Bemerkung, daß er bis dahin den Gemeinden in Judäa nur »vom Hörensagen« her, nicht aber persönlich bekannt gewesen sei (Gal 1,22ff.), entzieht er der Darstellung der Apostelgeschichte, die ihre

Dramatik weithin der missionarischen Aktivität des einstigen Verfolgers entnimmt, vollends den Boden.

Unterschiedliche Akzentuierungen

Dem entspricht auch der für die beiden Darstellungen charakteristische Unterschied der Akzente. Zwar läßt auch die Apostelgeschichte Paulus immer wieder zu Wort kommen, wenn auch, dem Stil damaliger Historiographie entsprechend, immer nur in Form von ihm unterschobenen, also vom Verfasser souverän gestalteter Reden. Doch bringt es sowohl ihre spezielle Zielsetzung als auch die Unkenntnis des paulinischen Briefwerkes mit sich, daß Paulus hier in erster Linie als der ungemein erfolgreiche Missionar und Gemeindegründer erscheint, dem es im Lauf weniger Jahre gelingt, das Christentum aus konventikelhaften Anfängen »bis an die Grenzen des Erdkreises« auszubreiten und damit in die Größenordnung einer Weltreligion zu heben. In dieser Darstellung schlägt sich unverkennbar das lukanische Interesse an der räumlichen Ausweitung und organisatorischen Strukturierung der jungen Kirchen nieder. Infolgedessen wird Paulus von ihr zur Schlüsselfigur dieses Prozesses stilisiert.

Demgegenüber steht in seiner Selbstcharakteristik der Botschafter im Vordergrund. So bestätigt es auch die Stelle, die das Thema des Ersten Korintherbriefs angibt:

> Christus hat mich nicht gesandt zu taufen, sondern dazu, die Heilsbotschaft zu verkünden, doch nicht in Wortkünsten, damit das Kreuz Christi nicht um seine Kraft gebracht werde (1,17).

Das aber entspricht seinerseits dem Erlebnis der Berufungsstunde, in der dem Apostel das Geheimnis des Gottessohnes zugesprochen wurde, die also ihr Zentrum in einer göttlichen Selbstmitteilung hatte. Der unmittelbar an Paulus ergehende Auftrag bezieht sich somit auf die Promulgation der ihm ins Herz gelegten Gottesoffenbarung; und das besagt, daß er primär Botschafter und erst in zweiter Linie Missionar ist, der mit Gemeindegründungen den organisatorischen Rahmen für seine Verkündigung schafft. Jedenfalls entspricht diese Konsekution seinem Sendungs- und Selbstbewußtsein und nicht die umgekehrte, wie sie ihm die Apostelgeschichte zuschreibt.

Damit ist eine zweifache Fehldeutung abgewehrt. Einmal die »reduktionistische«, die den so verstandenen Paulus als Konstrukt einer schwärmerischen Überzeichnung des Damaskuserlebnisses ausgibt, um den »wirklichen« statt dessen aus der von ihm vorgefundenen Jesustradition herzuleiten. Ihr habe er als Bekehrter die wesentlichen Inhalte seiner Verkündigung entnommen und in deren Licht schließlich sogar seine Lebenswende sehen gelernt, nicht aber umgekehrt aus seiner Christophanie die Lehrinhalte entwickelt.[6]

Abgewehrt ist sodann die kirchenkritische Fehldeutung, die mit Lagarde und Nietzsche in Paulus und nicht in Jesus den eigentlichen Stifter des Christentums erblickt und dieses als ein epochales Mißverständnis dessen betrachtet, was Jesus war und wollte. Die paulinische Verkündigung erscheint in dieser Sicht als eine folgenschwere Fehlinterpretation des Vermächtnisses Jesu und die ihr zugrundeliegende Umsetzung als die Überlagerung eines ursprünglichen Heilsimpulses durch judaistische und hellenistische Motive.

Wenn NIETZSCHE in einem nachgelassenen Aphorismus meint, daß über das elementare Christentum im Laufe der Folgezeit der Judaismus, der Platonismus, die Mysterienkulte und der orientalische Asketismus »Herr geworden« seien, gehen die meisten dieser Verstörungen ihm zufolge auf das Schuldkonto des Apostels.[7] Die »paulinische Umsetzung« des Evangeliums erscheint in dieser Sicht dann folgerichtig als arbiträrer, die Sache Jesu verfälschender Akt. Das allerdings ist die Sicht derer, die den Visionär von dem Deuter und Ausleger, aus welchen Gründen auch immer, distanzieren, ohne zu begreifen, daß die Deutung schon im Offenbarungsempfang vorangelegt war.

Die Missionsreisen

Für das Recht der »paulinischen Version« spricht als stärkstes Zeugnis das Werk des Apostels, das in dieser räumlichen Größe und zeitlichen Kürze niemals zustande gekommen wäre, wenn es auf einen Schwärmer oder Fälscher zurückginge. Mag Paulus als Gestalt noch so komplex und zerrissen sein; in der »Tätigung« seines Schlüsselerlebnisses wirkt er, wie Goethe von Beethoven urteilte, »zusammengerafft« und konzis, als gäbe es zwischen Auftrag und Ausführung nicht den geringsten Bruch. Störungen, Unterbrechungen und Rückschläge bleiben nicht aus; aber sie kommen von außen. Sie sind, wie der Leidenskatalog versichert, situativ, durch die Kontroverse mit Juden, Heiden und innerkirchlichen Gegnern, nicht zuletzt aber auch verkehrstechnisch und konstitutionell bedingt: Paulus wird auf seinen Missionszügen immer wieder, und oft schon nach Aufnahme seiner Tätigkeit, angegriffen, mißhandelt und vertrieben; und er nimmt all das auf sich trotz schwieriger Wegeverhältnisse, schwerer Unfälle und angeschlagener Gesundheit. Um so zwingender mußte sich der Imperativ gestalten, der ihn zu seinem Missionswerk antreten und es in dieser beispiellosen Größenordnung durchhalten ließ. Etwas davon scheint bereits in den drei Bildern auf, mit denen er seine Tätigkeit umschreibt: im Bild des Sämanns, des Baumeisters und des triumphierenden Anführers. Im wohlabgewogenen Selbstvergleich mit seinem »Zuarbeiter« Apollos versichert er:

> Ich habe geplanzt, Apollos hat begossen, Gott aber hat das Wachstum gegeben. So hat also weder der, der pflanzt, noch der, welcher begießt, etwas zu bedeuten, sondern nur Gott, der das Wachstum gibt (1 Kor 3,6 f.).

Überbrückt durch die Vorstellung vom »Ackerfeld«, die sich unter der Hand in die des »Areals« zu wandeln scheint, geht der Gedanke im Anschluß daran in den des von Paulus errichteten »Bauwerks« über:

Wir sind Gottes Mitarbeiter, ihr dagegen seid Gottes Akkerfeld und Bauwerk. Nach der mir verliehenen Gnade habe ich als kundiger Baumeister den Grund gelegt. Ein anderer baut darauf weiter; ein jeder mag aber zusehen, wie er darauf weiterbaut (1 Kor 3,9f.).

An der Qualität dessen, was Paulus als »weiser Architekt« des umfassenden Hauses der Christenheit geleistet hat, besteht somit kein Zweifel. Kritische Selbstprüfung ist erst bei den Fortsetzern seines Werkes geboten. Dieselbe Selbstsicherheit spricht schließlich auch aus dem dritten Bild, in dem sich Paulus, wie in einer feierlichen Prozession Wohlgerüche verströmend, den Triumphzug Christi durch Mazedonien anführen sieht:

Gott sei gedankt, der uns in Christus allzeit triumphieren läßt und den Wohlgeruch seiner Erkenntnis durch uns überall verbreitet (2 Kor 3,14).

So verweisen diese Veranschaulichungen des apostolischen Wirkens durch das ihnen eingestiftete Gewißheitsmoment auf das Wort, das wie kein anderes den Impuls verdeutlicht, der sich Paulus mit der unausweichlichen Gewalt prophetischer Sendung auferlegt. Unwillkürlich fühlt man sich an das Amos-Wort erinnert »Wenn der Löwe brüllt, wer würde sich da nicht fürchten? Wenn Jahwe, der Herr, spricht, wer müßte da nicht weissagen?« (Am 3,8), wenn Paulus gesteht:

Wenn ich die Heilsbotschaft verkünde, ist das für mich kein Grund zum Selbstruhm; denn ein Zwang liegt auf mir, weh mir, wenn ich die Botschaft nicht verkünde! (1 Kor 9,16)

Hier liegt dann auch der Grund dafür, daß sich Paulus allen an ihn herangetragenen Anzweifelungen gegenüber, gleichviel ob sie sein Ostererlebnis oder sein Apostolat betreffen, als unangreifbar und resistent erweist. Stärkster Beweis für die Macht des in ihm wirkenden Impulses ist jedoch die Tatsache, daß er – im Gegensatz zu dem ihm von der Apostelgeschichte unterstellten Verhalten – sein Damaskuserlebnis mit einem unverzüglich unternommenen Missionsversuch beantwortet:

> Als es aber [Gott] gefiel, seinen Sohn in mir zu offenbaren, damit ich ihn unter den Heiden verkünde, zog ich nicht Fleisch und Blut zu Rat ...; vielmehr ging ich nach Arabien und kehrte dann wieder nach Damaskus zurück (Gal 1,16 f.).

Von einem Erfolg dieser Unternehmung ist freilich so wenig bekannt wie von dem des folgenden Missionszugs nach Syrien und Kilikien, also in die Umgebung seiner Heimatstadt Tarsus, von wo ihn der aus Zypern stammende Judenchrist Barnabas nach dem Bericht der Apostelgeschichte (1,25 ff.) nach Antiochia am Orontes holt, das sich um diese Zeit zu einem christlichen Zentrum von wachsender Ausstrahlung – symptomatisch ist dafür die hier (nach Apg 11,26) aufkommende Bezeichnung der Jesusanhänger als »Christianer« – entwickelt. Nach einer ungewöhnlich, aber begreiflich langen Inkubationszeit wird die Spur des Apostels dort erst wieder erkennbar, wo ihm die Gründung selbständiger Gemeinden gelingt, wo sich also die Spontaneität der aufgehenden Saat mit der konstruktiven Festigkeit des »Bauwerks« verbindet.

Im großen Stil kommen diese Gemeindegründungen erst auf der ersten Europareise des Apostels zustande, die er nach einem vermutlich nicht nur persönlich – in der Zurückweisung des Johannes Markus (Apg 15,37 ff.) –, sondern theologisch begründeten Zerwürfnis mit Barnabas in Begleitung des Antiocheners Silvanus (Silas) antritt. Von dem weltweiten, unterschiedliche Kulturräume umgreifenden Rahmen, den sich Paulus dabei absteckt, vermittelt die Römerbriefstelle einen Begriff, wonach er sich »Griechen wie Barbaren, Gebildeten wie Ungebildeten« verpflichtet weiß (1,4). Dieser Zielsetzung entsprechend kann er sich zu keiner extensiven Arbeitsweise verstehen; vielmehr sieht er sich in der Rolle eines Herolds, der, von Provinz zu Provinz weiterziehend, durch seine Gründungen den Namen Christi über dessen wachsenden »Machtbereich« ausruft und so für ihn in Anspruch nimmt. Mit JÜRGEN

BECKER gesprochen heißt das konkret: Paulus vertraut darauf, daß das von ihm ins Leben gerufene »städtische Christentum« in das jeweilige Hinterland ausstrahlte, wo sich das in der agrarischen Landschaftsform wurzelnde Heidentum noch lange mit Zähigkeit hielt.[8] Das klingt noch in der Bemerkung TERTULLIANS nach.

> Die Städte, so schreit man, seien von uns in Besitz genommen, aber auch auf dem Land, in den Dörfern und auf den Inseln gebe es schon Christen.[9]

Vermutlich kommt bei diesem großräumigen, um nicht zu sagen sprunghaften Verfahren des Apostels auch seine »Nichteinmischungsklausel« ins Spiel, die es ihm – mit der einzigen Ausnahme Roms – verwehrt, »dort zu verkünden, wo der Name Christi bereits bekannt war, um nicht auf fremdem Fundament aufzubauen« (Röm 15,20). So erklärt es sich dann auch, daß er bei dem Entwurf seines letzten Reisevorhabens der Gemeinde von Rom versichern kann, daß er nunmehr, nachdem er »das Evangelium Christi von Jerusalem aus im weiten Umkreis bis nach Illyrien« verkündet habe (15,19), »in diesen Gegenden kein neues Arbeitsfeld mehr« finde (15,23).

Beim Versuch, den Missionszug des Apostels nachzuzeichnen, springt überdies die von Becker beachtete Tatsache in die Augen, daß Paulus im Zusammenhang mit seinen Gemeindegründungen zum Schriftsteller wird und damit den Übergang vom »unliterarischen« Christentum zu dessen schriftlicher Selbstdarstellung ins Werk setzt.[10] Umgekehrt sieht sich die Rekonstruktion bei den ersten, zu keinen greifbaren Gründungen führenden Missionszügen fast ausschließlich an die Angaben der Apostelgeschichte verwiesen.

Vor diesem Hintergrund ergibt sich folgendes skizzenhaft vereinfachtes Bild: Nach dem ersten, durch die Flucht des in akute Lebensgefahr geratenen Apostels über die Stadtmauer von Damaskus (2 Kor 11,32; Apg 9,23 ff.) abrupt beendeten Missionsversuch unternimmt Paulus einen weiteren – nach der Apostelgeschichte seine erste Missionreise überhaupt (13,4–14,28) –, der ihn in Begleitung von Barnabas und Johannes Markus nach Zypern und von dort in das südliche Kleinasien führt. Doch dürfte Paulus diese Reise, die von der Apostelgeschichte vor den Konvent in Jerusalem verlegt wird, um für diesen eine bessere Argumentationsbasis zu gewinnen, erst nach der Versammlung – und mit der Rückendeckung durch deren Beschlüsse – von dem syrischen Antiochia aus angetreten haben.

Ein schwerer Konflikt mit Petrus, der sich an der Frage der Tischgemeinschaft mit den Heidenchristen entzündet (Gal 2,11–21), wohl aber grundsätzlicher veranlaßt ist, und das erwähnte Zerwürfnis mit Barnabas (Apg 15,36–39) führen in der Folge zur Abkehr des Apostels von seiner antiochenischen Ausgangsbasis. Um so entschiedener wendet er sich nunmehr, begleitet von wiederholt wechselnden Gefährten, seiner Arbeit großen Stils zu, der Mission im Welthorizont der Oikumene. Dabei entspricht es der soziologischen Grundorientierung des »Städters« Paulus, daß er sich, den großen Handels- und Poststraßen des Imperiums folgend, hauptsächlich auf die Stadtsiedlungen innerhalb dieses sich ständig erweiternden Arbeitsfeldes konzentriert. Auch fand er hier in den jüdischen Ansiedlungen und Synagogen den für ihn aus sprachlichen und theologischen Gründen optimalen Anknüpfungspunkt. Wie schwierig sich für ihn demgegenüber der Einstieg in ein vom heidnischen Polytheismus geprägtes Milieu gestaltete, spiegelt auf idealtypische Weise die Szene vor dem Areopag in Athen (Apg 17,16–34), ein aus freier Erfindung gestalteter, aber auf sehr konkreter Missionserfahrung beruhender Höhepunkt des lukanischen Geschichtswerks.

Ungenannt bleiben die Stadtsiedlungen im nordgalatischen Raum, an die – nach der durch neue Gräberfunde gestützten »Landschaftshypothese« – der Rundbrief »an die Kirchen Galatiens« gerichtet ist, vermutlich wegen ihrer im Vergleich zu Provinzhauptstädten wie Thessalonike oder Korinth geringeren Bedeutung. Auch scheint die Stoßrichtung dieser Reise schon bald nach Westen gegangen zu sein, wie die Apostelgeschichte im Blick auf die charismatische Führung der Missionare (16,6f.), zuletzt durch die an Paulus im Traum ergangene Aufforderung »Komm herüber nach Mazedonien und hilf uns!« (16,9), erkennen läßt. Diesem Ruf und wohl mehr noch der inneren Konsequenz seines Unternehmens folgend kommt Paulus über Troas nach Philippi und Thessalonike. Wie die nach diesen Städten benannten Briefe zeigen, gelingen ihm hier wichtige Gründungen, ebenso in Korinth, das er nach einem erfolglosen Missionsversuch in Athen (Apg 17,32 ff.) »in Furcht und Zaghaftigkeit« betritt (1 Kor 2,3).

Auf keine lukanische Erfindung dürfte die in diesem Zusammenhang erwähnte Purpurhändlerin Lydia aus Thyatira zurückgehen, der »der Herr« bei der Antrittsrede des Paulus in Philippi »das Herz aufschloß« (Apg 16,14), auch wenn es gewagt ist, die heftige und zweifellos persönlich gezielte Polemik der Apokalypse gegen das in Thyatira »als Lehrerin und Prophetin« auftretende »Weib Jezabel«, das die Gottesknechte zum Essen von Götzenopferfleisch verführt – und damit ein judenchristliches Tabu (Apg 15,29; 1 Kor 8,1–13) verletzt –, auf sie zu beziehen. Jedenfalls widersetzt sich Lukas mit der Schlüsselposition, die er dieser ebenso aufgeschlossenen wie resoluten Frau bei der Eröffnung der europäischen Wirksamkeit des Apostels einräumt (Apg 16,15), dem diesem – vor allem wegen des apokryphen Schweigegebots (1 Kor 14,34 f.) – zäh anhaftenden Image der Frauenfeindschaft.[11]

Bewegung und Ruhe

Wenn »Bewegung und Ruhe« nach einem apokryphen Herrenwort das Zeichen der Auserwählten ist, wird man sich mit SCHELKLE fragen müssen, ob das Bild des ständig reisenden Apostels, so sehr es die Dynamik seiner Persönlichkeit spiegelt, der biographischen Realität entspricht.[12] Im bunten Wechsel der meist dramatisch bewegten Bilder gehen die Bemerkungen, die auf einen längeren, bisweilen sogar mehrjährigen Aufenthalt des Apostels schließen lassen, ebenso unter wie unter dem Eindruck der vielfältigen Konfliktsituationen, den die Briefe vermitteln.[13] Mußte sich der Apostel denn, so lautet die Frage, nicht »längst in den großen Städten des Westens« heimisch fühlen und die Reisen eher als Unterbrechungen einer prinzipiell stationären Tätigkeit empfinden? Für die Bejahung dieser Frage spricht nicht zuletzt auch der Umstand, daß in diese Zeit die mit der Abfassung des Ersten Thessalonicherbriefs einsetzende schriftstellerische Tätigkeit des Apostels zu datieren ist. Da mag man bezweifeln, ob Paulus den Brief mit AUGUSTIN jemals als »sermo absentium« eingeschätzt hätte; unabweisbar ist dagegen der Eindruck, daß nun wiederholt Briefe die Funktion von Reisen übernehmen, an denen er sich durch dringende Arbeit (Röm 15,22) oder gar durch die Intervention des »Satans« gehindert fühlt (1 Thess 2,18).

Zu den Städten, für die mit einer längeren Wirksamkeit des Apostels zu rechnen ist, gehört nach Philippi in erster Linie Thessalonike, wo sich Paulus mit seiner Hände Arbeit den Lebensunterhalt verdient (1 Thess 2,9), um der neugegründeten Gemeinde nicht zur Last zu fallen, aber auch Unterstützung durch eine Gesandtschaft aus Philippi erfährt (Phil 1,15 f.). Auch spiegelt der an die Gemeinde gerichtete Brief eine Vertiefung der paulinischen Missionstheologie; unklar bleibt dagegen, was den Apostel zu dem klärenden Schreiben veranlaßte. Von Thessalonike führt ihn der Weg nach Korinth, wo sich ihm nach der Enttäuschung in Athen ein fruchtbares Arbeitsfeld, vor allem in der sozialen Unterschicht, auftut (1 Kor 1,28). Rätsel gibt der Forschung die Frage auf, was Paulus veranlaßte, einen seinen Angaben (Röm 1,13) zufolge wiederholt gefaßten Plan, schon jetzt von Achaia aus nach Rom weiterzureisen, aufzugeben und statt dessen den Schwerpunkt nach Ephesus zu verlegen. Anderes, wie die Notiz der Apostelgeschichte über eine Reise von Ephesus nach Syrien (18,18–22), läßt sich mit den Angaben der Paulusbriefe kaum in Einklang bringen und reduziert sich demgemäß auf die Auskunft über eine in Ephesus zentrierte Missionstätigkeit.[14] In hellerem Licht liegt dagegen dieses weit ins Hinterland ausstrahlende Zentrum der letzten, gemeinhin als »dritte Missionsreise« bezeichneten Unternehmung des Apostels, zumal hier die Briefe an die Gemeinden Galatiens, die Schreiben nach Korinth – Ziel auch wiederholter Besuche des Apostels –, der Philipperbrief und das Begleitschreiben für den entlaufenen Sklaven des Philemon entstanden sein dürften.[15] Daß sich hier in Ephesus auch die Auseinandersetzung des Apostels mit dem auf orientalische Muttergottvorstellungen zurückgehenden Artemiskult abspielt, deutet die Apostelgeschichte durch den dramatisch geschilderten Aufstand des Silberschmieds Demetrius und seiner Zunftgenossen gegen Paulus an (19,23–40). Freilich ist auch hier manches, wie die Notiz über den »Tierkampf«, den er in Ephesus zu bestehen hatte (1 Kor 15,32), kaum noch zu klären. Sollte sie sich auf den Aufstand beziehen, so würde dadurch die Gefährlichkeit des Vorkommnisses erhellt, das den Apostel in der Folge veranlaßt haben dürfte, den Platz, an dem sich ihm »eine große und wichtige Tür aufgetan« hatte (1 Kor 16,8 f.), fluchtartig zu verlassen (Apg 20,1).

Das deutet bereits auf das Ende in Gefangenschaft und Martyrium hin, das Paulus durch seinen Entschluß heraufbeschwört, die von ihm und seinen Mitarbeitern unter Mühen zusammengebrachte Kollekte für die in Armut geratene Urgemeinde persönlich zu überbringen. Indessen zieht er aus der Sicht der Apostelgeschichte (20,24; 21,23) und der Pastoralbriefe (2 Tim 4,6–18), aber auch im Sinn seines Selbstverständnisses (Phil 1,23; 2,17), damit nur die Konsequenz aus seinem Leben: Hinter dem »Täter« des Wortes zeichnet sich, wie bei seinem Vorbild, die Passionsgestalt ab.

Der Erzieher und Vater

Die Tagebuchnotiz PAUL KLEES, die ihm schließlich zur Grabschrift wurde: »Diesseitig bin ich gar nicht faßbar«, trifft auf Paulus in mehr als einer Hinsicht zu. Weder in dem, was er schreibt, noch in seinen Aktivitäten ist er je ganz zu fassen. Das nötigt im Fall seiner Missionsarbeit zur Rückfrage nach dem »Stil« seines Wirkens. Und diese Frage stellt sich um so mehr, als seiner Tätigkeit, nach dem Bild vom Bauwerk (1 Kor 3,9) und Triumphzug (2 Kor 2,14) zu schließen, bewußt ein ästhetisches Moment eingestiftet ist. Ungeachtet aller Strapazen und Leiden betrachtet er seine Tätigkeit als ein zu Ehren Gottes ausgeführtes Kunstwerk. Deshalb fließen in seine Argumentation einmal geradezu erotische Töne ein, wenn er der ihn in schwere Besorgnis stürzenden Gemeinde von Korinth erklärt:

> Mit göttlicher Eifersucht stelle ich euch nach; denn ich habe euch einem einzigen Mann anverlobt, um euch als reine Jungfrau Christus zuzuführen (2 Kor 2,11).[16]

Der Hintergrund

Damit öffnet sich der Blick auf den Hintergrund der paulinischen Missionstätigkeit, vor dem der Apostel in zwei scharf unterschiedenen Rollen agiert: in der des Vaters und des Erziehers. Doch läßt er sich nie auf die eine oder andere davon festlegen, da er oft schlagartig, typisch für sein zwischen Extremen schwankendes Wesen, von der einen in die andere überwechselt. Die Gemeinde von Korinth stellt er sogar vor die Alternative:

> Was wollt ihr? Soll ich mit dem Stock zu euch kommen oder in Liebe und im Geist der Milde? (1 Kor 4,21).

Dadurch verbietet sich das verlockende Unterfangen, das Verhältnis des Apostels zu den einzelnen Gemeinden unter diesem Gesichtspunkt zu überprüfen. Immerhin überwiegt in dem noch etwas distanziert wirkenden Brief an die Thessalonicher ebenso wie in dem leidenschaftlich erregten Galaterbrief und in der Mehrzahl der an die Korinther gerichteten Schreiben, vor allem aber in dem an die dem Apostel noch unbekannte Gemeinde von Rom gerichteten Lehrbrief die Strenge des Pädagogen, während der Philipperbrief zusammen mit dem Philemonbrief auf den zärtlichen Ton des Vaters abgestimmt ist. Indessen fehlt nur in diesem, anders als im Philipperbrief, der strenge Kontrapunkt, so wie umgekehrt die vom pädagogischen Impuls getragenen Schreiben Mal um Mal durch Bekundungen väterlicher Zärtlichkeit aufgelichtet sind.

Der Pädagoge

Wie sich von selbst versteht, zeigt sich das Profil des Pädagogen Paulus am deutlichsten in den paränetischen Passagen. Das gilt insbesondere für die ausgedehnten, vor allem im Galater- und Römerbrief, aber auch im Ersten Korintherbrief anzutreffenden Ausführungen, in denen er die »zu unserer Ermahnung geschriebenen« alttestamentlichen Erzählungen (1 Kor 10,11; Röm 5,4) als Argumentationshilfe heranzieht, wie etwa die Geschichte von den ungleichen Frauen Abrahams (in Gal 4,21–31) oder die vom Wüstenzug Israels (in 1 Kor 10,1–13).

Wie an diesen Stellen geht Paulus in gleicher Weise dort, wo er an einer Gemeinde etwas (wie in Gal 3,1 ff. und 1 Kor 5,1 ff.) auszusetzen hat oder er (wie in 1 Thess 4,1–12) auch nur den »Willen Gottes« in Erinnerung rufen möchte, zu ihr auf Distanz, und dies gelegentlich so weit, daß er sich bis auf die Position eines »Lohnarbeiters« in ihrem Dienst herunterspielt (1 Kor 9,14). Was er unter Berufung auf dieses Dienstverhältnis als den ihm zustehenden »Lohn« einfordert, ist dann allerdings gerade nicht die materielle Entlohnung, gegen die er sich – unter wiederholtem Hinweis auf den mit seiner Hände Arbeit erworbenen Lebensunterhalt – geradezu leidenschaftlich verwahrt (1 Kor 9,4–22; 2 Kor 11,7–12), sondern der reiche geistliche »Gewinn«, der (nach Phil 4,17) doch nur den Erbringern »gutgeschrieben« wird.

Zwar fehlt es nicht an Eingeständnissen pädagogischen Fehlverhaltens. Auf die Drohung mit dem »Stock«, den die Gemeinde durch die Rüge ihrer Permissivität gegenüber dem Blutschänder (1 Kor 5,1–7), ihrer beständigen Streitsucht (6,1–8) und ihrer Nachgiebigkeit gegenüber den »Scheinaposteln« (2 Kor 11,13) zu spüren bekommt, folgen Äußerungen eines fast erschreckten Bedauerns, die alles am liebsten ungeschehen machen möchten (2,1–11). Als Erzieher von hohen Graden erweist sich Paulus dann aber, wenn er auf seine Pädagogik reflektiert und seine Strategien bildhaft verdeutlicht. Es sind nach den Bildern vom Sämann und Baumeister die des »Arbeiters« und »Brautwerbers«, unterstrichen durch wiederholte Hinweise auf das damit verbundene Engagement:

Und außerdem: der tägliche Andrang zu mir, die Sorge um alle Gemeinden! Wann wird einer schwach, und ich werde es nicht mit ihm? Wann kommt einer zu Fall, und ich leide nicht brennenden Schmerz? (2 Kor 11,28f.)

Das Vorbild

Ihren Höhepunkt erreicht die Pädagogik des Apostels jedoch mit der Ausarbeitung des Vorbildmotivs. Sie erfolgt in zwei Stufen. Zunächst durch die Verdeutlichung der Vorbildhaftigkeit Jesu. So schon im Kollektenkapitel des Zweiten Korintherbriefs, das den Aufruf zu großzügiger Hilfsbereitschaft mit dem Hinweis auf den »Selbstverzicht« Christi unterstreicht, dabei aber das reine Vorbildethos mit dem Gedanken an die Gnadenhaftigkeit dieser Heilstat überschreitet:

> Ihr kennt doch die Gnade unseres Herrn Jesus Christus und wißt, daß er, obschon er reich war, um euretwillen arm geworden ist, damit ihr durch seine Armut reich würdet (2 Kor 8,9).

Das »klassische Beispiel« dafür bietet jedoch die Philipperstelle (2,5–11), die sich auf einen Christus-Hymnus der Urgemeinde bezieht und nach BORNKAMM gleichfalls doppelsinnig verstanden sein will: als Hinweis auf die vorbildhafte Selbstentäußerung Jesu »bis zum Tod am Kreuz« (2,8) ebenso wie auf die davon ausgehende Wirkmacht, die zu dem verhilft, was das Vorbild fordert. Das ist mitgemeint in dem Aufruf:

> Laßt euch von der Gesinnung leiten, die in Christus Jesus war! (2,5).[17]

Durchdrungen von der Überzeugung, mit Christus gekreuzigt zu sein (Gal 2,20) und seine Wundmale an sich zu tragen (1,17), gerade dadurch aber auch seinem Herrlichkeitsbild anverwandelt zu werden (2 Kor 3,18), zögert Paulus nicht, sich den Gemeinden selbst als Vorbild zu präsentieren und sie zu seiner Nachahmung aufzufordern (1 Kor 4,16; Phil 3,17), wenngleich mit dem Zusatz »so wie ich der Nachahmer Christi bin« (1 Kor 11,1). Die Häufung dieser Imperative läßt aufhorchen. Sie steht offensichtlich in einem funktionalen Zusammenhang mit der wiederholten Klage, in seinen Gemeinden mit Unmündigen (1 Kor 3,1 ff.) und Schwachen (8,9; Röm 14,1 ff.) befaßt zu sein, die Milch benötigen, weil sie zum Genuß fester Speise noch unfähig sind. Aus diesem Grund brauchen sie eine Umsetzung der Wahrheit, weil sie den Blick noch nicht zur Schau ihres vollen Glanzes erheben können.

Zwar greift Paulus, wie es dann später zur Regel wird, des öfteren zum Mittel allegorischer und typologischer Aussagen, um seine Adressaten von Irrtümern und Fehlhaltungen abzubringen; doch steht er der personalen Erscheinung der Gottesoffenbarung in Christus zu nahe, als daß er sich auf diesen Weg voll verlassen könnte. Deshalb läßt er sich im Vertrauen auf seine Angestaltung an den ihm zum Lebensinhalt Gewordenen (Phil 1,21) auf das Wagnis ein, sich selbst als die leibhaftige Umsetzung der Heilsbotschaft und ihrer ethischen Forderungen zu präsentieren. Während er seine Predigttätigkeit stets in Furcht und Zittern aufnimmt, gibt es bei dieser Selbstpräsentation kein Zögern. Sie ist die Frucht jener aus dem Sendungsbewußtsein des Apostels hervorbrechenden Spontaneität, die seine religiöse Physiognomie weit über alle vergleichbaren Beispiele hinausrückt.

Die Vaterschaft

Die größte Überraschung hält der Pädagoge Paulus jedoch dadurch bereit, daß er diese Rolle wie in einem Akt spontaner Selbstkorrektur plötzlich mit aller Entschiedenheit von sich weist. Der Gemeinde von Korinth erklärt er:

> Hättet ihr auch zehntausend Erzieher in Christus, so habt ihr doch nicht viele Väter; denn in Christus habe ich euch durch die Heilsbotschaft gezeugt (1 Kor 4,15).

Die Aussage steht in einem näheren und ferneren Kontext. In unmittelbarem Angang zu ihr spricht Paulus in faszinierender Antithetik vom Zwiespalt der ihm auferlegten Apostelrolle, die er im großen Schauspiel für Engel und Menschen durchzuspielen habe. Es ist die Rolle des Außenseiters, der sich für die Wohlsituierten in den Zuschauerrängen buchstäblich »zum Narren macht«. Im Vergleich zu ihrer »Klugheit« ein Tor, zu ihrer »Stärke« ein Schwächling, zu ihrer »Reputation« ein Nichtsnutz, hat er doch wie nur je ein Clown gelernt, aus seiner »schwachen Posititon« das Beste herauszuholen: standzuhalten, wenn er verfolgt, zu segnen und zu trösten, wenn er beschimpft und verlacht wird (1 Kor 4,9–12). Dem folgt der voll Bitterkeit herausgestoßene Satz, der aus alldem die Summe zieht: »Zum Abschaum der Welt sind wir geworden, zu jedermanns Auswurf bis heute« (4,13). Das Wort von der Vaterschaft des Apostels gewinnt erst dann sein volles Profil, wenn man bedenkt, daß er sich aus dieser »Tiefe« dazu erhob. Er wirft das Narrenkleid ab, um sich in seiner wahren Identität darzustellen.

Es ist die Identität dessen, der dadurch zum Entdecker und »Fürsprecher« der Gotteskindschaft wurde, daß er sich durch sein Damaskuserlebnis in ein Sohnesverhältnis zu Gott gezogen fühlt.[18] Nicht umsonst bezieht er seine Lebenswende auf die Lichtwerdung am Schöpfungsmorgen, die für ihn durch den »strahlenden Aufgang der Gottherrlichkeit« auf dem Antlitz des Auferstandenen überholt und vollendet wurde (2 Kor 4,6). Als Tat des liebenden Gottes ist die Schöpfung, wie hier schon deutlich wird, darauf angelegt, aus ihrem kreatürlichen Anfangsverhältnis zu ihrem Ursprung in ein genealogisches »aufgehoben« zu werden. Von seiner innersten Motivation her fühlt sich Paulus somit als Protagonist dieses neuen Verhältnisses, dem er sogar die hinter ihrem Erfüllungsziel »herhinkende« Schöpfung entgegenharren sieht (Röm 8,18ff.). Die Erreichung dieses Zieles anzubahnen, ist letzter Zweck seines Wirkens. Dazu befähigt ihn seine neue, von der Geistmacht Christi ergriffene Existenzform. Wie in seiner Verkündigung (nach 1 Thess 2,13) das Wort Gottes hörbar wird, schlägt in seinem Umgang mit der Gemeinde der göttliche Liebeswille durch. Getragen von dem Willen, allen alles zu werden (1 Kor 9,22), stiftet er durch die Weitergabe seiner Heilserfahrung eine Beziehung, die den Tatbestand eines Zeugungsverhältnisses erfüllt. Indem er sie unterweist, betreut und umsorgt, wird er zum Vater seiner Gemeinden. In der Verdeutlichung eines Einzelfalls zeigt sich das im Verhältnis des zum alten, abgekämpften Mann gewordenen Apostels zu dem entlaufenen Sklaven Onesimus, den er, indem er ihn in die Heilsbotschaft einweihte, in seinen Fesseln »gezeugt« hat (Phlm 1,10). Was das an menschlicher Nähe besagt, bekundet sich in der zärtlichen Erklärung: »Ich schicke ihn dir zurück, ihn, das heißt, mein eigenes Herz« (1,12).

Die Mütterlichkeit

Im weiteren Zusammenhang weist die Ausgangsstelle (1 Kor 4,15) auf einen dramatischen Höhepunkt des Galaterbriefes zurück, an dem der sich um die schwankend gewordene Gemeinde verzehrende Apostel in die – durch die anakoluthische Satzform zusätzlich hervorgehobenen – Worte ausbricht:

> Meine Kinder, um die ich nochmals Geburtswehen leide, bis Christus in euch Gestalt gewinnt (Gal 4,19).[19]

Nur unwesentlich wird das Erstaunen über diesen plötzlichen Übergang in die Mutterrolle durch die Beobachtung gedämpft, daß Paulus auch damit in die Spur seines Meisters tritt, der einen störenden Verwandtenbesuch mit der Bemerkung abwehrt: »Wer den Willen Gottes tut, der ist mir Bruder, Schwester und Mutter« (Mk 3,35). Die Verwunderung besteht auch fort, wenn man sich vergegenwärtigt, daß die »Mutterschaft« des Apostels dem Beginn des Prozesses entspricht, der sich nach einer Formulierung des Ehpeserbriefs im »Heranreifen zum Vollmaß der Altersfülle Christi« (4,13) fortsetzt. Freilich gewinnt seine Sorge in dieser weiblichen Umschreibung schärfere Kontur. Durch die Verunsicherung ist der Lebensprozeß, in dem die Gemeinde begriffen war, ins Stocken geraten. Deshalb müssen den sie umschließenden Mutterschoß aufs neue die Wehen befallen, damit der Geburtsvorgang zum Abschluß gelangen kann. Denn das Leben, zu dem sie geboren werden soll, erfüllt sich erst dann, wenn sie im Sinn der paulinischen Verkündigung zur »Freiheit der Gotteskinder« gelangte.

Das Rätsel bleibt, weil der Apostel in den frühesten Belegstellen des Briefs an Thessalonike innerhalb weniger Sätze von der Mutter- in die Vaterrolle zurückspringt. Nachdem er die Gemeinde zunächst daran erinnerte, daß er sich, anstatt seine apostolische Autorität auszuspielen, »mit einer Herzlichkeit, wie wenn eine Mutter ihre Kinder hegt und pflegt«, in ihrer Mitte bewegte (2,7), ruft er kurz danach Gott zum Zeugen dafür an, daß er jeden einzelnen »wie ein Vater seine Kinder« ermahnt habe (2,10ff.). Zwar würde das Problem fühlbar entschärft, wenn sich der Kontrast aus der wiederholt angenommen Verflechtung zweier in zeitlicher Distanz verfaßter Schreiben erklären ließe. Wem dieser bequeme Ausweg zu unsicher erscheint, wird sich bei aller Skepsis gegenüber den Versuchen, ein Psychogramm des Apostels zu erstellen, zum Rekurs auf sein Verhältnis zur Sexualität entschließen müssen. Anders ist weder der Rollenwechsel noch die wiederholte Bekundung einer unvermuteten Intimität und Zärtlichkeit (wie in 2 Kor 7,3; Phil 1,7 und Phlm 1,10ff.) zu verstehen.

Von diesem Rollenwechsel her sind dann freilich eher gegen- als einsinnige Äußerungen des Apostels zu erwarten, und das besagt überdies: Äußerungen, die ihm weniger von seiner Selbsterfahrung als vielmehr von seiner Position und Aufgabe eingegeben sind. Dennoch wirkt seine Stellungnahme, die für ein gebrochenes, zumindest aber distanziertes Verhältnis zur Sexualität zu sprechen scheint, auf die heutige Sinnerwartung eher frustrierend, auch wenn man die sexuelle Verwilderung in seiner heidnischen Umwelt (Röm 1,24–27), nicht zuletzt eine Folge orgiastischer Kulte (1 Kor 12,2), in Rechnung stellt.[20]

Während er sich im Zug seiner Polemik gegen die insbesondere in dem dafür berüchtigten Korinth herrschende sexuelle Freizügigkeit dazu versteigt, den Umgang mit der Dirne in eine nahezu symbiotische Perspektive zu rücken und von dieser

»Fleischeseinheit« auf die Geisteseinheit mit Christus zurückzuschließen (1 Kor 6,16 f.), läßt ihn erst seine Schule die Ehe als
ein auf das Verhältnis Christi zu seiner Kirche bezogenes Geheimnis sehen (Eph 5,31 ff.). In seinen eigenen Äußerungen
fehlt jedoch diese Perspektive, obwohl er wie kein anderer zur
spirituellen Integration der Geschlechtlichkeit befähigt gewesen wäre. Zwar heißt es in seiner Antwort auf eine an ihn gerichtete Anfrage: »Die Frau verfügt nicht über den eigenen
Leib, sondern der Mann; ebenso verfügt der Mann nicht über
den eigenen Leib, sondern die Frau« (1 Kor 7,4); indessen
dient dieser Satz nicht einer vertieften Sicht der Sexualität, sondern lediglich ihrer Einordnung in die geistliche Selbstverwirklichung: »Entzieht euch einander nicht, es sei denn, einige Zeit
im gegenseitigen Einvernehmen, um für das Gebet frei zu sein«
(7,5).

Dennoch kann daraus so wenig auf eine Leib- und Sexu-
alfeindlichkeit geschlossen werden wie aus seiner Befürwor-
tung der jungfräulichen Lebensform. Wenn er im Anschluß an
die gegebene Direktive seine Ehelosigkeit der Gemeinde als
Vorbild empfiehlt (7,7), dann nicht aus asketischen Gründen,
wie sie dann in der Apokalypse durchschlagen, sondern aufgrund des durch die Naherwartung gestauten Zeitgefühls, das
für das Eingehen einer Ehe ebensowenig eine ausreichende
Frist anzusetzen vermag wie für die Aufnahme eines Berufs
oder Handelsgeschäfts (7,29 ff.). Aus dieser eschatologischen
»Verjüngung« des Zeitbewußtseins müssen die distanzieren-
den Empfehlungen des Apostels verstanden werden, wenn sie
nicht, wie es vielfach geschieht, in eine sachfremde Optik geraten sollen.

In alledem bleibt indessen ein schwer hinzunehmendes Rest-
problem, das sich zu der Frage zuspitzt, warum der wortgewal-
tige Fürsprecher der Liebe, die für ihn auf unteilbare Weise
zugleich Gottes- und Nächstenliebe ist, im Kontext seiner Ratschläge zur christlichen Ordnung des Geschlechtslebens nicht
auf dieses Zentralmotiv seiner Verkündigung zu sprechen
kommt. In dieser Unterlassung liegt ein die Nachwirkung des
Apostels verdunkelndes Problem, nicht jedoch in dem ihm so
hartnäckig nachgesagten Asketismus. Denn wenn von ihm an-

gesichts der sachlichen Einstellung des antiken Menschen zur Geschlechtssphäre auch keine Romantisierung der Sexualität zu erwarten ist, besteht hier doch ein Defizit, das auf ihn um so mehr zurückfällt, als es die kirchliche Sexualmoral bis heute belastet.

In ein anderes Licht tritt dieser Befund jedoch, wenn man sein – als Vater- und Mutterschaft verstandenes – Verhältnis zu den Gemeinden in die Überlegung einbezieht. Unversehens stellen sich dann die bei den einschlägigen Äußerungen vermißten Qualitäten ein. Während dort der kühl-abwägende Ton befremdet, der den Sinn der Sexualität weitgehend auf die Befriedigung – und Beschwichtigung – des Trieblebens reduziert (1 Kor 7,9), überraschen jetzt die seine Worte durchströmende Zärtlichkeit und Wärme. Man kann sich des Eindrucks nicht erwehren, daß in die Beziehung des Apostels zu seinen Adressaten, zusammen mit seiner Kreativität, auch seine erotische Empfindungs- und Ausdruckkraft einfließen. Spricht aus seinen thematischen Äußerungen der kühle Sachverstand, so entdeckt er hier sein Herz. Im Zug dieses Überschwangs spricht er sogar von der »Eifersucht«, mit der er als Brautwerber bemüht sei, seine Gemeinde Christus »als reine Braut« zuzuführen (2 Kor 11,2). Zweifelllos ergibt sich das aus der Tatsache, daß er erst in der Ausübung seines apostolischen Dienstes die volle Kompetenz, auch in emotionaler und sprachlicher Hinsicht, erlangt. Der Seelsorger ist dem Theoretiker um einen vollen Schritt voraus. Und wer könnte es ihm verdenken, daß er es darin nicht zum Ausgleich brachte, wenn er sich vergegenwärtigt, daß Paulus auch mit der emotionalen Durchdringung seines Dienstes Neuland betrat und in vordem kaum geahnte Bereiche vorstieß?

Allen alles

Um so dringlicher wird dafür die Rückfrage nach dem innersten Impuls. Für den, der sich so selbstsicher wie Paulus zum »Nachahmer Christi« erklärt und überdies für sich in Anspruch nimmt, daß sein Wort als das »Wort Gottes« aufgenommen werden müsse, kann es sich nur um einen auf dieser Linie liegenden Beweggrund handeln. Er wurde von KIERKEGAARD in Fortführung einer bis auf Origenes zurückgehenden Tradition auf den Begriff gebracht. Danach bildet Jesus zum einen den Ausnahmefall, daß die Person ihre Wirkungsgeschichte uneinholbar übersteigt; zum anderen gilt von ihm, daß er sich im Unterschied zu den übrigen Wohltätern der Menschheit in seinen Gewährungen selber gibt. Von ihm allein kann daher gesagt werden: »Der Helfer ist die Hilfe«.[21] Deshalb braucht er, im Blick auf seine Große Einladung (Mt 11,28) gesprochen, nach seiner Aufforderung »Kommt her!« nicht wie andere Helfer zu sagen »Geht nun wieder«, weil er sich einem jeden Hilfsbedürftigen so zuwendet, als gäbe es für ihn nur diesen Einen in aller Welt, und weil er keinen, dessen er sich annahm, je wieder aus seiner liebenden Zuwendung entläßt.[22]

Im weiterverzweigten Bereich der Nachfolge Christi findet sich kein Beispiel einer vergleichbaren Selbstübereignung – bis auf Paulus. Weil er in seinem Damaskuserlebnis zu einer neuen Form der Identitätsfindung geführt worden war – Identität nicht durch Selbstunterscheidung, sondern durch Hingabe –, nähert er sich Jesus auch hierin, im Vollzug des Existenzaktes, an. Äußerungen wie das erschütternde Geständnis im Römerbrief, er wünschte zum Besten seiner jüdischen Brüder »verflucht und von Christus getrennt zu sein« (9,3), sind letztlich nur so zu verstehen. Freilich verleiht Paulus dem nur in extensiver, nicht auch in intensiver Hinsicht Ausdruck, wenn er im Interesse der Abgrenzung von jeder auf Leistung und Gegenleistung beruhenden Missionstätigkeit von sich selbst gesteht:

Den Juden bin ich ein Jude geworden, um Juden zu gewinnen, den Gesetzesleuten ein Gesetzesmann – obschon ich es nicht bin –, um Gesetzesdiener zu gewinnen, den Gesetzlosen ein Gesetzloser – obschon vor Gott kein Gesetzloser, sondern dem Gesetz Christi verpflichtet –, um die Gesetzesfreien zu gewinnen, den Schwachen ein Schwacher, um auch die Schwachen zu gewinnen: allen bin ich alles geworden, um wenigstens einige zu gewinnen (1 Kor 9,20 ff.).

Wenn er im Auftakt dazu auch noch versichert, er, der Unab-
hängige und Freie, habe sich zum »Knecht aller gemacht«,
klingt dann doch etwas von der durch Jesus vorgelebten Selbstentäußerung an, die in dem einen wie dem anderen Fall keine
Trennung von Person und Werk zuläßt. Zwar vermittelt Paulus
den Zeugen seiner Lebensgeschichte nicht den Eindruck, einer
»Selbstverbrennung beizuwohnen«, wie dies FRANZ OVER-
BECK im Blick auf den Zustand seines Freundes Nietzsche regi-
strierte.[23] Doch wird der Beobachter das Gefühl nicht los,
Zeuge einer unaufhörlichen, freilich sich ständig regenerieren-
den Selbstverschwendung zu sein. Mit diesem Gefühl rührt er
zweifellos an das innerste Formgesetz dessen, der als der grenz-
überschreitende Missionar der liebende Vater seiner Gemeinden blieb, der also die riesenhaften Dimensionen seines
Lebenswerkes mit dem Reichtum seines überströmenden Herzens zu füllen vermochte. Kaum einmal wurde das so deutlich
wahrgenommen wie in der frühen Würdigung des Apostels
durch GREGOR VON NAZIANZ, den die Nachwelt mit dem Titel
»der Theologe« ehrte:

> Für die einen dankt er, die anderen tadelt er. Die einen
> bezeichnet er als seine Freunde und Krone, den andern
> wirft er Unverstand vor. Mit denen, die den geraden Weg
> gehen, geht er einträchtig zusammen; die andern, die den
> bösen Weg einschlagen, hält er zurück. Bald verfügt er
> den Ausschluß aus der Gemeinde, bald läßt er die Liebe
> walten. Das eine Mal trauert er, dann wieder freut er sich.
> Im einen Fall gibt er Milch zu trinken, im andern teilt er
> Geheimnisse mit. Zu den einen läßt er sich herab, die an-
> dern zieht er zu sich empor. Bald droht er mit dem Stock,
> bald gibt er sich sanftmütig. Mit den Hohen erhebt er sich,
> mit den Demütigen erniedrigt er sich. Einmal bezeichnet
> er sich als den Letzten der Apostel, das andere Mal beruft
> er sich auf Christus, der durch ihn redet.[24]

Zuletzt schlägt in diesem »raumgreifenden« Bild des »allen al-
les« Gewordenen, typisch für die paulinische Denkweise, das
Zeitmoment, genauer gesagt, das Moment der Endzeit durch.
Denn den Schlußakt der Welt- und Heilsgeschichte begreift

Paulus als einen wechselseitigen Unterwerfungsakt, »damit Gott alles und in allem sei« (1 Kor 15,28). Es trifft also keineswegs zu, daß Paulus diesen krönenden Gedanken entwickelte, ohne daraus, wie ihm vorgeworfen wurde, Konsequenzen zu ziehen. Er selbst ist der Gegenbeweis. In seinem Lebens- und Missionsstil nimmt er die Figur des alldurchdringenden, allumgreifenden Gottes vorweg. Auch in diesem – innersten – Sinn ist er »allen alles geworden«.

Der Hingeopferte

Die letzte Konsequenz aus diesem ganz im Zeichen der apostolischen »Tat« stehenden Lebens aber zog Paulus mit seinem Tod. Das bestätigt der überblickbare Ausgang, für den nach dem Verstummen der brieflichen Selbstzeugnisse bis auf wenige Daten nur das verklärende Bild der Apostelgeschichte als Quelle zur Verfügung steht. Danach geht Paulus, wie die vermächtnishafte Abschiedsrede vor den Presbytern in Milet unterstreicht (Apg 20,17–38), mit vollem Bewußtsein seinem Ende entgegen. Motiv der wie unter innerem Zwang (20,22) und trotz eindringlicher Warnungen (20,23; 21,10ff.) unternommenen Jerusalem-Reise ist seine Absicht, die von ihm gesammelte Kollekte der notleidenden Urgemeinde persönlich auszuhändigen. Der Entschluß zum Antritt der von trüben Vorahnungen begleiteten Reise, die ihn tatsächlich ins Verderben führt, ist dann auch das Letzte, was durch sein ausdrückliches Briefwort (Röm 15,25 ff.) abgedeckt ist.

Ein Todeswunsch?

Noch vor der Frage des Ablaufs stellt sich hier die Rückfrage nach der Motivation. War es nur der Wille, die offensichtlich hohe Summe persönlich auszuhändigen, was den Apostel zum neuerlichen Aufschub der schon wiederholt und mit wachsendem Nachdruck geplanten Rom-Reise bewog (Röm 1,13; 15,23 f.), oder war die Übergabe der Kollekte der Anlauf zu einem neuerlichen und nun auf den gewaltigen Missionserfolg gestützten Verständigungsversuch mit der Urgemeinde? Oder suchte Paulus, der sich (nach Röm 9,1 ff.) in quälender Sorge um seine Stammesbrüder verzehrt, gar den Kontakt mit den Vertretern des Judentums, um sie doch noch umzustimmen? Vor allem aber: Was ließ ihn an seinem Reisevorhaben festhalten, obwohl ihm »von Stadt zu Stadt« eindringliche Warnungen zugingen (Apg 20,23)? Bedenkt man, wie fügsam er sonst auf derartige Direktiven einging (Gal 2,2; Apg 16,5–10; 26,19), können dafür nur Beweggründe übergeordneter Art in Betracht kommen.

Obwohl es angesichts des auf ihm lastenden Leidensdrucks nicht unverständlich wäre, scheidet doch eine Anwandlung nach Art derjenigen aus, die NIETZSCHE hinter dem Tod des Sokrates vermutet: »Sokrates wollte sterben; – nicht Athen, er gab sich den Giftbecher, er zwang Athen zum Giftbecher«.[25]

Immerhin führt diese Spur zu der wahrscheinlichsten Antwort, die sich wiederum aus der Christozentrik des Apostels ergibt. Wie im Falle Jesu spricht auch bei ihm alles für die Annahme, daß er den Tod nicht als Verhängnis, sondern als extremste Konsequenz seines Lebenswerkes verstand. Schon im Philipperbrief hat es den Anschein, daß es nur noch eines kleinen Anstoßes bedurft hätte, um den Todeswunsch, »aufgelöst zu werden, um bei Christus zu sein« (1,23), schwerer als die »Notwendigkeit«, der Gemeinde erhalten zu bleiben (1,24), in die Waagschale fallen zu lassen. Gewann somit zuletzt die resignative Stimmung, wie sie sich im Römerbrief abzeichnet, insgeheim die Oberhand über die hochgespannten Aktionsziele? Dann behielte der Zweite Timotheusbrief recht, wenn er den von Todesahnungen befallenen Apostel sagen läßt:

Ich habe den guten Kampf gekämpft, den Lauf vollendet, den Glauben bewahrt. Nun liegt für mich der Siegeskranz der Gerechtigkeit bereit, den mir der Herr an jenem Tag überreichen wird (2 Tim 4,7f.).

Wenn der fiktive Paulus dem das Bekenntnis voranstellt, daß die Zeit seiner Hinopferung bevorstehe (4,6), stimmt er sich vollends auf das originale Philipperwort ein, daß er sich freue, wenn er bei seinem priesterlichen Dienst »als Trankopfer ausgegossen« werde (2,17). Hier wie dort sieht sich der Apostel ungeachtet seiner weitgespannten Missionspläne insgeheim schon am Ziel seines Lebensweges, eingeholt vom Schicksal Jesu, das ihn nun dazu bestimmt, sein im Zeichen eines rastlosen Einsatzes stehendes Leben als Leidender und »Hingeopferter« zu beschließen. In kongenialer Einfühlung legte ihm die Paulus-Schule daher den Satz in den Mund, daß er, der Gefangene Christi, durch die von ihm ertragenen Leiden das ergänze, was am Leidensmaß des fortlebenden Christus noch fehle (Kol 1,24). Wie kaum ein anderes Wort tastet sich dieses bis an jene zweite Lebenswende zurück, die Paulus von der *vita activa* auf die *via crucis* verwies. Was sein Selbstzeugnis betrifft, so bewahrheitet sich nun das bestürzende Bekenntnis, mit Christus ans Kreuz geschlagen zu sein (Gal 2,19), in einem äußersten Sinn. Er folgt dem »Haupt der Märtyrer« (AUGUSTIN) bis ans Ende seines Kreuzweges, auch wenn er den Tod, anders als Jesus, nicht in Jerusalem, sondern in Rom, dem Zentrum der in ihre Zukunft hineinwachsenden Christenheit, erleidet.[26]

Der Todesweg

Die letzte von Paulus selbst gegebene Auskunft besteht in der düsteren Prognose seiner Reise. Zwar hofft er, nach seiner Rückkehr von Jerusalem »mit der Fülle des Segens« nach Rom zu kommen; doch bittet er die dortige Gemeinde gleichzeitig, für ihn, wie er wohl in Erinnerung an das nächtliche Ringen des Erzvaters Jakob sagt, mit Gott im Gebet »zu ringen«, damit er vor den Ungläubigen in Judäa errettet und mit seiner Spende »gut aufgenommen« werde (Röm 15,30f.).[27] Die böse Vorahnung trügt nicht; das auf Beseitigung der Spannungen abzielende Vorhaben, die Kollekte persönlich zu überbringen, führt den Apostel geradewegs ins Verderben. Durch unglücklich verkettete Umstände gerät Paulus in römische Gefangenschaft und erreicht so nach einem dramatisch beschriebenen Schiffbruch doch noch das Reiseziel Rom, aber nicht, wie er geplant hatte, als Herold und Botschafter, sondern als der »Gefangene Christi«, der sein Lebenswerk dort, wo er es auf die westliche Reichshälfte auszudehnen hoffte, mit dem Martyrium krönt.

Wie die von nun an praktisch als einzige Informationsquelle zur Verfügung stehende Apostelgeschichte mit der Schilderung des Schiffbruchs ein Vorkommnis der paulinischen Missionstätigkeit – dokumentiert in der Notiz der Narrenrede »eine Nacht und einen Tag lang trieb ich über der Meerestiefe« (2 Kor 11,25) – an deren Ende verlegt, dürfte sie auch den Anfang des Todesweges in verzerrter Form wiedergegeben haben. Während sie den Konflikt und die Übergabe der unter Mühen zusammengebrachten Summe übergeht, scheint das Unheil gerade von der Ablehnung der Spende aus »unreinen Händen« ausgegangen zu sein. Anders als die glättende Darstellung will, hat somit allem Anschein nach der alte Kampf den Apostel in Jerusalem, wo er erstmals in aller Schärfe ausgetragen worden war, noch einmal, und jetzt mit tödlichem Ausgang, eingeholt. Das rückt das Ende in eine von der Apostelgeschichte, die davon aus später Rückschau berichtet, abweichende Sicht.[28]

Während die lukanische Darstellung den Apostel die ersehnte Missionstätigkeit in Rom noch aufnehmen läßt (26,16–31), dafür aber die Umstände seines Todes verschweigt, ist dieser tatsächlich die unmittelbare Folge seines kompromißlosen Einsatzes für die Sache des gesetzesfreien Glaubens. Er starb, weil er das Christentum nicht nur aus der Enge seiner provinziellen Anfänge, sondern auch aus den Zwängen einer Gesetzesreligion herausführte. So war sein Tod, von seiner innersten Motivation her gesehen, die sein Lebenswerk krönende Tat der Freiheit.

Das Ende

Der letzte Akt im Leben des Apostels nimmt seinen Anfang mit dem auch von der eher konfliktscheuen Apostelgeschichte berichteten kühlen Empfang in Jerusalem (21,20 ff.), der darauf schließen läßt, daß die als Zeichen fürsorgender Verbundenheit gedachte Spende zurückgewiesen und zudem mit demütigenden Forderungen beantwortet wurde, denen sich der plötzlich wie gelähmt erscheinende Paulus widerstandslos unterwirft. Er unterzieht sich einem Gelübde, wird beim Betreten des Tempels von gegnerischen Fanatikern entdeckt, die ihm unterstellen, einen Heidenchristen in den für Unbeschnittene unter Todesstrafe verbotenen Innenbezirk eingeschleust zu haben; es kommt zu einem Tumult, bei dem er gelyncht zu werden droht, jedoch durch das Eingreifen der römischen Wachtruppe gerettet und von ihr in Schutzhaft genommen wird. Doch beginnt damit für ihn ein sich jahrelang verschleppendes Verfahren, das Paulus aufgrund der Bestechlichkeit des Prokurators in die Gefahr bringt, jüdischen Anschlägen zum Opfer zu fallen. Um dem zu entgehen, legt er als römischer Bürger Berufung an den kaiserlichen Gerichtshof ein. So führt ihn der Entscheid »an den Kaiser hast du appelliert, zum Kaiser sollst du gehen« (25,12), doch noch an das angestrebte Missionsziel, wenn auch im Zug eines Gefangenentransports und zudem nach einer von Lukas im Sinn des Szenarios »Schiffbruch mit Zuschauer«[29] (BLUMENBERG) geschilderten Katastrophe, der die Besatzung nur durch die übermenschliche Geistesgegenwart des Apostels entgeht.[30] Wenn man das verklärende Licht beachtet, das seine Gestalt in dieser Szene umfließt, legt sich der Gedanke nahe, den Schiffbruch als Symbol des Martyrertodes zu deuten, der in dieser verschlüsselten Form dann auch, gegen ihren narrativen Wortlaut, von der Apostelgeschichte berichtet würde.

III. Die Lebensgestalt

Er in mir!

Wer war Paulus? Auf diese Frage hat sich die gesamte Paulus-Forschung gerade auch in ihren jüngsten Vertretern abgestimmt. Doch diese Frage ist falsch gestellt. Mit der ihr eigenen Blickrichtung blendet sie von vornherein alles aus, was die historische Perspektive nicht zu erfassen vermag. Richtig muß vielmehr gefragt werden: Wer ist Paulus? Nur so entspricht es der anhaltenden, wenn auch großen Schwankungen unterworfenen Faszination, die von dem Apostel bis heute ausgeht. Denn Paulus ist auf eine schwer zu bestimmende Weise gleichzeitig historische Gestalt und Zeitgenosse. Er läßt sich nicht einfach in das Museum der Historizität verweisen; wie seine Sprache im Bund mit seiner Wirkungsgeschichte beweist, ist er vielmehr bei aller Zeitgebundenheit zugleich zeitnah, aktuell und präsent.

Das ist eine andere Unbestimmtheit als die »zurückgewandte«, also auf das Verständnis des Evangeliums bezogene des »Jüngers, den Jesus liebte«.[1] Im Fall des Apostels ist diese Unbestimmtheit nach außen und vorwärts gerichtet. Sie betrifft einen Überhang zur Gegenwart hin, der ihn der rein historischen Erfassung entzieht. Dabei ist die Figur des Vorzugsjüngers insofern bedeutsam, als die Frage letztlich auf Jesus selbst zurückverweist.

Während im historischen Normalfall der Urheber hinter seinem Werk verschwindet, so daß dieses unabhängig von ihm, er dann aber auch ohne Rücksicht auf seine Wirkungsgeschichte gewürdigt werden kann, verhält es sich im Fall Jesu, wie bereits mit Kierkegaard gesagt wurde, umgekehrt. Er überragt nicht nur sein Werk; er lebt in ihm fort. Auf abgeschattete und ab-künftige Weise trifft das auch auf Paulus zu. Über das hinaus, was dazu grundsätzlich bemerkt wurde, heißt das aber nicht nur, daß seine Auslegung der Heilsbotschaft in mehr als einer Hinsicht mehr als diese selbst zu geistes- und weltgeschicht-licher Wirkung gelangt; es heißt überdies, daß er wie kaum ein anderer auf Aktualisierung drängt. Während sonst das histori-sche Interesse die Gestaltzeichnung einer Persönlichkeit be-stimmt, die dann ausschließlich aus ihrem Selbstzeugnis, ihrer Wirkung auf die Umwelt und aus deren Reaktion auf sie erho-ben wird, kommt bei Paulus ein Moment der Spontaneität ins Spiel, das das Interesse des Referenten unwillkürlich auf sich zieht. Mit ihm verhält es sich tatsächlich so wie mit seiner Dar-stellung auf DÜRERS Apostelbild (von 1526), wo er den Be-trachter mit stechendem Blick herausfordert, der nur die Alter-native offenhält, ob er mit dem Stock oder im Geist der Liebe auf ihn zukommen soll. Das kann nur in einer exzeptionellen Persönlichkeitsstruktur begründet sein, der es auf den Grund zu gehen gilt.

Die innere Biographie

Damit stellt sich nun definitiv die Frage nach der inneren Bio-graphie des Apostels, die von seinem Berufungserlebnis her erzählt werden muß. Denn erst mit ihm beginnt die Lebenszeit, die für ihn wirklich »zählt«. Zwar hat er den johanneischen Be-griff der »Wiedergeburt« nicht – noch nicht. Doch erfährt er sich faktisch als den durch göttliche »Intervention« Wiederge-borenen. Was seinem Leben Gestalt und Gesicht verleiht, ist für ihn nicht seine biographische Herkunft, Erziehung und Bil-dung, sondern der Anfang, den Gott mit ihm gemacht hat. Demgemäß verläuft diese Lebensgeschichte auch auf zwei deutlich unterschiedenen Bahnen, einer Geschichte mit Gott, dem er die neue Selbstwerdung verdankt, und der dadurch erst in Gang gesetzten Geschichte mit sich selbst.

Die Geschichte mit Gott beginnt mit dem, was ALFRED WIKENHAUSER die »Gottestat bei Pauli Berufung« genannt und als seine »Besitzergreifung« durch Christus beschrieben hat.[2] Sie entwickelt sich im existentiellen Wechselgespräch mit dem Gott, durch den er sich ausersehen und mit dem Geist der Sohnschaft beschenkt fühlt, so daß ihm »Leben soviel wie Christus und Sterben Gewinn« bedeutet (Phil 1,21). Sie erreicht ihre Gipfelhöhe in jenen Aufschwüngen, die von den paulinischen Gottesnamen eher angedeutet als wirklich bezeichnet werden, wenn von dem »getreuen Gott« (1 Kor 1,9), dem »Gott der Geduld und des Trostes« (Röm 15,5), dem »Gott des Friedens« (Röm 16,20) und dem »Vater der Erbarmungen und Gott allen Trostes« (2 Kor 1,3) die Rede ist und wenn darin anklingt, wohin der Apostel, der einmal von seiner »Entrückung in den dritten Himmel« spricht (2 Kor 12,2), tatsächlich erhoben wurde. Und sie gelangt an ihr Ziel in der lebensgeschichtlich vorweggenommenen Vision des Gottes, dem, ungeachtet aller geschichtlichen Rückschläge, zuletzt doch alles unterworfen werden muß und dem sich am Ende seines Heilswerkes auch der Sohn unterwirft, damit er, Gott, alles in allem sei (1 Kor 15,28).

Synchron mit dieser Geschichte verläuft dann aber die andere, die Paulus wie nur je ein Mensch mit sich selbst durchlebt. »Vom Abgrund nämlich haben wir angefangen«, sagt ein spätes Hölderlin-Fragment. Es ist der Abgrund des dem Menschen – und nur ihm – möglichen Abfalls von sich selbst, radikaler noch, der verweigerten Einwilligung in das ihm zugelegte Dasein. An einer der erhellendsten Stellen seines Paulusbuchs gibt OTTO KUSS zu verstehen, daß die innere Biographie des Apostels, spiegelbildlich zu der an ihm geschehenen Gottestat, mit dem Ringen um diese Einwilligung einsetzt.[3] Wie je nur ein alttestamentlicher Prophet stand auch er vor der Entscheidung, die an ihn ergangene Berufung anzunehmen oder sich ihr, zusammen mit dem ihm damit zugedachten Lebenssinn, zu verweigern. Damit aber hörte das Dasein für ihn definitiv auf, eine fraglose Gegebenheit zu sein; es wurde für ihn zum Ansinnen, ja zur Herausforderung, die »angenommen« und »übernommen« werden mußte.

Siegel der gelungenen Übernahme ist das mystische, aus dem Erlebnis des Ergriffenseins gesprochene Ich. Um es sprechen zu können, mußte Paulus die Sprache im Anlauf zu seiner sprachgeschichtlichen Großtat gegen ihren »natürlichen«, auf Weltbeschreibung angelegten Funktionssinn als Medium der Selbstmitteilung verwenden.[4] Dabei war eine um so höhere Sprachbarriere zu überwinden, als nicht nur der subjektive Bezugspunkt alles Denkens und Erlebens – das Ich – zur Sprache gebracht, sondern von ihm so gesprochen werden muß, daß die diese »Selbstsetzung« ermöglichende Gottestat dabei erkennbar blieb. Kaum etwas kennzeichnet den Apostel mehr, als daß er sich dazu »hinreißen« läßt, genötigt durch die Selbstverteidigung, zu der er sich im antiochenischen Konflikt herausgefordert sieht. Im Rückblick darauf erklärt er:

> Wenn ich das, was ich niedergerissen habe, wieder aufbaue, stelle ich mich doch selbst als Übertreter hin. Denn durch das Gesetz bin ich dem Gesetz gestorben, damit ich für Gott lebe. Mit Christus bin ich gekreuzigt. Ich lebe, doch nicht ich – Christus lebt in mir. Sofern ich noch im Fleische lebe, lebe ich im Glauben an den Gottessohn, der mich geliebt und sich für mich hingegeben hat (Gal 2,18 ff.).

Mit der Formel »Nicht mehr ich – er in mir« bringt Paulus das Wunder seiner Selbstfindung auf den Begriff. Wie fast alles Wesentliche kommt auch das bei ihm fast wie »im Vorbeigehen«, zumindest in frustrierender Kurzform, zur Sprache. Aber gerade so entspricht es der Tatsache, daß das konfessorische Reden mit ihm erst seinen vollen Anfang nimmt. Fast könnte man eine Regel aufstellen, wonach sich der sprachliche Ausdruck bei Paulus im selben Maß verknappt, wie er sich auf lebensgeschichtlich wichtige Daten bezieht. Daraus erklärt es sich auch, daß er den motivierenden Impuls erst am Schluß der Stelle erwähnt. Es war die (nach 2 Kor 5,14) »drängende« Liebe Christi, die er in seiner Berufungsstunde als den allen Eigeninitiativen zuvorkommenden Beweggrund erfuhr und die ihm ebenso zum Glauben wie zu sich selbst verhalf.

Erstmals tritt hier die spezifisch paulinische Glaubensform und die von ihr geprägte Denkstruktur zutage. Für Paulus kommt der Glaube aus einer vorgängigen Liebeserfahrung, das Erkennen aus einem es ermöglichenden Erkanntsein (Gal 4,9). Damit verweist der größte »Leistungsdenker« der Christenheit darauf, daß es letztlich nicht auf das »Laufen« ankommt (Röm 9,16), sondern lediglich auf die Erreichung des Zieles, das aber in seiner Entlegenheit zuletzt nur dadurch erreicht wird, daß es sich dem ihm Entgegenstrebenden selber »zuträgt«. Damit tritt ein Perspektivenwechsel ein, der alle religiöse Systematik, die denkerische ebenso wie die lebenspraktische, von ihren Wurzeln her angreift. Das Ziel ist der Anfang. Am Ende und Anfang aller Worte von und über Gott – und »Wort« als Inbegriff all dessen genommen, was je über ihn ausgedacht, zur Sprache gebracht und ins Werk gesetzt wurde – steht das von Gott selbst gesprochene Wort, das Wort, in dem er sich selber aussagt und dadurch alles auf sich zurückbezieht. Darum weiß die Erkenntnis, die einem Erkanntsein entstammt, und der Glaube, der sich von der Liebe gedrängt fühlt.

In der Formel »Nicht mehr ich – er in mir« ist tödlicher Ernst mit höchster Seligkeit geeint. Deshalb spricht Paulus zunächst von zweierlei Sterben. Vom Tod, den er durch die qualvolle Überforderung durch das Gesetz erlitt und, abrupt und übergangslos, von seinem Mitgekreuzigtsein mit Christus. »Zusammengewachsen« mit ihm, wie er im Römerbrief sagt (6,5), erlebt er die Geburt des neuen Menschen, weil ihn dieser Untergang in die Wirklichkeitsfülle des vom Tod Erstandenen hineinreißt. Auch das folgt, einer mystischen Logik gehorchend, übergangslos aufeinander. Unter den Hammerschlägen des »Mitgekreuzigt« geht die »alte«, auf dem Weg der Selbstverwirklichung gewonnene Lebensform in Trümmer. Doch aus ihrem Einsturz geht, wunderbar wie eine aufspringende Blüte, die neue, Gott entstammte, hervor, das unausdenkliche »Er in mir«. Anders als in jenen pathologischen Kollisionen, die der fatale Ausdruck »Besessenheit« meint, geschieht das nicht in Form eines zerstörerischen Einbruchs. Wenn Christus, wie der Epheserbrief (3,17) sagt, im Menschenherzen Wohnung nimmt, kommt er durch die allein ihm zubestimmte Tür, als der zuinnerst Bejahens- und Liebenswürdige. Mehr noch: Er kommt als der einzig Eigene – in sein Eigentum.

Personale Stellvertretung

Wenn der Ausdruck nicht irreführend wäre, könnte man die Existenzform des Apostels als »Doppelleben« bezeichnen. Nach wie vor trägt er die Spuren seines früheren Daseins – fast wie die Wundmale des Gekreuzigten (Gal 6,17)) – an sich. Wie ihm seine frühere Wertwelt als »Dreck« vorkommt (Phil 3,8), empfindet er jetzt erst recht die Hinfälligkeit, Armut und Schwäche dessen, worauf er sich in seinem »Vorleben« etwas zugute gehalten hatte. Doch all das ist aufgehoben oder steht doch, besser gesagt, im Begriff, in sein leuchtendes Gegenteil, in sieghafte Kraft und überreiche Fülle, umzuschlagen. Und dies nicht etwa als Folge einer spontanen Kompensation, sondern der Besitzergreifung durch den, der an die Stelle seines ausgelöschten Personzentrums tritt. Schon die von ihm gebrauchte Formel, dieses splitternde »Nicht mehr ich – er in mir«, vermittelt einen Begriff von der eruptiven Gewalt, mit der sich diese Metamorphose vollzieht. Durch seine Briefe geht, bis in die Randzonen hinein, ein Beben, das davon herrührt. Sie sind die Bekenntnisse eines Gedrängten und Getriebenen, in den selteneren Teilen freilich auch eines Entlasteten und der täglichen Anfechtung wenigstens für Augenblicke Enthobenen. Daraus erklärt es sich auch, daß er die Gemeinden bisweilen mit präpotenter Autorität überfällt, um sie dann wieder mit zärtlicher Hand ans Herz zu ziehen.

Wer Paulus nicht auf ein vorgefaßtes Schema festlegen, sondern aus seinem Selbstverständnis begreifen will, muß sich in diesen aufgehobenen Gegensatz hineindenken und ihm abnehmen, daß er aus der Position dessen denkt, redet und handelt, der stellvertretend für ihn seine Sache führt, der ihn durchlichtet, ermächtigt und als der ihm ins Herz gesprochene Lebensinhalt erfüllt. Das trägt ihn über die Hemmschwelle seiner Verzagtheit hinweg, überwindet die ihn befallenden Selbstzweifel und fügt die zerbrechende Lebensgestalt in eine je höhere Einheit zusammen. Anders ist es kaum zu erklären, daß Paulus als Einzelkämpfer es wagen konnte, die Gebiete im weiten Umkreis »von Jerusalem bis nach Illyrien« (Röm 15,19) dem »Gehorsam gegen Christus« zu unterwerfen (2 Kor 10,5), obwohl er dieses Wagnis offenen Auges für die Faszination der heidnischen Kulte (1 Kor 5,20f.; 12,2) und sicher auch für den Glanz der griechischen Philosophie und Kunst einging. Auch wenn man die zusätzliche »Nötigung« hinzunimmt, die (nach 1 Kor 9,16) von seiner Berufung ausging, bleibt ein sonst nur schwer aufzuhellender Rest, zumal Paulus wohl als einziger Missionar der frühen Christenheit sein Werk im Bewußtsein des damit verursachten »Kulturbruchs« in Angriff genommen haben dürfte.

Geeinter Widerspruch

Paulus ist eine zutiefst dialektische Erscheinung. Das gilt ebenso von seiner Wirkung wie vom Bau seiner Konzeption und Sprache; und nicht zuletzt gilt es vom Aufbau seiner Lebensform.[5] Sie gestaltet sich in Akten der Übernahme und Übereignung aus – wie die Schale um einen zunächst ungeschützten Kern. Das bedingt einen hohen Grad von Verletzlichkeit und Anfälligkeit. Darauf dürfte sich das wiederholt erwähnte Guardini-Wort beziehen, daß es Paulus mit sich und seiner Welt schwer gehabt habe, zumal sich damit die Vermutung verband, daß er durch den an ihn ergangenen Auftrag an der vollen Verwirklichung seines Menschseins gehindert worden sei.[6]

Gereizte Reaktionen

Freilich: Die Umgebung des Apostels wird es auch mit ihm nicht weniger schwer gehabt haben. Der häufige Wechsel der Mitarbeiter und Bezugspersonen, der sicher nicht nur mit seiner intensiven Reisetätigkeit zu tun hat, spricht dazu ein kaum zu überhörendes Wort. In seinen Äußerungen häufen sich die Töne, die auf eine fast zuständliche Gereiztheit schließen las-

sen, von den Ausbrüchen des Sarkasmus und ungezügelten
Zornes zu schweigen. Das ist nicht nur eine Frage des Tempe-
raments – Paulus war zweifellos mehr Choleriker als der
Sanguiniker, den DÜRER in ihm sah –, sondern einer Abwehr-
reaktion, die weithin als Schutzmechanismus zu werten ist.
Aufschlußreich ist dafür der Auftakt der Narrenrede, wo Paulus in momentaner Herzensentblößung seine »Eifersucht« ein-
gesteht, wenn freilich, bezeichnend für sein »Doppelleben«,
nur in der Rolle des Stellvertreters, der sich als »Freund des
Bräutigams« (Joh 3,39) selbstvergessen um den Erfolg der
Werbung bemüht:

> Mit göttlicher Eifersucht umwerbe ich euch; denn ich
> habe euch einem einzigen Mann anverlobt, um euch als
> reine Jungfrau Christus zuzuführen (2 Kor 11,2).

Doch schon im unmittelbaren Anschluß daran steigert er sich
zu immer gereizteren, bisweilen ironisch-sarkastischen Tönen
bis hin zu jener verbalen Detonation, die sich in der Narrenrede
entlädt. Obwohl NIETZSCHE seine »Genealogie der Moral« im
Auge hat, kann der von Paulus vollzogene Übergang schwerlich besser als mit seinen Worten beschrieben werden:

> Jedesmal ein Anfang, der irreführen soll, kühl, wissen-
> schaftlich, ironisch selbst, absichtlich Vordergrund, ab-
> sichtlich hinhaltend. Allmählich mehr Unruhe; vereinzel-
> tes Wetterleuchten; sehr unangenehme Wahrheiten aus
> der Ferne her mit dumpfem Gebrumm laut werdend – bis
> endlich ein tempo feroce erreicht ist, wo alles mit unge-
> heurer Spannung vorwärts treibt. Am Schluß jedesmal,
> unter vollkommen schauerlichen Detonationen, eine
> neue Wahrheit zwischen dicken Wolken sichtbar.[7]

Und nicht weniger trifft auf diesen Übergang, wenn man ihn als
Ausdruck eines sich aus seiner Verletzlichkeit Erhebenden und
zum Gegenangriff Übergehenden nimmt, die großartige Würdigung zu, mit der JOSEPH BERNHART den Verfasser der »Confessiones« charakterisiert:

Man staunt und schauert an den Abgründen der Erkenntnis, die sich auftun, und folgt, wider Willen fast, der Gebärde, mit welcher der Führer durch das Labyrinth unserer Existenz die Nacht in Tag und den Tag in Nacht verwandelt, Gott enträtselt, den Menschen verrätselt und mit dem Jubel eines ersten Entdeckers das aeternum internum gewahrt: daß wir Bescheid um das Ewige in uns tragen, welches zugleich doch die Grenzen unseres Wesens übersteigt – ein Haben, das auch ein Nichthaben, und ein Nichthaben, das doch auch ein Haben ist.[8]

Haben und Sein

So entspricht es fürs erste dem, der sich in seiner Schwäche gestärkt, in seiner Armut beschenkt, in seiner Trübsal getröstet weiß. Vor allem aber entspricht es so der Seinserfahrung dessen, dem im Sinn von ERICH FROMMS Alternative »Haben oder Sein« das beruhigte Sein als die Erfüllung des errungenen Habens gilt.[9] Zwar spricht Paulus in dem fesselnden Bild vom Schatz im Tongefäß (2 Kor 4,7) auch von einem subtilen Besitz; doch nur, um dieses Bild in die Seinsaussage von seiner »inneren Erneuerung« (4,16) zu überbieten. Auf die Spur dieser Umsetzung führt der Schlüsselbegriff des paulinischen Denkens, der sich spontan einstellt, sofern man nur den zunächst negativ, als Verletzlichkeit und Anfälligkeit beschriebenen Ausgangspunkt ins Positive wendet. Denn so gesehen bewirkt die existentielle Zugehörigkeit zu Christus – Freiheit. Es ist die Freiheit dessen, der sich durch die göttliche Intervention seinem Lebenskonflikt entrissen, seinem Lebenskampf überhoben fühlt. Was in aller Anstrengung immer nur unzulänglich errungen werden konnte, ist durch sie bedingungslos geschenkt, anstatt erkämpfter Besitz ungeschuldeter Inbesitz geworden. Nicht umsonst lautet die erste der von Paulus aufgeworfenen Existenzfragen:

Bin ich nicht frei? (1 Kor 9,1).

Durchlebt und umhegt von Christus, fühlt er sich im Sinn

einer spirituellen Urerfahrung in einen ungeahnten Freiraum gestellt. Das Bewußtsein davon wird fortan sein ganzes Denken und Tun durchdringen. Umgekehrt würde die von ihm gemeinte Freiheit weit unter ihrem Wert gehandelt, wenn man sie nur emanzipatorisch, also als Freiheit von den Zwängen des Daseins und den Forderungen des Gesetzes, verstehen wollte. Sie ist kein Zustand, der in der Abscheidung von etwas gewonnen wird. Deshalb empfindet sie auch keine Notwendigkeit, sich über ihr Recht und ihre Geltung auszuweisen. Als eine das ganze Bewußtsein des Apostels durchgreifende Gegebenheit ist sie einfach da. In ihr gewinnt der aus der Seinsverbundenheit mit Christus hervorgehende Existenzakt seinen unmittelbarsten Ausdruck. Wie von Jesus zu sagen ist, daß sich in seiner Nähe keine Fesseln halten, ist nun auch der aus der Verbundenheit mit ihm Lebende auf elementare Weise befreit.

»Bin ich nicht frei?« – das klingt wie das Urwort, das ihm die neue Lebensform auf die Lippen legt. Daß das für ihn zugleich »die Lösung seines Daseinsproblems« bringt, sah in hellsichtiger Einfühlung GUARDINI, der seine Beobachtung mit der Zusatzbemerkung verdeutlichte, daß damit der »Zwang des Leisten-Müssens und der Krampf des Leisten-Wollens« aus dem Leben des Apostels verschwanden.[10] Das ist zweifellos im Blick auf die Zwänge der modernen Leistungsgesellschaft gesagt. Doch bestätigt sich damit nur aufs neue, wie sehr Paulus der erste moderne Mensch ist, dem auch Erfahrungen nach Art heutiger Lebenskonflikte nicht fremd blieben. Das läßt dann allerdings auch darauf schließen, wie sehr Paulus von seiner Konstitution und Persönlichkeitsprägung her dazu geneigt haben mußte, sich durch Leistungen – vorwiegend religiöser Art – zu profilieren, um dadurch seinen Selbstwert zu erweisen. Dabei kam es ihm vermutlich noch nicht einmal so sehr auf das vorweisbare Ergebnis als vielmehr auf die aufgewandte Mühe an. Für ihn muß ursprünglich das gezählt haben, was Anstrengung kostete und wehtat. Die Tragik seiner Wirkungsgeschichte besteht dann nicht zuletzt darin, daß er im Rahmen einer falsch verstandenen Askese damit Schule machte, obwohl er mit letztem Nachdruck darauf hinwies, daß

alles, was mit Leistungszwang zusammenhing, für ihn zur überwundenen Phase seiner Lebensgeschichte gehörte. Um so
dringlicher stellt sich die Frage nach dem Existenzakt, zu dem
er durch die große Lebenswende geführt wurde.

Der Existenzakt

Danach muß um so mehr gefragt werden, als Paulus wie als
Denker und Sprachverwender so auch als Person an einer der
größten Wendemarken der Menschheitsgeschichte steht. Als
Denker, sofern er sein Licht nicht nur der Vernunft, sondern
der an ihn ergangenen Gottesoffenbarung und damit dem
Glauben entnimmt. Als Sprachverwender, sofern mit ihm das
konfessorische Reden seinen Anfang nimmt. Und als Mensch,
sofern auf ihn zutrifft, was GUARDINI von der in den Bannkreis
der »Christus-Existenz« geratenen Persönlichkeit sagt: »Sie
schlägt die Augen auf und ist nun wach, ob sie will oder
nicht«.[11] Mit ihm beginnt, lange vor Descartes und Augustin,
den HARNACK »den ersten modernen Menschen« nannte, das
Zeitalter der Subjektivität. Was ihn kennzeichnet, ist aber
nicht das behauptete und im Gegenzug zur Es- und Du-Welt
konstituierte, sondern das aus gnadenhafter Entgegenkunft
und Gewährung empfangene Selbstsein.

Genauer besehen baut sich dieses in zwei Stufen auf. Auf der
ersten bestätigt sich die Selbstbezeichnung des Apostels,
»Nachahmer Christi« zu sein (1 Kor 11,1), in einem höchsten,
den existentiellen Selbstvollzug betreffenden Sinn. Paulus
selbst bietet dazu den Schlüssel, wenn er den Existenzakt Jesu
auf die Formel bringt: »Sofern er lebt, lebt er für Gott«
(Röm 6,10). Damit benennt er eine Form der Selbstfindung,
die sich zur gewohnten geradezu gegensinnig verhält. Führt
diese durch Akte der Distanzierung und Abgrenzung zum Ziel
des Selbstseins, so die von Jesus vorgelebte auf dem Weg der
Hingabe und Selbstübereignung. Wie sehr sich Paulus gleichfalls auf dieser Bahn der »dienenden Selbstfindung« bewegt,
zeigt seine Frage:

> Wann wird einer schwach, und ich werde es nicht mit ihm?
> Wann kommt einer zu Fall, und ich leide nicht brennen-
> den Schmerz? (2 Kor 11,29).

Doch mit dieser Frage tastet sich Paulus lediglich in die hori-
zontale Erstreckung der neuen Lebensform vor. Senkrecht
dazu steht sein Bekenntniswort, das Christus zu seinem Lebensinhalt erklärt (Phil 1,21), zumal aber das ungeheuerliche
und doch in seiner Polemik höchst aufschlußreiche Geständnis:
»Mit Christus bin ich gekreuzigt« (Gal 2,19). Wenn man die
Hammerschläge dieses Satzes im Ohr hat, stellt sich aufs
neue das Bild vom zerbrechlichen Tongefäß ein, das in Scher-
ben gehen muß, wenn der in ihm verborgene Schatz zum Vorschein kommen soll. Das geschieht in dem sich unmittelbar anschließenden Schlüsselsatz. Die alte Lebensform zersplitterte:
»Nicht mehr ich«. Doch aus den Trümmern geht das Neue, aus
der Einwohnung Jesu erblühende Selbstsein, so wunderbar wie
selbstverständlich, hervor: »Er in mir«.

Es gehört zur Logik dieses Satzes, daß er das Neue nicht aussagen kann, ohne das Alte, Zurückgelassene, zu verneinen. In
dieser Weise bleibt Paulus an die überwundene Form der
Selbstfindung zurückgebunden. Zwar ist der ihm ins Herz gesprochene und dadurch zur Personmitte gewordene Gottessohn »nicht Ja und Nein zugleich«; vielmehr ist er das un-
bedingte, unwiderrufliche »Ja«, das Gott in ihm spricht
(2 Kor 1,19). Doch im Selbstverständnis des Apostels stößt sich
diese Bejahung immerfort von dem ab, was durch sie ausgeräumt und beseitigt wurde. So wird Paulus nicht erst durch äußere Konfliktsituationen, sondern von seinem Existenzakt her
zum Gegensatzdenker, der sich am Andersartigen reibt und in
immer neue Auseinandersetzungen gerät, ganz so, als brauche
er die Negation, um die an ihn ergangene Zusage voll erfassen
zu können. Wenn es (Hebr 12,3) von Jesus heißt, daß er den
Widerspruch der Sünder erduldet habe, gilt von ihm, daß er
den Widerspruch auf sich zog.

Indessen bezeugt sein Briefwerk nicht nur den erwähnten
Fall der sich von der Intimität zur Polemik steigernden Eskala-
tion, sondern spiegelbildlich dazu ebenso den Fall der Selbstbe-

schwichtigung. So fährt er seine Adressaten in einem bedeutungsvollen Argumentationszusammenhang zunächst mit unerwarteter Heftigkeit an, um sie noch im selben Atemzug als Schutzschild für sich und seine Sache in Anspruch zu nehmen:

> Fangen wir nun schon wieder an, uns selbst zu empfehlen? Oder brauchen wir – wie gewisse Leute – Empfehlungsschreiben an euch oder von euch? Unser Brief seid ihr, eingeschrieben in unsere Herzen, von allen Menschen verstanden und gelesen! (2 Kor 3,1f.).

Es rührt somit letztlich von der Persönlichkeitsstruktur des Apostels her, daß er von seinen Positionen stets auf die jeweilige Gegenposition zurückgeworfen wird, daß er von Licht, Freiheit, Gnade, Freude und Friede meist in abgrenzender Weise spricht, also im Gegensatz zu Finsternis, Knechtschaft, Sünde, Trübsal und Kampf. Und doch unterscheidet er sich vom philosophischen Dialektiker dadurch, daß er vom Gegensatz nicht angefochten oder gar versehrt, sondern allenfalls betroffen und stimuliert ist. Man wird den Eindruck nicht los, daß er den Widerstand braucht, um sich im Gegenzug dazu zu seiner vollen Form erheben zu können. Und wo er ihn nicht vorfindet, sucht und provoziert er ihn.

Bedrängt, nicht erdrückt

Und doch ist das nur die Kehrseite des sich abzeichnenden Bildes. Zu seiner Vollständigkeit gehört es, daß Paulus, ungeachtet seiner ständigen Verstrickung in innere und äußere Konflikte, als Gestalt von imponierender Geschlossenheit erscheint. Wo er auftritt, beherrscht er das Feld. Eine Sicherheit strahlt von ihm aus, die sich nachträglich sogar auf seine bisweilen brüchige und anfechtbare Argumentation erstreckt. In der Regel ist diese ohnehin nur eine Hilfskonstruktion zur Bestätigung dessen, was für ihn schon vor jeder Beweisführung feststeht. Nie dringt die Anfechtung bis in diese innerste Zitadelle seines Denkens ein. Er ist seiner Konflikte, so sehr er sie erleidet, zugleich überhoben. Er lebt aus dem Bewußtsein des geeinten Widerspruchs. So groß ist die Einungskraft der göttlichen Zusage, durch die er sich bejaht und allen gegnerischen Gewalten entrissen weiß. Deshalb zeichnet sich sein Porträt auch kaum irgendwo so deutlich wie in den Sätzen ab, die unmittelbar auf das Bild vom Schatz im Tongefäß folgen:

> Von allen Seiten bedrängt, finden wir dennoch Raum; im Zweifel, sind wir doch nicht verzweifelt; verfolgt, doch nicht aufgegeben; niedergeworfen und doch nicht umgebracht. Allzeit tragen wir das Todesleiden Jesu an unserem Leib, damit auch das Leben Jesu an uns offenbar werde (2 Kor 4,8 ff.).

Getrennt und verbunden

In einer stärkeren Blickwendung auf die Umwelt wiederholt der Apostel diese Selbstdarstellung mit den Worten:

> Wir (gelten) als Schwindler und (sind) doch wahrhaftig, als Unbekannte und doch wohlbekannt, als Todverfallene und doch überlebend, als Geschlagene und doch nicht umgebracht, als Betrübte und doch allzeit fröhlich, als Bedürftige, die viele beschenken, als Habenichtse, die doch alles besitzen (2 Kor 6,8 ff.)

Damit steigert sich die Beobachtung, daß Paulus die auf ihn eindringenden Konflikte gleichzeitig auf sich zog, zu der Erkenntnis, daß die Gegnerschaft, mit der er sich lebenslang konfrontiert sah, ebenso in ihm schicksalhaft angelegt war wie der eminente Einfluß, den sein Denken auf die Folgezeit ausübte. An dieser Stelle der Gestaltanalyse wird man sich ebenso fragen müssen, ob ihn sein Damaskuserlebnis als radikaler »Einbruch« oder nicht vielmehr als eine strukturell in ihm vorangelegte »Eingebung« überkam, wie man sich fragen muß, ob die Schwankungen der Wirkungsgeschichte, dieser merkwürdige Umschlag von Anerkennung zu Verdrängung, von Anfeindung zu neuer Geltung, nicht mit dem nachwirkenden Spannungsmoment seiner Persönlichkeit zu tun haben.

Die Gegnerschaft

Zunächst aber gilt es, die Funktion der Gegnerschaft genauer zu bestimmen. Gestützt auf die Erkenntnis, daß Paulus den Konflikt im Interesse seiner Profilierung benötigte und insofern, bewußt oder unbewußt, provozierte, wird man dabei sinngemäß von seiner Polemik auszugehen haben, zumal diese, wie BECKER hervorhebt, zuinnerst der Sorge um gefährdete Gemeinden entsprang.[12] Daß diese Sorge nur zu berechtigt war, ergibt sich aus der Tatsache, daß er Korinth erst nach schwerem Ringen zurückgewann und die galatischen Gemeinden trotz aller Gegenwehr zuletzt an seine Gegner verlor.[13] Damit sind auch schon die »Felder« der wichtigsten Auseinandersetzungen genannt.

Eine erste Gegnerschaft baut sich nach dem Bericht des Galaterbriefs freilich schon in Antiochien, der »Ausgangsbasis« der paulinischen Mission, auf, als sich Petrus bei seinem dortigen Aufenthalt von der Tischgemeinschaft mit den Heidenchristen zurückzieht, nachdem »einige Leute von Jakobus« eingetroffen waren und ihn, wie zu ergänzen ist, unter Druck setzten (2,12). Da sich davon auch die »übrigen Juden und selbst Barnabas fortreißen lassen«, kommt es zur offenen Auseinandersetzung mit Petrus, die sich in der Reflexion des Briefs zu einer grundsätzlichen Darstellung der mystisch begründeten Rechtfertigungslehre vertieft (2,14–21).

Dieselbe Konfrontation wiederholt sich auf den beiden Hauptschauplätzen des Kampfes. Beim Versuch der Rückgewinnung der von Paulus gegründeten Gemeinden im nordgalatischen Raum treten judaistische Agitatoren, offensichtlich im Zug einer planmäßigen Gegenaktion, auf den Plan, die Paulus unter zweifelhafter Berufung auf die Altapostel vorwerfen, mit seiner Verkündigung des gesetzesfreien Christentums die Heilsbotschaft verhängnisvoll zu halbieren, da Christus zwar der Vollender, keinesfalls aber das Ende des mosaischen Gesetzes sei; außerdem habe er in sträflicher Selbstüberhebung seine Christophanie an die Stelle der allein der kirchlichen Überlieferung entsprechenden Legitimierung durch den historischen Jesus gesetzt.

Wenn das, wie BORNKAMM in seltsamer Aversion gegen den »Mystiker« Paulus unterstellt, nur eine sich zwar »leicht aufdrängende«, aber verzerrende Deutung des Konfliktfalls wäre, ließe sich weder die Argumentation noch die scharfgezielte Stoßrichtung des Galaterbriefs erklären.[14] Denn dieser lebt – vom ersten Satz an – von dem Anspruch des Apostels, daß sein Apostolat ebenso wie seine Verkündigung nicht menschlicher Autorisierung und Belehrung, sondern der an ihn ergangenen Offenbarung entstammten, also der ihm vor Damaskus widerfahrenen Gottestat, durch die ihm das Geheimnis des Gottessohnes enthüllt (1,16) und er bis zur Einselbstung in dieses mitgeteilte Geheimnis hineingenommen wurde (1,19f.). Dorthin habe er durch sein geisterfülltes Wort die Gemeinden geführt, in dem er ihnen Christus als den Gekreuzigten vor Augen stellte (3,1ff.). Demgemäß arbeitet Paulus vor allem mit dem »Rückfallargument«. Hineingenommen in den Tod Jesu, sind die Galater den alten Bindungen überhoben; denn das Gesetz hat sich in Jesu Kreuzestod – als dessen letzte Ursache – selbst aufgehoben. Vom Geist den Zwängen des Gesetzes und den Nötigungen des Fleisches entrissen, sind sie zur Freiheit der Gotteskinder gelangt, die als solche das Urwort der Neuschöpfung sprechen: »Abba, Vater!« (4,6). Daher seine empörte Frage:

> Wollt ihr, nachdem ihr im Geist begonnen habt, nun wirklich im Fleisch enden? Solltet ihr so Großes umsonst erfahren haben? (3,3f.)

Der Selbstwiderspruch

Um einen Rückschlag ganz anderer Art handelt es sich auf dem korinthischen Schauplatz; denn hier gerät Paulus, wiederum mit BECKER geurteilt, in Konflikt mit einer – überzogenen –

Konsequenz seiner eigenen Verkündigung, so daß ihm seine Polemik geradezu zum »Selbstwiderspruch« gerät.[15] Ob es im Interesse einer genauen Abgrenzung der gegnerischen Gruppen, wie SCHMITHALS urteilt, »bedauerlich« ist, daß Paulus schon zu Beginn des Ersten Korintherbriefs auf die Richtungskämpfe zu sprechen kommt, von denen ihm die »Leute der Chloe« berichtet haben (1,11 f.), mag dahingestellt bleiben; sicher ist jedenfalls, daß der Apostel das Schreiben unter dem Eindruck verfaßt, daß sich erhebliche Teile der Gemeinde inzwischen nicht mehr an ihm, dem Gründer, sondern an Petrus und insbesondere an dem hellenistisch gebildeten Wandermissionar Apollos orientieren (3,4 ff.), sofern sie sich nicht als »Christuspartei« unter offensichtlicher Abkehr von jeder kirchlichen Vermittlung unmittelbar auf den Erhöhten beziehen.[16]

An die sich »zu Christus« Haltenden wird vor allem dort zu denken sein, wo sich die gegnerische Front aus Enthusiasten vom Schlag jener formiert, die im Zug ihrer dualistischen Christologie mit dem ekstatischen »Fluch« den historischen Jesus verwerfen (12,3) und, wie ihre Taufpraxis erkennen läßt (15,29), im Bewußtsein der bereits erfolgten Totenerweckung leben. Dem entspricht dann auch der chaotische Verlauf der Gemeindeversammlungen (14,23), bei denen die Zungenredner himmlische Verständigungsformen – in der »Engelsprache« – vorwegzunehmen suchen.[17]

Wenn der Widerspruch des Apostels hier wie schon in seiner Stellungnahme zu den enthusiastischen Übersteigerungen merklich an Schärfe verliert, so deshalb, weil ihm darin das Zerrbild seiner eigenen Konzeption entgegentritt. Denn hier sieht er sich bei seiner Intervention zu einem schwierigen Balanceakt genötigt. Auf der einen Seite läuft die geistgewirkte Freiheit Gefahr, mit BECKER gesprochen, »vom Gesetz verschluckt zu werden«; auf der andern Seite droht sie im Sog des ausufernden Enthusiasmus der Selbstauflösung zu verfallen.[18] Am deutlichsten kommt diese gebrochene Affinität zur Gegenposition in der Christologie zum Vorschein. Zwar verwirft Paulus mit aller Entschiedenheit den enthusiastischen Fluch auf den historischen Jesus. Hatte er aber nicht im gleichen Brief betont, daß dieser auch für ihn ohne Belang sei: »Selbst wenn wir Christus dem Fleisch nach gekannt hätten, kennen wir ihn doch jetzt nicht mehr so« (2 Kor 5,16)?

Doch im selben Maß, wie sich die sachliche Polemik abschwächt, eskaliert die personale. Die in Korinth agierenden Gegner, die nirgendwo volles Profil gewinnen, wohl aber es gewagt haben, den Briefautor Paulus gegen den Prediger der Heilsbotschaft auszuspielen (10,10f.), nennt er zunächst ironisch »Überapostel« (11,5), dann aber mit verletzender Schärfe »Lügenapostel« und »Pfuscher« und schließlich sogar als Lichtengel getarnte Agenten des Satans (11,13ff.). Hier »überredet« der Polemiker den sonst so sehr um Einverständnis bemühten Dialogiker, weil das Bedürfnis des Apostels nach Abgrenzung übermächtig wurde. Nicht zuletzt zeigt sich das daran, daß er im Anlauf zu diesen Ausfällen das persönlichste Argument ausspielt: die ihn von seinen Gegenspielern unterscheidende Uneigennützigkeit. Denn es ist für ihn eine Frage seiner apostolischen Ehre, daß er, anders als die Gegenmissionare, für sein Wirken keine Entschädigung entgegennimmt, sondern sich den Lebensunterhalt durch seiner Hände Arbeit verdient:

> So gewiß die Wahrheit Christi in mir wohnt – Dieser Ruhm soll mir in den Gegenden Achajas nicht geschmälert werden! (11,10).

Auf Tod und Leben

Paulus betreibt die Abgrenzung aber nicht nur im Interesse seiner apostolischen und kerygmatischen Identität; seine Gereiztheit kommt vielmehr aus einer tieferen Wurzel, die greifbar wird, wenn man auch in diesem Zusammenhang auf vergleichbare Reaktionen Jesu achtet. Wenn dieser die verständliche Bitte der Mutter (Joh 2,3) ebenso wie die der verzweifelten Frau aus dem syrophönikischen Nordgebiet (Mk 7,26) mit scheinbar unmotivierter Härte abweist, dann – wie aus seiner Begründung zu schließen ist (Joh 2,6; Mk 7,28) – deshalb, weil sie an die Verletzlichkeit einer unter ihrer Beschränkung leidenden Liebe rührten: einer Liebe, die allen helfen möchte, aber unter einem zeitlichen – »Meine Stunde ist noch nicht gekommen« (Joh 2,4) – und räumlichen – »Ich bin nur zu den verlorenen Schafen des Hauses Israel gesandt« (Mt 15,21) – Vorbehalt steht. Daß Paulus bisweilen gleicherweise unter den seinem Liebeswillen gezogenen Grenzen litt, zeigt der vehemente Ausbruch im Galaterbrief:

> Ich wollte, ich könnte jetzt bei euch sein und euch mit anderer Stimme zureden; so aber bin ich ganz ratlos (4,20).

Gleiche Motive verbergen sich zweifellos hinter seinen Reiseplänen, die er wiederholt durch den Satan – nach Buber der »Hinderer« – durchkreuzt sieht (1 Thess 2,18). Indessen weiß er um eine Kompensation dieser Not. Was ihm an äußerer Präsenz verwehrt ist, leistet sein liebend geweitetes Herz. Fernab jeder Sentimentalität, aber getragen vom Bewußtsein einer mystischen Verbundenheit mit ihnen, richtet er an seine korinthischen Adressaten die Forderung:

> Gebt uns Raum! Niemand haben wir Unrecht getan, niemand zugrunde gerichtet, niemand übervorteilt. Das sage ich nicht, um (euch) zu verurteilen. Ich habe euch doch erklärt, daß ihr in unserem Herzen wohnt, verbunden mit uns im Leben wie im Sterben (2 Kor 7,2 f.).

Am Gegenpol seiner Polemik tritt hier der Mystiker Paulus zutage. Doch bedarf dieser Begriff einer entscheidenden Abwandlung, da sich die mystische Verbundenheit nicht wie im Regelfall auf Gott, sondern auf die Gemeinden und (nach 1 Thess 2,11) auf »jeden einzelnen« von ihnen erstreckt. Dem wird nur der auf eine unvordenkliche Erfahrung von existentieller Intersubjektivität gestützte Begriff der »Sozialmystik« gerecht. Er lebt von der Durchlässigkeit der Individualgrenzen und hat seine Kronzeugen in einem mittelalterlichen Kommentar des CLAUDIANUS MAMERTUS, der von der gegenseitigen Einwohnung der brüderlich Geeinten zu berichten weiß, in

NIKOLAUS VON KUES und seinem Prinzip des »Jegliches in Jeglichem« und in NOVALIS, der diese Erfahrungs- und Denktradition in die programmatische Formel »Ich bin du« zusammenfaßt.[19]

Der Aufstieg

Wie jede Mystik kennt auch diese eine Stufenfolge, die sich am Verhältnis des Apostels zu einzelnen Gemeinden ablesen läßt. Auf der ersten Stufe bewegt sich sein Verhältnis zu der Gemeinde von Ephesus, von der IGNATIUS VON ANTIOCHIEN zu berichten weiß, daß Paulus ihrer »in einem jeden seiner Briefe gedenkt«.[20] Da der kanonische Epheserbrief als pseudoepigraphische Schrift eines Paulus-Schülers zu gelten hat, der sich im Interesse der Fortbildung und Aktualisierung des paulinischen Gedankenguts in die Rolle des Apostels hineinspielte, kann die Bemerkung des Martyrerbischofs nur dahin verstanden werden, daß Paulus die ephesinische Gründung vorzugsweise in sein anhaltendes (1 Thess 1,2 f.; 1 Kor 1,4) Fürbittgebet einschloß. Dazu dürfte ihn ebenso der Eindruck der suggestiven Macht des gerade in dieser Stadt verankerten Artemis-Astarte-Kults wie die Erinnerung an die dort ausgestandene Todesgefahr – in beiden Korintherbriefen berichtet er, daß er dort einen »Tierkampf« zu bestehen hatte (1 Kor 15,32) und sich selbst schon »das Todesurteil gesprochen« habe (2 Kor 1,9) – bewogen haben, kaum weniger aber auch der Gedanke an die »große Tür«, die sich ihm gerade an diesem Wirkungsort auftat (1 Kor 16,9).

Wenn das Verhältnis zu Korinth auf die zweite Stufe bezogen werden darf, dann das zur Lieblingsgemeinde von Philippi auf die dritte und höchste. Es hebt sich schon durch das Privileg dieser Gemeinde ab, der als einziger verstattet war, den Apostel durch Geschenke zu unterstützen (Phil 4,10–20), vor allem aber durch die besondere Intimität der Verbundenheit mit ihr. Sie findet ihren krönenden Ausdruck im Friedenswort des Schlußkapitels (4,7), in dem nicht nur die Dynamik des vorangehenden mit seiner »Jagd« nach dem Siegespreis (3,14) aufs wunderbarste zur Ruhe kommt, sondern vom Frieden auch auf eine neue, alle seine Deutungsversuche überholende Weise gesprochen wird.[23] Indessen spiegelt sich in dieser Stelle nur das, was die Eingangssätze in einer Weise »eröffneten«, daß der ganze Brief, ungeachtet seiner textkritischen Problematik, die Struktur eines »inneren Dialogs«, geführt zwischen Paulus und den von seinem Herzen umschlossenen Adressaten, annimmt.[24] In diesem Sinne versicherte er ihnen:

> Es ist ja nur recht und billig, daß ich so von euch denke, da ich euch in meinem Herzen trage; denn ihr habt mir ebenso während meiner Gefangenschaft wie bei der Verteidigung und Bekräftigung des Evangeliums Beistand geleistet, ihr Teilnehmer an allen meinen Gnaden (Phil 1,7).

Das ist der Kontrapunkt im Psychogramm dieser in permanenter Selbstüberforderung lebenden, zu ungehemmten Zornesausbrüchen neigenden und weithin aggressiv gestimmten Gestalt. Hier beweist Paulus eine so überströmende Zärtlichkeit, daß man es ihm glauben muß, wenn er von den »Geburtswehen« spricht, die er um seine verunsicherten Gemeinden leide, und daß man sich nur zu bereitwillig dazu versteht, hier und nicht in den Härten die Mitte seiner Persönlichkeit zu suchen. Was aber die Härten und Aggressionen anlangt, gehören sie zu der Schale, die durchstoßen werden muß, wenn man zum Kern vordringen will.

Geschlagen und erhoben

Wenn man versucht, das bei aller Verknappung eindringlichste Selbstzeugnis des Apostels, die von ihm selbst als »Narrenrede« gekennzeichnete Apologie des Zweiten Korintherbriefs (11,2 – 12,10), auf den einfachsten Nenner zu bringen, kann dieser nur lauten: geschlagen. Was Paulus hier an Torturen, Mühen und Leiden aufzählt, sind in der überwiegenden Mehrzahl »Schläge«, auch wenn ihn diese in Form von Gefahren und Entbehrungen treffen. Wie sehr er selbst unter diesem Eindruck steht, ergibt sich daraus, daß er auch die innere Heimsuchung, auf die er abschließend zu sprechen kommt, mit dem Bild des Satansengels verdeutlicht, der ihn »mit Fäusten schlägt« (12,7).

Davongekommen

Der Befund ist aus zwei Gründen bedeutsam. Einmal schon deswegen, weil er das Bild des rastlosen Aktivisten tiefgreifend korrigiert und nahezu in sein Gegenteil verkehrt. So sehr er in höchstem Einsatz lebt und selbst nach schwersten Rückschlägen unverzüglich wieder die Initiative ergreift, ist Paulus doch zuinnerst eine Passionsgestalt. Auch wenn ihm einmal die Bemerkung unterläuft, daß er »in all dem siegreich« geblieben sei (Röm 8,37) – wenngleich mit dem Zusatz »durch den, der uns geliebt hat« –, fühlt er sich doch keineswegs als Sieger in den von ihm durchgestandenen Kämpfen, selbst dann nicht, wenn er sie für sich und seine Sache entscheiden konnte. Eher fühlt er sich als der »noch einmal Davongekommene«, den die Narben und Striemen daran erinnern, daß sich die Dinge auch zu seinem Unheil hätten wenden können. Seine Formel heißt darum nicht »Was uns nicht umwirft, macht uns stärker«, sondern – mit einer Paraphrase seiner vehementen Selbstcharakteristik gesprochen –: »Bedrängt, doch nicht erdrückt; im Zweifel, doch nicht verzweifelt; niedergeworfen und doch nicht umgebracht«. Doch so und nur so entspricht es dem, der sich zuletzt nicht auf seine eigene Kompetenz und Energie, sondern auf die Kraft dessen verläßt, der sich gerade in seiner, des Apostels Schwäche durchsetzt. Auch darin gehorcht er dem Grundsatz »Nicht mehr ich – er in mir«, der jetzt, unter diesem lebenspraktischen Gesichtspunkt lautet:

Alles vermag ich in dem, der mir Kraft verleiht (Phil 4,13).

Der wichtigere Grund aber besteht darin, daß Paulus dem nachgeborenen Leser seiner Briefe nirgendwo so nahe kommt wie hier. Das Übermaß des von ihm Erlittenen stiftet eine Affinität zu ihm, die den weiteren Zeitabstand nicht so sehr überbrückt als vielmehr auslöscht, so daß sich geradezu das Gefühl einstellt, von ihm »in Mitleidenschaft« gezogen zu sein. Erstmals erweist sich in diesem Zusammenhang, daß im Umgang mit dem Apostel nicht nur der Analyse und dem Vergleich, sondern auch dem Leiden erkenntnisstiftende Bedeutung zukommt. Während die Bewunderung seiner stupenden Leistung zu ihm distanziert, schafft die Betroffenheit eine auf keiner anderen Ebene zu gewinnende Nähe. Denn mit der Betroffenheit wächst die Möglichkeit der Einfühlung, mit dieser die Einsicht und mit ihr die Fähigkeit zur Verständigung. Auf sie aber kommt es an, wenn sich der Rahmenbegriff der inneren Biographie mit konkreten Inhalten füllen soll.

Der Entrückte

Wie schwer sich die Verständigung im Einzelfall gestaltet, zeigt der Epilog der Narrenrede, wo Paulus in jähem Szenenwechsel auf die ihm widerfahrenen »Erscheinungen und Offenbarungen des Herrn« zu sprechen kommt (2 Kor 12,2ff.). Daß dies in betonter Verfremdung – »Ich kenne einen Menschen« – geschieht, erschwert den verstehenden Nachvollzug nicht weniger als die zur Verdeutlichung des Aussageziels eingesetzten Metaphern – »dritter Himmel«, »Paradies« –, die, was ihre Herkunft betrifft, auf die orientalische Mythologie verweisen.[25] Eindringlich spricht daraus aber das Moment der Entrückung, gerade auch aus der Sphäre der zuvor geschilderten Peinigungen und Leiden. In abwehrender Rede gebraucht Paulus hier sogar den Ausdruck »überheben«, der, aufs Grundwort zurückgeführt, den Zustand der Entrückung als den eines »Erhobenseins« zu verstehen gibt. Bildet er zu der Daseinsmisere des Apostels ein echtes Gegengewicht?

Nach einer Reihe signifikanter Zeugnisse zu schließen, ist das durchaus der Fall. Mehr noch: Ohne diesen Gegenzug im Selbstbewußtsein des Apostels wäre seine Lebensleistung nicht zu begreifen. Auch die Briefe sind keineswegs die Äußerungen eines Depressiven. So sehr ihm seine Verletzungen nachgehen, haben doch die erhebenden Erfahrungen das Übergewicht.

Zwar fühlt er sich nicht als »Sieger im Lebenskampf« (LE FORT); doch versichert er im Vollbewußtsein seiner Mission: »In alledem bleiben wir siegreich durch den, der uns geliebt hat« (Röm 8,37). Das hatte er bereits mit dem programmatischen Wort, er vermöge alles durch den, der ihm Kraft verleiht, vorweggenommen. Klingen diese Sätze noch vergleichsweise zurückhaltend, so steigert sich Paulus an anderer Stelle zu einem geradezu expansiven Bewußtsein. Hatte er noch im Anschluß an die Metapher vom Schatz im Tongefäß von seinem Entrinnen in der Verfolgung, seiner Gewißheit in allen Zweifeln und seinem Überleben im Übermaß der Gefahren gesprochen (2 Kor 4,8f.), so fordert er dieselben Adressaten, denen er diese Selbstdarstellung geboten hatte – die Einheit des Schreibens einmal angenommen –, kurz danach auf:

> Gebt uns Raum! Niemand haben wir Unrecht getan, niemand zugrunde gerichtet, niemand übervorteilt!(7,2).

Fast wie eine Entschuldigung dieses kühnen Ansinnens klingt es, wenn er dann begründend hinzufügt:

> Groß ist mein Freimut euch gegenüber; nur zu gerne rühme ich mich euretwegen. Ich bin erfüllt mit Trost, erfüllt mit Freude, und dies bei all unserer Trübsal (7,4).

Was den erhebenden Impuls anlangt, so hatte Paulus schon im ersten Zeugnis auf den verwiesen, von dem er sich geliebt weiß (Röm 8,37). Derselbe Beweggrund schlägt auch an den andern – und verwandten – Stellen durch. Wie eine von keiner Wolke zu verdunkelnde Sonne steht diese Liebe vor allem über dem Römerbrief, der in den beiden Hymnen auf die Liebe (8,31–39) und Weisheit Gottes (11,33–36) gipfelt und der zuvor schon die Unverbrüchlichkeit der Hoffnung mit dem Satz begründet: »Denn die Liebe Gottes ist in unseren Herzen ausgegossen durch den Heiligen Geist, der uns gegeben ist« (5,5). Weiß sich der Heidenmissionar Paulus durch diese Liebe »gedrängt« (2 Kor 5,14), so der von Gott Erwählte und zur »Gottesrede« Befähigte (2,17) von ihr beflügelt und seiner vielfältigen Konflikte enthoben. Sie verleiht ihm jene Leichtigkeit des Seins, die ihm alles hinnehmen hilft: »Sattsein wie Hungerleiden – Überfluß wie Entbehrung« (Phil 4,12). Durch diese in ihrer Unzertrennlichkeit (Röm 8,35) und Unüberwindlichkeit (8,37) erfahrene Liebe Christi verwandelt sich die Daseinsnot in ihr Gegenteil. Die Enge wird zum Raum, Zweifel zur Gewißheit, die Verzweiflung zum Trost. Dazu kommt es, weil er durch die ihn umfangende Liebe immerfort aus der reaktiven Lebensform in die »induktive« der Selbstübereignung überführt wird. Vermutlich steht dieselbe Erfahrung hinter seinem Wunsch, am Ziel des Lebens nicht nackt, sondern »überkleidet« dazustehen, »damit das Sterbliche vom Leben verschlungen werde« (2 Kor 5,4), sofern dieser Wunsch von seinem verwandelten Lebensgefühl eingegeben ist.

Innerlich erneuert

Die Summe aus dieser Heilserfahrung zieht Paulus in unterschiedlicher Form: durch das Theorem von der »Neuschöpfung« (2 Kor 5,17), durch die Lehre von der Rekapitulation der Gebote in dem basalen Hauptgebot der Liebe (Röm 12,9f.), vor allem aber durch die Existenzbestimmung, die das, was die Metapher vom Schatz im Tongefäß veranschaulicht, als prozessuales Geschehen begreiflich macht. Was der Martyrerbischof IGNATIUS VON ANTIOCHIEN mit dem todestrunkenen Satz umschreibt, er müsse von den Zähnen der Bestien »zermahlen« werden, um zu seiner Vollgestalt als »reines Brot Christi« zu gelangen,[23] nimmt Paulus hier in einer kaum weniger dramatischen, aber lebensnäheren Sprache vorweg, wenn er betont:

> Deshalb verzagen wir nicht; auch wenn unser äußerer Mensch aufgerieben wird, erneuert sich doch unser innerer von Tag zu Tag (2 Kor 4,16).

Zwei Erfahrungsebenen sind in diesem Wort zusammengefaßt: die exoterische des vielfach – auch in Form von Rückschlägen und Enttäuschungen – Geschlagenen und die esoterische, die um seine fortwährende Aufrichtung und Erneuerung »von innen her« weiß. Und fast will es scheinen, als seien die beiden Ebenen so verklammert, daß der Zerfall der welthaften Lebensform als Bedingung für den Durchbruch der inneren erscheint. So spricht der, dem auch seine endzeitliche Hoffnung in dem Wunsch besteht, nicht ent-, sondern überkleidet zu werden, und der auf seinen Missionsreisen immer wieder die Paradoxie an sich erfuhr: »Wenn ich schwach bin, bin ich stark!«

Der Werdeprozeß

Auch mit der Auskunft über das Zustandekommen dieser Paradoxie hält Paulus nicht zurück, obwohl er sie auf ein Mindestmaß einschränkt. Aber es ist mehr als nur eine operationale Wiederholung seines Bekenntnisses, wenn er im Philipperbrief versichert: »Alles vermag ich in dem, der mir Kraft verleiht« (4,13). Mit diesem Satz läßt er nachfühlen, wie er seine Schwäche dem in ihm wohnenden »Stärkeren« (Lk 11,22) übergibt, um von dessen Kraft durchdrungen und erfüllt zu werden. Auf diese Weise steht er dafür ein, daß Paradoxe nicht nur gedacht, sondern gelebt werden können. Man muß es ihm abnehmen, daß er seine Ängste, seine Zweifel und seine Schwächen dem unterwirft, von dem er sich beruhigt, erleuchtet und bestärkt weiß, und daß er aus diesem »Tausch« den Mut, die Inspiration und die Leistungskraft für seine staunenerregenden Aktivitäten schöpft. Er lebt in einem permanenten Exzeß, der ihn sein Eigensein auf dem Weg einer mystischen Enteignung gewinnen läßt. Aber gerade das verleiht ihm jene – durchaus nicht stoische – Beharrungskraft, die sich mit allem abfindet, mit Ehre und Schande genau so wie mit Mangel und Überfluß (Phil 4,12), sogar mit dem wenig imponierenden Eindruck seines Auftretens. »Ja, die Briefe«, heißt es in Korinth, »sind wuchtig, aber sein persönliches Auftreten ist matt und seine Rede flau« (2 Kor 10,10): ein Urteil, das sich Paulus im Gedanken an seine »Furcht und Zaghaftigkeit« beim korinthischen Debüt längst schon selbst gesprochen hatte (1 Kor 2,3f.), jedoch verbunden mit dem entscheidenden Zusatz, daß sein

Wort gestützt war vom »Erweis des Geistes und der Kraft« (2,4). So war seine Schwachheit das Medium, durch das sich die in ihm waltende Gotteskraft Geltung verschaffte.

Instinktiv sind die Adressaten des Galaterbriefs, wie ihnen Paulus bescheinigt, darauf eingegangen. Sie haben nicht etwa angesichts seiner körperlichen Hinfälligkeit – in apotropäischer Absicht – vor ihm ausgespuckt, sondern ihn »wie einen Engel Gottes aufgenommen« (4,14).[24] Auf theologischer Ebene war ihm dasselbe in Thessalonike widerfahren, als die Gemeinde in der Verkündigung des von den Mißhandlungen, die er in Philippi erlitten hatte, mitgenommenen Apostels, wie es der tatsächlichen Dignität seiner Predigt entsprach, das Wort Gottes vernahm (1 Thess 2,2.13).

Zuletzt aber zeigt sich die Paulus kennzeichnende Paradoxie in der Art, wie er sein zwischen Noch-nicht und Nicht-mehr eingelassenes Dasein lebt und seine Möglichkeiten ausspielt. Wenn irgendwo, wurzelt hier, in dieser gelebten Paradoxie, die souveräne Freiheit, mit der er über sich und seine Fähigkeiten verfügt. Das gilt sogar für seinen Umgang mit dem ihm von der Tradition und Umwelt zugetragenen kategorialen Material. Er greift es auf, stellt es bisweilen gewaltsam in den Dienst seiner Sache (2 Kor 10,5), um es dann wieder zugunsten anderer Hilfsmittel fallen zu lassen. Nicht anders gestaltet sich, wie hier erstmals zu sagen ist, sein Verhältnis zum Medium des apostolischen Briefs, das er als Pionier der christlichen Medienverwendung als erster in den Dienst seiner Verkündigung stellt und gleichzeitig kritisch hinterfragt. Vom gleichen Stil ist aber auch die Nutzung seiner Fähigkeiten und der Einsatz seiner Existenz geprägt. Wenn er die Korinther vor die Alternative stellt, ob er »mit dem Stock« oder im Geist der Sanftmut auf sie zukommen soll (1 Kor 4,21), ist das in dem Bewußtsein gesagt, daß er sich in der Verfügungsfreiheit zu beiden befindet.

Was schließlich seine Person betrifft, so ringt er sich oft das Äußerste ab, um seine hochgesteckten Ziele zu erreichen; dann wieder behandelt er sich wie eine Nebensache, die er im Interesse seines Hauptanliegens förmlich beiseiteschiebt. So erweckt er den Eindruck, als gehe es ihm gar nicht um sich selbst, ja als liege sein Schwerpunkt nicht in seinem Ich, sondern in dem, von dem er sich geliebt, berufen und in Pflicht genommen weiß. Doch in eben diesem Selbstverzicht gewinnt er die einzigartige Freiheit, »allen alles« zu sein (1 Kor 9,22) und im Einzelfall sogar »im Geist« zu raumübergreifender Präsenz zu gelangen (5,4). Freiheit zum selbstvergessenen Dienst: das ist für Paulus die schönste Frucht eines Lebens, das ans Kreuz der Paradoxie geschlagen ist.

Gerettete Identität

Kernstück der inneren Biographie ist die Frage der Identitätsfindung. Sie kann, wie sich Schritt um Schritt deutlicher zeigte, im Fall des Apostels nur im Rückblick auf den Identifikationsakt Jesu voll beantwortet werden. So sehr er sich als verletzlicher und zu Überreaktionen neigender Charakter darstellt, der wie jeder andere in Akten der Abgrenzung und Entgegnung zu sich selbst findet, besteht das Zentrum seiner Selbstwerdung doch in jenem mystischen Tausch, den er mit der Formel »Nicht mehr ich – er in mir« auf den Begriff bringt und mit dem autobiographischen Programmwort verdeutlicht:

> Sofern ich noch im Fleische lebe, lebe ich im Glauben an den Gottessohn, der mich geliebt und sich für mich hingegeben hat (Gal 2,20).

Bei aller Entlegenheit dieser Form des Identitätsgewinns rückt Paulus doch gerade durch sie erstaunlich nah an den heutigen Menschen heran. Er ist nicht nur der Prototyp des modernen Menschen im emphatischen, sondern auch im dramatisch-passiven Sinn. Mag also die ältere Paulus-Forschung mit der Behauptung noch so richtig liegen, daß die Probleme des Apostels nicht mehr die unseren seien und seine Lösungsmodelle deshalb nur bedingt übernommen werden könnten, so gilt doch weithin zugleich das Gegenteil. Paulus liegt der Gegenwart nicht nur fern, er ist ihr auch in vielfältiger Weise gleichzeitig und in mancher Hinsicht sogar voraus. Dazu gehört insbesondere die Frage der Identitätsfindung.

Daß sich bei Paulus etwas von der neuzeitlichen Existenzkrise vorausschattet, heißt freilich nicht, daß er sich wie MONTAIGNE als ein Bündel von Widersprüchen erfahren, daß er sich wie PASCAL als »hassenswert« empfunden und daß er sich wie die Figuren KLEISTS, FRISCHS und NOSSACKS auf der vergeblichen Suche nach sich selbst befunden hätte, zu schweigen von der Neuakzentuierung, die das Identitätsproblem durch HEIDEGGERS Analyse der Alltagsexistenz erfuhr. Wohl aber soll damit gesagt sein, daß sich bei ihm mehr oder minder deutliche Spurenelemente von alledem nachweisen lassen. Wer so wie er mit der Möglichkeit rechnet, daß andere vor ihm ausspucken (Gal 4,14), steht zu sich selbst in einem solchen Spannungsverhältnis, daß sich ihm der Sinn seines Seins und Wirkens verdunkeln kann. Wenn Paulus derartige Stunden der Verunsicherung und Selbstzweifel durchgemacht hätte, wäre ihm im Grunde nur das widerfahren, was MARTIN BUBER die Lebenskrise nannte, die alle großen Lehrmeister vor der Wegscheide ihres Schicksals zu befallen pflegt.[25] Zwar gibt es keinen direkten Beleg für eine depressive Selbsteinschätzung des Apostels; doch konnte er schwerlich sagen, daß er mit seinen Weggefährten »zum Abschaum der Welt« geworden sei (1 Kor 4,13), ohne von dieser Verachtung bis ins innerste Selbstgefühl getroffen worden zu sein.

Ungleich deutlicher sind die Signale, die auf Montaigne, Pascal und Kleist vorausweisen. An das Konglomerat von Widersprüchen erinnern die Aussagen, in denen sich Paulus als verkannt und doch anerkannt, als verachtet und doch jederzeit fröhlich, als arm und doch viele bereichernd, als geschlagen und doch nicht getötet bezeichnet. Wie ein Vorgriff auf das »moi haissable« wirkt der Satz des Römerbriefs: »Ich tue nicht das, was ich will, sondern das, was ich hasse« (7,15). Und im Munde Alkmenes, die ihren Busen verflucht, weil sie sich durch ihn täuschen ließ, wäre auch der Aufschrei desselben Schreibens denkbar: »Ich unglücklicher Mensch! Wer wird mich von diesem todverfallenen Leib erretten?« (7,24). Eine grundsätzliche Überlegung kommt hinzu, die den Beitrag des

Apostels zur Geschichte des menschlichen Selbstbewußtseins betrifft. Wenn er im Gesamtvergleich mit den antiken Denkern derjenige ist, der am stärksten auf die Entstehung der Kategorie des »einzelnen« hinarbeitete, ist diese Leistung nicht ohne den Hintergrund einer existentiellen Krisenerfahrung zu denken. Wie alle anthropologischen Leitbegriffe ist auch der der Subjektivität in mindestens ebenso hohem Maß erlitten wie erdacht. Dann aber sind alle Indizien, die auf eine sich im Vorfeld des kreativen Beitrags abspielenden »Leidensgeschichte« hindeuten, rigoros zu interpretieren. Und das besagt: Auch dort, wo sich Paulus seinem rhetorischen Schwung zu überlassen scheint, wird man seine Äußerungen vollgewichtig nehmen müssen. Und dort, wo er seine eigene Subjektivität unter einem idealtypischen »Selbst« zu verstecken scheint, wird man bei genauerem Zuhören den Leidenston konkreter Existenznot vernehmen können.

Die Identitätskrise

Mit Erfahrungen, die auf den Begriffsnenner »Identitätskrise« gebracht werden können, ist aber nicht nur dort zu rechnen, wo dieser Leidensdruck durchklingt, sondern ebensosehr auch dort, wo Paulus vom Glück seiner Erfolgserlebnisse spricht. Wie BORNKAMM beobachtete, klingen die in diesem Zusammenhang stehenden Äußerungen nicht nur wie die Bekundungen eines dankerfüllten Herzens, sondern geradezu wie Siegesrufe.[26] Tatsächlich wirkt der Schlußsatz der im Römerbrief entfalteten Rechtfertigungslehre – »Wo bleibt da das Rühmen? Es ist ausgeschlossen! Durch welches Gesetz? Durch das der Werke? Nein, durch das Gesetz des Glaubens!« (3,27) – wie eine Vorwegnahme des triumphalen Wortes, mit dem das Auferstehungskapitel des Ersten Korintherbriefs schließt: »Tod, wo ist dein Sieg? Tod, wo ist dein Stachel? Gott sei Dank, der uns den Sieg verleiht durch Jesus Christus, unseren Herrn!« (15,55.57). Von derselben Siegeszuversicht ist schließlich der Ausklang des Hymnus auf die Liebe durchstimmt, mit welchem Paulus das Geistkapitel des Römerbriefs beschließt:

Ich bin gewiß: Weder Tod noch Leben, weder Engel noch Mächte, weder Gegenwärtiges noch Zukünftiges, weder Gewalten der Höhe oder Tiefe noch irgendein anderes Geschöpf können uns trennen von der Liebe Gottes, die in Christus Jesus ist, unserm Herrn (8,38f.).

Die triumphale Aussage wäre nicht voll begriffen, wenn man in dem betont affirmativen Klang die Untertöne überhören würde, die der Erinnerung an die überwundene Lebenskrise entstammen. Im Hochgefühl seiner Geborgenheit wirft Paulus insgeheim einen Blick auf den Abgrund zurück, dem er sich entrissen weiß. Insofern war es, bei aller Einseitigkeit der Interpretation, doch ein hermeneutisches Glanzstück, als LUTHER schon aus dem Eingangswort der im Römerbrief entwickelten Rechtfertigungsbotschaft die Zusage vernahm, die ihm nach qualvollem Ringen »die Pforten des Paradieses« erschloß (1,17).[27] Wenn man davon ausgeht, daß im reformatorischen Rechtfertigungsgedanken die Konstituierung des subjektiven Bewußtseins ihren Ausgang nimmt, die im philosophischen Denkraum dann nochmals von Descartes vollzogen wurde, wird man Luther die Rolle eines Kronzeugen dafür zuerkennen müssen, daß Paulus im Kontext dieser Stellen mehr noch, als der ausdrückliche Wortlaut erkennen läßt, aus der Position der geretteten Identität redet. Wie der Ausdruck andeutet, bleibt freilich bei aller Annäherung an den Aufbruch des neuzeitlichen Individualismus eine tiefgreifende Differenz. Denn es ist nicht das errungene, womöglich gar der göttlichen Übermacht trotzende »Ich«, aus welchem Paulus spricht, sondern das geschenkte, zu dem er geführt wurde, als sich der Himmel der göttlichen Liebe über ihm öffnete.

Wie aber kam es überhaupt zu der diesem »Sieg« vorangehenden Identitätskrise? Nach BULTMANN, dem sensibelsten Erkunder ihrer Hintergrundproblematik, ist ihr Entstehungsherd letztlich in der todverfallenen Leiblichkeit des Menschen zu suchen.[28] Da für Paulus der Mensch nicht nur einen Leib hat, sondern »soma« ist, gerät er schon durch seine Leiblichkeit in einen Zwiespalt mit sich selbst.[29] Sofern sein Selbstverhältnis zugleich ein »Sein« dieses Selbst wie ein »Haben« des Verhältnisses zu ihm besagt, lebt er ebensosehr in der Möglichkeit, sich selbst zu gewinnen wie sich zu entgleiten und entfremdet zu werden. Insofern ist für Paulus das durch Fromm in Erinnerung gerufene Spannungsverhältnis von »Haben oder Sein« für den Menschen konstitutiv.[30] Das heißt nicht nur, daß der Mensch in dem, was er besitzt, und läge ihm dies so nah wie die eigene Leiblichkeit, niemals volle Genüge findet, sondern auch umgekehrt, daß er sich aus dem, was er »hat«, in seinem Selbstsein immer erst gewinnen muß. Denn ihm ist es als seine elementare Berufung eingeschrieben, sich aus seinem naturalen Besitzstand immer erst zu seinem personalen »Sein« zu erheben. Hier also, in der menschlichen Leiblichkeit, ist mit Paulus die Einbruchstelle jener existentiellen Dialektik zu suchen, die sich im Krisenfall zum Selbstzerwürfnis und schließlich sogar zum Identitätsverlust steigert.

Zu dieser Innenproblematik kommt jedoch eine schwerere hinzu, die sich für Paulus aus der von ihm fast überdeutlich empfundenen Fremdbestimmung des Menschen ergibt. Hier, in seiner Leiblichkeit, sieht sich dieser mit jenem »Fremdbereich« des eigenen Daseins konfrontiert, der sich nicht nur seiner vollständigen Willensregie entzieht, sondern in Form von triebhaften Neigungen und Drängen gegen ihn aufbegehrt. Bei aller Fähigkeit zur Selbstbestimmung ist der Mensch für Paulus zugleich Einflüssen unterschiedlicher Art ausgesetzt, die sich jenseits von Gott zu einer strukturellen Macht zusammenballen und ihn als solche in ihren Bann zu schlagen suchen. Es ist in der ureigenen Terminologie des Apostels die Ordnung des »Fleisches«, die dem Werk der personalen Selbstaneignung entgegensteht und dort, wo sie die Oberhand gewinnt, ein rein funktionales und auf innerweltliche Zielsetzungen zurückgenommenes Dasein etabliert.[31] So wie der Leib zum »Fleisch« hin offensteht, ist die »sarx« das Einfallstor der Todesmächte, vor allem in Gestalt der Sünde. Ihre teuflische Strategie besteht darin, daß sich unter ihrem Einfluß sogar das doch von Gott selbst als Weisung und Erziehungshilfe gegebene Gesetz in sein Gegenteil verkehrt und der Sünde Vorschub leistet (Röm 7,7–13). Dabei steht diese zudem mit jenem »anderen Gesetz« im Bund, das den Menschen immer schon von sich abzuhalten, der Fremdbestimmung zu unterwerfen und zum Abfall von sich selbst zu verführen sucht (7,14–18). So kommt es im Grenzfall zu einem Zustand der Übermächtigung, in dem der Mensch nicht mehr aus freier Selbstverfügung entscheidet, sondern als Höriger der Sünde, die nun das Gesetz des Handelns an sich reißt (7,19–23). Die Not entlädt sich schließlich in dem Verzweiflungsruf, der jetzt als der »Urschrei« der Identitätskrise hörbar wird: »Ich unglücklicher Mensch! Wer wird mich von diesem todverfallenen Leib erretten?« (7,24). Es ist derselbe Aufschrei, der noch in SCHUBERTS Vertonung des Heineliedes »Der Doppelgänger« nachklingt, wenn der Unglückliche in der unheimlichen Erscheinung des anderen seine »eigene Gestalt« erblickt.[32]

Die Rettung

Aber dort, wo der Mensch am meisten der Fremdbestimmung ausgesetzt ist, an seinem Leib, geschieht auch das Entgegengesetzte. Das bezeugt das mit dem Pathos unangreifbarer Überlegenheit gesprochene Schlußwort des Galaterbriefs: »In Zukunft soll mir niemand mehr zur Last fallen; denn ich trage die Malzeichen Jesu an meinem Leib!« (6,17). »Anfällig« ist der Leib für den Apostel auch in dem Sinn, daß gerade an ihm das von Gott gewirkte Wunder des Identitätsgewinns und der Neuschöpfung sichtbar wird. In seinem eigenen Fall zeigt sich das daran, daß die Narben, die er sich bei der Ausübung seines apostolischen Dienstes zuzog, als die Wundmale Jesu lesbar werden. In den Malzeichen, die er an seinem Leib trägt, bekundet sich nicht nur seine totale Inanspruchnahme durch Christus, die durch die Narben besiegelt, ratifiziert und »aktenkundig« geworden ist; und in dem impulsiven Schlußwort wird auch nicht nur deutlich, wie sehr diese Tatsache für Paulus bewußtseinsbestimmend geworden ist; vielmehr drückt sich darin vor allem das Wissen um die Identität aus, in die er mehr noch »hineingerettet« wurde, als daß er sie den leidvoll-beseligenden Bedingungen seiner apostolischen Existenz abzuringen vermochte. Deshalb folgt das Schlußwort fast unmittelbar – die

Seligpreisung »Friede und Erbarmen über alle, die sich von diesem Grundsatz leiten lassen! (6,16) hört sich eher wie ein Zwischenruf an – auf den Satz, der sich wie eine Rekapitulation des ganzen Briefs ausnimmt: »Denn was zählt, ist weder Beschneidung noch Unbeschnittensein, sondern eine neue Schöpfung« (6,15). Dazu fühlt sich Paulus auch in dem Sinn geführt, daß für ihn der Konflikt, von dem er zweifellos nicht nur nach Art eines Fremdreferats berichtete, in dem Maß, wie Christus in ihm Gestalt gewann (4,19), ausgestanden, daß der Schatten der Überfremdung beseitigt, daß die fraglose Identität gewonnen ist. Gleichzeitig wird aber auf eine ebenso eindringliche wie glaubhafte Weise klar, daß die Identität, aus der Paulus lebt, nicht die Folge einer Selbstsetzung, sondern die Frucht der ihm widerfahrenen Gottestat ist. Auch in diesem Sinn gilt sein Wort: »Durch die Gnade Gottes bin ich, was ich bin« (1 Kor 15,10).

IV. Die Berufung

Zuletzt erschien er mir

Die Lebensgeschichte des Apostels nimmt einen eigentümlichen Verlauf. Sie kommt aus dem Dunkel und verliert sich dorthin wieder, nachdem sie für einen Zeitraum von zwei Jahrzehnten, wenn auch nicht lückenlos, ins Licht der Geschichte getreten war. Doch im Unterschied zu sonstigen Biographen empfanden die Darsteller dieser Lebensgeschichte keinen Anreiz, die Kindheit und Jugend des Apostels mit Hilfe zeitgeschichtlicher Parallelen, literarischer Konstruktionen und psychologischer Rückfragen aufzuhellen. Das ist um so auffälliger, als es scharf mit FRANZ WERFELS dramatischer Legende ›Paulus unter den Juden‹ (von 1926) kontrastiert, die der Dichter in der Absicht verfaßte, den »Katastrophenaugenblick« im Leben des Apostels nachzuzeichnen, um dadurch seiner eigenen religiösen Lebensgeschichte auf die Spur zu kommen.[1] Gleiches galt schon von STRINDBERGS Dramenzyklus ›Nach Damaskus‹ (von 1898), der seiner Schlüsselfigur, dem »Unbekannten«, das Geständnis in den Mund legt, er sei »mit dem Pfahl im Fleisch geboren« und dazu verurteilt, sich bei jedem Griff nach einem Vergnügen daran zu verletzen.

Die Entwertung

Diese Indifferenz gegenüber der »Vorgeschichte« liegt jedoch ganz auf der von Paulus selbst gezogenen Linie. So sehr er gelegentlich auf seine jüdische Herkunft pocht und seine pharisäische Bildung ausspielt, hat sich für ihn doch alles, was er durch

Abstammung und Ausbildung geworden ist, radikal entwertet. Seinen Widersachern gegenüber trumpft er freilich auf:

> Womit einer prahlt – ich rede jetzt als Narr –, damit prahle ich auch! (2 Kor 11,21)

Unmittelbar darauf folgt die Klimax, die schon durch ihre Formulierung alles Bisherige in den Schatten stellt:

> Diener Christi sind sie? – jetzt rede ich vollends als Narr – ich noch viel mehr! (11,22).

Doch damit ist der Name dessen gefallen, der die große Zäsur in Paulus' Leben bewirkte, vor der alles, was er vordem gewesen war und geleistet hatte, zur Bedeutungslosigkeit verblaßt. Dies aber nicht etwa, wie Nietzsche vermutete, aus Ressentiment, sondern in der Tendenz, durch diese Abstoßung die Offenheit für den ihm zugeeigneten Lebensinhalt zu gewinnen. In der wegwerfenden Geste, mit der er das Gewesene abtut, bekundet sich somit ein Freiheitswille, der alles auszuräumen sucht, was der auf ihn eindringenden Sinnfülle entgegensteht. Unüberhörbar spricht das aus dem Selbstzeugnis des Philipperbriefs:

> Was mir als Gewinn vorkam, habe ich um Christi Willen als Verlust angesehen. Mehr noch: Ich sehe alles als Verlust an wegen der alles überbietenden Erkenntnis Christi Jesu, meines Herrn. Seinetwegen habe ich alles aufgegeben, ja sogar für Dreck angesehen, um Christus zu gewinnen und ihm anzugehören (3,7f.).

So scharf hier der Bruch in der Biographie des Apostels akzentuiert wird, besteht für ihn doch keinerlei Kausalzusammenhang zwischen den beiden so ungleichen Stadien seines Lebensweges. Seine Verfolgertätigkeit war nicht die Voraussetzung für seine Erwählung. Weder mußte in ihm etwas niedergerungen werden, noch knüpfte der göttliche Eingriff an die exaltierte Verfassung des Fanatikers an. Was ihm widerfuhr, war vielmehr nach seinem eigenen Ausdruck eine »Neuschöpfung«, die seine Lebenslandschaft wie ein Sonnenaufgang verwandelte. Anstelle der alten Lebensform tritt – übergangslos – eine neue, die von oben her in sein Dasein einbricht. Deshalb beschreibt sie Paulus auch im Gegensatz zur Apostelgeschichte als ein betont inneres Geschehen. Die Dramatik einer Überwältigung, die ihn zu Boden wirft, eine Blendung durch die strahlende Lichterscheinung und der Anruf durch die Himmelsstimme ist ihm unbekannt. So stellt sich hier vor jedem weiteren Schritt die Quellenfrage aufs neue. Was führte bei Paulus die große Lebenswende herbei?

Die dramatische Version

Der Bericht der Apostelgeschichte muß schon deshalb dem paulinischen Selbstzeugnis vorgeschaltet werden, weil er in dreifacher Ausführlichkeit erstattet wird, und, wie die Fülle der künstlerischen Nach- und Ausgestaltungen beweist, mehr als jede andere Szene der Paulus-Vita zu bewußtseinsbildender Wirkung gelangte.[2] Sie stützt sich auf eine von Lukas verarbeitete und in den drei Berichten (9,1–19; 29,3–21; 26,9–18) unterschiedlich akzentuierte Quelle, in ihrem Grundbestand jedoch, so Becker, auf die vom Apostel selbst referierte früheste Paulus-Legende: »Derjenige, der uns einst verfolgte, verkündet jetzt den Glauben, den er früher zu zerstören suchte« (Gal 1,23 f.).[3] Demgemäß dramatisiert der lukanische Bericht die große Zäsur, die sie zunächst durch den Hinweis auf die Wut des Verfolgers und dann durch das Motiv der überwältigenden Lichterscheinung und des Anrufs der Himmelsstimme verdeutlicht:

Noch immer vor Wut und Mordgier gegen die Jünger des Herrn rasend, ging Saulus zum Hohepriester und erbat sich Briefe an die Synagoge von Damaskus, damit er die dort befindlichen Anhänger des »Weges«, Männer wie Frauen, gefesselt nach Jerusalem schaffe. Doch während der Reise, schon in der Nähe von Damaskus, geschah es, daß ihn plötzlich ein Licht umstrahlte. Und da er zu Boden

111

stürzte, hörte er eine Stimme, die zu ihm sprach: Saul, Saul, warum verfolgst du mich? Er sagte: Wer bist du, Herr? Und er: Ich bin Jesus, den du verfolgst. Doch steh auf und geh in die Stadt; dort wird dir gesagt werden, was du tun sollst (9,1–7).[4]

Bezeichnend für die Version ist die »Unvollständigkeit« der Himmelserscheinung. Sie bedarf der irdischen Interpretation durch den Vertreter der damaszenischen Christengemeinde, den der Erhöhte »in einem Gesicht« förmlich dazu überreden muß, das in Gang gebrachte Bekehrungswerk zu vollenden, und dies mit der Begründung:

> Er ist mir ein Werkzeug, dazu ausersehen, meinen Namen vor Heiden, Könige und die Söhne Israels zu tragen. Und ich werde ihm zeigen, wieviel er für meinen Namen leiden muß (9,15 f.).

Den Schlüssel zu dieser eigentümlichen Aufspaltung in das visionäre Erlebnis und dessen authentische Deutung bietet die an Paulus gerichtete Frage: »Warum verfolgst du mich?« (Apg 9,4), die – zusammen mit dem erläuternden Zusatz: »Ich bin Jesus, den du verfolgst« (9,5) – darauf ausgeht, dem Verfolger den mystischen Hintersinn seines Wütens deutlich zu machen. In den Anhängern des »Weges« traf er letztlich den Urheber der neuen Glaubensweise, der mit den Seinen in einer derart wesenhaften Verbindung steht, daß das ihnen zugefügte Leid auf ihn zurückfällt. Mochte sich das Verhältnis des Bekehrten zu ihm in der Vergangenheit noch so distanziert – in der Bandbreite zwischen Kritik und Desinteresse – gestaltet haben; dadurch daß er ihm erscheint, ist er jetzt nicht nur jedem Einwand entzogen, sondern im selben Atemzug auch schon für Paulus zur entscheidenden Orientierungs- und Bezugsperson geworden.

Die an den Verfolger gerichtete Frage geht somit einmal darauf aus, ihm die Größe seines Unrechts vor Augen zu führen, vor allem aber, ihn zur Einsicht in die Lebens- und Leidensgemeinschaft seiner Opfer mit ihrem himmlischen »Haupt« zu führen. Mit seinem Angriff störte er das Fortleben Christi in seinen »Gliedern«, das wie alles Leben auf Fortsetzung und Ausweitung drängt. Dafür wird er nunmehr in der Form »büßen«, daß sein Leben fortan ausschließlich im Dienst dieser Verkündigung steht. Damit tritt die Damaskusvision bei Lukas in eine ausgesprochen ekklesiologische Perspektive, aus der sich die Eigenart seiner Darstellung zwingender als aus jeder anderen Herleitung erklärt.[5]

Die Halbierung

Für Lukas ist die Gründungsphase des Christentums mit ihrer Naherwartung und dem Beistand der Augen- und Ohrenzeugen endgültig abgeschlossen und in die »Zeit der Kirche« übergegangen. Nur während der kurzen Zeitspanne bis zu seiner Himmelfahrt erschien der Auferstandene den von Gott vorherbestimmten Zeugen (Apg 10,40f.). Und nur sie sind Apostel im vollen Sinn des Begriffs, definitiv autorisiert durch die von ihnen bezeugten Ostererscheinungen. An ihre Stelle treten jetzt, wie die Apostelgeschichte durch die Gegenüberstellung ihrer Zentralgestalten Petrus und Paulus deutlich macht, die Lehrer und Missionare, die den Namen Jesu »vor Heiden und Könige« zu tragen haben. Mit der Eröffnung der kirchengeschichtlichen Perspektive ermattet aber auch die Naherwartung. Deshalb wäre es von nun an »töricht«, in deren Sinn auf die bevorstehende Wiederkehr des Herrn zu hoffen, ohne in den Krügen das für eine lange Wartezeit erforderliche Öl mitzunehmen. An die Stelle des vom Vorgefühl der Parusie getragenen Enthusiasmus treten die kontinuierenden Strukturen und Kräfte der Tradition.

Damit scheidet Paulus aus dem Kreis der zum Apostolat bestellten Osterzeugen aus. Daß ihn Lukas, wie eine subtile Rekonstruktion seines Damaskusberichts (von 1987) will,[6] insgeheim dieser Gruppe doch zurechnet, scheitert an der Paulus in den Mund gelegten Äußerung, durch die er sich ausdrücklich von den Zeugen der ersten Stunde abgrenzt, während er seine Aufgabe in der Verkündigung erblickt:

Gott aber erweckte ihn von den Toten; und er erschien während vieler Tage denen, die mit ihm von Galiläa nach Jerusalem hinaufgezogen waren und jetzt seine Zeugen vor dem Volk sind. Wir aber verkünden euch die an die Väter ergangenen Verheißungen, die Gott an uns, seinen Kindern, erfüllt hat, indem er Jesus auferweckte (Apg 13,31 ff.).[7]

Danach ist Paulus zwar der von Gott berufene, durch spektakuläre Wundertaten bestätigte, unermüdlich tätige und in schweren Leiden erprobte Heidenmissionar, dem es sogar noch in der Gefangenschaft aufgegeben ist, »vor den Kaiser hinzutreten« (27,24). Als solcher aber ist er schon viel zu sehr der nachgeborenen Generation mitsamt ihrem Kirchenbild und ihren Problemen zugeordnet, als daß er noch Apostel im genuinen Sinn des Ausdrucks sein könnte. Somit steht er ganz auf der Seite derer, die auf das verkündigte Wort hin glauben, beauftragt, sie in diesem Glauben zu bestärken und die noch in der Finsternis des Heidentums Lebenden zu jenem Licht zu führen, das in seiner Berufungsstunde über ihm selbst erstrahlte. Allen Versuchen, das lukanische Paulusbild mit dem Selbstzeugnis des Apostels doch noch in Einklang zu bringen, in ihm Spuren der Paulusbriefe zu entdecken oder doch wenigstens den in das – fiktive – Religionsgespräch mit König Agrippa, seiner Gemahlin Berenike und dem Prokurator Festus eingeflochtenen Bericht über die Damaskusvision (Apg 26,9–18) als den Paulus am nächsten kommenden zu erweisen, setzt JÜRGEN BECKER daher die ironische Frage entgegen:

Soll das der Paulus sein, der sich ... von Gott berufen weiß (Gal 1,10–17), sein Sehen des Herrn den Ostererscheinungen zuordnet (1 Kor 15,1–11) und denselben Aposteltitel für sich beansprucht, wie Petrus und die andern ihn tragen (1 Kor 9; 15; Gal 1)?[8]

Dennoch ist die lukanische Darstellung schon deshalb unentbehrlich, weil sie deutlicher als Paulus selbst auf die Frage eingeht, wie er, der Verfolger, dazu kam, sein Erlebnis eines numinosen Angerufen- und Ergriffenseins auf den zu beziehen, der ihm zuvor als extrem negativ besetztes Feindbild vor Augen stand. Denn durch ihren Vorwurf setzte sich die Himmelsstimme mit eben dem gleich, der ihm bisher als ein von Gott Verfluchter (Gal 3,13) und darum als Inbegriff eines besonders verwerflichen Glaubens gegolten hatte. Der Wert der lukanischen Version besteht somit nicht zuletzt darin, daß sie den Schlüssel zu diesem von den Originalzeugnissen nicht hinreichend geklärten Identifikationsproblem bietet.

Die Zusage

Wie nimmt sich demgegenüber die originäre Berichterstattung des Apostels aus? Was den Ausgangspunkt anlangt, nahezu gleichsinnig. Nur holt Paulus noch weiter aus, wenn er den Adressaten des Galaterbriefs an der zentralen Stelle zu bedenken gibt:

> Ihr habt doch gehört, daß ich früher als gesetzestreuer Jude lebte und wie maßlos ich die Kirche verfolgte und zu vernichten suchte. In der Treue zum jüdischen Gesetz übertraf ich die meisten Altersgenossen in meinem Volk, und mit dem größten Eifer setzte ich mich für meine von den Vätern ererbten Überlieferungen ein (1,13 f.).

Dann aber trennen sich sowohl in inhaltlicher als auch in stilistischer Hinsicht die Wege. Stilistisch, weil Paulus auf der ganzen Linie reaktiv auf gegnerische Angriffe redet, durch die er sich sein Selbstbekenntnis förmlich abringen läßt, während die lukanische Version die Damaskusversion dreifach als das Zentrum ihres Paulusbildes inszeniert. Vor allem aber inhaltlich, weil der Apostel bei aller Zurückhaltung jetzt auf das Prinzip seines gottgeschenkten Denkens und Seins zu sprechen kommt. Freilich ist seine zentrale Aussage derart in hieratische Formeln eingehüllt, daß sie ihnen wie der Kern aus einer Schale entnommen werden muß. Im Rückgriff auf Wendungen der Prophetensprache versichert er im Fortgang der Stelle:

> Als es aber dem, der mich vom Mutterschoß an ausersehen und durch seine Gnade berufen hat, gefiel, seinen Sohn in mir zu offenbaren, damit ich ihn unter den Heiden verkünde, zog ich nicht Fleisch und Blut zu Rat; auch reiste ich nicht nach Jerusalem zu denen hinauf, die schon vor mir Apostel waren; vielmehr ging ich nach Arabien und kehrte dann wieder nach Damaskus zurück (1,15ff.).

Die nachgerade kryptisch anmutende Aussage, wonach es Gott in seiner Güte gefiel, seinen Sohn in ihm zu offenbaren, gewinnt unversehens an Profil, sobald man sie mit zwei eng benachbarten Stellen zusammenliest: mit der auf die Liste der Osterzeugen vorgreifenden Frage des Ersten Korintherbriefs: »Habe ich nicht Jesus, unsern Herrn, gesehen?« (9,1), und mit dem Bekenntniswort im Fortgang des Galaterbriefs: »Sofern ich noch im Fleische lebe, lebe ich im Glauben an den Gottessohn, der mich geliebt und sich für mich hingegeben hat« (2,20).[9] Im Licht der ersten Parallelaussage wird deutlich, daß Paulus mit »Offenbarung des Sohnes« sein Ostererlebnis umschreibt, das er an dieser Zentralstelle, ganz anders als Lukas, als ein Sprachgeschehen zu verstehen gibt. Insofern eröffnet die Stelle einen wichtigen Einblick in die Begriffsgeschichte des Auferstehungsglaubens, die, wie hier deutlich wird, die Todüberwindung Jesu zunächst als »Offenbarung« bestimmte, bevor sie über die im Philipperbrief (2,9) bezeugte Zwischenstufe, auf der von der »Erhöhung« des Gekreuzigten gesprochen wurde, den nicht zuletzt durch Paulus selbst zum Sieg geführten Begriff »Auferstehung« erreichte.[10]

Für die Abgrenzung von Lukas ist, trotz ihrer scheinbaren Formelhaftigkeit, die zweite Vergleichsstelle nicht minder wichtig. Mit ihr gibt Paulus zu verstehen, daß der Gottessohn für ihn in seiner Berufungsstunde nicht nur zum Inbegriff der göttlichen Selbstmitteilung, sondern im Sinn von »Liebe« und »Hingabe« selbst initiativ wurde. Das betonte freilich auch der lukanische Bericht. Doch war für Paulus das Ur- und Grundwort dieser Selbstbekundung nicht der Vorwurf »Warum verfolgst du mich?« (Apg 9,4), sondern ein »Wort« der Liebe und Selbstübereignung. Deshalb besteht sein Leben für ihn fortan im Glauben an den, in dem er den ihm aus göttlicher Huld zugeeigneten Lebensinhalt gewann. Vor diesem Hintergrund kann der Schlüsselsatz des Apostels auch mit der Umschreibung wiedergegeben werden, daß ihm das Geheimnis des Gottessohnes »ins Herz gesprochen« wurde.

Die Schranke

Dieser im Selbstzeugnis des Apostels begründete Versuch muß freilich unverzüglich gegen den Widerstand eines Großteils der Paulus-Interpreten abgesichert werden. Nachdem schon SCHWEITZER auf unsere Unkenntnis hinsichtlich der Tragweite hingewiesen hatte, die das Damaskuserlebnis für Paulus selbst besaß,[11] warnte BORNKAMM nachdrücklich vor dem Bemühen, aus dem Offenbarungserlebnis des Apostels den Inhalt seiner Verkündigung herzuleiten, weil »Offenbarung« in diesem Schlüsselkontext »einen anderen«, auf die von Gott herbeigeführte Weltwende bezogenen Sinn haben müsse.[12] Mit einem warnenden Unterton verweist auch BECKER auf die »zur Zeit« herrschende Tendenz, gegenüber der früheren Zurückdrängung des Biographischen auf dessen »Einheit« mit der paulinischen Theologie zu insistieren.[13] Und nachdem KÜMMEL schon vor Jahren dekretiert hatte, daß der Inhalt des Damaskuserlebnisses in der Erkenntnis der Messianität Jesu bestanden habe und jede darüber hinausgehende Interpretation als Verstoß gegen die der geschichtlichen Wirklichkeit geschuldete »Ehrfurcht« zu gelten habe, rät neuerdings auch SCHNELLE zur Zurückhaltung gegenüber einem Textbefund, der »keine weitergehenden Schlüsse« zulasse.[14]

Die Sperre mutet um so merkwürdiger an, als ihre Befürworter keinerlei Hemmung zeigen, an anderer Stelle wie insbesondere in der Frage nach dem »Stachel im Fleisch« in die Untergründe der Paulus-Biographie einzudringen. Sie muß also mit Gründen zu tun haben, die nur zum Teil mit der Sache selbst gegeben sind. Bornkamm, der in diesem Zusammenhang am deutlichsten wird, spricht von der Befürchtung, daß Paulus zum subjektiven Visionär, wenn nicht gar zum Prototyp pietistischer Gefühlsfrömmigkeit verfälscht werden könne, während Becker die Beobachtung anführt, daß der Apostel nur zu oft den Spiegel vorgefaßter Zielvorstellungen abgebe.[15]

Dennoch bleibt ein sachlicher Rest, der mit der auffälligen Häufung vorgegebener Wendungen bei der Gestaltung der Schlüsselstelle zu tun hat. Tatsächlich ist der Rückgriff auf Formulierungen aus der Sprachwelt der Propheten, insbesondere aus der Berufungsvision des Propheten Jeremia, unverkennbar.[16] Die darauf gestützten Bedenken verkennen jedoch die sprachgeschichtliche Position des Apostels. Wenn er nicht nur Zeuge einer von Gott heraufgeführten Weltwende ist, sondern auch an jenem Wendepunkt der Sprachgeschichte steht, an dem, wie noch zu zeigen sein wird, das subjektiv-konfessorische Reden seinen Anfang nimmt, sind keine autobiographischen »Auslassungen« von ihm zu erwarten. Vielmehr liegt es dann in der Natur der Sache, daß er auf vorgegebene Wendungen zurückgreift, um sie mit dem neuen Geist seiner subjektiven Heilserfahrung zu erfüllen. Dabei zeigt sich die Größe des Apostels nicht zuletzt darin, daß das bei aller Spontaneität der Sprachschöpfung zugleich reflektiert geschieht. Wenn irgendwo, nimmt hier jene Erfahrung ihren Ausgang, die sich bei ihm schließlich in das Theorem vom toten Buchstaben und lebendig machenden Geist verfaßt. So erweist sich die Damaskusvision bei aller Bedeutung für die Lebensgeschichte des Apostels zugleich als die Geburtsstunde seiner sprachtheoretischen Leistung. Ist sie aber auch, entgegen der Annahme seiner Kritiker, die Geburtsstunde seiner Verkündigung und Lehre?

Bin ich nicht frei?

Die Antwort ergibt sich aus der – für das Denken des Apostels bezeichnenden – Tatsache, daß er seinem Berufungserlebnis drei Bedeutungsperspektiven abgewinnt: eine gnoseologische mit dem Akzent auf dem Offenbarungsempfang, eine protologische mit der Betonung der visionären Schau und eine eschatologische, die auf das mystische Ergriffensein abhebt.

Das Widerfahrnis

Am Anfang der zentralen Selbstauslegung steht die überraschende, von der Forschung wiederholt heruntergespielte Tatsache, daß Paulus für das »Widerfahrnis« (MARXSEN) von Damaskus, zweifellos höchst bewußt, den Ausdruck »Offenbarung« verwendet.[17] Daß damit die Schau des Auferstandenen gemeint ist, steht nach den darauf zurückgreifenden Aussagen des Ersten Korintherbriefs außer Zweifel. Dabei läßt der Katalog des Auferstehungskapitels, der die für die junge Christenheit konstitutive Zeugenreihe in zwei Dreiergruppen gliedert, mit aller nur wünschbaren Deutlichkeit erkennen, daß Paulus für sich als »Letzten« denselben Rang beansprucht wie den der übrigen, Petrus und Jakobus durchaus eingeschlossen. Niemals hätte darum sein Ostererlebnis im Blick auf die Selbstverkleinerung, mit der er es einbringt, abgewertet werden dürfen, wie es dann tatsächlich, auch unter dem Eindruck der lukanischen Chronologie, geschah. Nicht umsonst hatte Paulus dem zu Beginn des Briefs schon dadurch vorgebaut, daß er auf die soziale Schichtung der Gemeinde hinwies, in der es »nicht viele Weise, Mächtige und Einflußreiche gibt« (1,26). Denn wie Gott die im Urteil der Welt Törichten, Schwachen und Deklassierten erwählte, um die Weisen, Mächtigen und Arrivierten zu beschämen (1,27ff.), so fiel seine Gnadenwahl, wie nun im Blick auf den Referenten geschlossen werden muß, gerade auf die »Mißgeburt« des einstigen Verfolgers, der die vor ihm Genannten dadurch »beschämte«, daß er mehr zu leisten vermochte als sie alle zusammen:

> Ich bin der letzte der Apostel, nicht wert, Apostel zu heißen, weil ich die Kirche Gottes verfolgt habe. Doch durch die Gnade Gottes bin ich, was ich bin, und sein Gnadenerweis ist an mir nicht fruchtlos geblieben; vielmehr habe ich mehr als alle andern geleistet, doch nicht ich, sondern die Gnade Gottes in mir (15,8ff.).

Was Paulus zunächst hervorhebt, ist im Kontext dieser Zeugenliste die mit seinem Ostererlebnis verbundene Ermächtigung, die für ihn selbst die rettende Entschränkung aus einem in Fehlhaltungen verkrampften Dasein bedeutet. Für sein künftiges Wirken kommt sie seiner Einsetzung zum Apostel im Vollsinn dieses Ausdrucks gleich. In eben dieser Konsekution stellt er die drei grundlegenden Fragen, mit denen er im gleichen Brief auf sein Osterzeugnis vorgreift:

> Bin ich nicht frei?
> Bin ich nicht Apostel?
> Habe ich nicht Jesus, unsern Herrn, gesehen? (9,1)

Die Offenbarung

Das schließt nun aber durchaus nicht aus, daß ihm das Widerfahrnis zunächst in jenem gnoseologischen Aspekt ins Bewußtsein tritt, den er in seinem »Urzeugnis« mit dem heilsgeschichtlichen Grundwort »Offenbarung« umschreibt. In seiner Berufungsstunde, so betont er, habe es Gott in seiner Güte gefallen, das Geheimnis seines Sohnes »in ihm zu offenbaren« (*apokalyptein*). Auch wenn dieser Ausdruck, wie angedeutet, der ersten Stufe entspricht, auf der die Todüberwindung Jesu »versprachlicht« wurde, behält er doch sein volles offenbarungs- und wahrheitstheoretisches Gewicht. Danach erreicht die lange Geschichte der Gottesoffenbarung ihren Höhepunkt – und unüberbietbaren Exzeß – in der Todüberwindung Jesu, so daß diese geradezu mit »Offenbarung« gleichgesetzt werden kann. Mit dem keineswegs beiläufig eingefügten Zusatz »in mir« macht Paulus überdies deutlich, daß ihm kein sachlicher, sondern ein »dialogischer« Inhalt eingegeben wurde: der Gottessohn als der, der gleichzeitig Objekt und Subjekt des Offenbarungsgeschehens ist: »geoffenbarter Offenbarer«. Mit ihm setzte Gott der Unkenntnis über ihn ein Ende. Mit ihm bricht nach langer Nacht der endgültige Gottestag an. Es ist also nicht so wie bei HÖLDERLIN, daß die Erscheinung Jesu den sich dem Ende zuneigenden Göttertag als das alles überglänzende

Abendrot verklärt, sondern umgekehrt; denn in ihm gibt Gott sein Äußerstes, in ihm spricht er sein »sprechendes Wort«, in ihm wendet er im Exzeß seiner Selbstmitteilung der Welt sein menschliches Antlitz zu, das wie ein strahlender Sonnenaufgang das Dunkel des Daseins erhellt. Daß tatsächlich so gefolgert werden kann, bestätigt Paulus selbst, wenn er in der Parallelaussage seinen Offenbarungsempfang als schöpferische »Lichtung« deutet.[18]

Unterstrichen wird diese Auslegung durch den Rückgriff auf die alttestamentlichen Wendungen, mit deren Hilfe Paulus sein Berufungserlebnis stilisiert. Es sind, wie insbesondere KLAUS BALTZER deutlich machte, Wendungen aus der Berufungsvision des Jeremia, in denen das in poetischem Stil gehaltene Gotteswort an den darauf in »sklavischer« Prosa antwortenden Propheten ergeht:

Bevor ich dich im Mutterleib erschuf, habe ich dich ausersehen. Bevor du den Mutterschoß verließest, habe ich dich geweiht und zum Völkerpropheten bestimmt (1,5).[19]

Von dem Einwand des Propheten, der mit der Klage »Ich kann nicht reden; ich bin doch noch so jung« (1,6), auf seine Unfähigkeit verweist, ist freilich nichts in das Zeugnis des Apostels eingegangen. Zu sehr steht dieser unter dem Eindruck, von Gott ins Einvernehmen gezogen und Mitwisser seines Herzensgeheimnisses, des »Sohnes«, erhoben worden zu sein. Zu sehr steht er im Licht des neu anbrechenden Gottestages.

Die Lichtwerdung

Der thomasische Gedanke, wonach die Gnade auf die Natur aufbaut, ist Paulus fremd. Für in statuiert die Offenbarung vielmehr den wirklichen Anfang, den Gott mit der Welt und ihrer Geschichte gemacht hat. So könnte er mit IRENÄUS fragen: Warum kommt am Ende der Anfang? Doch er fragt nicht; vielmehr spiegelt er seinen Offenbarungsempfang auf den Weltmorgen zurück, um ihn in seiner uranfänglichen Bedeutung ausdenken zu können. Das geschieht in der »protologischen« Version seines Berufungserlebnisses, die zugleich als diejenige zu gelten hat, der die lukanische Schilderung am nächsten kommt:

> Denn Gott, der sprach: aus Finsternis erstrahle Licht! – er hat es auch in unseren Herzen tagen lassen zum strahlenden Aufgang der Gottherrlichkeit auf dem Antlitz Christi (2 Kor 4,6).

Der Rückbezug auf die Lichtwerdung am Schöpfungsmorgen hebt ein wesentliches Moment des paulinischen Offenbarungsbegriffs hervor. Die Gottesoffenbarung, die Paulus empfing, vollzog sich nicht im Lichtkreis einer vorgegebenen Helle; sie wurde von ihm vielmehr als elementare »Lichtung« erlebt. Ihren Ursprung hat diese, bestimmend für die Gestalt der mit ihr eröffneten Wahrheit, im Antlitz des Auferstandenen. Da sich Paulus jedoch, wie am klarsten BEN-CHORIN erkannte, selbst als »Ort« des sich entbergenden Gottesgeheimnisses erfährt, spricht er zugleich vom »Reflex« dieser Urmanifestation im Herzen ihres Empfängers:

> Der Herr ist der Geist, und wo des Herrn Geist waltet, da ist Freiheit. Wir alle aber spiegeln mit enthülltem Antlitz die Herrlichkeit des Herrn und werden so, von Klarheit zu Klarheit, seinem eigenen Bild anverwandelt, wie es dem Herrn des Geistes entspricht (2 Kor 3,17 f.).[20]

Die Stelle wirkt geradezu wie der Drehpunkt, an dem die auf den Ursprung gerichtete Blickrichtung in die dem eschatologischen Ziel zugewandte übergeht. Hier wird die Erinnerungsform fühlbar von der Prozeß-Struktur überlagert, die das paulinische Denken zunehmend bestimmt. Mit diesem Übergang gewinnt die Gleichsetzung von »Herr« und »Geist« besonderes Gewicht. Was Paulus bewegt und »drängt«, ist keine anonyme Tendenzkraft, sondern der ihm eingegebene Geist Jesu, der sich in die Selbstreflexion seines Denkens – »Wer von den Menschen kennt das Wesen des Menschen, wenn nicht der Geist, der in ihm ist?« (1 Kor 2,11) – einmischt, um sie zur Erkundung der von ihm erschlossenen »Tiefen der Gottheit« zu befähigen: »So kennt auch keiner das Wesen Gottes als nur der Geist Gottes« (ebd.). Umgekehrt gehört es zum Vollbegriff dieses dialogischen Verhältnisses zum göttlichen Offenbarer, daß es auf das ewige Vor-Gespräch in Gott – und dadurch auf seinen innersten Grund – zurückbezogen wird. Das besagt der ebenso knappe wie inhaltsreiche Satz: »Uns aber hat es Gott durch den Geist erschlossen« (2 Kor 2,10), auf dessen überragenden Stellenwert das aus prophetischer Tradition geschöpfte Wort von dem, »was kein Auge geschaut, kein Ohr vernommen und zu keines Menschen Herz gedrungen ist« (2,9), aufmerksam macht. Gleichzeitig verdeutlicht diese vielfach mißverstandene Stelle, warum das Dasein für Paulus in der lebenslang nicht zu Ende gebrachten Aufgabe besteht, Auge, Ohr und Herz immer neu für den unermeßlichen Reichtum zu öffnen, der sich ihm »durch den Geist enthüllte«.

Der Ergriffene

Wie der Offenbarungsempfang des Apostels letztlich aus einem innergöttlichen Prozeß hervorgeht, hat er auch selbst Prozeß-Charakter. Ungeachtet der historischen Einmaligkeit des Damaskuserlebnisses ist die in ihm erfolgte Mitteilung so geartet, daß sie nur in fortwährender Annäherung ergriffen werden kann. Das sagt Paulus im Kontext der »eschatologischen« Version, die er sachgemäß in desiderativen Wendungen umschreibt. Wiederum schlägt das Moment der »Widerspiegelung« durch, wenn er sein Begreifen als Reflex eines vorgängigen Ergriffenseins deutet:

> Nicht als ob ich es schon ergriffen hätte oder bereits vollendet wäre. Doch möchte ich es ergreifen, so wie ich von Christus Jesus ergriffen bin. Nein, Brüder, ich bilde mir nicht ein, es schon ergriffen zu haben. Eins aber tue ich: Ich vergesse, was hinter mir liegt, und strecke mich nach dem aus, was vor mir liegt (Phil 3,12f.).

Hier hat, anders als in der vorigen Version, der Anfang den Charakter der Zukunft. So sehr der Offenbarungsempfang ein der Lebensgeschichte des Apostels angehörendes Faktum ist, hat er doch so sehr prospektives Gepräge, daß er zugleich wie ein lebenslang nicht einzuholendes Ziel vor ihm liegt. Das verleiht der Daseinsgestalt des Apostels ein exzentrisches Gepräge. Und doch wird er dadurch nicht zum Romantiker, dem, wie SCHUBERTS »Wanderer«, der Geisterspruch im Ohr klingt: »Dort, wo du nicht bist, dort ist das Glück!« Zwar liegt auch für Paulus der Schwerpunkt in einem noch uneingeholten Fernziel; doch spannt sich deshalb seine ganze Energie nur um so mehr darauf aus, dem »Siegespreis der himmlischen Berufung« nachzujagen (3,14). Für die Offenbarungsfrage besagt das, daß es für ihn fortan darum geht, das, was er seit seiner Damaskusstunde »hat«, aufgrund eines unablässigen Aneignungsprozesses zu »sein«. So sehr der ihm eingegebene Inhalt für ihn an das lebensgeschichtliche Ausgangsdatum zurückgebunden bleibt, gehört er doch in keiner Weise der Vergangenheit an; vielmehr leuchtet er ihm als Ziel voran, dem er mit ganzer Kraft entgegenstrebt. Insofern ist es nur konsequent – konsequent auch als Folge der Identität des Offenbarungsinhalts mit der Herrlichkeit des Auferstandenen –, daß er im gleichen Zusammenhang vom eschatologischen Vollendungsziel der Erlösten spricht:

> Unsere Heimat ist im Himmel, von wo wir auch den Retter erwarten, den Herrn Jesus Christus, der unseren hinfälligen Leib der Gestalt seines Herrlichkeitsleibes anverwandeln wird in der Kraft, mit der er sich alles unterwirft (3,20).

Die Inhalte

Deutlicher als sonst wird in alledem der Impuls fühlbar, der Paulus zur Missionspredigt nötigt: »Weh mir, wenn ich das Evangelium nicht verkünde!« (1 Kor 9,16). Fast hat es den Anschein, als habe er sich im Katalog der maßgeblichen Osterzeugen auch deshalb an den letzten Platz gestellt, um diese spezielle Mission hervorzuheben. Denn nicht erst dadurch, daß er sein Zeugnis brieflich dokumentierte; nein, schon durch diese dreifache Explikation seines österlichen Damaskuserlebnisses ist er wie kein anderer der »antwortende Zeuge«! Sie aber ist ihrerseits nur aus einem exzeptionellen Mitteilungs- und Sprachwillen zu erklären, der als solcher wiederum der Natur seines Erlebnisses entspricht. Weil ihm Gott das Geheimnis seines Sohnes offenbarte, will diese Gabe weitergegeben werden. Mit ihr verhält es sich tatsächlich wie mit der transzendentalen Selbsteröffnung des Seins, das von seinem »Wesen« her als Wahrheit gelichtet ist, als Gutheit verpflichtet und als Schönheit leuchtet. Doch was besagt das für die Frage nach den Inhalten?

Es bedarf kaum der Erwähnung, daß sie in der dreifachen Auslegung nicht schon als abrufbare Daten vorliegen. Vielmehr erschließt die Auslegung lediglich die Dimensionen, in denen sie jeweils denk- und sagbar werden. Indessen lassen sich wenigstens einige Spuren aufzeigen, die in die Richtung thematischer Konkretisierung weisen. So nimmt die Schlüsselstellung der gnoseologischen Version zunächst die auf sie hinführende Bemerkung auf, die in substantivischer Rede von der »Offenbarung« spricht, der die Verkündigung des Apostels entstammt (1,12). In dieser Vorwegnahme zeichnet sich bereits eine begrifflich-lehrhafte Verdeutlichung ab. Sie gewinnt noch schärfere Kontur, wenn Paulus zur Rechtfertigung seiner eigenen Wahrhaftigkeit Jesus das die Verheißungen Gottes besiegelnde »Ja« nennt (2 Kor 1,20) und dadurch den zutiefst affirmativen Sinn der Offenbarung herausstellt.

Als Vorgriff auf das Ziel verstehender Aneignung wirkt auch der auf die eschatologische Aussage des Philipperbriefs hinführende Sehnsuchtsruf: »Ihn will ich kennenlernen: die Macht seiner Auferstehung und die Leidensgemeinschaft mit ihm« (3,10), insbesondere dann, wenn sich Paulus mit einem Hinweis auf die Leidensgemeinschaft zu dem der Antike vertrauten Gedanken bekennt, daß das »Mitsein« und »Mitleiden« als Erkenntnisprinzip zu gelten hat. Ebenso könnte die für seine hermeneutische Konzeption aufschlußreiche Unterscheidung von »totem Buchstaben« und »lebendigmachendem Geist«

wurzelhaft auf seine Gegenüberstellung des »todverfallenen Leibes« mit dem in der endzeitlichen Auferstehung gewonnenen »Verklärungsleib« zurückgehen (Phil 3,12), die gleichfalls in den Kontext dieser Version hineingehört und erste Hinweise auf die Eschatologie des Apostels bietet. Der protologischen Auslegung läßt sich schließlich ein Ansatzpunkt seiner Schöpfungslehre entnehmen, sofern das Wort von der Lichtwerdung am Schöpfungsmorgen auf das Bild von der in Geburtswehen liegenden und der Freiheit der Gotteskinder entgegenharrenden Schöpfung (Röm 8,18ff.) vorausweist. So finden sich in den durch die dreifache Explikation des Damaskuserlebnisses erschlossenen Dimensionen zwar keine ausgeformten Inhalte, wohl aber die Elemente, aus denen sie im theologischen Verarbeitungsprozeß hervorgehen. Wenn Paulus durch seine Berufungsvision auch nicht formell belehrt worden war, so empfing er durch sie doch die Qualifikation zur lehrhaften Entfaltung der ihm aufgetragenen Botschaft.

Wehe mir, wenn ich nicht verkünde!

Die Damaskusvision steht in einer unterschwelligen Beziehung zur Taufszene am Jordan.[21] Wie Jesus dort durch den Anruf der Himmelsstimme zum Vollbewußtsein seiner Gottessohnschaft gelangte, so Paulus durch die »Offenbarung des Sohnes« zum Vollbegriff seiner Identität. Und wie sich für Jesus daraus die Nötigung zu seiner messianischen Tätigkeit ergab, so für Paulus der »Zwang« zur Missionspredigt. Sogar die jeweiligen Bekundungen bewegen sich in einem auffälligen Gleichklang. Von Jesus überliefert Lukas das Wort: »Feuer auf die Erde zu werfen, bin ich gekommen; und was will ich anderes, als daß es brenne« (12,49). Und Paulus spricht nahezu gleichsinnig von dem auf ihm lastenden »Zwang«, das Evangelium zu verkünden.

Die Nötigung

Wie sich Paulus im Galaterbrief genötigt sieht, über sein Berufungserlebnis Auskunft zu geben, drängt ihn die Verzwistung in der Gemeinde von Korinth zu einer gleichsinnigen Bekräftigung seiner Sendung. Insofern entspricht dem Bekenntnis, daß ihm Gott das Geheimnis seines Sohnes offenbarte, der an die korinthischen Gruppen gerichtete Hinweis:

> Christus hat mich nicht gesandt zu taufen, sondern dazu, die Heilsbotschaft zu verkünden (1 Kor 1,17).

Das klingt wie die Selbstdistanzierung eines Inspirierten vom prosaischen Dienst des Amtsträgers, ja fast wie ein an sich selbst gerichteter Appell, fortan nur noch dem inneren Geheiß Folge zu leisten. Schon hier zeichnet sich ab, daß für Paulus die zentrale Lebensleistung in seiner Redetätigkeit besteht. Im Vertrauen auf die Wirkungskraft seines Wortes wird er, der Einzelkämpfer, das Wagnis auf sich nehmen, die Oikumene in ihren riesigen Ausmaßen für den Christusglauben zu erobern. Das darf freilich nicht ohne eine doppelte Einschränkung stehenbleiben. Denn Paulus verfügt, wie ihm nur zu deutlich bewußt ist, nicht über die bestechende Eleganz der antiken Rhetorik. Noch bevor ihm die Gegner, die von ihm unter dem Eindruck seiner »wuchtigen« Briefe bestechende Wortkunst erwartet hatten, die »Flauheit« seiner Rede vorwerfen (2 Kor 10,10), gesteht er sich seine Schwäche selber ein:

> Als ich zu euch kam, ging es mir nicht darum, euch mit glänzender Beredsamkeit oder Weisheit das Zeugnis Gottes zu verkünden ... Überdies trat ich in Schwäche, Furcht und großer Zaghaftigkeit unter euch auf (1 Kor 2,1.3).

Indessen überkamen Paulus – und darin besteht die zweite Einschränkung – gerade in seiner rhetorischen Schwäche Erfahrungen jener göttlichen Kompensation, die er schon im ersten seiner Briefe als ein Reden »in Kraft und im heiligen Geist« (1 Thess 1,5) bezeichnet und auf die er dann nochmals mit der berühmten Wendung vom »Erweis des Geistes und der Kraft« (1 Kor 2,4) zurückkommt.

Bestellt und bestätigt

Zu den inneren Dispositionen und Antrieben kamen jedoch zwei äußere hinzu, die für den als »Fehlgeburt« Berufenen von größter Bedeutung waren. Über den ersten dieser Impulse sagt der Zeitraum der Beeinflussung – er dauerte doppelt so lange wie die siebenjährige »öffentliche« Tätigkeit des Apostels – mehr als das verfügbare Informationsmaterial. Er betrifft seinen Aufenthalt im syrischen Antiochia.

Hier bürgerte sich für die Jesus-Gemeinde, bezeichnend für ihr mittlerweile gewonnenes Eigenprofil (nach Apg 11,26), erstmals der Name »Christianer – Christen« ein. Hier entsteht die für die Ausbreitung des Glaubens und für das Schicksal der christlichen Sache überragend wichtige Idee der Heidenmission, und hier muß, wie der Zusammenstoß des Paulus mit Petrus (Gal 2,11 ff.) erkennen läßt, schließlich die für die Entwicklung der christlichen Lehre entscheidende »relecture« der Botschaft Jesu, ihre Umsetzung in eine auf die Bedürfnisse und Bedingungen der Spätantike abgestimmte Lehre, stattgefunden haben. Nicht unwichtig für die Erklärung dieser ungewöhnlichen Dynamik ist die bruderschaftliche Verfassung der antiochenischen Gemeinde, in der sich ein Minimum an Organisation mit einem Maximum an spiritueller Spontaneität verband.

Einblick in die Vorgänge, die das Gemeindeleben bestimmten, gibt nach BECKER der Erste Thessalonicherbrief, der die Wechselbeziehung zwischen Paulus und der Gemeinde sowohl hinsichtlich der in ihr nachwirkenden Traditionen als auch der von ihr geschaffenen Innovationen widerspiegelt.[22] Vorausgesetzt ist im Selbstzeugnis des Apostels freilich das, was ihm den Sprung nach Thessalonike überhaupt erst ermöglichte: die Ablösung von der Urgemeinde und ihrer vielfältigen Rückbindung an das Judentum. Um einen vergleichbaren Bruch geht es, wenn er seinen Adressaten nachrühmt:

wie ihr euch von den Götzen zu Gott bekehrt habt, um dem lebendigen und wahren Gott zu dienen (1,9).

Auf die Frage, wie es gelingen konnte, die Faszination des antiken Götterglaubens, dem die zu Christus Bekehrten ursprünglich anhingen, zu brechen, beantwortet Paulus im folgenden Satz mit dem Hinweis auf den vom Himmel her erwarteten Gottessohn, der sich durch seine Auferstehung als der Erretter vor dem »kommenden Zorn« erwies (1,10). Indessen liegt das Schwergewicht des Briefs, der die spezifisch paulinischen Motive allenfalls ansatzweise enthält und deshalb als Vorstufe zu den Hauptbriefen anzusehen ist, auf dem lebendig atmenden Dialog mit der Gemeinde, deutlicher noch gesagt, mit ihrem »Glaubensgeist«, der nahezu das Profil des »Engels« annimmt, an den sich die apokalyptischen Sendschreiben jeweils richten.[23] Weil er aus Sorge, daß dieser vom »Versucher« angefochten sein könnte (3,5), es nicht mehr aushält, hatte er den Timotheus als Boten und Kundschafter geschickt, der aber vom Glauben, der Liebe und dem Verlangen der Gemeinde nach einem Wiedersehen mit ihrem Gründer nur Gutes zu berichten wußte, so daß er sich nun durch ihren Glauben getröstet fühlt (3,7) und im Gedanken an ihr »Feststehen« auflebt (3,8). Auf dieser Wechselbeziehung baut sich jene intensive Verbundenheit auf, die Paulus geradezu als das Modell kirchlicher Lebensgemeinschaft empfindet (3,12 f.).

Zwar wird, was die Inhalte betrifft, die Gesetzesproblematik noch nicht entfaltet und die Spannung mit dem Judentum nur im Horizont der von ihm ausgehenden »Verfolgungen« und Konflikte dargestellt (2,14 f.). Doch in einer Hinsicht werden die – nach Becker bereits vorformulierten – Vorwürfe konkret: in der zu einer Gerichtsansage gesteigerten Anklage, daß durch die Juden die Heidenmission behindert werde (2,16).[24] Dem entspricht die gleichfalls schon vorgegebene Christologie, die, wie sich aus der Bezeichnung »Christianer« ergibt, Jesus mit dem Hoheitstitel »Christus« anruft und von ihm, gestützt auf den Auferstehungsglauben, die Errettung vor dem drohenden »Zorngericht« erwartet. Sie hat ebenso die Heidenmission im Visier wie die in zwei korrespondierenden Reihen entwickelte

Paränese, die mit dem großen Mahnwort einsetzt: »Das ist der Wille Gottes, eure Heiligung« (4,3), und mit der auf die gottesdienstliche Ordnung bezogenen Aufforderung schließt: »Prüft alles, das Gute behaltet« (5,21). Wie eine Schleife umschließt sie die dramatische Schilderung der endzeitlichen Herabkunft Christi (4,15 ff.), die zugleich die letzte Begründung dafür bietet, daß die »Kinder des Tages nicht wie die andern schlafen« dürfen (5,5 f.).

Die Aussendung

Nach den Angaben der Apostelgeschichte wird die Gemeinde von Antiochia, die wie andere von den nach der Steinigung des Stephanus versprengten Christen gegründet worden war, von »Propheten und Lehrern« geleitet, unter denen Barnabas die Spitzenposition einnimmt (13,1). Hier reift in Form einer charismatischen Eingebung während eines Gottesdienstes der Entschluß zur systematischen Heidenmission. »Sondert mir Barnabas und Paulus«, so fordert der göttliche Auftraggeber in deutlicher Anspielung auf die Damaskusvision, »aus zu dem Werk, zu dem ich sie berufen habe« (13,2). Damit fällt eine der folgenschwersten Entscheidungen der Christentumsgeschichte, die in ihrer Bedeutung durch die mit Händen zu greifende Analogie zur Pfingstgeschichte unterstrichen wird. Wie dort die junge Kirche aus dem Impuls des über die Jüngerschar ausgegossenen Geistes hervorgeht, so hier einer ihrer bedeutungsvollsten Lebensakte aus demselben Ursprung. Diese Analogie vorausgesetzt, zeichnet sich sogar ein noch tieferer, in die christologische Beziehung hineinreichender Zusammenhang ab. Wie bei Jesus – anders als im Falle Buddhas – kein Zögern in der Frage der Weitergabe der Gottesoffenbarung an die Menschen zu erkennen ist, so weiß sich auch Paulus (nach Gal 1,16) schon im Augenblick seiner Berufung zum Heidenmissionar bestimmt. Insofern wird er bei der Aussendung in Antiochia – und Ähnliches gilt auch von seinen »Entrückungen« und himmlischen »Anweisungen« – im Grunde nur von der Damaskusvision eingeholt.

Aus der christologischen Entsprechung erklärt sich dann aber auch der Konflikt, in den Paulus mit dem Konzept seiner von der judenchristlichen Konzeption emanzipierten Heidenmission geriet. Nach einem von Matthäus überlieferten Herrenwort weiß sich Jesus, ungeachtet seines grenzenlosen Liebeswillens, anfänglich nur »zu den verlorenen Schafen des Hauses Israel gesandt« (15,24). Demgemäß gilt ein wesentliches Element seiner inneren Biographie der Überwindung der ihm dadurch gezogenen Grenzen.[25] Im Fall des Apostels sind es die »falschen Brüder«, die in der Absicht in seinen Wirkungsbereich eindrangen, die im Glauben gewonnene Freiheit zu »belauern« und zu »versklaven« (Gal 2,4). Ging es bei Jesus somit um die Gewinnung der ihm zunächst vorenthaltenen Universalität, so läuft diese bei Paulus umgekehrt Gefahr, nachträglich wieder im Sinn einer Gesetzesreligion eingeschränkt zu werden. Zwei Auffassungen von Christentum stehen sich in wachsender Konfrontation gegenüber: die paulinische, die das Christsein ausschließlich auf sich selbst und damit auf den Glauben begründet sah, und die judenchristliche, die es – durchaus im Sinn des Apostels – als »Zweig« am Ölbaum Israels begriff (Röm 11,18), daraus jedoch die antipaulinische Folgerung zog, daß es durch das Bundeszeichen der Beschneidung besiegelt werden müsse.

Der Apostelkonvent

Die Bedeutung der Gemeinde am Orontes für Paulus besteht nicht zuletzt darin, daß der für ihn lebensentscheidende Konflikt dort seinen Ausgang nahm und von dort aus dann auch zur Entscheidung gebracht wurde. Das eine läßt sich aus dem zeitlich späteren Zusammenstoß des Apostels mit Petrus rekonstruieren (2,11–14); das andere führte zum Apostelkonvent in Jerusalem, nach BORNKAMM »das wichtigste Ereignis in der Geschichte der Urkirche«.[26] Selbsternannte Glaubenswächter »schlichen sich«, nach der Ausdrucksweise des Galaterbriefs, vermutlich unter undurchsichtiger Berufung auf die Altapostel, in die antiochenische Gemeinde ein und entfesselten einen

Streit, der das Kernstück der paulinischen Heilslehre in Frage stellte. Dem Evangelium der Freiheit, das sich ausschließlich auf seine Annahme im Glauben begründete, stellten sie das judenchristliche Konzept eines an das mosaische Gesetz zurückgebundenen Christentums entgegen, während sie gleichzeitig das Apostolat des Paulus unter Hinweis auf seine Außenseiterposition anzweifelten.

Aus dem späteren Zusammenstoß mit Petrus, der bei seinem Besuch in Antiochia unter dem Druck einer – jetzt tatsächlich von Jakobus, dem Leiter der jerusalemischen Urgemeinde, autorisierten – Gruppe die Tischgemeinschaft mit den Heidenchristen aufgegeben hatte, läßt sich schließen, wie der Entschluß reifen konnte, die Streitfrage nicht an Ort und Stelle zu entscheiden, sondern vor das Forum der als »Säulen« der Kirche geltenden Altapostel zu bringen. Eine Frage, die derart an die Wurzeln des Christenseins rührte, konnte nur im Einvernehmen mit denen entschieden werden, die »von Anfang an Augenzeugen und Diener des Wortes« gewesen waren (Lk 1,2). Damit war die für die kirchengeschichtliche Entwicklung hochbedeutsame konziliare Idee geboren, auch wenn man mit Bornkamm davon ausgeht, daß die lukanische Schilderung bereits ein deutlich überhöhtes Bild der tatsächlichen Vorgänge bietet. Sie werden von Paulus, der seinerseits auch schon aus der Rückschau berichtet, nahezu gegensinnig zur Darstellung der Apostelgeschichte beschrieben. Danach ging die Initiative nicht etwa von den »Maßgeblichen« in Jerusalem, sondern von ihm, genauer noch von einer ihm widerfahrenen göttlichen Eingebung aus (Gal 2,2). Das heißt im Klartext, daß in ihm selbst die Einsicht reifte, wonach das aufgebrochene Problem vor das Forum eben jener gebracht werden müsse, auf die der »antiochenische Zwischenfall« direkt (Petrus) oder doch mittelbar (Jakobus) zurückging.

Der Handschlag

Auch im Verlauf der (gemeinhin auf das Jahr 48 angesetzten) Verhandlung mißt Paulus sich in seiner eigenen Berichterstattung eine ungleich wichtigere Rolle zu, als sie ihm die lukanische Darstellung zugesteht. Danach referiert er nicht nur über wunderbare Begebenheiten bei seiner Missionsarbeit (Apg 15,4); vielmehr ergreift er (nach Gal 2,2) die Initiative, um den Altaposteln sein Evangelium darzulegen und so die Sicherheit zu gewinnen, »nicht umsonst gelaufen« zu sein. Zwar läßt das auf keinerlei Selbstzweifel schließen; doch mußte Paulus angesichts der extremistischen Attacken daran gelegen sein, sich eine möglichst starke Rückendeckung zu verschaffen. So geht die Anregung zu dem Konvent, zumindest aber zu dem Vorgespräch (2,2), anders als nach der Darstellung der Apostelgeschichte, letztlich auf ihn selbst und die antiochenische Gemeinde zurück; und er bleibt nach seinem Bericht auch in der »Vollversammlung« (2,3ff.) die beherrschende und schließlich siegreiche Figur.[27] Im wurde dann auch – wie er mit einer sowohl in dem von Lukas überlieferten Dekret (Apg 15,28) als auch in einem Sendschreiben der Apokalypse (2,4) wiederkehrenden Wendung sagt – »nichts auferlegt« (2,6), sondern freie Hand für die Fortsetzung seiner Missionsarbeit gegeben. Dies freilich im Sinne einer »Arbeitsteilung«, die ihm die Heidenmission zuwies, während Petrus mit der Missionierung des Judentums betraut bleibt (2,7f.). Die programmatische Bedeutung dieser Regelung betont der »Handschlag«, mit dem die Vereinbarung durch die »Säulen« bekräftigt wird (2,9).

Die durch die Eingangswendung, wonach »keine weitere Last auferlegt« werden soll, gesicherte »Jakobusklausel« deutet freilich – insbesondere mit der von ihr geforderten Enthaltung von Blut und »Ersticktem« – auf eine weitere Einschränkung hin, die dem Standpunkt der Paulusgegner entgegenkommt und als solche den Keim zur späteren, im Galaterbrief vorausgesetzten Kampfsituation in sich trägt.[28] Der Schatten dieses Konflikts wird Paulus auf seinem weiteren Weg bis nach Rom begleiten; und dieser unablässige Kampf wird schließlich dazu führen, daß er die letzte Konsequenz seines in

höchstem Einsatz gelebten Lebens als Leidender und »Hingeopferter« zieht.

In weitem Bogen

Die antiochenische Aussendung führt Paulus nach dem nicht
unbedingt verläßlichen Bericht der Apostelgeschichte in Begleitung des Barnabas nach Zypern und von da in die kleinasiatischen Provinzen Pisidien und Kilikien. Indessen scheinen
seine Angaben (Gal 1,21) dies ebenso zu bestätigen wie die in
Lystra erlittene Steinigung (Apg 14,19; 2 Kor 11,25). Auch
könnte sich in den Pastoralbriefen (2 Tim 3,11) eine Erinnerung an die gefahrvolle Tätigkeit des Apostels in diesem Raum
erhalten haben.

Stärker durch seine Selbstzeugnisse gestützt ist die nächste
Reise, die Paulus nach einem Zerwürfnis mit Barnabas in Begleitung des Silvanus (Silas) und Timotheus über die auf dem
ersten Missionszug in Galatien gegründeten Gemeinden an die
kleinasiatische Ostküste, von dort nach Philippi und Thessalonike, nach einem wenig ergiebigen Aufenthalt in Athen dann
nach Korinth und Ephesus, seinen bedeutendsten Wirkungs-
stätten, und schließlich über Caesarea nach Jerusalem und Antiochia führt.[29]

Schlaglichter

Soviel das Paulusbild der Apostelgeschichte an legendären Elementen verarbeitet, gibt ihre Berichterstattung doch eine
Reihe von bedeutsamen Aufschlüssen. Glaubhaft ist schon der
wichtige Hinweis, daß Paulus im Bewußtsein des Heilszusam-
menhangs mit Israel als Ansatzpunkt seines Wirkens jeweils
jüdische Gebetsstätten aufsucht (Apg 13,5.14; 14,1; 16,13),
weil das Wort Gottes »zuerst« den Juden verkündet werden
müsse (13,46), bedeutsam für seine äußere Erscheinung die
dem Bericht von seiner Steinigung vorgeordnete Szene, wonach er, der Wundertäter, von den Bewohnern von Lystra, ver-

mutlich in Erinnerung an den dortigen Lokalmythos von Philemon und Baukis, für Hermes gehalten wird, der Reisebegleiter Barnabas dagegen für Zeus, zumal sich dadurch der apokryphe Bericht von seinem unansehnlichen Erscheinungsbild bestätigt.[30]

Ein wichtiges Schlaglicht fällt sodann auf die Motivation, in der sich Aktivität mit Sensibilität auffällig verbinden. Daß sich Paulus zur Überfahrt nach Europa entschließt, geht nach der lukanischen Darstellung nicht etwa auf sein eigenes Missionskonzept, sondern auf eine charismatische Nötigung zurück, durch die sich der »Zwang«, dem er (nach 1 Kor 9,16) untersteht, geradezu zu einer geographischen Direktive verdichtet. Denn der »Geist Jesu« gestattet ihm nicht, seinem eigenen Vorhaben folgend die Richtung in die kleinasiatischen Ost- und Nordgebiete einzuschlagen; vielmehr gelangt er aufgrund dieser Weisung nach Troas (Apg 16,6ff.), wo ihn ein Traumgesicht zu dem für die Ausbreitung des Christentums entscheidenden Aufbruch nach Makedonien bewegt (16,9f.). Nimmt man hinzu, daß sich Paulus in seinen Reisevorhaben bisweilen aber auch durch die Invektiven Satans gehindert fühlt (1 Thess 2,18), so erscheint er, bei aller Planung und Entschlußkraft, zugleich im Widerspiel geistiger Mächte, die auf sein Verhalten ebenso fördernden wie hemmenden Einfluß nehmen. Indessen werden sich ihm auch die Faustschläge, die ihm der Satansbote auf diesem Feld zufügt – wie im Fall seines persönlichen Leidens (2 Kor 12,9f.) –, in Erfahrungen der Bestärkung von oben umgesetzt haben. Sofern das angenommen werden darf, liegt hier der Schlüssel zu der erstaunlichen Zielsicherheit, mit der er seinen Weg durch ein missionarisches Neuland – »nicht auf fremdem Grund!« (Röm 15,20) – voller Widerstände und Gefahren antritt.

Auch darauf hebt die Apostelgeschichte ab, wenn sie wie schon im Fall der Steinigung (14,18ff.) so auch in dem des Mißerfolgs in Athen (17,32ff.), insbesondere aber bei der Schilderung des Aufstands der Silberschmiede in Ephesus (17,23ff.) auf den gefährlichen Stimmungsumschwung zu sprechen kommt, den Paulus mit seiner Kritik der polytheistischen Volksfrömmigkeit heraufbeschwor. So sehr der Götterglaube im Niedergang begriffen war, stieß der Apostel mit seiner Verkündigung doch keineswegs in ein religiöses Vakuum, sondern auf jene Widerstände, die sich nach seinem eigenen Vergleich wie riesige Bollwerke auftürmten (2 Kor 10,4 ff.). Daß er, der Einzelkämpfer, sich dennoch im Stande sah, diese geistigen Barrikaden niederzureißen, spricht für das unbeugsame Sendungsbewußtsein, mit dem er sich seiner Aufgabe unterzog und in seinem Dienst verzehrte.

Von Jerusalem bis Rom

In die volle Größenordnung wuchs sein Werk jedoch erst hinein, als sich Paulus aus nicht ganz durchsichtigen, sicher aber mehr noch sachlichen als persönlichen Gründen (Apg 15,39) von Antiochia, der Stätte seines langjährigen Wirkens, löste, um den Schwerpunkt seines Wirkens weiter nach Westen zu verlegen. Von nun an werden Provinzstädte vom Range Korinths und Ephesus' zu weit ins Hinterland ausstrahlenden Zentren seiner Tätigkeit. In welchem Maß sich dabei sein Aktionsradius erweitert, sagt er rückblickend im Römerbrief, wenn er der ihm noch unbekannten Gemeinde versichert, daß er in der Kraft des Gottesgeistes »das Evangelium in weitem Bogen von Jerusalem bis nach Illyrien« getragen und so seine Verkündigung zum Abschluß gebracht habe (15,19). Deshalb finde er in diesen Gegenden »kein Arbeitsfeld mehr« (15,23), zumal er seine Ehre dareinsetze, nicht dort zu predigen, wo »der Name Christi bereits bekannt« sei (15,20); denn das hieße für ihn, »auf fremdem Boden« zu bauen.

Die kühne Bilanz ist nur unter der Voraussetzung verständlich, daß Paulus im Zug einer ausgesprochenen Stadtmission seine Aufgabe als Herold im Triumphzug Christi bereits erfüllt sah, wenn dessen Name durch eine Gemeindegründung in der Metropole symbolisch über die jeweilige Provinz ausgerufen war. Dabei stand ihm womöglich nicht nur seine Wortverkündigung, sondern auch seine Verfassertätigkeit vor Augen. Denn die Städte, auf die er den Schwerpunkt seines Missionswerks legt, Korinth und Ephesus, sind zugleich die Entstehungsorte der Mehrzahl seiner Briefe. In Korinth drängt ihn die Sorge um die Gründung in Thessalonike zur Abfassung seines ersten Briefes, mit dem er zugleich den Grundstein zur Sammlung der neutestamentlichen Schriften legt. Und hier schreibt er bei einem späteren Aufenthalt auch den sein Briefwerk krönenden Römerbrief. In Ephesus, das zunehmend zur Mitte seiner Mission wird (SCHELKLE), entstehen die Briefe an die Galater, die Korinther und vermutlich auch die an die Philipper und an Philemon. Dabei fällt auf, daß die Briefe vielfach durch Anschauungen geprägt sind, die sich der Apostel in der jeweils zuvor besuchten Gemeinde zu eigen machte. So hat das Schreiben an die Thessalonicher nach BECKER als »Zeuge antiochenischer Missionstheologie« zu gelten.[31] Demgegenüber vertritt Paulus im Galaterbrief und im Ersten Korintherbrief die Kreuzestheologie, die er der »Weltweisheit« entgegensetzt, wie sie ihm in Athen und zumal in Korinth begegnet war. Auch lassen sich im Philipperbrief Motive ausmachen, die der Situation in der vom asiatischen Artemiskult beherrschten Stadt entsprechen. Der Faszination, die von diesem Kult und dem als Weltwunder in Erinnerung gebliebenen Tempel ausging, setzt Paulus hier ein ausgesprochen dynamisches Verständnis der Christusbotschaft entgegen, das vom Gedanken des mystischen Ergriffenseins (3,12 ff.), der Sehnsucht nach der himmlischen Bürgerschaft (3,20) und dem Herz und Denken umgreifenden Frieden Gottes (4,7) beherrscht ist. Auch kehren in dem in Korinth verfaßten Römerbrief einige Motive wieder, die sich Paulus an dieser Schnittstelle der kulturellen und religiösen Strömungen aufgedrängt haben mochten: so der Gegensatz von epikureischer und asketischer Grundeinstellung (1,18–3,21), das im Gegenzug zum philosophischen Ansatz gewonnene Verständnis von Mensch (7,7–25) und Welt (8,18–23), das Verhältnis der »Starken« zu den »Schwachen« (14,14–15,7) und noch einmal die den Apostel lebenslang bedrängende Frage nach der Rettung Israels (9,1–11,32).

Mit der Nachzeichnung des Missionsweges ist es somit noch nicht getan. Wenn die Lebensleistung des Apostels angemessen gewürdigt werden soll, muß vielmehr auch seine theologische Entwicklung mitberücksichtigt werden. Sie aber nahm, wie das Gefälle der Briefe zeigt, auf dem Höhepunkt seines missionarischen Wirkens einen geradezu stürmischen Verlauf. Während Paulus in seinem Schreiben an Thessalonike noch weithin als Referent der antiochenischen Gemeindetheologie erscheint, spiegelt schon der Galaterbrief das volle Konzept seiner Verkündigung, mit dem verglichen die späteren Briefe, insbesondere der themenverwandte Römerbrief, nur noch eine Vertiefung und Entfaltung bieten. Mit dem geographischen Raumgewinn geht somit eine sich in wiederholten Durchbrüchen vollziehende geistige Expansion Hand in Hand. Nicht zuletzt spricht daraus die ungeheure Spannkraft, die den Apostel befähigte, sein Werk gegen alle Schwierigkeiten und Widerstände durchzuhalten.

Das Fernziel

In dieser Häufung der Motive, die sich Paulus in den großen Zentren seines Wirkens auferlegt hatten, spiegelt sich die Anbahnung seines letzten Missionsvorhabens: des Vorstoßes nach Rom. Erst dort erreicht der Bogen, den er von Jerusalem über Illyrien, den dalmatinischen Küstenstreifen, schlägt, sein – zumindest vorläufiges – Ziel und Ende. Daß der Apostel darüber hinaus aber noch ein Fernziel anvisiert, sagt er am Schluß des den Römerbrief beschließenden Reiseprogramms: Wenn er die in Makedonien und Achaia veranstaltete Kollekte der notleidenden Urgemeinde überbracht habe, wolle er über Rom »nach Spanien« reisen (15,28). Daß er »als Herold in Ost und West« dann auch tatsächlich »bis zur Grenze des Westens« gelangt sei, wie der Klemensbrief (5,6) und das Muratorische Fragment (38) behaupten, erscheint freilich als eine aus dem Wunsch des Apostels abgeleitete Konstruktion.[32] Denn einem Missionszug nach Spanien stünde angesichts der reichen Dokumentation der paulinischen Ostmission das unerklärliche Fehlen aller Hinweise entgegen, es sei denn, daß diese letzte Reise einem völligen Fehlschlag gleichgekommen und deshalb totgeschwiegen worden wäre.[33] So bleibt als einziges, als solches aber hochberedtes Faktum der Wunsch des Apostels, sein Ar-

138

beitsfeld bis an die Westgrenze des Imperiums auszudehnen und damit den von ihm angeführten Triumphzug Christi im Machtbereich des Heidentums zu vollenden. Paulus erschiene so in bizarrer Affinität zu dem greisen Faust, der, überwältigt von seiner Wunschvorstellung, den »höchsten Augenblick« genießt. Die Sehnsucht hätte somit seine tatsächliche Lebensleistung überwacht und diese dadurch erst recht in ihrer weltumspannenden Größe zum Vorschein gebracht. Um so mehr erscheint Paulus dann aber auch gereift für das Ende, das der Klemensbrief mit dem Satz umschreibt, daß er »von der Welt befreit und an die heilige Stätte aufgenommen wurde, er, das größte Beispiel der Geduld«. Doch damit verkehrt sich das Bild dessen, der im Bewußtsein lebte, mehr als alle andern geleistet zu haben (1 Kor 15,10), in sein extremes Gegenteil. Die Konturen des Aktivisten wandeln sich in die der Passionsgestalt. Das bedarf einer vertiefenden Erklärung.

Leidgeprüft und kämpferisch

Die gültigste Deutung gibt der Apostel selbst mit dem schon mehrfach erwähnten Bekenntnis, daß er »mit Christus gekreuzigt«, also in eine mystische Leidensgemeinschaft mit ihm aufgenommen sei (Gal 2,19). Wenn man aber davon ausgeht, daß Paulus nicht nur aus seiner existentiellen und zeitgeschichtlichen Situation begriffen, sondern auf die Folgezeit hin ausgelegt sein will, legt sich überdies eine zweite Antwort nahe. Und diese sieht in ihm die Präfiguration der über die junge Christenheit hereinbrechenden Stunde der Verfolgung, die von der Apokalypse grandios mit dem Bild der vom satanischen Drachen verfolgten, durch die ihr gegebenen Flügel und die Hilfe der Erde seiner Wut jedoch entrissenen Himmelskönigin veranschaulicht wird (12,1–18). Es ist die Stunde der »großen Drangsal« (7,14), der Paulus wie kaum ein anderer offenen Auges entgegensieht. Nicht umsonst spricht er an zentraler Stelle von der »Trübsal und Bedrängnis« derer, die, vom »Schwert« bedroht, wie Opferschafe hingeschlachtet werden (Röm 8,35).

Das Vorgefühl ist bei ihm jedoch, wie auch sonst, die Folge einer Anverwandlung. Er ist Protagonist des Kommenden auch in dem Sinn, daß er es in seinem Lebensvollzug vorwegnimmt. Insofern überrascht ihn das Leiden nicht nach Art eines zerstörerischen Einbruchs in seine Lebensgestalt; vielmehr ist diese insgeheim darauf angelegt. Auch das ist in der hellsichtigen Bemerkung GUARDINIS mitgesagt, daß Paulus aufgrund seiner Wesensart »Schweres angezogen« habe. In dem »Mitgekreuzigtsein« aber bekundet sich ein Wissen darum, daß er aufgrund dieser Tatsache in einer besonderen Affinität zum Lebensvollzug Jesu steht. Denn auch bei diesem erschließt sich der Weg in den Tod (Lk 9,51; Joh 11,16) erst dann im Vollsinn, wenn er als die extremste Konsequenz aus einem Leben der Selbstübereignung und Hingabe begriffen wird.

Nur so läßt sich einsichtig machen, wie die ungeheure, aus konzentriertem Einsatz aller psychischen und physischen Energien hervorgehende Lebensleistung bruchlos mit dem Passionsbild zusammengeht, das Paulus wiederholt, am nachdrücklichsten in der Narrenrede, von sich entwirft. Oder besser noch umgekehrt: Nur so wird begreiflich, daß der fünfmal Geprügelte, dreimal Ausgepeitschte, einmal sogar Gesteinigte, oftmals Gefangene, vielfachen Todesgefahren Ausgesetzte und zudem durch die ständige Beanspruchung, gemessen an seiner Konstitution, permanent Überforderte innerhalb eines knappen Jahrzehnts das Christentum in großen Teilen der Osthälfte des Imperiums bekanntmachen und, was als die noch höher zu veranschlagende Leistung zu gelten hat, theologisch auf das Niveau einer Weltreligion zu heben vermochte.

Wie sich das bei ihm auf seine Gemütslage niederschlägt, läßt wohl am klarsten die Selbstdarstellung im Ersten Korintherbrief erkennen, die sich wie die Innenseite des in der Narrenrede aufgeführten Leidenskatalogs ausnimmt und Einblick in die Verfassung eines Menschen gewährt, der sich in dem großen, von Engeln und Menschen besetzten Welttheater wie ein den Blicken aller ausgesetzter Todeskandidat vorkommt. Seiner verlorenen Position wird er dabei besonders peinigend im

Vergleich mit den privilegierten Zuschauern auf den vorderen Rängen – seinen Adressaten – bewußt: gemessen an ihrer eingebildeten Klugheit und Kraft ein törichter Schwächling und trotz seiner Geduld und Großmut »der Auswurf aller bis heute« (2 Kor 4,9–13).

Das Psychogramm

Das daraus abzulesende Psychogramm läßt auf eine ungemein sensible, verletzliche und reizbare, zu extremen Gegensätzen neigende Seelenlage schließen. Das bestätigen die sich im Briefwerk wiederholt bekundenden Stimmungsumschwünge, die sich von zärtlichen Liebeserweisen zu heftigen Zornesausbrüchen steigern können. Auch legt der häufige Wechsel der Mitarbeiter die Vermutung nahe, daß Paulus im persönlichen Umgang ebenso anziehend wie schwierig war. Das bekamen wiederholt auch die Gemeinden zu spüren, so vor allem die Galater, die er ohne jede Vorwarnung mit bitteren Vorwürfen überfällt (Gal 1,6ff.), oder die Korinther, die er, ohne ihre Wahl zwischen dem »Stock« und dem »Geist der Milde« abzuwarten (1 Kor 4,21), zum Gericht über den Übeltäter in ihrer Mitte zitiert (5,13) und die er mit dem sarkastischen Vorwurf attackiert, sich von seinen Gegenspielern aussaugen, übervorteilen und »ins Gesicht schlagen« zu lassen (2 Kor 11,20), nachdem er ihnen gerade noch versichert hatte, ihnen »auf Tod und Leben« verbunden zu sein (7,3).

Ihm daraus jedoch einen Strick zu drehen und ihm, wie es in der Paulus-Literatur bis heute geschieht, Selbstwiderspruch, Ressentiment, Überheblichkeit und sadistische, zumindest aber masochistische Neigungen vorzuwerfen, heißt ihn, den Riesen des Geistes, am Maßstab des Kleinbürgers bemessen. Denn auch zu seiner Zeit galt die Sprichwortweisheit, daß dort, wo gehobelt wird, Späne fallen. Und schon gar nicht geht es an, die Ausbrüche seines Zornes gegen Texte wie seinen Hymnus auf die Liebe auszuspielen.[34] Auch bleibt man weit unter seinem Niveau, wenn man ihn mit HERMANN FISCHER psychoanalytisch angeht und von dem »Pfahl im Fleisch« auf – wenngleich beherrschte – homoerotische Neigungen zurückzuschließen sucht.[35]

Gewiß, Paulus wußte wie kein anderer Denker seiner Zeit um die Gebrochenheit des Menschseins und nicht zuletzt um die eigengesetzlich wirkende Triebmacht, die er mit dem dem Verlangen des Geistes entgegenwirkenden »anderen Gesetz« meinte (Röm 7,23). In schonungsloser Selbstanalyse spricht er von den Attacken des Satansboten, der ihn mit Fäusten schlägt; und er umschreibt diese Heimsuchung mit dem Bild von dem ins Fleisch getriebenen Pfahl, der ihn als Gegengewicht beschwere, damit er sich wegen seiner Entrückung in den dritten Himmel »nicht überhebe« (2 Kor 12,7).[36] Im Unterschied zu seinen Kritikern stellt er die Analyse damit jedoch in jenen Sinnzusammenhang, der sie überhaupt erst verständlich macht und rechtfertigt. Er warf den Blick in den Abgrund, den er in sich selbst entdeckte, um so nach dem Abgrund Gottes rufen zu können. Denn er hätte sich nicht in die »Tiefen der Gottheit« versenken können (1 Kor 2,10), wenn er nicht zunächst seiner eigenen Existenztiefe bewußt geworden wäre.

Der Umschlag

Umgekehrt aber fällt aus der Geheimnistiefe Gottes Licht in den in ihm aufgebrochenen Abgrund. Dort, wo er sich im Widerspruch von Willen und Trieb, Heilsverlangen und Anfechtung, Sanftmut und Aggressivität, vorfand, bewirkt die an ihm teilnehmende »Liebe von oben«, von welcher der Faust-Schluß spricht, das Wunder seiner inneren Rettung. Darauf beruft er sich im Ausklang der Narrenrede. Dreimal habe er, so gesteht er dort, wegen der Tortur durch den Satansboten zum Herrn gefleht, damit er von ihm ablasse:

> Er aber sagte mir: Meine Gnade muß dir genügen; denn die Kraft kommt in der Schwachheit zur Vollendung. So will ich mich denn meiner Schwachheit rühmen, damit sich die Kraft Christi auf mich niederlasse (2 Kor 12,9).

142

Die Stelle führt schon deshalb auf den Tiefpunkt der von Paulus ausgestandenen Leiden, weil er hier im Gefühl ihrer Unerträglichkeit wie sonst nie um Abhilfe bittet. Damit stellt er sich endgültig als Passionsgestalt dar, von Kopf bis Fuß mit körperlichen und seelischen Wunden bedeckt: verfolgt, mißhandelt, gesteinigt, gefangen, gefährdet, beschimpft, entehrt. Kaum läßt sich angesichts dieser Häufung von Schmerzen begreifen, wie die stupende Denk- und Arbeitsleistung des Apostels zustande kam, weniger noch, wie er dies alles verwinden konnte, ohne daran zu zerbrechen.

Indessen mußte Paulus von der Höhe seiner Entrückung auch deshalb bis auf diesen Tiefpunkt herabsteigen, weil sich hier jener Umschlag vollzog, den er mit dem Paradox anspricht: »Wenn ich schwach bin, dann bin ich stark« (2 Kor 12,10). An kaum einem bewahrheitete sich der Satz, daß Gott seine Gnade in leere Hände zu legen pflegt, so offenkundig wie an ihm.

V. Das Selbstporträt

Der Schatz im Tongefäß

Wer war dieser leidende Kämpfer, der trotz seiner eingestandenen Unzulänglichkeiten diese stupende Lebensleistung vollbrachte, der trotz ständiger Anfeindung nie am Sieg seiner Sache zweifelte, der trotz aller Rückschläge von einem unbeugsamen Selbst- und Sendungsbewußtsein erfüllt war, der mitten im Kampf schonen, nach heftigen Zornesausbrüchen mit mütterlicher Zärtlichkeit zureden, sarkastische Ausfälle mit mystischen Bekenntnissen verbinden konnte, der sich in seiner Schwäche stark, in seinem Leiden getröstet, in seiner Armut überreich beschenkt wußte: Wer also war; nein, wer ist Paulus?

Die Geisteswende

Wer so wie er auf der Schneide des Geistes stand und, wie nach ihm erst wieder Augustin, den in ihm selber klaffenden Abgrund fühlte, war geradezu gezwungen, einen Blick in diese Tiefe zu werfen. Von seiner Berufung her lebte er nach dem Urzeugnis des Galaterbriefs zudem im Bewußtsein, ausgesondert und beiseitegestellt zu sein. So war er gleichzeitig von seiner Konstitution wie von seiner Sendung her zur Selbstreflexion genötigt. Nur als Wissender konnte er ebenso wie die Not seiner Existenz so das Glück seiner Auserwählung bestehen. Da die Gegensätze von Not und Auserwählung noch niemals so hart aufeinander geprallt waren, wird Paulus im Maß der Verarbeitung dieser Dialektik zu einem Wendepunkt der Bewußtseinsgeschichte. Lange vor Augustin ist er bereits der Protagonist des Zeitalters der Subjektivität, auch wenn es erst seinem großen Erneuerer gelingt, den Bruch mit der kosmosorientierten Denkweise der Antike zu vollziehen, und wenn es in seinem Gefolge erst Descartes wagt, die Sache der Philosophie – und damit der gesamten Kultur – auf den subjektiven Denkakt zu stellen. Wenn AUGUSTIN im rückblickenden Kapitel seines Bekenntniswerkes versichert:

> Jetzt erforschen wir nicht mehr die Himmelskreise noch messen wir die Zwischenräume der Sterne oder den Horizont der Erde aus: Ich selbst bin es vielmehr, der über sich nachdenkt, ich, der Menschengeist,[1]

wirkt darin ebenso ein paulinischer Impuls nach wie in dem durch DESCARTES heraufgeführten Paradigmenwechsel. Im einen Fall ist es die Überzeugung von der vergehenden Weltgestalt (1 Kor 7,31), im anderen das an den cartesianischen Cogito-Satz anklingende Psalmwort: »Ich glaube, darum rede ich« (2 Kor 4,13).[2] Denn wie die Größe der beiden Nachgeborenen darin bestand, daß sie den vollen Stellenwert der paulinischen Ansätze erkannten und daraus theoretische (AUGUSTIN) und systematische Konsequenzen (DESCARTES) zogen, so erweist sich die Größe des Apostels darin, daß er die subjektive Denkwende herbeiführte und überdies, gestützt auf das Psalmwort (115,1), den Durchbruch in die Dimension des konfessorischen, von subjektiver Betroffenheit eingegebenen und von persönlicher Erfahrung zeugenden Redens vollzog. So präsentiert sich der »antwortende Zeuge« auch als Sprecher in eigener Sache.

Das sprechende Bild

Der Bildgedanke, mit welchem Paulus in diesem Sinne antwortet, wirkt wie eine Extrapolation der Stelle, mit der er sich in die Liste der Osterzeugen einbringt. Hieß es dort: »Als letztem von allen erschien er mir, wie einer Fehlgeburt« (1 Kor 15,8), so holt er jetzt ungleich weiter aus, wenn er sein Ostererlebnis auf den Schöpfungsmorgen zurückspiegelt und davon spricht, daß ihm in jener Gnaden- und Erweckungsstunde der Glanz des Offenbarungslichts auf dem Antlitz Christi aufgegangen sei (2 Kor 4,6). Entsprechend stärker entfaltet er dann auch das Gegenmotiv seiner Schwächen, und dies mit dem Bildgedanken, der wie ein Motto über seinem gesamten Selbstzeugnis steht:

> Wir tragen diesen Schatz in tönernen Gefäßen, damit das Übermaß an Kraft Gott und nicht uns zugemessen wird (4,7).

Nicht umsonst läßt BORNKAMM sein Paulusbuch in diesem Bildgedanken ausklingen. »Eins ist so wahr wie das andere«, schreibt er: »in tönernen Gefäßen – den Schatz«.[3] Wie kaum einmal gelingt es Paulus hier, extrem Entgegengesetztes zusammenzudenken: den durch das Motivwort »tönern« verdeutlichten Notstand des hinfälligen, todverfallenen Menschseins mit dem unermeßlichen Reichtum, der ihm in seinem Offenbarungsempfang ins Herz gelegt wurde. Mag also, wie SCHMITHALS meint, Polemik und Selbstrechtfertigung mit im Spiel sein; wichtiger noch ist die Rolle, die das Wort im Kontext der Selbsterkundung und Selbstdarstellung des Apostels einnimmt. Denn in der Verklammerung der Gegensätze wird eins geradezu zur Bedingung des andern: die Schwäche zur Bedingung der Sichtbarwerdung des göttlichen »Schatzes« und dieser zum Grund der dem Schwachen und vielfältig Heimgesuchten verliehenen Stärke.

Die Varianten

Unterstrichen wird der Stellenwert des Bildgedankens durch die von Paulus dazu gebotenen Varianten. Wie ein Nachhall wirkt das über eine Reihe von Entgegensetzungen – »bedrängt, doch nicht erdrückt; im Zweifel, doch nicht verzweifelt; verfolgt, doch nicht aufgegeben; niedergeworfen und doch nicht umgebracht« – entwickelte Geständnis des Apostels:

Allzeit tragen wir das Todesleiden Jesu an unserem Leib herum, damit an unserm Leib auch das Leben Jesu offenbar werde (2 Kor 4,10).

Was zunächst als Bedingung erschien, wird hier geradezu zum Medium erklärt. An dem »mit Christus gekreuzigten« und von seinen »Wundmalen« gezeichneten, mißhandelten und von Krankheiten befallenen Leib des Apostels wird deutlich, daß das innerste Formprinzip des Christseins in der »Auferstehung des Gekreuzigten« besteht; und es verdeutlicht sich in dem Maß, wie in seiner Zerbrechlichkeit der Glanz des Verherrlichten aufscheint. Zu einem bekenntnishaften Wort ist dieser Gedanke abgewandelt, wenn Paulus in der zweiten Variante versichert:

Ihn will ich kennenlernen: die Macht seiner Auferstehung und die Leidensgemeinschaft mit ihm. Ihm gleichgestaltet im Tod, möchte ich auch zur Auferstehung der Toten gelangen (Phil 3,10 f.).

Was hier auf den subjektiven Lebensvollzug zurückgenommen ist, wird von Paulus in der dritten Variante, noch im Kontext der Ausgangsstelle, im Stil eines allgemeinen Prinzips ausgesagt:

Deshalb verzagen wir nicht; auch wenn unser äußerer Mensch aufgerieben wird, erneuert sich doch unser innerer von Tag zu Tag (2 Kor 4,16).

So tief greift die Heilsmacht des Auferstandenen in das Dasein des von ihm Ergriffenen ein, daß sich dieses – bezeichnend für die paulinische Anthropologie – in ein Außen und Innen aufspaltet. Denn dadurch, daß er durch den ihm einwohnenden Christus auf neue Weise zu sich selbst gebracht ist, wird er der weltbezogenen Seinsweise entfremdet, so daß seine Aufgabe darin besteht, sich von ihr loszureißen, um sich auf seinen gottgeschenkten Lebensinhalt, dieses Ich im »Nicht mehr ich«, zu sammeln. Dazu wird er durch die Stimme des ihm eingegebenen Geistes gerufen, dazu durch die in ihm waltende »Liebe Christi« gedrängt. So sehr Paulus davon grundsätzlich redet,

bezieht er aus diesem Antagonismus doch, wie er im Vorder-
satz bemerkt, zugleich sein Selbstvertrauen und seine Zuversicht. Die aber bestärkt ihn nicht nur darin, in den »aufreiben-
den« Lebenssituationen standzuhalten; sie befähigt ihn auch
neuerlich dazu, von seiner Existenzerfahrung zu reden. Umgekehrt ist sein Selbstzeugnis durchgehend von dem Widerstreit
des Außen und Innen, Oben und Unten, bestimmt, und das
gerade auch dann, wenn er nicht als Individuum, sondern
als »Apostel« und »Diener Jesu Christi« (2 Kor 1,1; Röm 1,1)
spricht.

Auf dem letzten Platz

Paulus läßt keinen Zweifel daran, daß er, so wie er in seiner
Freiheit der »Knecht Christi« ist (Gal 1,10), in seinem Selbstbe-
sitz zugleich dem gehört, von dem er sich geliebt und angenommen weiß. Weil er durch das Ergriffensein von Jesus zu dem
wurde, was er ist (1 Kor 15,10), besteht sein ganzer Lebenswille
in dem Bemühen, den in seiner Zerbrechlichkeit aufgehobenen
Schatz an die Menschen des ihm zugewiesenen »Ackerfeldes«
weiterzugeben. Deshalb läßt sich seine Autobiographie von
der seines Apostolats nur partiell unterscheiden. Umgekehrt
gewinnt diese durch seine Charakterisierung des apostolischen
»Amtes« erheblich an Profil und Dramatik, auch wenn sich
kaum einmal direkte Rückschlüsse auf seine persönliche Lebensgeschichte ziehen lassen. Eine Ausnahme bildet lediglich
die im Sinn eines Gladiatorenkampfes – und damit eines paulinischen »Apostelmotivs« – stilisierte Bemerkung über die in
Ephesus durchlittene Todesgefahr, in der Paulus den korinthischen Enthusiasten zu bedenken gibt:

> Wenn ich in Ephesus, menschlich gesprochen, einen Tier-
> kampf zu bestehen hatte, was brächte mir das für einen
> Nutzen? (1 Kor 15,32).[4]

Gemeinsam ist den beiden Biographien demgegenüber die von Paulus hier wie dort gehegte Überzeugung, wie als Mensch so auch als Apostel »auf den letzten Platz gestellt« zu sein. Am Ende der von ihm überlieferten Liste der Osterzeugen sagt er mit Betonung:

> Als letztem von allen erschien er mir, wie einer Fehlgeburt; denn ich bin der letzte der Apostel, nicht wert, Apostel zu heißen, weil ich die Kirche Gottes verfolgt habe (1 Kor 15,8f.).

Zuerst erscheint der Herr, erläutert LIETZMANN diese Stelle, den Söhnen, »zuletzt dem Schmerzenskind des Hauses«.[5] Und diese chronologische Nachordnung hat zugleich einen wertenden Beigeschmack. Indessen wird die Abwertung nicht erst durch den anschließenden Hinweis auf seine Leistung, sondern zuvor schon dadurch relativiert, daß Paulus mit dem »letzten Platz« eben die Stelle zugewiesen wird, an welcher der Apostel »von Amts wegen« steht. Dennoch wird man davon ausgehen müssen, daß diese Grenz- und Endposition von keinem so brennend empfunden und so dramatisch umschrieben wurde wie von ihm, am eindringlichsten wohl in der an die Korinther adressierten Beschreibung der Apostelpassion:

> Mir kommt es vor, als habe Gott uns Apostel auf den letzten Platz gestellt, wie Todeskandidaten. Denn wir sind zum Schauspiel geworden für die Welt, die Engel und die Menschen. Um Christi Willen sieht man uns als Toren an, ihr dagegen seid klug in Christus; wir gelten als Schwächlinge, ihr als Helden; ihr seid berühmt, wir werden verachtet. Bis zur Stunde leiden wir Hunger und Durst, stehen wir nackt, geschlagen und ohne Obdach da, mühen wir uns ab mit unserer eigenen Hände Arbeit. Verhöhnt man uns, so segnen wir; verfolgt man uns, so dulden wir; beleidigt man uns, so reden wir gut zu. Zum Abschaum der Welt sind wir geworden, zu jedermanns Auswurf bis heute! (1 Kor 4,9–13).

Unterschiedliche Motive flossen in diese grandiose Positions-bestimmung ein. Nach LIETZMANN war es ein beliebtes Bild der stoischen Popularphilosophie, den im Kampf mit seinem Schicksal liegenden Weisen als »ein Schauspiel für Gott und die Menschen« darzustellen.[6] Erinnerungen an Verbrecher, die zum Tierkampf in der Arena verurteilt, oder an Mißgestaltete, die mancherorts nach einem Jahr privilegierter Behandlung zur Entsühnung geopfert wurden, mögen Paulus ebenso zur Ver-wendung dieses Bildes bewogen haben wie der Gedanke an den »Tierkampf«, mit dem er die in Ephesus durchlittene Todesge-fahr verglich, oder schließlich auch die »Fausthiebe«, die ihm (nach 2 Kor 12,7) der ihn peinigende Satansbote versetzte.[7]

Indessen hebt sich die Stelle nicht nur durch ihre Darstel-lungskraft und ihre Querverbindungen aus der paulinischen Sprachwelt ab, sondern nicht weniger auch durch die von Pau-lus eingesetzten Denkformen. Wenn er seinen apostolischen Dienst mit Begriffen wie Rolle und Bühne, Kampf und Spiel, und im weiteren Umkreis der Stelle mit den Bildern von Maske und Kleid verdeutlicht, gibt er zu verstehen, daß wesentliche Strukturen der christlichen und zumal der apostolischen Exi-stenz besser als mit Hilfe der klassischen Kategorien, die an der Kunst- und Arbeitswelt abgelesen sind, im Anschluß an thea-tralische Bild- und Denkformen geklärt werden können, auch wenn er damit bis zur Stunde noch keinen konsequenten Nach-gestalter gefunden hat.[8] Dafür spricht nicht zuletzt die Tatsa-che, daß sich Paulus durch das Apostelamt, so sehr es ihn ins Abseits stellt, zugleich exponiert und aus dem Durchschnitt des Menschseins herausgehoben weiß. Zwar sagt er ausdrücklich nur von seinen »Brüdern« in Philippi, sie sollten im Dunkel eines verkehrten Geschlechts »leuchten wie die Sterne im Weltall« (2,15); doch versteht er den Aposteldienst durchaus mit dem Herrenwort als »Licht der Welt« und den Blicken der ganzen Öffentlichkeit ausgesetzte »Stadt auf dem Berg« (Mt 5,14).

In Erinnerung an derartige Bestimmungen ist Paulus offen-sichtlich der Ansicht, daß sich Dramatik und Dynamik des Apostelamts am genauesten durch die denkerischen Requisi-ten der Theaterwelt zur Geltung bringen lassen. Im Sinne der

Formel »ludimus et ludimur« ist er zudem davon überzeugt, daß gerade so der spezifische Doppelsinn einer Lebensform zum Vorschein kommt, die vor den Augen und Ohren anderer »durchgespielt« werden muß, wobei sich die ahnungslosen Zuschauer oft genug an den heimlich geweinten Tränen der Akteure erheitern; der Doppelsinn einer Lebensform also, bei deren Übernahme den Spielern aufs bitterste »mitgespielt« wird. Indessen entgeht den Zuschauern im andern Fall, daß sie sich ihrerseits zu Tränen rühren lassen und im Wechselspiel von »Furcht und Mitleid« die vom Aposteldienst bezweckte Katharsis an sich erfahren, wieviel die in Mitleidenschaft gezogenen Spieler bei alledem gewinnen; denn sie sind, um die hintergründige Sequenz nochmals aufzugreifen, zwar »bedrängt, doch nicht erdrückt; im Zweifel, doch nicht verzweifelt; verfolgt, doch nicht aufgegeben; niedergeworfen und doch nicht umgebracht« (2 Kor 4,8f.): in ihrer Bedrängnis gestärkt, in ihrer Ausweglosigkeit geborgen, in ihrer Anfechtung getröstet. Dabei richtet sich der Blick des Apostels ebenso in die Weite wie in die Tiefe. In die Weite, weil sich das Auditorium, das er vor Augen hat, bis in die himmlischen Ränge der Engel erhebt. Doch gleichzeitig in die Tiefe, weil bei diesem dialektischen »Doppelspiel« die Frage seiner Legitimität auf dem Spiel steht.

Die Legitimität

Wie ERNST KÄSEMANN deutlich machte, erbringt Paulus gerade in diesem Zusammenhang den endgültigen Beweis seiner Legitimität als Gesandter und Botschafter Christi, die durch die in Korinth aufgetretenen »Überapostel« (2 Kor 11,5), bei denen es sich offensichtlich um eine von Jerusalem angereiste Delegation handelt, bestritten worden war.[9] Während sie die echten Kriterien des Apostolats an ihm vermissen und zur Begründung auf seine mangelnde Rhetorik und sein schwächliches Auftreten verweisen (10,10; 11,6), spielt er gerade seine Schwachheit und die Leiden, die ihm sein Aposteldienst einbrachte, gegen ihre »hochgestochene« (10,5) Argumentation aus. Nicht stupende und demonstrativ eingesetzte Macht-

152

erweise, sondern die von den erlittenen Torturen zurückgebliebenen Narben sind für ihn die wahren »Apostelzeichen« (12,12). Erfolg nach Art spektakulärer Effekte ist für ihn, wie lange nach ihm und doch in seinem Sinn Buber formulieren wird, »kein Name Gottes«. Denn als Botschafter Jesu erleidet der Apostel den Widerspruch der Welt, von der er verkannt, in die Enge getrieben und beiseite geschoben wird, und dies auch dann, wenn sich welthafte Gesinnung innerhalb der Gemeinde gegen ihn erhebt.

Dagegen zeigt sich an den wahren Kennzeichen, wie er, der Geschlagene und Gefolterte sie an sich trägt, die Leidensgemeinschaft mit dem, der sein eigenes Lebenswerk mit dem Kreuzestod krönte. An den Spuren, die Paulus von den ausgestandenen Torturen blieben, vergegenwärtigt sich somit die Paradoxie des Kreuzes, das gerade in seiner Fluchwürdigkeit zum Heilszeichen für die ganze Welt geworden ist (Gal 3,13).

Die Wundmale

Unmerklich flossen damit Motive des Galaterbriefs in die Nachzeichnung der Konfliktsituation ein. Dazu berechtigt nicht zuletzt der Umstand, daß Paulus hier der Maskerade der korinthischen Gegenspieler, die darin dem bisweilen als Lichtengel verkleideten Satan gleichen (2 Kor 11,13f.), ein imponierendes Pendant entgegensetzt. Mit geradezu theatralischer Gebärde, ganz so, als weise er wie der Auferstandene in der Thomas-Szene des Johannesevangeliums (20,27) seine Wundmale vor, bricht er am Schluß dieses leidenschaftlichsten seiner Briefe in die Worte aus:

> In Zukunft soll mir niemand mehr zur Last fallen; denn ich trage die Malzeichen Jesu an meinem Leib! (6,17).[10]

Das klingt wie das Kennwort, mit dem sich Paulus bei seinem Auftritt auf der großen Weltbühne vorstellt. Wenn nicht schon an seinem Wort und seinem selbstvergessenen Einsatz für die Gemeinden, müßte doch an den Narben, die er sich im Dienst des Evangeliums zuzog, deutlich werden, daß er nicht wie seine Gegenspieler im Eigeninteresse und aus hinterhältiger Absicht, sondern als Herold dessen tätig wurde, dem er selbst in Fesseln noch zu dienen sucht. Jedem, der Augen hat, müßten in den Spuren seiner Leiden die Wundmale Jesu lesbar sein. Sie sind die leiseste, aber eindringlichste Form seiner Verkündigung. Deshalb spricht aus ihnen dieselbe Botschaft, die er in seinen Worten vorträgt und die ihn als den unverkennbaren Boten dessen ausweist, der durch ihn, seinen Stellvertreter, bittet: »Laßt euch mit Gott versöhnen!« (2 Kor 5,20).

Der Pfahl im Fleisch

Unwillkürlich erinnern die Narben, auf die der Apostel verweist, an die unsichtbare Wunde, die ihm der ihm ins Fleisch getriebene »Stachel« zufügte. Anders als die Wunde des Amfortas erregte sie freilich kaum einmal Mitleid, um so häufiger jedoch Neugier und indiskretes Interesse, obwohl nur Mitleid die Beschäftigung mit einem Notstand rechtfertigt, der Paulus nach seinem eigenen Bekunden mehr als alle äußeren Strapazen und Torturen belastete. Im angesprochenen Fall verbindet sich mit der Teilnahme aber auch ein theoretisches Interesse; denn der von Paulus vermutlich bewußt verrätselte Hinweis gibt als einziger darüber Aufschluß, wie er seine Leiden insgesamt verarbeitete. Mit dem Bildwort vom Pfahl im Fleisch enthüllt er, zumindest ansatzweise, die Innenseite dessen, was der Leidenskatalog aus der Außensicht darstellt.

Auch dafür ist die mitleidende Teilnahme unerläßliche Vorbedingung. Denn Mitleid macht, wie eine unvordenkliche, in die Antike zurückreichende Tradition versichert, wissend. Nach einem Wort des Pseudo-Dionysius erschließt sich sogar das Gottesgeheimnis mehr noch dem erleidenden Umgang mit ihm als dem forschenden Zugriff.[11] Doch wer ist dafür im Fall des Apostels kompetent?

Der Leidensgenosse

Paulus ist eine der sprödesten Gestalten der Glaubensgeschichte. Im Unterschied zu anderen Hagiographien gibt es so gut wie keine Berichte von Paulus-Erscheinungen.[12] Auch wurde er nicht wie Johannes, obwohl bei ihm ungleich mehr Anlaß bestanden hätte, zur Idealfigur erhöht. Selbst die künstlerische Inspiration zeigt sich ihm gegenüber seltsam reserviert. Gemessen an dem inspirativen Anreiz, der von seiner Persönlichkeit, seinem Schicksal und seinem Briefwerk ausgeht, ist die kunst-, literatur- und musikgeschichtliche Resonanz auf ihn eher dürftig.[13] Obwohl er eindringlich zur »Nachahmung« auffordert, gelang es ihm selten, Menschen in ein nachvollziehendes Nahverhältnis zu sich zu ziehen. Nur von Mani, dem Begründer der nach ihm benannten Bewegung, wird berichtet, daß er das paulinische Leitwort von der stellvertretenden Angestaltung an alle zum Programm seiner Missionstätigkeit erhoben habe, indem er für die Perser zum Perser und für die Inder zum Inder geworden sei.[14] Für Luther ist Paulus immerhin so sehr Vorbild- und Orientierungsfigur, daß er bei der Schilderung der seinem Turmerlebnis vorangegangenen Seelenqualen unwillkürlich in die Sprache des paulinischen Leidenskatalogs verfällt.[15] Die größte Annäherung an Paulus spricht jedoch aus der Äußerung KIERKEGAARDS, der Freunden auf dem Sterbebette versicherte, daß er unter einem Pfahl in seinem Fleisch leide, und der diesem Motiv eine eigene, im gleichen Jahr wie ›Der Begriff Angst‹ und die ›Philosophischen Brocken‹ erschienene Schrift (von 1844) widmete.[16]

Die Qual der Angst

Weit davon entfernt, sich auf Spekulationen über den Notstand des Apostels einzulassen oder auch nur Auskunft über die eigene Versehrtheit zu geben, will Kierkegaard davon vielmehr »in jener Allgemeinheit« reden, »die dadurch, daß sie einen Einzigen angeht, alle angeht«.[17] Sein Problem ist somit der universale Anspruch, der von einem – durch Erwählung oder au-

ßergewöhnliches Leiden – in eine Ausnahmeposition Gehobe-
nen ausgeht. Was ihn zur Aussage drängt, ist darum – wie bei
Paulus – die übergreifende Geltung, nicht die exzeptionelle Art
seines Leidens. Was Paulus mit dem ominösen Ausdruck gemeint habe, kümmere ihn nicht, so wenig wie er es für wesentlich halte, ob der Apostel groß oder klein, schön oder häßlich
gewesen sei:

> Vielleicht könnte eine derartige Schilderung einen Leser
> fesseln oder dem davon Redenden Bewunderung eintra-
> gen. Doch wäre es verächtlich, wenn durch Auslassungen
> darüber die Erbauung gestört würde. Die allgemeine Er-
> klärung aber besagt: daß das höchste Leben auch sein, ja
> das höchste Leiden hat.[18]

Dennoch wird Kierkegaard beim Versuch, die Seelennot des
Apostels nachzuzeichnen, auf eine zurückgenommene Art
konkret. Alles schien dem in die Seligkeit des Himmels Ent-
rückten gesichert, und nun dieser Gegenschlag:

> Da brennt der Pfahl im Fleisch! Denn wenn ein Mensch
> des Himmels Seligkeit nicht vernommen hat, wird er wohl
> auch nicht so viel leiden. O daß es doch rasch geschähe, o
> daß es endlich heißen könnte: vorbei! Doch wenn man
> geängstet wird, vergeht die Zeit langsam; wenn man tief
> geängstet wird, dauert selbst ein Augenblick mörderisch
> lang; und wenn man gar zu Tode geängstet wird, bleibt die
> Zeit stehen.[19]

Die am Rand der Allgemeinheit getroffene Bestimmung
spricht demnach von der Angst. Tatsächlich ist diese die Erfahrung des Allgemeinsten aus der Perspektive der äußersten Vereinzelung. In diesem Sinn wurde sie von Kierkegaard in der
gleichzeitig entstandenen Abhandlung über den ›Begriff
Angst‹ gedeutet und dabei, wie nach ihm von Heidegger, scharf
von der Furcht als der Reaktion auf eine konkrete Bedrohung
abgegrenzt.

   Nur scheinbar gibt er damit dem Pfahl im Fleisch eine bestimmte Erklärung; denn mit dem Begriff Angst führt er das

156

Problem tatsächlich auf metaphysische Grundverhältnisse zurück. Deshalb hätte er sich auch aufs entschiedenste gegen die umlaufenden Diagnosen verwahrt, die das Motivwort als Epilepsie (SCHMIDT), Hysterie (WINDISCH), Malaria (ALLO), Augenmigräne (SEELIGMÜLLER), als Folge eines durch die Steinigung (2 Kor 11,25) verursachten Gehirntraumas (BECKER) oder gar als Homophilie (FISCHER) zu entschlüsseln suchen.[20] Wie er sich dagegen zu der Vermutung geäußert hätte, daß es sich um parapsychische oder depressive Zustände handle (LIETZMANN), bleibe dahingestellt.[21] Für ihn geht jeder medizinische oder psychologische Erklärungsversuch ohnehin an der Sache vorbei, weil diese von Paulus als leidvoller Kontrapunkt zur Entrückung in den dritten Himmel beschrieben wird. Da diese für Kierkegaard als ein Erlebnis beglückender Geborgenheit und Gewißheit zu gelten hat, kommt als Gegenpol nur der Inbegriff extremer Verunsicherung und Vereinzelung in Betracht: die Angst. Im qualvollen Absturz verfällt ihr der zuvor zu den Höhen des Paradieses Erhobene, damit er nicht, wie es im Sinn des antiken Lasterkatalogs nur zu nahe liegt, der Versuchung zur Hybris erliege.

Die Gegenprobe

Glaubhaft ist dieses Verständnis freilich nur unter der Voraussetzung, daß sie die von Paulus selbst geforderte Gegenprobe besteht. Denn im Unterschied zu seinem Interpreten ist die Versehrtheit für den Apostel nicht nur das Gegengewicht, sondern die Bedingung seiner Ekstase, auf die er mit dem ungemein plastischen Satz verweist:

> So will ich mich denn viel lieber meiner Schwachheiten rühmen, damit sich die Kraft Christi auf mich niederlasse (2 Kor 12,9).

Mit dem von ihm verwendeten Vorzugsausdruck »rühmen« stellt Paulus zwar keine Kausalbeziehung her; doch spricht er unmißverständlich davon, daß sich seine Entrückung komplementär zu seiner Schwachheit verhält. Ebenfalls läßt er keinen Zweifel daran, daß diese vor allem durch sein Leiden bestimmt ist, dem er dadurch, ganz im Sinn der antiken Vorstellung, eine erschließende, erkenntnisstiftende Funktion zuerkennt. Gerade in seiner Versehrtheit bestand die Disposition, die ihn zum Empfänger der Auserwählung bestimmte. Insofern kann der Schlüsselsatz Kierkegaards dahin abgewandelt werden: Wer mit den schwersten Leiden geschlagen ist, kann zum höchsten, gottgeschenkten Leben erhoben werden.[22]

Mit der Absicht Kierkegaards, »den Ausdruck im allgemeinen zu erklären«, ist aber grundsätzlich auch der Weg zu einer anthropologischen Deutung freigegeben. Damit gewinnt das Wort vom Pfahl im Fleisch eine Bedeutungsbreite, die es jedem erlaubt, sich darin wiederzuerkennen: dem unter einem geheimen Kummer Leidenden ebenso wie dem schwermütigen Jüngling, dem selbsternannten Apostel ebenso wie dem demütig Frommen, der davor zurückschreckt, seine Not mit der des Apostels zu vergleichen. Angesprochen ist dann aber insbesondere der Mensch, der im Sinn des Motivworts einem konstitutiven Selbstzerwürfnis verfallen ist, der also, wie Kierkegaard bahnbrechend für die Grundfrage heutiger Anthropologie entdeckte, mit Hiob an der Tatsache seines Daseins leidet, weil ihm das Faktum seiner Existenz zu jener »Last« geworden ist, die ihm die notvolle Frage nach dem Sinn seines Daseins auspreßt.

Sofern diese Erkundung des Menschseins die Bruchstelle freilegt, aus der die innerste Lebensangst aufsteigt, ist damit zugleich das Verhältnis von Religion und Angst berührt und deutlich gemacht, daß der wahre Gegensatz des Glaubens nicht im Unglauben oder in dessen ideologischer Ausdrucksform, dem Atheismus, sondern in der Angst zu suchen ist. Durch das Selbstzerwürfnis unheilvoll von sich abgehalten, ist dem Geängsteten jener Pfahl ins Fleisch seines Selbstseins getrieben, der ihn nach der »Heilung von Grund auf« Ausschau halten läßt. Nicht umsonst gipfelt Kierkegaards Lebenswerk in der komplementär zu seiner Anthropologie angelegten ›Einübung im Christentum‹ (von 1850), die das Geheimnis dessen umkreist, der aufgrund seines geheimen Leidens um den Abgrund der Existenznot des Menschen weiß und seinem Zerwürfnis damit begegnet, daß er sich in seinen Gaben selber gibt und so das bewirkt, was ursprünglich als Titel des Werkes vorgesehen war: die Heilung von Grund auf.[23] Wie sehr dieser Ansatz auf Paulus zurückweist, zeigt der Aufschrei des Römerbriefs: »Ich unglückseliger Mensch, wer wird mich von diesem todverfallenen Leib befreien?« (7,24), und die das große Motiv der Angstüberwindung aufgreifende Zusicherung:

> Ihr habt doch nicht den Geist der Knechtschaft empfangen, so daß ihr euch aufs neue fürchten müßtet; vielmehr habt ihr den Geist der Sohnschaft empfangen, in dem wir rufen: Abba, Vater! (8,15).

Das geheime Leiden

Daß sich mit alledem ein ungewöhnlicher Anspruch verbindet, wird klar, wenn man die Leidensgemeinschaft des Apostels mit Jesus, wie sie sich schon aus der Analogie von Pfählung und Kreuzigung, den beiden grausamsten Tötungsarten antiker Rachejustiz, ergibt, auf ihren Tiefpunkt zurückverfolgt. Und der besteht in jenem bittersten »Kelch«, der Jesus nach der Deutung Kierkegaards gereicht wird, nachdem er alle erdenklichen Leiden bereits ausgestanden hat: in seinem Wissen um die vielfache Vergeblichkeit der durchlittenen Passion. Gemeint ist jene verborgene Passion Jesu, die Kierkegaard sein »geheimes Leiden« nennt und auf sein notvolles Verhältnis zu jenen bezieht, die sich ihm aufgrund einer »akustischen Täuschung« – weil sie das Übermaß seiner Liebe als Zurückweisung empfinden – verweigern.[24] Diesen Zentralgedanken seiner Christologie nimmt er in seiner Deutung des Pfahlmotivs – wie in Form einer Einübung zur ›Einübung‹ – vorweg. Aufgenommen zu werden wie ein Abgott, doch nach dem Abschied alsbald wieder vergessen zu sein, von feigen Freunden im Stich gelassen zu sein und von Feinden in mißgünstiger Absicht unterstützt zu werden, im Dienst der Wahrheit stehend für einen Verführer gehalten zu werden, für schwach, wenn man milde ist, für selbstsüchtig, wenn man besorgt ist – all das nennt doch der Apostel noch lange nicht den Pfahl in seinem Fleisch, so wenig wie die von ihm ausgestandenen Torturen und Todesgefahren:

> Der Unterschied ist wohl der: all diese Leiden sind äußerlich, selbst der Kummer um die Gemeinden und die Besorgnis, mißverstanden zu werden; denn in alledem bleibt ihm die Zuversicht, im Einvernehmen mit Gott zu stehen... Deshalb kann sich im nächsten Augenblick alles ändern. Selbst wenn Gott entflohen ist, so ist er doch im Himmel, wo der Apostel den Menschensohn erblickt, nicht sitzend, sondern so wie ihn Stephanus erblickte: hilfsbereit, stehend, zur Rechten der Kraft.[25]

Selbst das Gefängnis läßt der leer zurück, der aus aller menschlichen Bedrängnis in den dritten Himmel entrückt wird; doch eben dort stößt er beim Vernehmen der unsagbaren Worte (12,4) auf eine unübersteigliche Barriere, die ihn hindert, die Freude der »hohen Offenbarung« anderen, wie es doch seiner innersten Bestimmung entspräche, mitzuteilen. Und der Grund dieser Hinderung: der Pfahl im Fleisch! Er symbolisiert das Leiden, das ihn aussondert und ihn, abgewandelt zu dem Engel, der ihn auf den Mund schlägt, wie alle Auserwählten zum Schweigen verurteilt. Zutreffend bemerkt LIETZMANN zu der Stelle, daß Paulus hier, auffällig genug, auf seine Christus-Erscheinung vor Damaskus nicht eingeht.[26] Der Erwählte muß, ungeachtet der an ihn ergangenen Gottesoffenbarung, schweigen.

Der Anspruch

So entspricht es der Reaktion des Propheten Jesaja, der unter dem Eindruck seiner Schau des von Cheruben umschwebten Gottesthrones in die Worte ausbricht:

> Weh mir, ich muß schweigen; denn ich bin ein Mensch mit unreinen Lippen..., und meine Augen haben den König, den Herrn der Ehre, gesehen (Jes 6,5).[27]

Indessen handelt es sich um ein beredtes Schweigen, aus dem dann das Wort des durch den Glutstein des Engels geläuterten Propheten nur um so mächtiger hervorgeht. In diesem Sinn äußert sich auch Kierkegaard in einer auf ein mystisches Erlebnis zurückgehenden (und vom Karmittwoch 1848 datierten) Tagebuchnotiz:

> Mein ganzes Wesen ist verändert. Meine Verschwiegenheit, meine Verschlossenheit ist aufgebrochen – ich muß reden![28]

Für Paulus aber beginnt mit dem Verstummen der Prozeß seiner denkerischen und sprachlichen Umsetzung der ihn gleicherweise beseligenden wie überwältigenden Gottesoffenbarung. Zeichen des Umschwungs vom betroffenen Schweigen zum bezwingenden Wort seiner Verkündigung aber ist sein Anspruch, gerade durch seine »Beiseite- und Ausnahmestellung« mit einer alle Welt angehenden Mission betraut zu sein. War es bei Kierkegaard, wie eine Tagebuchnotiz (von 1853) versichert, der ihn schon frühzeitig beschäftigende Gedanke, daß es Menschen gibt, die aufgrund ihrer Bestimmung geopfert werden müssen, damit die ihnen eingestiftete »Idee« an ihnen hervortreten kann, so bei Paulus die Überzeugung, gerade aufgrund des in ihm brennenden »Pfahls« das deutlichste aller »Apostelzeichen« (12,12) aufzuweisen. Seine tiefste Verdemütigung, die ihn sogar dazu veranlaßte, »dreimal zum Herrn« um Abhilfe zu flehen (12,8) – das einzige an Jesus gerichtete Gebet, von dem er berichtet –, ist als Folge der ihn mit seinem Herrn verbindenden Passionsgemeinschaft seine höchste und ihn vor aller Welt beglaubigende Auszeichnung und als solche die innerste Gewähr dafür, daß er gerade in seiner notvollen Besonderung wie kein anderer – alle angeht.

Der weise Narr

Die Leidensgeschichte des Apostels, die er mit dem Hinweis auf den in das »Fleisch« seines Selbstseins getriebenen Pfahl auf seine innerste Wurzel zurückverfolgt, betrifft durchaus auch die »Rolle«, die er im Vollzug seiner Lebensaufgabe durchzuspielen hat. Es dürfte das Gefühl dieser Rollenübernahme gewesen sein, das ihn dazu veranlaßte, zur Verdeutlichung seines Apostelamts vor allem Bilder aus der Theaterwelt heranzuziehen, nicht zuletzt auch deswegen, weil er sich auf der großen Weltenbühne, vor der sich Engel und Menschen als Zuschauer eingefunden hatten, an den letzten Platz, den Platz der Clowns und der Todeskandidaten, verwiesen sah. Auch unter diesem Gesichtspunkt steht ihm unter den Nachgeborenen keiner so nahe wie Kierkegaard, dem dann allerdings Nietzsche auf dem Fuß folgt.

Die Nachfolger

Im Fall KIERKEGAARDS ist es noch vor seinem Hang, seine Identität hinter dem Maskenspiel vielfältiger Pseudonymitäten zu verstecken, das widersprüchlich-qualvolle Verhältnis zu Regine, das ihn zur täuschenden Maskerade veranlaßte.[29] Indessen wurde bei ihm aus dem Spiel alsbald dadurch blutiger Ernst, daß die Maske mit ihm verwuchs und ihm schließlich zur Chiffre seines Passionsverständnisses geriet. In seiner Selbstverheimlichung entdeckte er eine Entsprechung zu dem »Gott in Knechtsgestalt«, dem mit Rücksicht auf die menschliche Fassungskraft nur der Weg der »indirekten Mitteilung« blieb und der doch gerade dadurch vielen zum Anstoß und Ärgernis wurde.[30]

Mit seiner Dichter-Larve verwachsen fühlt sich auch NIETZSCHE, der in seinem Gedicht ›Nur Narr! Nur Dichter!‹ schließlich »sich selbst zur Larve, sich selbst zur Beute« wird.[31] »Zwischen hundert Spiegeln« fühlt er sich vor sich selber falsch, »zwischen hundert Erinnerungen – ungewiß«, so daß er sich fragen muß:

Was bandest du dich
mit dem Strick deiner Weisheit?
Was locktest du dich
ins Paradies der alten Schlange?[32]

Von daher erklärt sich seine – von der Wirkungsgeschichte nur
allzu sehr bestätigte – Befürchtung, eines Tages heiliggespro-
chen zu werden, eine Befürchtung, die er mit dem Protest beantwortet:

Ich will kein Heiliger sein, lieber noch ein Hanswurst...
Vielleicht bin ich ein Hanswurst... Und trotzdem oder
vielleicht nicht trotzdem – redet aus mir die Wahrheit.[33]

Denn zur Kultfigur stilisiert, verlöre er die Freiheit, wie nur je
ein Hofnarr aus feudalistischer Zeit die ihm durch den Strick
seiner Weisheit ausgepreßten Wahrheiten zu sagen und jene
»Aufgaben von einer Höhe« zu benennen, von der »der Begriff
dafür bisher gefehlt hat«.[34]

Die Narrenrolle

Der Rückbezug auf Paulus ergibt sich durch die von Erbitterung und Schmerz eingegebenen Worte, mit denen er sich der
unschlüssigen Gemeinde als der scheinbar hoffnungslos abge-
schlagene Akteur im großen Welttheater präsentiert, wobei er
es als zusätzliche Kränkung empfindet, daß sich, als sei ihm
noch nicht genug mitgespielt worden, auch noch die Gegner als
schlimmste Spielverderber einmischen und dabei die Methode
ihres satanischen Meisters übernehmen, der bisweilen unter
der Maske eines Lichtengels aufzutreten pflegt (2 Kor 11,4 f.).
Die schon wiederholt in Anspruch genommene Stelle (1 Kor
4,10–13) zeigt, daß Paulus die ihm auferlegte Rolle, der Metapher des Welttheaters entsprechend, zunächst auf der ästhe-
tischen Ebene durchspielt.
   Er, der bis in die Höhen des »dritten Himmels« Entrückte,
sieht sich hier, im Ringen um die angefochtene Gemeinde, auf

den letzten Platz der Todeskandidaten verwiesen, zum Gespött der Menge gemacht, ihrer Geringschätzung zur Beute hingeworfen. Dabei trifft es ihn besonders hart, daß ihm seine Geduld als Schwäche, seine Uneigennützigkeit als Unbeholfenheit und seine Zurückhaltung als Versagen ausgelegt werden. Zu seiner Erbitterung spielen sich zudem die Gegner als die ihm geistig Überlegenen auf. Insbesondere demütigen sie ihn damit, daß sie ihm Geltungssucht und Unzuverlässigkeit vorwerfen und gleichzeitig sein schwächliches Auftreten und seine ungelenke Rhetorik gegen ihn ins Feld führen (2 Kor 10,10). Der von diesen Vorhaltungen offensichtlich an der empfindlichsten Stelle getroffene und bis aufs Blut gereizte Apostel (11,5 ff.) steigert sich in seiner Erwiderung zu spiritueller und sprachlicher Hochform, um nicht zu sagen zu einer wahren Sprachartistik. Was aber in diesem Zusammenhang noch stärker ins Gewicht fällt: Er spielt sich, auf den letzten Platz der Vorverurteilten und Todeskandidaten gestellt, buchstäblich in die ihm nur noch verbleibende Narrenrolle hinein! Schon die Sätze, in denen die Kostümierung erfolgt, atmen eine ungeheure, zwischen Erbitterung, Schmerz und Sarkasmus oszillierende Leidenschaftlichkeit:

> Was ich jetzt sage, sage ich nicht im Sinn des Herrn, sondern wie ein Narr, im falschen Stolz eines Prahlers... Ihr ertragt doch die Narren so gern! Ihr nehmt es doch hin, wenn man euch knechtet, euch ausbeutet, euch einfängt, wenn man über euch herfällt und euch ins Gesicht schlägt. Zu meiner Schande muß ich gestehen, daß ich darin zu schwach gewesen bin (11,17–21).

Unmittelbar darauf setzt dann, mit NIETZSCHE zu reden, in einem »tempo feroce..., wo alles mit ungeheurer Spannung vorwärtstreibt«, die eigentliche Narrenrede ein.[35] Mit ihr treibt der Apostel aber nicht nur seine Sprachleistung auf einen Höhepunkt; vielmehr erreicht er hier, wie die Wirkungsgeschichte bestätigt, einen sonst kaum einmal gewonnenen Grad der Selbstvergegenwärtigung. Was er zuvor nur postulierte, wenn er sich »im Geist« mit der Gemeinde versammelt, um den Blutschänder dem Verderben zu übergeben (1 Kor 5,4 f.), wird nunmehr tatsächlich eingelöst. Wie kaum einmal sonst ist an dieser Stelle die Glut einer sich für die gefährdete Sache verzehrenden Leidenschaft zu spüren und die Nähe einer Persönlichkeit, die, indem sie sich vergißt, zu einer den weiten Zeitabstand überbrückenden Präsenz gelangt.

Fast wie ein Satyrspiel nimmt sich damit verglichen die Fechterrolle aus, die Paulus zur Verdeutlichung seiner Bereitschaft, »allen alles zu werden« (1 Kor 9,22), übernimmt:

> Ich laufe, doch nicht wie ins Leere hinein, und ich übe mich nicht im Faustkampf wie einer, der Luftstreiche versetzt; vielmehr ziele ich auf meinen Leib und treffe ihn, damit ich nicht anderen predige, selbst aber verworfen werde (9,26 f.).

Der Tor Christi

Doch könnte sich die Übernahme schwerlich in dieser Form vollziehen, wenn die Narrenrolle Paulus nicht auch von innen her, durch Zustände der Beklemmung, Ohnmacht und Selbstzweifel »auf den Leib geschrieben« wäre. Nicht zuletzt drückt sich das im Eingeständnis seines schwächlichen (2 Kor 10,10), zaghaften (1 Kor 2,3) und bisweilen sogar durch abstoßende Krankheit behinderten Auftretens aus (Gal 4,14). Damit erschließt sich die Innensicht der ihm auferlegten Rolle, deutlicher noch gesagt, die »Ethik« seines apostolischen Dienstes. So sehr er sich als Ausnahme und Auserwählter fühlt, hat dieses hochgestimmte Selbstbewußtsein doch zugleich seinen Kontrapunkt in der Demut, mit der er sich den bitteren und notvollen Konsequenzen seiner Aufgabe unterwirft.

Erneut beweist sich damit, wie sehr ihm das »Wenn ich schwach bin, dann bin ich stark« (2 Kor 12,10) aus der Seele gesprochen ist. Denn zur Physiognomie dieses »religiösen Exzentrikers« gehört es, daß sich das Erlebnis seiner Identität, das Wissen um den Schatz im zerbrechlichen Gefäß seiner Existenz, gerade aus Erfahrungen des Zerbrechens aufbaut. Zum

Betrüger abgestempelt, weiß er um seine Wahrhaftigkeit, als der Verkannte um seine höhere Rechtfertigung und als der Geschlagene um sein gottgeschenktes Überleben (2 Kor 6,8f.).

So kommt es, daß er es in seiner »Torheit« mit einer ganzen auf Weltweisheit gegründeten Kultur aufnehmen, daß er in seiner Trübsal Trost spenden und als Habenichts alle beschenken kann (6,10). Denn so entspricht es der Paradoxie einer Existenzform, die sich in der Anfechtung vergewissert, in der Traurigkeit getröstet und in der Verlorenheit gerettet weiß:

> Von allen Seiten bedrängt, finden wir dennoch Raum; im Zweifel, sind wir doch nicht verzweifelt; verfolgt, doch nicht aufgegeben; niedergeworfen und doch nicht umgebracht (2 Kor 4,8f.).

Die göttliche Paradoxie

Paulus ist sich dessen bewußt, daß er damit nur die Spur des Gottes aufnimmt, der mit seiner »Torheit« die »Weisheit dieser Welt« widerlegte:

> Denn die Torheit Gottes ist weiser als die Menschen und die Schwäche Gottes stärker als die Menschen (1 Kor 1,25).

Mit der von ihm durchgespielten Narrenrolle tastet er sich somit in die »im Geheimnis« verborgene Gottesweisheit hinein. Das hat zur Folge, daß sich ihm – wie in einem Vorgriff auf die spekulative Ausarbeitung seiner Botschaft – das göttliche Heilshandeln insgesamt unter theatralischem Aspekt darstellt. In diesem Sinn spricht er von dem großen Szenenwechsel, der dadurch eintrat, daß Gott über die Zeiten der Unwissenheit »hinwegsah« (Apg 17,30) und den rettenden Auftritt seines Sohnes inszenierte, der im Knechtsgewand seiner Niedrigkeit (Phil 2,7) den Geknechteten die Freiheit und den Unmündigen das Glück der Sohnschaft brachte (Gal 4,3ff.). Er wurde, wie Paulus dieses Zentralmotiv des weiteren ausleuchtet, für uns arm, um uns durch seine Armut zu bereichern (2 Kor 8,9). Ja,

166

er, der Sündenlose, wurde sogar »für uns zur Sünde gemacht, damit wir in ihm zur Gerechtigkeit Gottes würden« (2 Kor 5,21). Radikaler konnte die »Verfremdung« nicht mehr ausgesagt werden, die gewahrt werden mußte, wenn der zwischen Gott und der Menschheit aufgerissene Abgrund überbrückt und die ihm »Entfremdeten« zu eigen gewonnen werden sollten.

Dennoch endet das ins Werk gesetzte Spiel nicht als Tragödie, sondern mit dem Sieg dessen, dem am Ende der Zeiten alles unterworfen werden muß, damit Gott sei »alles und in allem« (1 Kor 15,28). Im Horizont des Weltentheaters veranschaulicht Paulus das mit dem Bild vom Triumphzug Christi, in dem er selbst eine Doppelrolle spielt: einmal als der »mitgeführte« Gefangene, wobei gleichzeitig an sein »Ergriffensein« durch Jesus wie an seine Leidensgemeinschaft mit ihm zu denken ist; sodann aber auch als der den Zug Anführende, der sowohl die Aufgabe des Herolds wie die des Weihrauchträgers übernimmt:

> Gott sei Dank, der uns überall im Triumphzug Christi mitführt und durch uns den Duft der Erkenntnis allerorten verströmt; denn wir sind ein Wohlgeruch Christi für Gott, unter den Geretteten wie unter den Verlorenen: den einen ein todbringender Todesgeruch, den andern ein lebenspendender Lebensduft (2 Kor 2,14 ff.).

Nur zu erschließen ist aus der Stelle die Rolle des Herolds, die sich aber deutlich genug abzeichnet, wenn man den Text mit den Hinweisen auf die Missionsmethode des Apostels zusammennimmt. Dann sah er seine Aufgabe, wie die neuere Forschung zeigte, tatsächlich darin, den Christusnamen durch seine Verkündigung in den großen Metropolen des Reiches »auszurufen«, um so die jeweilige Region für seinen Herrn in Anspruch zu nehmen.[36] So führt die theatralische Schau des göttlichen Heilswerks am Ende wieder auf die ethische Perspektive zurück. In den von ihm übernommenen Rollen stellt Paulus nur auf facettenreiche Weise dar, was es heißt, als Apostel am Heilshandeln Gottes beteiligt zu sein.

Fragmente einer Autobiographie

Von Paulus könnte man in Anwendung eines Guardini-Wortes sagen, daß in ihm die Person die Augen aufgeschlagen habe und zum Selbstbewußtsein erwacht sei.[37] Nur müßte man unverzüglich hinzufügen, daß in ihm ihr auch die Zunge gelöst wurde, so daß sie erstmals im Vollsinn des autobiographischen Redens sagen konnte, was sie beglückt und was sie bedrückt. Damit ist der von AUGUSTIN in aller Form vollzogene Paradigmenwechsel auf ihn zurückgespiegelt. Der Abwendung vom Kosmos – »Jetzt erforschen wir nicht mehr die Himmelskreise noch messen wir die Zwischenräume der Gestirne aus« – zugunsten der subjektiven Selbstreflexion – »Ich bin es vielmehr, der über sich nachdenkt, ich, der Menschengeist« – entspricht bei Paulus ein vergleichbarer Umbruch der Sprachverwendung. Denn mit ihm beginnt die in der klassischen und orientalischen Antike wiederholt angezielte, von ihm jedoch erstmals ausgeschöpfte Möglichkeit, die Sprache im Gegensinn zu ihrer weltbeschreibenden Funktion zu verwenden, also die Möglichkeit des konfessorischen Sprechens. Keiner sagte vor ihm auf eine derart emphatische Weise »ich« wie er; keinem gab Gott, mit Goethes Tasso zu reden, so wie ihm zu sagen, wie er leidet.[38]

Die Disposition

Paulus ist jedoch ein viel zu sensibler Mensch, als daß er nur der Vollstrecker dieses Umbruchs hätte bleiben können. Vielmehr wurde er in ihm auch in dem Sinn zum sprachgeschichtlichen Ereignis, daß er mit neuer Kompetenz aus ihm hervorging. Seine virtuose Ausdruckskraft hat hier ebenso ihren Ursprung wie sein dichterisches Ingenium. Auf den konkreten Anlaß zurückbezogen, ist auch dieser in der Damaskusvision zu suchen. Das dem Überwältigten ins Herz gesproche Offenbarungswort wollte – als das Wort der »drängenden Liebe« (2 Kor 5,14) – seiner ganzen Bestimmung nach an andere weitergegeben werden. Es riß sein Sprachvermögen an sich, so daß er zur konfessorischen Mitteilung befähigt war. Ihm verdankt er seine Geburt zum religiösen Redner und Dichter.

Das kann freilich, wie die Geschichte solcher Erweckungen zeigt, nicht ohne eine erhebliche Einschränkung gesagt werden. Und die bezieht sich auf die Frage der Disposition. Sie wurde bisher durch das Bild des durch den Blitzschlag der Vision in das Gegenteil seiner selbst verwandelten Fanatikers weitgehend verdunkelt. Indessen trägt der Fanatismus des wütenden Christengegners zu offenkundig kompensatorische Züge, als daß es bei dieser Vorstellung bleiben könnte. Der Panzer der Gegnerschaft klingt schon bei flüchtiger Berührung hohl. Der Kampf war, näher besehen, nur die wilde Abwehr einer ebenso ersehnten wie gefürchteten Möglichkeit. Gefürchtet, weil sie in einen vollständigen Identitätsverlust zu treiben schien. Vor allem aber ersehnt, weil die Verfassung, in der sich Paulus zu Beginn seiner Autobiographie präsentiert, nur in verkrampfter Anstrengung aufrechterhalten werden konnte. Der Blitzschlag der Vision traf auf keinen Klotz, der gesprengt werden mußte, sondern in eine Schale, die es zu füllen galt. Hinter der Fassade des Fanatikers verbirgt sich eine sensible, nach Sinn, Glück und Liebe verlangende Seele. Der Grundton, auf den sie gestimmt ist, heißt nicht Aggression, sondern Sehnsucht.

Der Liebeshymnus

Wenn man der womöglich bis zu brennendem Entbehrungsschmerz gesteigerten Sehnsucht – neben inspirativen Erlebnissen – kreativitätsauslösende Wirkung zumißt, wobei für das eine das Inspirationserlebnis am Ausgangspunkt von Nietzsches ›Zarathustra‹, für das andere die dichterische Selbstdarstellung Kierkegaards in den Diapsalmata seines ›Entweder – Oder‹ stehen könnte, wird man die Geburt des Apostels zum Dichter bis auf diese Anfänge zurückverfolgen müssen. Bevor ihm die Zunge durch das Damaskuserlebnis definitiv gelöst wurde, ist mit dichterischen Äußerungen dann schon aus seiner jüdischen »Vorzeit« zu rechnen. Freilich geht diese Rechnung nur unter der Voraussetzung auf, daß man sich bereit findet, die Suche nach Zeugnissen auch wirklich auf die »vorpaulinische« Lebenszeit des Apostels auszudehnen, die nahezu völlig vom Klischee des »Pharisäers« und »Verfolgers« überdeckt ist. Diese Bereitschaft vorausgesetzt, wird man ausgerechnet bei einem, wenn nicht dem berühmtesten Paulustext fündig: bei dem Hymnus auf die Liebe (1 Kor 13,1–13), der sich ohnehin so deutlich vom Kontext des Briefs abhebt, daß seine nachträgliche Einpassung in den Argumentationszusammenhang der Charismenfrage nahezu auf der Hand liegt.[39] Wenn man aber, wie es sich nahelegt, den Eingang (13,1–3) und Ausklang (13,13) der Einfügung zuschreibt, bleibt ein Text, der sowohl durch seine dichterische Gestaltung als auch durch seine psychologischen und theologischen Implikationen ein herausragendes Profil gewinnt und ihm – mit ERNST HOFFMANN gesprochen – eine »einzigartige Stelle in dem gesamten literarischen Christentum« zuweist.[40]

Danach wird der dreiteilige Aufbau des Hymnus von innen her durch eine kunstvolle Motivverschlingung gestützt, da stets eine Versgruppe der andern das Stichwort für einen neuen Gedanken zuruft.[41] Psychologisch unterbaut wird die Annahme durch die auffällige Häufung der Negationen im ersten Teil des Preisgesangs, der dreimal vom »Nichthaben« der Liebe spricht und das durch die achtmalige Zurückweisung liebloser Verhaltensformen in einer Weise betont, daß der Eindruck entsteht, hier werde nicht aus der Position eines Besitzes, sondern der Entbehrung geredet. Daß das auf eine »vorpaulinische« Entstehungszeit des Hymnus verweist, wird durch die Erfahrungstatsache erhärtet, daß nicht der alternde, sondern der jugendliche Mensch auf den Übergang von Kindheit zu Jugend und Mannesalter zurückzublicken pflegt. Wenn Paulus im Schlußteil des Hymnus so nachdrücklich auf diese Lebenswende eingeht (13,11), entspricht dies der Vermutung, daß die Damaskusvision, die nach diesem Ansatz das Ende des Entstehungszeitraums markiert, ins dritte Lebensjahrzehnt des Apostels, wohl eher noch gegen dessen Anfang als dessen Ende hin, zu datieren ist (OEPKE).[42]

Als entscheidender Grund kommt jedoch die Tatsache

hinzu, daß die Liebe hier, anders als in sämtlichen Vergleichsstellen, nicht auf den Urheber der zentralen Liebeserfahrung des Apostels, also auf Jesus, bezogen wird: eine Aussageweise, die für den »bekehrten« Paulus undenkbar ist. Das war für Hoffmann Anlaß, den Hymnus an die platonische Verherrlichung des Eros und insbesondere auch an das Höhlengleichnis heranzurücken. Doch so sehr sich dieser Versuch auf das Wort von der »Mitfreude an der Wahrheit« (13,6) stützen kann, das sich tatsächlich mit einem Zentralgedanken von Platons siebtem Brief (341 b) berührt, denkt Paulus in diesem Text doch weit mehr im Sinne jüdischer Vorstellungen. Wenn er die Liebe wie eine den Menschen überkommende und leitende Heilsmacht einführt, erinnert das an die Vorstellung von der dem Menschen einwohnenden *Schechina*, wenn nicht gar der Weisheit, die nach dem Weisheitsbuch »von Geschlecht zu Geschlecht in heiligen Seelen Einkehr hält, um sie zu Gottesfreunden und Propheten« umzuschaffen (7,27). Damit aber stieß die Suche nach Dispositionen auf jene christologischen »Vorformen«, die von den neutestamentlichen Autoren wiederholt als Interpretamente für ihre Heilserfahrung herangezogen wurden und in diesem Sinn auch das paulinische Denken bewegten.

Ergänzend sei dem hinzugefügt, daß sich Dokumente von dichterischem Rang auch in den beiden Hymnen des Römerbriefs und, außer in der Narrenrede, auch in der dramatischen Beschreibung des Apostelschicksals im Ersten Korintherbrief erhalten haben, so daß sich mindestens fünf Beispiele dafür ergeben.

Poetische Texte

Nimmt man im Hymnus auf die Liebe die Einleitung und die triadische Schlußformel beiseite, so bleibt ein Text von hoher Eindringlichkeit, der die Liebe als eine die menschlichen Fehlhaltungen überwindende Himmelsmacht beschreibt, dies jedoch, wie die gehäuften Negationen beweisen, aus der Position eines sie Entbehrenden und nach ihr sehnsüchtig Verlangenden.[43]

In dieser Fassung lautet er:

Die Liebe ist langmütig, sie ist gütig,
sie neidet nicht, sie ist nicht prahlerisch, nicht dünkelhaft,
sie verletzt nicht, sie ist nicht eigennützig,
sie läßt sich nicht erbittern, sie ist nicht nachtragend,
sie freut sich nicht über das Unrecht,
ist aber voll Mitfreude über die Wahrheit.
Sie läßt alles hingehen, glaubt alles, hofft alles,
erträgt alles; sie ist end- und grenzenlos.
Weissagungen – sie verblassen;
Sprachen – sie verstummen;
Erkenntnisse – sie vergehen; denn Stückwerk
ist unser Erkennen und unser Weissagen.
Wenn aber das Vollkommene eintritt,
hört das Stückwerk auf.
Solange ich Kind war, redete, dachte und urteilte ich
wie ein Kind; seitdem ich zum Mann geworden bin,
habe ich das kindliche Wesen abgelegt.
Jetzt sehen wir rätselhaft, wie im Spiegel,
dann aber von Angesicht zu Angesicht.
Jetzt erkenne ich bruchstückhaft,
dann aber so, wie ich erkannt bin
(1 Kor 13,4–12).

Daß auch der zweite Hymnus, den Paulus auf dem Höhepunkt des Römerbriefs auf die – jetzt zentral auf Christus bezogene – Liebe anstimmt, in den Zusammenhang seiner autobiographischen Texte gehört, ergibt sich aus der zentralen Wendung, die, verallgemeinernd, auf das Grundbekenntnis dessen zurückgreift, der sich von der Liebeshingabe Jesu ergriffen weiß (Gal 2,20). Verkürzt man den Text um einige Reflexionsaussagen zu Beginn und um das eingeblendete Schriftzitat (Ps 44,23), so ergibt sich folgende Fassung:

Wenn Gott für uns ist, wer ist dann gegen uns?
Wenn er seinen eigenen Sohn nicht geschont,
sondern für uns alle hingegeben hat –
wie sollte er uns nicht mit ihm alles schenken?
Wer wird uns trennen von der Liebe Christi?

Angst, Not und Verfolgung, Hunger,
oder Kälte, Gefahr oder Schwert?
Doch all das überwinden wir durch den,
der uns geliebt hat;
denn ich bin gewiß:
Weder Tod noch Leben, weder Engel noch Mächte,
weder Gegenwärtiges noch Zukünftiges,
weder Gewalten der Höhe oder Tiefe
noch irgendein anderes Geschöpf
können uns trennen von der Liebe Gottes,
die in Christus Jesus ist, unserm Herren
(8,31f.35.37ff.).

Was Paulus mit dem ausgeklammerten Psalmwort von dem
ständigen Ausgeliefertsein an den Tod rekapituliert, hatte er in
dem dritten Text, der von der Dramatik des Apostelschicksals
handelt, ungleich plastischer ausgeführt. Für seine poetische
Qualität steht der Apostel selber ein, wenn er rückblickend bemerkt, daß sich in ihm sein Mund geöffnet und sein Herz gewei-
tet habe, um die Herzensenge seiner Adressaten zu beseitigen
(2 Kor 6,11f.). Freilich erhebt sich in diesem Fall die Aussage
nur allmählich von anfänglicher Prosa zur Höhe poetischer
Wendungen:

Niemand geben wir Anstoß, damit unser Dienst nicht in
Verruf gerate. Vielmehr erweisen wir uns in allem als
Diener Gottes: in Geduld, in Bedrängnis, in Nöten und
Ängsten, unter Schlägen, in Kerkerhaft, bei Aufständen,
unter Mühen, in Nachtwachen und Fasten, durch Lauter-
keit, Verständnis, Langmut, Güte, im Heiligen Geist, in
aufrichtiger Liebe, im Wort der Wahrheit, in Gottes
Kraft, mit den Waffen der Gerechtigkeit zur Rechten und
zur Linken, bei Ehre und Schmach, bei Verleumdung und
Lob, als (angebliche) Schwindler und doch wahrhaftig, als
Unbekannte und doch wohlbekannt, als Todverfallene
und doch überlebend, als Geschlagene und doch nicht umgebracht, als Betrübte und doch allzeit fröhlich, als Bedürftige, die viele beschenken, als Habenichtse, die doch
alles besitzen (2 Kor 6,3–10).

Indessen ist dieser Text, im Zusammenhang des Briefs gesehen, nur das Vorspiel zu jenem leidenschaftlichen Ausbruch, den Paulus selbst als seine Narrenrede bezeichnet, wenn er abschließend bemerkt: »Zum Narren bin ich geworden; doch ihr habt mich dazu gemacht« (2 Kor 12,4):

> Strapazen übergenug,
> oftmals auch Kerkerstrafen,
> Mißhandlungen im Übermaß
> und oft genug in Todesnot:
> von den Juden erhielt ich fünfmal
> die »vierzig Hiebe weniger einen«,
> dreimal wurde ich ausgepeitscht,
> einmal gesteinigt!
> Dreimal erlitt ich Schiffbruch,
> eine Nacht und einen Tag lang
> trieb ich über der Meerestiefe.
> Und dann auf meinen Wanderungen:
> Gefahren von Flüssen,
> Gefahren von Räubern,
> Gefahren von meinem eigenen Volk,
> Gefahren von den Heiden,
> Gefahren in den Städten,
> Gefahren in der Wüste,
> Gefahren auf dem Meere,
> Gefahren von falschen Brüdern.
> In Mühen und Nöten,
> oftmals in durchwachten Nächten,
> in Hunger und Durst,
> in häufigem Fasten, in Kälte und Blöße.
> Und außerdem: der tägliche Andrang zu mir,
> die Sorge um alle Gemeinden!
> Wann wird einer schwach,
> und ich werde es nicht mit ihm?
> Wann kommt einer zu Fall,
> und ich leide nicht brennenden Schmerz?
> Wenn schon geprahlt sein muß,
> will ich mit meiner Schwachheit prahlen.
> Gott, der Vater unseres Herrn Jesus,
> der gepriesen sei in Ewigkeit,
> er weiß, daß ich nicht lüge (11,23–31).

Ungleich deutlicher noch kommt das autobiographische Element in den einschlägigen Prosatexten zum Tragen. Dabei legt Paulus den größten Wert auf seine jüdische Herkunft. Nicht weniger als dreimal hebt er darauf ab. Zunächst zu Beginn der Narrenrede, wenn er seine Gegner mit den in höchster Erregung hervorgestoßenen Worten attackiert:

> Hebräer sind sie? – ich auch!
> Israeliten sind sie? – ich auch!
> Nachkommen Abrahams sind sie? – ich auch!
> Diener Christi sind sie? – jetzt rede ich vollends
> als Narr – ich noch viel mehr! (11,22 f.).

Sodann in der steckbriefartigen Selbstdarstellung des Philipperbriefs, in der er auf seine »menschlichen Vorzüge« abhebt:

> Am achten Tage beschnitten, aus dem Volk Israel, vom Stamme Benjamin, ein Hebräer von Hebräern, der Gesetzestreue nach ein Pharisäer, ein eifernder Verfolger der Kirche, der Gesetzesgerechtigkeit nach untadelig (3,5f.).

Selbst im Römerbrief kommt er nochmals darauf zurück, wenn er sich als lebendiges Argument für die unwiderrufene Erwählung Israels präsentiert:

> Auch ich bin ein Israelit, ein Nachkomme Abrahams, aus dem Stamme Benjamin (11,1).

Auch im Bericht über die große Lebenswende, den er im Galaterbrief erstattet, blendet er nochmals kurz auf seine Herkunft und Verfolgertätigkeit zurück. Mit der Wendung »Ihr habt doch gehört« (1,13) setzt diese bereits mitgeteilte »Erinnerung« an jene Lebensphase ein, auf die Paulus jetzt, im Gedanken an die ihm widerfahrene »Neuschöpfung«, mit Widerwillen (»Verlust«) und Abscheu (»Dreck«) zurückblickt. Um so leuchtender hebt sich vor diesem Hintergrund dann das zentrale »Widerfahrnis« ab, das im Urzeugnis des Galaterbriefs (1,15f.) gleicherweise als »Offenbarungsempfang« und als Bestellung zum Heidenapostel verstanden wird.

> Als es aber dem, der mich vom Mutterschoß an ausersehen und durch seine Gnade berufen hat, gefiel, seinen Sohn in mir zu offenbaren, damit ich ihn unter den Heiden verkünde, zog ich nicht Fleisch und Blut zu Rat; auch reiste ich nicht nach Jerusalem zu denen hinauf, die schon vor mir Apostel waren; vielmehr ging ich nach Arabien und kehrte dann wieder nach Damaskus zurück (1,15ff.).

Vervollständigt werden diese autobiographischen Notizen durch die Äußerungen des Apostels über seine ersten Missionsversuche, die erste Begegnung mit Petrus[44] und dem »Herrenbruder« Jakobus, den Apostelkonvent und den »antiochenischen Zwischenfall«. Dem ersten Missionsversuch ging, wie Paulus betont, nicht etwa eine Konsultation mit »Eingeweihten« noch gar eine Jerusalemreise, sondern eine Zeit der – sicher nicht untätigen – Zurückgezogenheit in Arabien voraus, die mit seiner Rückkehr nach Damaskus ihren Abschluß fand:

> Später, nach drei Jahren, ging ich nach Jerusalem hinauf, um Kephas kennenzulernen. Ich blieb fünfzehn Tage bei ihm. Von den andern Aposteln habe ich keinen gesehen, nur Jakobus, den Bruder des Herrn. Was ich euch da schreibe, Gott weiß, daß ich nicht lüge. Danach ging ich in das Gebiet von Syrien und Zilizien. Den christlichen Gemeinden in Judäa aber blieb ich persönlich unbekannt; sie hörten nur: Er, der einstige Verfolger, verkündet jetzt den Glauben, den er früher vernichten wollte. Und sie lobten Gott um meinetwillen (1,18–24).[45]

Was den Apostelkonvent anlangt, läßt der von Paulus gegebene Originalbericht keinen Zweifel daran, daß die Initiative
dazu von ihm und den antiochenischen Pneumatikern (2,2)
ausging und daß er in den kontroversen Beratungen der ausschlaggebende Wortführer blieb (2,4f.). Dem entspricht das
ihn und seine Missionsstrategie bestätigende Ergebnis. Von
den »Maßgeblichen« wurde ihm, wie er mit Betonung sagt,
»nichts auferlegt« (2,6):

> Im Gegenteil: Sie sahen, daß mir das Evangelium für die
> Unbeschnittenen anvertraut ist so wie dem Petrus das für
> die Beschnittenen..., und sie erkannten die Gnade, die
> mir verliehen ist. Deshalb gaben Jakobus, Kephas und
> Johannes, die als die »Säulen« im Ansehen stehen, mir
> und Barnabas die Hand zum Zeichen der Gemeinschaft.
> Wir sollten zu den Heiden gehen, sie zu den Beschnitte-
> nen. Nur sollten wir an die Armen denken; und darum
> habe ich mich auch eifrig bemüht (2,7–10).

Was in diesem Sinn entschieden wurde, führte in der Folge
trotz aller Kämpfe und Rückschläge dazu, daß Paulus aus der
Rückschau des Römerbriefs eine denkbar großartige Bilanz
ziehen kann: Es sei ihm gelungen, »das Evangelium in weitem
Bogen von Jerusalem bis nach Illyrien« zu tragen (15,19), obwohl er stets darauf geachtet habe, nicht »auf fremdem Boden«, also dort, wo der Christusname schon bekannt war, zu
arbeiten (15,20). Im Galaterbrief aber schließt er den Lebensbericht mit der Erinnerung an seinen Zusammenstoß mit Petrus, der sich in Antiochia nach dem Eintreffen der »Jakobus-
leute« von der Tischgemeinschaft mit den Heidenchristen
zurückgezogen hatte (2,11ff.):

> Als ich aber sah, daß sie von der Wahrheit des Evange-
> liums abwichen, sagte ich in Gegenwart aller zu Kephas:
> Wenn du als Jude heidnisch und nicht jüdisch lebst, wie
> kannst du da die Heiden zur Annahme jüdischer Bräuche
> nötigen? Wenn ich das, was ich niedergerissen habe, wie-
> der aufbaue, stelle ich mich doch selbst als Übertreter hin.
> Denn durch das Gesetz bin ich dem Gesetz gestorben, da-

mit ich für Gott lebe. Mit Christus bin ich gekreuzigt. Ich lebe, doch nicht ich – Christus lebt in mir. Sofern ich noch im Fleisch lebe, lebe ich im Glauben an den Gottessohn, der mich geliebt und sich für mich hingegeben hat (2,14.18 ff.).

Das ist insofern ein sinnvoller Abschluß, als damit die äußere Biographie in die innere zurückmündet. Damit bestätigt sich aufs neue, daß aus der Sicht des Apostels in seiner Lebensgeschichte nicht so sehr das Gewicht der äußeren Fakten zählt als vielmehr das, was die Intervention von oben in ihm bewirkte. Das traf HERMAN SCHELL mit seiner emphatischen und doch genauen Würdigung des Apostels:

Er ist ein Feuerbrand, der von Christus glüht, er ist ein Sturm, in dem Christus seine Macht offenbart; er ist ein Buch: aber dieses Buch enthält nichts und will nichts enthalten als Jesus Christus den Gekreuzigten. Jesus ist der ganze Lebensinhalt des Apostels Paulus. Dadurch ist er zum Weltapostel geworden, daß Jesus sein Lebensinhalt geworden ist und daß er diesen Lebensinhalt als so groß empfunden hat, daß er, der Pharisäer, die nationalen Schranken des Überlegenheitsglaubens sprengen mußte. Solchen Lebensinhalt mußte er der ganzen Welt bieten: er empfand ihn als die Fülle aller Werte und Kräfte. Paulus ist ein reicher, gewaltiger, fruchtbarer Geist; aber sein Reichtum, seine Liebe, seine Kraft heißt Christus.[46]

VI. Die Konzeption

Paulus und Jesus

Daß Jesus für Paulus zum Lebensinhalt wurde, so daß er
»nichts anderes kennen will als Jesus Christus und ihn als
den Gekreuzigten« (1 Kor 2,2), gehört zu den unumstößlichen
und von ihm ausdrücklich bestätigten Eckpfeilern eines sach-
gerechten Paulus-Verständnisses; denn Leben heißt für ihn
Christus, und Sterben bedeutet für ihn Gewinn (Phil 1,21).
Dennoch behält BECKER mit seiner Behauptung recht, daß
zwischen Paulus und Jesus ein »Paradigmenwechsel« stattgefunden habe.[1]

Der Perspektivenwechsel

Die Erkenntnis drängte sich längst schon auf, nur wurde sie in
der Regel polemisch und daher sachblind zur Sprache gebracht, zumeist in der Form, daß man Paulus vorwarf, die Sache Jesu verkannt oder gar verfälscht zu haben. Einsichtig war
in seinem Haß nur NIETZSCHE, der den Verfälschungsvorwurf
mit dem Gedanken verband, daß mit Paulus jener Transforma-
tionsprozeß eingesetzt habe, der aus der Botschaft Jesu das
Christentum hervorgehen ließ.[2]
  Demgegenüber kämpfte sich Becker gegen den Haupttrend
heutiger Paulus-Forschung zu der Erkenntnis durch, daß das
Verhältnis des Apostels zu Jesus nicht durch die Übernahme
von Traditionen und noch weniger durch das Feindbild, das er
von dem Urheber der verhaßten Christengemeinde gewonnen
hatte, sondern durch das »visionäre Widerfahrnis« von Damas-

kus konstituiert worden sei, aus dem er zudem zentrale Inhalte seiner Verkündigung erschlossen habe.[3] Sie ist das Elementardatum seines Denkens, das die gesamte Wirklichkeit in ein neues Licht setzte, so daß alle weiteren Aussagen als »Reflexe der einen Grunderfahrung« zu gelten haben.[4]

Damit ist die von Becker sorgfältig analysierte Übernahme tradierter Vorstellungen und Inhalte keineswegs bestritten; doch gehen sie in das paulinische Grundkonzept nicht ein, sondern kommen allenfalls anreichernd, meist nur erläuternd und interpretierend zu ihm hinzu, so daß sich nun umgekehrt die Aufgabe stellt, das Damaskuserlebnis des Apostels »auf grundsätzliche Implikate hin« zu befragen. Das gibt seiner Konzeption ein im Vergleich zur originären Jesusbotschaft eigenständiges und neues Gepräge, ohne daß doch von einer substantiellen Veränderung gesprochen werden könnte. Gleichwohl: Der Künder der Botschaft wird durch Paulus definitiv zum Gegenstand der Verkündigung. Daß das ohne Verletzung der Substanz möglich war, erklärt sich daraus, daß der Paulus geoffenbarte Gottessohn selbst Offenbarer, Mitteilung im Modus der Selbstmitteilung, ist. So bleibt er prinzipiell der verkündigende Botschafter, auch wenn seine Botschaft jetzt mit ihm selbst verschmilzt. Für Becker aber ist das gleichbedeutend mit der Frage,

> ob Paulus nicht allein aus der Erscheinung des Herrn alles andere erschließen konnte, so daß es in diesem Fall gar keines Wortes bedurfte.[5]

Das Schweigen

Gleichwohl führt der Vergleich mit dem Jesusbild der Evangelien zu einer bestürzenden Fehlanzeige. Auch wenn Paulus am Faktum der Geburt, des Todes und der Auferstehung Jesu festhält und überdies seine Lebensgeschichte als eine stufenweise Selbstentäußerung beschreibt, fehlt doch fast alles, was ihr Farbe, Stimme, Profil und Dramatik verleiht. Dabei springt insbesondere die Ausklammerung jener Daten in die Augen, die sich geradezu als Entsprechungen zur eigenen Biographie des Apostels anboten. So fehlt jeder Hinweis auf die Taufe Jesu, obwohl sich der Vergleich zur Damaskusvision geradezu aufdrängt, jede Erwähnung der Rede- und Wundertätigkeit, obwohl sich der Apostel (nach 1 Kor 1,17) zur Verkündigung gesandt und seine Predigt (nach 2,4) vom Erweis des Geistes und der Kraft begleitet weiß; so fehlt auch jede Anspielung auf die Wanderungen Jesu, obwohl das dem beständig auf gefahrvollen Reisen begriffenen Missionar besonders nahegelegen hätte. Und so fehlt, auffälliger noch, auch jede Aussage über die Konflikte und Leiden Jesu, obwohl das von dem vielfach angegriffenen und mit äußeren und inneren Leiden geschlagenen Apostel noch am ehesten zu erwarten war. Auch inhaltlich greift Paulus nur das Liebesgebot Jesu auf (Mt 22,39 f.; Röm 13,8 ff.), nicht jedoch seine Seligpreisungen, seine Antithesen, noch nicht einmal die seinem Sinn für Bildvergleiche besonders naheliegenden Gleichnisse.

Wie ein erratischer Block wirkt, damit verglichen, der Abendmahlsbericht (1 Kor 11,23 ff.), den Paulus aus kultischer Tradition übernommen hatte, zumal er ihn auch noch sakramententheologisch unterbaut. »Ist der Segenskelch, den wir segnen«, so fragt er, »nicht die Verbundenheit im Blut Christi?« und:

> Ist das Brot, das wir brechen, nicht die Verbundenheit im Leib Christi? Wie es ein einziges Brot ist, so sind wir vielen ein einziger Leib, die wir uns in das eine Brot teilen (10,16 f.).

Es liegt auf der von Becker aufgenommenen Linie, wenn LIETZMANN die den Abendmahlsbericht einleitende Wendung »Denn ich habe vom Herrn empfangen« (11,23) dahin versteht, daß Paulus alles, was er über Jesus in Erfahrung brachte, der Christusoffenbarung von Damaskus zuordnet. Wird aber vor dem Hintergrund dieser mystagogischen Aussage nicht auch an ein – christozentrisches – Kulterlebnis des Apostels zu denken sein?

Damit ist ein Ton angeschlagen, der sonst kaum wahrnehmbare Konturen erkennbar macht. So wird man sich fragen müssen, ob die Rede vom Berge versetzenden Glauben (1 Kor 13,2) nicht auf eine Kenntnis des gleichsinnigen Jesusworts (Mt 17,20) schließen läßt; ob in dem Vergleich der Philipper mit den Sternen im Weltall (Phil 2,15) nicht das Jesuswort »Ihr seid das Licht der Welt« (Mt 5,14) nachklingt, und ob in der Rede von dem »Grund, außer dem kein anderer gelegt werden kann« (1 Kor 3,11), nicht doch eine Erinnerung an das Gleichnis vom Turmbau (Lk 14,28 ff.) mitschwingt. Und läßt das wiederholt gebrauchte Bild vom Säen und Ernten nicht ebenfalls eine Kenntnis des Gleichnisses von der Aussaat (Mk 4,1–9) vermuten?[6] Außerdem ist gerade in diesem Zusammenhang zu bedenken, daß die durchweg auf bestimmte Situationen und Probleme abgestimmten Briefe des Apostels nur ein unvollständiges Bild von seiner mündlichen Verkündigung vermitteln, die dem Gesetz der Predigt folgend sehr wohl eine größere Menge von narrativen Inhalten geboten haben konnte.

Bereichernde Armut

Für diese Vermutung spricht nicht zuletzt das Jesusbild, das sich einer intensiveren Ausschöpfung der einschlägigen Angaben abgewinnen läßt. Was sich dann abzeichnet, ist, mit Becker gesprochen, weit mehr als das bloße Faktum des historischen Jesuslebens.[7] Danach entstammt der »von einer Frau« Geborene dem Volk Israel (Röm 9,5) und dem Geschlecht David (1,3). Ungeachtet seiner göttlichen Herkunft entäußerte er sich selbst (Phil 3,8) und wurde aus liebender Selbstentschließung arm; doch seine Armut machte uns reich (2 Kor 8,9). Er nahm die Schmähungen seiner Gegner auf sich (Röm 15,3) und wurde gehorsam bis zum Tod am Kreuz (Phil 2,8). In seinem Sterben trug er die Last der Sünde und des Fluches, um die Welt vom »Fluch des Gesetzes« zu befreien und zur Gerechtigkeit Gottes zu verhelfen (2 Kor 5,21; Gal 3,13). So wurde er zwar in seiner Schwachheit gekreuzigt; nun aber lebt er aus Gottes Kraft, damit auch wir aus unserer Schwachheit erhoben und mit der Kraft Gottes erfüllt werden (2 Kor 13,4). Deshalb geht es in der Verkündigung immerfort darum, Christus als den Gekreuzigten vor die Augen der Menschen hinzustellen (Gal 3,1). Und was das »Wort vom Kreuz« ins Werk setzt, wird durch Taufe und Eucharistie sakramental besiegelt. In der Taufe werden wir »auf seinen Tod getauft« und mit ihm begraben, um mit ihm zur Herrlichkeit des Vaters auferweckt zu werden (Röm 6,3 ff.). In der Nacht seines Verrats hat Jesus selbst das Abendmahl gestiftet, damit auf sakramentale Weise sein Tod verkündet werde bis zu seiner Wiederkunft (1 Kor 11,26). Für die Auferweckung Jesu am dritten Tag nach seinem Tod und Begräbnis steht Paulus selbst als ebenbürtiger Augenzeuge ein (15,4.8). Sie ist für ihn gleicherweise der krönende Höhepunkt der göttlichen Selbstoffenbarung (Gal 1,16) wie der unüberbietbare Liebesbeweis Gottes (Röm 8,37) und als solche ebenso die Gewähr unserer endzeitlichen Auferstehung (1 Thess 5,10) wie Vorgriff auf das letzte Kapitel der Weltgeschichte, das sich darin erfüllt, daß Christus »jede Macht und Gewalt«, auch die des Todes, unterworfen wird und er sich seinerseits »dem unterwirft, der ihm alles unterworfen hat, damit Gott sei alles und in allem« (1 Kor 15,24–28).

Der Umbruch

Trotzdem läßt sich aus alldem kein narratives »Leben Jesu« gewinnen, wie es der Erzählweise der Evangelien entspricht. Dafür ist das paulinische Bild zu sehr »von oben her« eingegeben und nicht, wie es Lukas für sich in Anspruch nimmt, von seinem Anfang her erzählt (Lk 1,3). Auch wenn es sich bei näherem Zusehen plastischer ausnimmt, als es zunächst den Anschein hat, ist Jesus hier doch primär der Inbegriff einer Mitteilung, nicht aber der sich lebensgeschichtlich Mitteilende oder, traditionell gesprochen, der Verkündigte im Unterschied zu seiner Verkündertätigkeit, wie sie im Vordergrund der Evangelienberichte steht.

Die Rede von einem »Bild« trifft den Sachverhalt aber nur unvollständig. Denn in der paulinischen Darstellung wird Jesus nicht nur wie in der Apokalypse (1,17 ff.) als Redender eingeführt; vielmehr redet er wirklich, wenngleich in »unaussprechlichen Worten« (2 Kor 12,4). Diese Gesprächsgemeinschaft mit dem Erhöhten verhinderte, daß Paulus auf höherer Ebene wiederum zu dem Fanatiker wird, der er vor seiner Lebenswende war. Und darin ist es auch begründet, daß seine Botschaft im Unterschied zur Lehre jener, die mit einer »Idee« antraten, niemals zu einer Ideologie entartet. Was aber hat es mit dem Differenzpunkt, dem »redenden Bild«, des näheren auf sich?

Ins Herz gesprochen

Man läuft Gefahr, Paulus schon im Ansatz zu verfehlen, wenn man, wie es insbesondere bei Bornkamm geschieht, die Aussage überhört, mit der er den Einsatz seiner Konzeption so entschieden wie nur möglich markiert:

> Ich versichere euch, Brüder: Das Evangelium, das ich verkündet habe, stammt nicht von Menschen. Ich habe es weder von einem Menschen übernommen noch gelernt, sondern durch die Offenbarung Jesu Christi empfangen (Gal 1,11 f.).

Jeder Versuch einer Abschwächung dieser dreifach unterstrichenen Auskunft schließt das Risiko ein, Paulus gegen sein erklärtes Selbstverständnis auszulegen. Zwar spricht er wenig später davon, daß er »aufgrund einer Offenbarung« zum Apostelkonvent nach Jerusalem gereist sei (2,2): doch hier ist mit Offenbarung zweifellos eine von antiochenischen Charismatikern ausgehende Insinuation gemeint. In seiner »Grundsatzaussage« ist er jedoch nicht Adressat einer von der Gemeinde ausgehenden Weisung, sondern Empfänger einer göttlichen Offenbarung. Indessen zielen die Abschwächungsversuche nicht in diese Richtung; sie nehmen vielmehr den von Paulus behaupteten Offenbarungsempfang auf eine mystische Vergewisserung dessen zurück, was ihm durch vorgegebene Traditionen, insbesondere durch die Vorstellungen der antiochenischen Gemeinde zufloß.

Doch Paulus widersetzt sich beiden Deutungsversuchen, indem er mit dem Schlüsselwort des Galaterbriefs versichert, daß Gott ihm »in seiner Güte seinen Sohn offenbarte« (1,16), wobei er den Dativ ausdrücklich – und deshalb jede Abschwächung verwehrend – als ein Geschehen »in ihm« qualifiziert.[8] Entscheidender noch ist aber die gewiß nicht zufällig und obenhin, sondern bewußt getroffene Wahl des Verbs »offenbaren« (*apokalyptein*).[9] Damit beschreibt er sein Damaskuserlebnis unzweideutig als ein Offenbarungsgeschehen, das sich in seinem Inneren ereignete und deshalb schon durch die Wortwahl von allen Formen einer »Fremdinformation« abgegrenzt ist. Wer in Paulus nur den Tradenten vorgegebener Glaubensvorstellungen oder – womöglich aktueller noch – den Rezipienten fremder Eingebungen erblickt, setzt sich demnach in Widerspruch zu seinem erklärten Selbstzeugnis und wiederholt damit die Reduktion, die schon die Apostelgeschichte mit ihm vornahm. Doch genügt sein Selbstzeugnis, um darauf das ganze Gebäude seiner Botschaft oder doch seiner Konzeption zu errichten?[10]

Die Antwort kann nur seinem Offenbarungsbegriff und dem damit verbundenen Anspruch entnommen werden. Wenn Paulus im antithetischen Teil der Narrenrede »auf seine Gesichte und Offenbarungen« (2 Kor 12,1) zu sprechen kommt, ist damit eindeutig eine an ihn persönlich ergangene »schaubare Mitteilung« gemeint, auch wenn diese nach seinem Eindruck und Urteil den Rahmen des menschlich Sagbaren sprengte.[11] Dieses auch anderswo (wie insbesondere in Gal 1,12 und 1 Kor 2,10) vorausgesetzte Verständnis trifft aber auf keine Stelle so unmittelbar wie auf das »Urzeugnis« zu, das aus diesem Grund nur so begriffen werden kann, daß die Lebenswende durch das Erlebnis, Adressat einer göttlichen Selbstmitteilung geworden zu sein, zustande kam. Als »Offenbarung des Sohnes« hatte diese einen eindeutig umschriebenen Inhalt. Indessen war dieser so sehr von der Mitteilungsstruktur des Vorgangs geprägt, daß genauer noch von einer »sich mitteilenden Mitteilung« gesprochen werden müßte. Das ergibt sich nicht erst daraus, daß in der von Paulus wiederholt gebrauchten Wendung von einer »Offenbarung Jesu Christi« oder »Offenbarung des Herrn« dieser selbst Subjekt des Geschehens ist, sondern zuvor schon aus der Rolle, die der »Gottessohn« in seinem Denken spielt.[12] Stets verbindet sich mit diesem Namen die Vorstellung von einem dynamischen Heilsgeschehen; mehr noch: die Dynamik des göttlichen Heilshandelns erscheint unzertrennlich an den »Sohn Gottes« gebunden. Ihn sandte Gott in der Zeitenfülle (Gal 4,4); durch seinen Tod hat er die Welt mit sich versöhnt (Röm 5,10) und, indem er ihn hingab, uns »alles mit ihm geschenkt« (8,32); nachdem er ihm alles unterworfen hat, wird sich der Sohn ihm unterwerfen, damit Gott »alles und in allem« sei (1 Kor 15,25–28). Von allen Aussagen über das Walten des Sohnes führt aber keine so nahe an das Urzeugnis heran wie die als Selbstrechtfertigung des Apostels eingesetzte Versicherung, daß der von ihm verkündete Gottessohn »nicht Ja und Nein zugleich« sei, da in ihm das reine »Ja verwirklicht« wurde (2 Kor 1,19). Hier klärt sich das göttliche Heilshandeln zu einem Sprachereignis; und der Träger dieses Geschehens, der Sohn, wird zum Inbegriff der unwiderruflichen Selbstzusage Gottes an die Welt.

Invasiv, nicht deskriptiv

Zur Verdeutlichung dessen muß auf eine weitere Differenz zwischen lukanischer und paulinischer Redeform eingegangen werden. Mit ungemein starker Fernwirkung entwickelten die Evangelien, und unter ihnen am konsequentesten das Lukasevangelium, eine deskriptive, erzählend-bildhafte Darstellung der Lebens- und Leidensgeschichte Jesu. Diesem Verfahren blieben sie auch bei der Schilderung des Kreuzestodes treu, von dem die älteste, im Hebräerbrief (5,7) erhaltene Überlieferung lediglich zu berichten weiß, daß Jesus »unter lautem Wehgeschrei und Tränen«, also mit einem unartikulierten Todesschrei starb.[13] Wenn der Hebräerbrief das ganze Leben Jesu in diesem Schrei ausklingen und gipfeln läßt, stellt er seine Lebensleistung insgesamt unter ein appellatives Vorzeichen. Sie drang, religiös gedeutet, als das gewaltigste *De profundis*, das jemals zum Himmel stieg, zum Herzen Gottes empor, um bei ihm, wiederum mit dem Hebräerbrief gesprochen, »ewige Erlösung zu erwirken« (9,12). Was aber die Rezeption dieser Lebensgeschichte anlangt, so war sie mit allem, was sie an Inhalten umfaßte, darauf angelegt, in die Hörer einzudringen, sie zu bewegen und, wie nur ein aus äußerster Qual ausgestoßener Notschrei es vermag, zu erschüttern.

Wenn von Paulus in Anwendung eines Kierkegaard-Wortes gesagt werden kann, daß er »mit seiner ganzen Existenz gestikulierte«, bewegt er sich auf derselben Linie. Mit der »Gebärde« seines Denkens und Redens legt er es darauf an, auf seine Leser einzudringen, sie aufzurütteln und zu provozieren, um sie dann auch wieder zu beruhigen und zu trösten. Das schlägt auch auf das Zeugnis von seiner Damaskusvision durch. Er berichtet davon im Stil existentieller Betroffenheit, nicht eines erzählenden Referenten. So – und nur so – entspricht es der Gebärde, mit der er, gerade auch in den knappen Schilderungen seiner Lebenswende, auf seine Leser zugeht. Obwohl er sie als Erscheinung des Auferstandenen begreift (1 Kor 9,1; 15,8), deutet er doch das epiphane Moment nur verhalten an (2 Kor 4,6), um dafür das Angesprochensein, das er auch bei seinen Adressaten erstrebt, um so stärker hervorzuheben.

Demgegenüber verfährt die lukanische Darstellung wie bei ihrem Kreuzigungsbericht. Während Paulus nur zu sagen weiß – und selbst das nur mittelbar, im Bericht von seinen »Erscheinungen und Offenbarungen« –, daß er »unaussprechliche Worte« vernahm, entfaltet Lukas dieses Datum in narrativer Weise zu der vorwurfsvollen Frage »Warum verfolgst du mich?« (Apg 9,4), die den Verfolger durch die Selbstidentifikation Jesu mit den Verfolgten zum Bewußtsein seines Unrechts bringt. Sofern damit die Erweckung eines Schuldbewußtseins intendiert sein soll, das den epigonal gedeuteten Apostel sich schließlich als den »ersten« aller Sünder (1 Tim 1,15) bezeichnen läßt, steht das im Widerspruch zu seinem Selbstzeugnis, das zwar mit Abscheu, aber keinem Zeichen von Reue auf die Verfolgertätigkeit zurückblickt. Wenn von dem indirekten Hinweis aber – und dies auch im Sinn des lukanischen Berichts –

tatsächlich auf einen Anruf zurückgeschlossen werden kann, so daß sich mit der empfangenen Offenbarung auch ein auditives Moment verband, erhebt sich die Frage, worin dieses konkret bestand.

Der Anruf

Eine Antwort kann womöglich aus der durch Johann Sebastian Bach hervorgehobenen Stelle erschlossen werden, die gleichfalls von einem »unaussprechlichen« Zuspruch redet. Es ist das Wort von der durch die Intervention des Gottesgeistes behobenen Gebetsnot, der »für uns mit unaussprechlichem Seufzen« eintritt (Röm 8,26). Wenn Paulus nicht, wie es ihm einmal im lukanischen Bericht von einer tumultuarischen Szene droht, »in Stücke gerissen« werden soll – hier als Offenbarungsempfänger, dort als Visionär und Beter –, bleibt nur die Möglichkeit, auch diese Stelle als Ableitung aus seiner zentralen Heilserfahrung zu begreifen. Wie für ihn der Glaube (nach Röm 10,9) substantiell Auferstehungsglaube ist, so daß dem Glaubenden, nur durch das Wort der Verkündigung vermittelt, dasselbe widerfährt, was er unmittelbar vor Damaskus erlebte, steht auch der Beter für ihn in einer vergleichbaren Beziehung.

Das wird klar, wenn man sich zunächst vergegenwärtigt, daß der sich unserer Schwachheit annehmende Geist als die pneumatische Selbstmitteilung Jesu zu gelten hat. So gesehen vernimmt der Beter in dessen »unaussprechlichem Seufzen« ein Echo der ewigen Selbstverständigung Gottes; denn der Geist übernimmt die Rolle des »Fürsprechers«, also des Gottessohnes, sofern er sich mit seinem Ansinnen »für die Heiligen« verwendet.[14] Wenn diese sublime Deutung des Gebets aber, wie zumindest angenommen werden darf, nach dem Modell des Damaskuserlebnisses entworfen ist, legt sich die Vermutung nahe, daß von diesem Ähnliches gilt. Dann bestand das auditive Moment in einer »Verlautbarung« des ewigen Gesprächs von Sohn und Vater, eine Verlautbarung, die von Paulus als der denkbar größte Liebesbeweis empfunden und als »Offenbarung des Sohnes« begriffen wurde. So entschärft sich beim

Rückgang von Lukas zu Paulus der Vorwurf zum Anruf. Was Paulus im existentiellen Sinn des Ausdrucks »umwarf«, war die Erfahrung, daß der von seiner Verfolgung letztlich Getroffene seine »Wut« (Apg 9,1) mit Liebe beantwortete. Er ließ den Gegner seine ureigene Seligkeit – johanneisch gesprochen: sein Ruhen am Herzen des Vaters – fühlen; das verwandelte ihn.

Folgerungen

Kann daraus gefolgert werden, daß die Damaskusvision Paulus nicht, wie die Apostelgeschichte will, in wutentbrannter Raserei, sondern im Gebet überkam? Wenn man die lukanische Schilderung der Dramaturgie des sorgfältig komponierten Geschichtswerks zugutehält und statt dessen von der Psychologie visionärer Erfahrungen ausgeht, ist das durchaus wahrscheinlich, allerdings auch nicht mehr. Immerhin scheint Lukas wenigstens im nachhinein mit einem solchen Zusammenhang gerechnet zu haben; denn nach seinem Bericht beruhigt Jesus den mit der Betreuung des Geblendeten beauftragten und zunächst heftig widerstrebenden Ananias mit dem Hinweis: »Er betet« (9,12). Sollte das nicht schon von der Stunde vor dem Blitzschlag gegolten haben?

Klarer ist die zweite Konsequenz, die sich auf die Gestaltzeichnung des Apostels bezieht. Bei ihm sind die auseinanderdriftenden Komponenten so übermächtig, daß die Geschlossenheit seiner Gestalt, ohne die sich seine Lebensleistung nicht begreifen läßt, nur schwer zu verdeutlichen ist. Außer-sich-Sein und Besonnenheit (2 Kor 5,13), Härte und Sanftmut, Zorn und Liebe, cholerisches Aufbrausen und mütterliche Zärtlichkeit stoßen sich in ihm so heftig, daß er als Persönlichkeit auseinanderzubrechen droht. Deshalb ist es ein Grundgebot der Paulus-Deutung, den sich anbietenden Konstanten mit aller Sorgfalt nachzugehen, weil nur daraus ein konsistentes Paulus-Bild zu gewinnen ist. Wo aber wäre der gesuchte Einheits- und Konvergenzgrund auszumachen, wenn nicht in der Damaskusvision?

Was kein Auge geschaut

Paulus ist kein Augenmensch. Die stimmigen Bilder, die er bietet, lassen sich an einer Hand aufzählen. Nur zu oft verwirrt sich bei ihm der Bildgedanke, wenn er etwa die Frauen Abrahams auf »die beiden Testamente« (Gal 4,24), den wasserspendenden Felsen auf Christus (1 Kor 10,4) und die dem Ölbaum eingepfropften Wildlinge auf die Christen bezieht (Röm 11,17 ff.) oder wenn er den Faustkämpfer auf sich selbst einschlagen läßt (1 Kor 9,26 f.). Dennoch ist er Visionär und als solcher für Lichteindrücke empfänglich. Das Herannahen der Parusie verdeutlicht er mit dem suggestiven Wort »Die Nacht ist vorgerückt, der Tag hat sich genaht« (Röm 13,12); von seinen Adressaten erwartet er, daß sie sich »als Kinder des Lichts« aufführen (1 Thess 5,5) und »wie die Sterne im Weltall« leuchten (Phil 2,15).

Lichtvisionen

Von daher wird es verständlich, daß Paulus – wie nach ihm ungleich stärker die Apostelgeschichte – die Damaskusvision als Lichterlebnis stilisiert. Das geschieht zwar nicht im Urzeugnis, wohl aber in dessen protologischer Abwandlung, wenn er in Erinnerung an den Lichtbefehl am Schöpfungsmorgen versichert, Gott habe es »auch in unseren Herzen tagen lassen zum strahlenden Aufgang der Gottherrlichkeit auf dem Antlitz Christi« (2 Kor 4,6).[15] Das Wort steht in einem unverkennbaren Motivzusammenhang mit dem aus vermutlich apokrypher Tradition aufgenommen, vielleicht sogar von Paulus selbst (aus Jes 24,3) fortentwickelten »Schriftzitat«, das für ihn mit dem Aufgang der Gottesweisheit im Geheimnis des Kreuzes in Erfüllung gegangen ist:

> Was kein Auge geschaut, kein Ohr vernommen und zu keines Menschen Herz gedrungen ist, hat Gott denen geschenkt, die ihn lieben (1 Kor 2,9).[16]

Umgekehrt wirkt diese wohl »höchstgreifende« Aussage des Apostels (WEISS) wie ein Vorklang des vom Verfasserkreis des Ersten Johannesbriefs erhobenen Anspruchs, das »Wort des Lebens« vernommen, mit eigenen Augen geschaut und mit den Händen angefaßt zu haben (1 Joh 1,1).[17] Da die Stelle, wie Bornkamm deutlich machte, trotz ihrer gnostischen Einfärbung in den Kontext der paulinischen Kreuzesverkündigung hineingehört, weist sie vor allem auf die Damaskusvision zurück.[18] Wenn Paulus diese als die große Liebeszuwendung Jesu erfuhr, die ihn, den einstigen Verfolger, zu dankerfüllter Gegenliebe bewog, berechtigt insbesondere die Schlußwendung – »die ihn lieben« – zu dieser Zuordnung. In diesem Zusammenhang gesehen bestätigt die Stelle den visuellen und auditiven Erlebniswert der Damaskusstunde. Dem in seiner Wesens- und Herzenstiefe Getroffenen wurden die Augen und Ohren für das unaussprechliche Gottesgeheimnis aufgetan. So führt die Stelle zugleich hinüber zum Epilog der Narrenrede, in welchem er auf seine »Erscheinungen und Offenbarungen« eingeht (2 Kor 12,1–10).

Im dritten Himmel

Die »mit einer seltsamen Feierlichkeit« einsetzende Stelle (LIETZMANN) hebt sich durch ihre Sprachgestalt so nachhaltig von ihrem Kontext ab, daß sie sowohl gegenüber der vorangehenden Narrenrede als auch dem Fortgang des Briefs ein Eigenleben führt. Das eine hindert, sie fugenlos den autobiographischen Fragmenten zuzuordnen, das andere warnt davor, die in ihr enthaltene Zeitangabe auf die Entstehungszeit des Briefs zu beziehen. Zwar datiert Paulus das in dritter Person, also in bewußter Selbstdistanzierung beschriebene Erlebnis vierzehn Jahre zurück: für die Mehrzahl der Erklärer Anlaß, es ein halbes Jahrzehnt nach Damaskus anzusetzen.[19] Indessen kann der »Stilbruch« gegenüber dem Kontext – analog zum Hymnus auf die Liebe – auch als Hinweis auf eine frühere Entstehung gelten, mit der um so mehr zu rechnen ist, als der Text in argumentativer Hinsicht gegenüber dem Leidenskatalog nichts Neues, höchstens eine Ergänzung bietet. Dann könnte er sehr wohl gegen Ende der antiochenischen Zeitspanne entstanden sein, als es für Paulus darum ging, sich in der Auseinandersetzung mit dem Initiationserlebnis auf seine Missionstätigkeit vorzubereiten. Auch würden sich daraus die im Vergleich zum Briefkontext anachronistischen Wendungen – »dritter Himmel«, »Paradies« –, die eine noch größere Nähe zu rabbinischen Traditionen erkennen lassen, besser erklären. Ob daraus gegen den Konsens der Paulusforschung eine Identität der Entrückung mit der Damaskusvision zu folgern ist, bleibe dahingestellt, da es sich auch um ein »Nachbeben« der großen Erschütterung handeln könnte. Wenn für diese angenommen werden dürfte, daß sie den betenden Paulus traf, entspräche ihr eine entrückende »Erhebung« zur Herrlichkeit des Auferstandenen jedenfalls weit mehr als dessen »Einbruch«, wie ihn die Apostelgeschichte schildert. So würde sich dann auch das auditive Erlebnis erklären, in dem die Entrückung gipfelt:

> Ich kenne einen Menschen in Christus, der vor vierzehn Jahren in den dritten Himmel entrückt wurde: ob körperlich oder ohne den Leib, das weiß ich nicht, Gott weiß es. Von diesem Menschen weiß ich, daß er ins Paradies entrückt wurde: ob körperlich oder ohne den Leib, weiß ich nicht, Gott weiß es. Da vernahm er unsagbare Worte, die ein Mensch nicht aussprechen darf. Diesen will ich rühmen, mich selbst aber will ich nicht rühmen, es sei denn wegen meiner Schwachheiten (2 Kor 12,2–5).

Auf die Frage, warum die an ihn ergangene Mitteilung nicht ausgesprochen werden durfte, wäre dann zu antworten: weil sich die vernommene Selbstverständigung Gottes der menschlichen Nennkraft entzog. Doch müßte diese Verneinung durch den Zusatzgedanken ergänzt werden, daß Paulus gerade daran zum großen Sprachmeister und Künder heranreifte.

Die Tiefen der Gottheit

Im unmittelbaren Anschluß an das überformte Jesajazitat, das von der Schau des Niegeschauten, dem Vernehmen des Unerhörten und der Fühlung des Nieerlebten spricht, erhebt sich Paulus zu einer seiner kühnsten Thesen, mit der er das Gesagte sich selbst und seinen Adressaten zuspricht:

> Uns aber hat es Gott durch den Geist erschlossen; denn der Geist erforscht alles, auch die Tiefen der Gottheit. Wer von den Menschen kennt das Wesen des Menschen, wenn nicht der Geist, der in ihm ist? So erkennt auch keiner das Wesen Gottes als nur der Geist Gottes. Wir aber haben nicht den Geist der Welt empfangen, sondern den gottgegebenen Geist, damit wir erkennen können, was uns Gott geschenkt hat (1 Kor 2,10ff.).[20]

Die Innensicht

Damit verläßt Paulus keineswegs, wie befürchtet werden könnte, die mit seinem Vorsatz, in Korinth nichts zu kennen als Christus und ihn als den Gekreuzigten (2,2), eingeschlagene Bahn. Vielmehr vertieft er nur, was er grundsätzlich mit dem Satz, daß die Torheit Gottes weiser sei als die Menschen (1,25), zum Ausdruck gebracht hatte. Vermutlich hätte er dem Rilke-Wort zugestimmt, wonach das Schreckliche der Anfang des Schönen ist. Für ihn stellt sich der göttliche Bereich von außen gesehen eher abweisend dar. Deshalb steht die Sache Gottes im Zeichen der Verlorenheit, der Schwäche und Torheit. Dafür erscheint sie der Innensicht in um so größerem Glanz. Keiner hat das intensiver nachgedacht als PASCAL in seiner Lehre von den drei Ordnungen, die in der Aussage gipfelt:

> Jesus Christus, der keine Güter besessen und in den Wissenschaften nichts vollbracht hat, steht in der Ordnung der Heiligkeit. Er hat weder etwas erfunden, noch hat er regiert; aber er ist demütig gewesen, geduldig, heilig – heilig vor Gott, furchtbar den bösen Geistern und ohne

Sünde. In welch gewaltiger Pracht, in welch überwältigender Herrlichkeit ist er den Augen des Herzens, welche die Weisheit schauen, erschienen![21]

Bedarf es nach Pascal der Augen des Herzens, wenn sich die Innensicht des »Geheimnisses Jesu« erschließen soll, so für Paulus, für den es im Sinn einer patristischen Einsicht unmöglich ist, »Gott ohne Gott zu erkennen«, der Hilfe des Gottesgeistes.[22] In ihm erkennen wir, was uns Gott geschenkt hat (1 Kor 2,12). So ist er die personale Bejahung der an dieser Stelle vorweggenommenen Frage: »Wenn Gott seinen eigenen Sohn nicht geschont, sondern ihn für uns hingegeben hat, wie sollte er uns nicht mit ihm alles schenken?« (Röm 8,32). Das kommt einer prinzipiellen Auskunft gleich. Bei allem Eigenleben ist der Geist doch zugleich so sehr an Jesus und das von ihm gestiftete Heil verwiesen, daß er in manchen Bestimmungen geradezu in dessen Übereignung aufgeht. Wie der »andere Beistand« des Johannesevangeliums ist er die pneumatische Mitteilung Jesu, Inbegriff seiner erleuchtenden, führenden, stärkenden, bisweilen auch rügenden und strafenden Selbstübereignung an die Seinen. Deshalb gelten gleiche Aussagen von Jesus wie von ihm. Wie Jesus im Herzen der Glaubenden »wohnt« (2 Kor 12,9), so auch sein Geist (Röm 8,9). Und wie die Glaubenden »in Jesus« sind, so sind sie auch »im Geist«, mehr noch: Ihr Denken, Urteilen, Reden vollzieht sich in der durch ihn bestimmten und gebildeten Sphäre. Auf weite Strecken gehen deshalb die Aussagen fast völlig parallel:

Wie wir durch den Geist leben (Gal 5,25), ist Christus unser Leben (Phil 1,21); wie Christus uns rechtfertigt (Gal 2,17) und heiligt (1 Kor 1,2), so auch sein Geist (6,11); wie wir uns im Herrn freuen sollen (Phil 4,4) und in ihm Frieden haben (Röm 5,1), so sind wir auch zur Freude und zum Frieden in seinem Geist berufen (14,17). Und wie wir in Christus auferweckt werden (1 Kor 15,22), wird Gott unsere sterblichen Leiber durch den in uns wohnenden Geist auferwecken (Röm 8,11).[23]

Dennoch besteht zwischen Jesus und dem Geist kein völliges Gleichgewicht, da sich das Wirken des Geistes mehr auf die Rezeption des gottgeschenkten Heils, auf sein Verständnis und seine Umsetzung in die Lebenswirklichkeit der Glaubenden bezieht. Man könnte den Geist das Prisma nennen, durch welches das Licht der göttlichen Selbstmitteilung in das Spektrum seiner vielfältigen Wertigkeit aufgefächert und so der menschlichen Fassungskraft nahegebracht wird. Indessen geht der Geist in dieser Funktion nicht auf; vielmehr führt er ein Eigenleben als selbständig agierendes Prinzip. Nur von ihm heißt es, daß er den Glaubenden »gegeben« ist (2 Kor 1,22), daß er in ihnen wirkt (Gal 3,5), daß sie in ihm »versiegelt« sind (2 Kor 1,22), daß er sich ihrer Schwachheit annimmt, um die Sache ihres Betens vor Gott auszutragen (Röm 8,26) und um sie zum Bewußtsein und Vollzug ihrer Gotteskindschaft zu führen (Gal 4,6; Röm 8,15). In diesem Zusammenhang spricht Paulus ebenso von den »Früchten« (Gal 5,22) wie von den »Gaben« des Geistes, die er in der Auseinandersetzung mit den korinthischen Pneumatikern in aller Ausführlichkeit aufzählt (1 Kor 12,4–11).

Zwar hat sich Gott nach paulinischer Überzeugung in seinem Sohn mitgeteilt; ja, seine Selbstmitteilung ist sogar wesenhaft »Offenbarung des Sohnes«. Dennoch bedarf es einer zusätzlichen Initiative, die den Menschen zur Annahme der Gottesoffenbarung befähigt und ihm die »Tiefen der Gottheit« erschließt. Denn der Horizont des Menschen muß erweitert, sein Denken erleuchtet und sein Herz ergriffen werden, wenn er zur Entgegennahme des göttlichen Geheimnisses befähigt werden soll.

In alledem zeichnet sich eine Grundtendenz ab, die im Konflikt des Apostels mit den Pneumatikern am deutlichsten hervortritt. Was er ihnen über das Walten des Geistes zu sagen hat, zielt darauf ab, den durch ihr Unwesen freigesetzten zentrifugalen Kräften zu wehren. Denn der Geist ist für ihn ein Prinzip der Integration, das die divergierenden Interessen und Energien an das alle Lebensströme in sich einende »Haupt«

zurückbindet und die unterschiedlich Agierenden sich als dessen »Glieder« begreifen läßt (1 Kor 12,12; Röm 12,4). In diesem Sinn erhebt in der Paulus-Nachfolge der Epheserbrief die Forderung:

> Bemüht euch, die Einheit des Geistes durch das Band des Friedens zu bewahren (4,3).

Doch Paulus hatte dasselbe noch ungleich kraftvoller durch den großen Indikativ zum Ausdruck gebracht, mit dem er die Vielfalt der Geistwirkungen, ja den Geist selbst auf Christus zurücknimmt und zugleich den Kern seiner Botschaft freilegt:

> Der Herr ist der Geist; und wo des Herrn Geist waltet, da ist Freiheit (2 Kor 3,17).[24]

Mit dieser energetischen Identifikation ist das Wirken des Geistes auf das nachdrücklichste an den »Urheber des Heils« zurückgebunden und als die durch ihn vermittelte Selbstmitteilung Jesu erwiesen. Umgekehrt ist dessen heilstiftende Seinsweise nicht minder nachdrücklich als eine pneumatische bestimmt. Die Urerfahrung dieser Identität, ihre elementare Auswirkung auf den Glaubenden, aber heißt für Paulus Freiheit. Was Jesus in seiner Wirkeinheit mit dem Gottesgeist ist, legt sich am ursprünglichsten in Erscheinungs- und Erlebnisformen der Freiheit aus. Freiheit ist somit das Urwort der paulinischen Botschaft.[25]

Die Umsetzung

In der johanneischen Parallelaussage versichert Jesus vom Parakleten:

> Er wird nicht aus sich selber reden, sondern das sagen, was er hört, und euch das Kommende verkünden. Er wird mich verherrlichen; denn er wird von dem, was mein ist, nehmen und es euch verkünden (16,13f.).[26]

Damit ist dem Geist eine eindeutig hermeneutische Rolle zugewiesen. Dasselbe gilt, kaum weniger deutlich, auch für das paulinische Geistverständnis, vor allem bei der Explikation der vom Geist bewirkten »Gaben«, die sich eingangs auf seine erkenntnisstiftende und sinnerschließende Funktion beziehen – »dem einen wird vom Geist das Wort der Weisheit gegeben, dem andern das Wort der Erkenntnis« (1 Kor 12,8) – und von denen es abschließend heißt: »einem andern prophetische Rede, einem andern die Unterscheidung der Geister, einem andern die Zungenrede, einem andern die Gabe, sie auszulegen« (12,10).

Die Auslegung

In diesem Geistverständnis spiegelt sich eine Primärerfahrung des Apostels, die sich in seinen Eindruck, zur Verkündigung durch einen auf ihm lastenden »Zwang« genötigt zu sein (1 Kor 9,16), einmischt. Sie ergibt sich aus dem »Drang« der ihm mitgeteilten Offenbarung, weitergegeben und weltweit veröffentlicht zu werden. Da es sich dabei um die Erschließung der »Tiefen der Gottheit« handelt, zielt dieser Drang auf eine verdeutlichende Explikation dessen, was Paulus zunächst als unstrukturierte Einweihung ins Gottesgeheimnis erfahren hatte. Konkret war es darum zu tun, die von ihm vernommenen »unsagbaren Worte« in etwas menschlich Verständliches und Mitteilbares umzusetzen. Der Offenbarungsempfänger sah sich in die Rolle des Interpreten verwiesen. Vermutlich geht man mit der Annahme nicht fehl, daß ihm in der Chaotik der korinthischen Gemeindeversammlungen, in denen das Zungenreden das verständige, auferbauende Wort zu überwuchern drohte (1 Kor 14,10–19), ein Widerspiel seiner ureigenen Aufgabe vor die Augen trat. Nicht umsonst klingt ein gereizter Unterton durch, wenn er seine eigene Position mit dem Satz umreißt:

> Ich danke Gott, daß ich mehr als ihr alle in Zungen reden kann. Doch in der Gemeindeversammlung will ich lieber fünf verständliche Worte sprechen, um auch andere zu un-

terweisen, als zehntausend Worte in der Zungenrede (14,19).[27]

Mit diesem Entscheid gibt Paulus, so sehr er das Recht des enthusiastischen Redens anerkennt, doch eindeutig dem »verständlichen Wort« den Vorzug. Mehr noch: Er unterscheidet, um für Verständlichkeit sorgen zu können. So ist, zusammen mit der Gabe der Auslegung, die der Unterscheidung gefordert. Auf die Aufgabe des Apostels zurückgespiegelt heißt das, daß auch innerhalb des an ihn ergangenen Zuspruchs unterschieden werden muß, wenn die Auslegung gelingen soll. Eine Unterscheidung ist, genauer noch, vonnöten, die das zur Geltung bringt, was die Charismatiker überspielen. In ihrem Enthusiasmus laufen sie genauso wie die »Weisheitsredner« Gefahr, das Kreuz Christi »auszuhöhlen« (1 Kor 1,17).

Die Unterscheidung

Wenn aber in diesem Sinn unterschieden werden soll, dann am wirksamsten mit Hilfe des Theorems vom »tötenden Buchstaben« und dem »lebendig machenden Geist«. Die Geisterfahrung des Apostels mußte somit auf den »tödlichen Text« im Grund der an ihn ergangenen Offenbarung zurückgeführt werden. Die von ihm erfahrene Wirklichkeit war die der pneumatischen Seinsweise des Auferstandenen. Als solche verwies sie aber unumgehbar auf das Faktum des Kreuzes. Insofern umschloß der Inhalt der Damaskusvision beides: Tod und Auferweckung Jesu. In programmatischer Kürze sagt das der Satz des Römerbriefs:

> Wir wissen, daß der von den Toten erweckte Christus nicht mehr stirbt; der Tod hat keine Macht mehr über ihn. Denn durch sein Sterben ist er ein für allemal der Sünde gestorben; sofern er aber lebt, lebt er für Gott (6,9f.)

Zwar scheint sich Paulus vom historischen Jesus mit dem viel-diskutierten Wort zu distanzieren: »Selbst wenn wir Christus dem Fleische nach gekannt hätten, kennen wir ihn doch jetzt nicht mehr so« (2 Kor 5,16). Wie der Folgesatz betont, gilt diese Distanzierung nur der Einschätzung und Sehweise, nicht der Sache, auf die Paulus oft genug abgehoben hatte.[28] Richtig ist freilich, daß für ihn von allen Fakten des Lebens Jesu der Tod am Kreuz im Vordergrund steht. Er bildet den krassesten Fall des »toten Buchstabens«, der als rätselhafte Chiffre das Ende der Lebensgeschichte Jesu markiert und doch, trotz sei-ner Widersinnigkeit, entziffert werden muß, wenn deren »Text« lesbar werden soll. Indessen hatte Gott selbst in dieser Hinsicht bereits »vorgearbeitet«, sofern er den Gekreuzigten mit dem Fluch belud (Gal 3,13), ja sogar »zur Sünde« werden ließ (2 Kor 5,21), um so den Fluch von der Menschheit wegzu-nehmen und ihre Sünde zu tilgen. Damit aber wurde das Kreuz zum Inbegriff jener göttlichen »Torheit«, an der die Weltweis-heit scheitern mußte, weil sie sich im Verhältnis zu ihr als »wei-ser« erwies (1 Kor 1,21–25). An dieser »Vorleistung« hat sich der menschliche Nachvollzug zu bemessen. Er muß, wie nun definitiv deutlich wird, zunächst diakritisch, also unterschei-dend, verfahren. Und dies wenn nötig mit jener aggressiven Entschiedenheit, zu der sich Paulus bekennt, wenn es darum geht, die gegnerischen Bollwerke und Sinngespinste niederzu-legen, um alles Denken »dem Gehorsam gegenüber Christus« zu unterwerfen (2 Kor 10,4 f.).

Wichtiger noch ist jedoch der positive Nachvollzug. Daß der zum Fluch und zur Sünde Gewordene die Entsühnung und Ret-tung der Welt herbeiführte, bewirkte Gott durch seine Aufer-stehung. In ihr wurde die in der Torheit des Kreuzes waltende Weisheit manifest und der in der Todeschiffre des Kreuzes ver-borgene Sinn sichtbar. Damit stellt sich die Aufgabe, den ent-deckten Sinn im Horizont dieser Weisheit zu bedenken. Sie in Angriff genommen und auf paradigmatische Weise gelöst zu haben, ist der Kern der geistigen Lebensleistung des Apostels.

VII. Die Botschaft

Ich glaube, darum rede ich

Geistige Größe beweisen nicht nur die Schöpfer von innovatorischen Sinn- und Wortprägungen, sondern nicht weniger auch diejenigen, die vorgegebenen Ideen und Formeln weitergreifende Bedeutung abgewinnen und dadurch erst ihren vollen Stellenwert entdecken. Bei Augustin findet sich bereits der Grundriß des »ontologischen Arguments« und die Formel »Ich denke, also bin ich«. Doch erst Anselm von Canterbury errichtete über dem Grundriß das Gebäude seines Gottesbeweises, und erst Descartes erhob die Formel zum Prinzip der neuzeitlichen Bewußtseinsphilosophie.

Innovation und Explikation

Um so mehr zeigt sich die Größe Pauli darin, daß er aus der Fülle von Neuansätzen, die er in seinem Briefwerk entwickelt, auch schon jeweils die vollen Konsequenzen zog; daß er etwa seinen Blick in den Abgrund Mensch zu einer differenzierten Anthropologie fortentwickelte, seinen Aufruf »Laßt euch mit Gott versöhnen!« (2 Kor 5,20) zu einer ausgeformten Soteriologie, seine Überzeugung von der rechtfertigenden Kraft des Glaubens zum Konzept einer Rechtfertigungslehre und sein Vertrauen in die schöpferische Macht der Auferstehung (2 Kor 4,14) zum Aufbau seiner Eschatologie. Das gilt auch für die Formel, mit der er den Ausgangspunkt seiner Verkündigung umreißt; sie lautet, auf ihren Kernbestand zurückgeführt: »Ich glaube, darum rede ich« (2 Kor 4,13).

In diesem Wort halten sich Innovation und Impulse, die zur Explikation drängen, die Waage. Denn mit ihm ist nicht nur das gesamte Kerygma des Apostels auf die inspirierende und informierende Kraft des Glaubens zurückgeführt, sondern, wesentlicher noch, dieser selbst zum Prinzip kerygmatischer Mitteilung erklärt. Das mag auch damit zusammenhängen, daß Paulus bei der Formulierung seines Grundsatzes auf ein Psalmwort (Ps 116,10 in der Septuaginta-Version) zurückgreift, das seinerseits von kreativer Glaubenserfahrung spricht. Doch was verbirgt sich hinter seinem Grundsatz?

Das ist die hochaktuelle Frage nach der Sprachfähigkeit des Glaubens. Aktuell angesichts der Sprachlosigkeit, die den religiösen Kommunikationsraum verstört und nach RENATE KÖCHER dazu führte, daß das Religiöse wie sonst nur das Obszöne tabuisiert wurde. Doch eben dieser bestürzende Tatbestand führt auf die Spur der Erklärung. Denn in der Sprachlosigkeit bekundet sich ein signifikanter Kompetenzverlust, der seinerseits mit der Unterkühlung und resignativen Verdüsterung des Glaubensbewußtseins zusammenhängt. Demgegenüber ist der Glaubensakt, wie ihn Paulus in der Jesus-Nachfolge versteht, mit einem Kompetenzgewinn verbunden, der den zum »Geistesmenschen« gereiften Glaubenden jeder welthaften Beurteilung entrückt, gleichzeitig aber mit der Fähigkeit, »alles zu beurteilen«, begabt (1 Kor 2,15). Aus diesem Grund ist es Paulus gleichgültig, ob und wie er von einem »menschlichen Gerichtshof« beurteilt wird; vielmehr stellt er seine Bewertung »dem Herrn« anheim (4,3f.)

In sprachlicher Hinsicht entspricht dem der »Freimut«, mit dem der Apostel, auf sein Gottvertrauen gestützt, auftritt, um das Evangelium zu verkünden (1 Thess 2,2). Aus der Zweistrahligkeit des Ausdrucks ergibt sich, daß das freimütige Auftreten vor einer noch ungläubigen oder gar feindseligen Öffentlichkeit darin begründet ist, daß der Apostel Zugang zu Gott gefunden hat. Weil er mit unverhülltem Antlitz die Herrlichkeit des Herrn schauend widerspiegelt (2 Kor 3,18) und sich dadurch in seinem »Dienst« bestätigt weiß (4,1), kann er sich seinen Adressaten »mit großem Freimut«, erfüllt von Trost und übergroßer Freude, zuwenden (7,4).

Es ist somit der mit dem Glauben verbundene Kompetenzgewinn, der zur Mitteilung befähigt. Für den Glaubenden gilt in erhöhtem Maß, daß nur derjenige substantiell zu reden vermag, der »etwas zu sagen hat«. Nur so kommt dann auch der von der Mitteilung erstrebte Verstehensakt in Gang. Wer redet, erhebt den Anspruch, über einen hermeneutischen Vorsprung zu verfügen, den es im Vollzug der Mitteilung abzubauen gilt. Umgekehrt muß der Angesprochene den Sprecher als die – sich im Maße der Verständigung erschöpfende – Autorität gelten lassen, wenn der hermeneutische Akt zustandekommen und gelingen soll. Wenn irgendwo, liegt hier der Erklärungsgrund für die oft schroffe Form, mit der Paulus seine apostolische Autorität im Umgang mit den Gemeinden ausspielt. Nur angesichts der schwierigen Verhältnisse in Korinth geschieht das in disziplierender und ordnungstiftender Absicht. In allen anderen Fällen, einschließlich dem des entlaufenen Sklaven Onesimus, den Paulus als einen »auf fleischerne Herzenstafeln« geschriebenen Brief, kommentiert durch sein Begleitschreiben, an seinen Herrn und Besitzer Philemon zurückschickt, ist es die Autorität dessen, der seinen Adressaten das denkbar Wichtigste, das »Wort der Wahrheit« (2 Kor 6,7), zu sagen hat.

Reden als Lebenstat

Anders als bei Jesus steht bei Paulus das Gebäude der praktischen Lebensleistung nicht auf zwei gleichförmig ausgebildeten Säulen. Denn Jesus setzt, gleichgewichtig wie seine Predigttätigkeit, bei der Proklamation des Gottesreichs auch die Tatsprache seines Heilshandelns ein. Nicht umsonst versichert er in der Replik auf den Vorwurf seiner Gegner, er verdanke seine Macht über die Besessenen und Kranken einem Teufelsbund:

> Wenn ich aber durch den Finger Gottes die Dämonen austreibe, ist das Reich Gottes schon zu euch gekommen (Lk 11,20).

Anders, als das von der Apostelgeschichte entworfene Bild es will, konzentriert sich bei Paulus demgegenüber die gesamte Lebensleistung auf die Wortverkündigung. In ihr besteht die »Lebenstat«, mit der er auf die an ihm geschehene »Gottestat« (WIKENHAUSER) antwortet. Um so dringlicher stellt sich die Frage, wie er dieser Aufgabe konkret zu genügen sucht. Ihre Beantwortung führt über das sperrige Vorfeld seiner literarischen Produktion. Denn Paulus ist, entgegen dem Eindruck, den sein Beitrag zur Entstehung der neutestamentlichen Schriften vermittelt, erst in abkünftiger Hinsicht Literat, primär dagegen der Sprecher und Botschafter des Gottes, von dem und für den er – im Sinn seines Sendungserlebnisses – redet. In der Art, wie er diese »Rolle« übernimmt und ausfüllt, entscheidet sich die Frage nach der Lösung seiner Lebensaufgabe. Darauf gehen die Briefe nicht unmittelbar ein. Sie sind erst der Niederschlag der bereits »gemeisterten« Lebenstat. Indessen sind sie zugleich so dicht am Rand der bereits erfolgten »Tätigung« angesiedelt, daß sich relativ verläßliche Rückschlüsse ziehen lassen. Zudem verläuft die Grenzlinie zwischen dem Botschafter und Literaten Paulus, wie aus seiner Würdigung durch LIETZMANN und BORNKAMM hervorgeht, keineswegs so trennscharf, daß der eine vom andern völlig abgehoben werden könnte. Vielmehr finden sich in den Briefen eine Reihe von »rhetorischen Enklaven«, die indirekt Aufschluß über die Sprachwelt des Apostels und damit über seine genuine Lebensleistung geben.[1]

Gebrochen durch das literarische Medium zeigt sich hier, in welchem Maß Paulus mit einer eruptiven, bisweilen über alle Dämme der rhetorischen und literarischen Sprachregelung hinwegstürmenden Sprachkraft begabt ist. Obwohl ihm als Ausdrucksmittel nur der »tote Buchstabe« zu Gebote steht, fühlt der Leser doch den heißen Atem einer die Barriere des Mediums durchbrechenden Selbstvergegenwärtigung. Wenn ihn auch angesichts der Ratlosigkeit, in die ihn das Verhalten der Galater versetzt, der schmerzerfüllte Wunsch beseelt, mit anderer Stimme zu ihnen reden zu können, ist das doch die seltene Ausnahme von der Regel. Nie entsteht sonst der Eindruck, als stehe ihm das von der Situation geforderte Wort nicht spontan zur Verfügung. Insofern sind ihm Erfahrungen jener Sprachnot unbekannt, wie sie übereinstimmend Hugo von Hofmannsthal und Arnold Schönberg bezeugten. Nie hat er Anlaß, mit Schönbergs Moses in die Klage auszubrechen: »O Wort, Wort das mir fehlt!« und nie hat er mit Hofmannsthals Lord Chandos das Gefühl, daß ihm die Vokabeln wie modrige Pilze im Mund zerfallen.[2] Vielmehr verfügt er stets über die volle Sprachkompetenz, auch in dem Sinn, daß sein Ausdruckswille so gut wie nie um die adäquate Ausdrucksform zu ringen braucht.

Die Mühe stellt sich, so scheint es, erst beim Prozeß der literarischen Niederschrift ein. Dann kommt es zu den angesprochenen Strukturbrüchen, zu den wiederholten und schließlich doch im Versuch steckenbleibenden Anläufen, die der paulinischen Diktion bisweilen den Anschein besonderer Unbeholfenheit und Schwerfälligkeit geben. Dann kämpft Paulus, wie nur je ein Literat, einen geradezu verzweifelten Kampf mit dem sperrigen Sprachmaterial, das sich nur mühsam unter seinen Aussagewillen beugen läßt. Doch gilt zugleich das Gegenteil:

> Und derselbe Mann kann mit hinreißendem Zauber der Gestaltung sein Gefühl ausströmen lassen in die Herzen der Leser oder vor Gottes Thron, wenn er um die Seelen der wankenden Galater ringt oder den Korinthern das Hohelied der Liebe, den Philippern den Hymnus von Christus dem Kyrios singt: als ein Sprachmeister von Gottes Gnaden, dem alle Register des menschlichen Organon gehorchen, ein einziger genialer Wildling in der sauber gezüchteten Baumschule des griechischen Literatentums der Zeit.[3]

Worin der sprachliche Überschuß konkret besteht, wird wiederum im Vergleich mit Jesus deutlich. Sein Reden und Handeln enthält jeweils einen »Mehrwert«, der sich daraus ergibt, daß er sich, wie niemand klarer als Kierkegaard erkannte, in seinen Gaben selber gibt. Deshalb kulminieren seine Reden in jenen Sprachgebärden, die sich in den johanneischen Ich-bin-Worten widerspiegeln. Und deshalb mündet sein Handeln aus in seiner »Liebe bis zum Äußersten« (Joh 13,1), in seiner Todeshingabe am Kreuz. Im Sog dieser Selbstübereignung schuf er eine Sprachform, die seine Zuhörer ebenso aufrüttelte wie umfing, die sie also in ihrer Denk- und Lebensweise verunsicherte, um ihnen den Inbegriff definitiver Geborgenheit zu vermitteln. Und dies vor allem in Gestalt der Sprachwelt seiner Gleichnisse, die auf die innere Umkehr der Hörer drängten und in ihnen gleichzeitig ein Vorgefühl des Gottesreichs erweckten. Inwieweit Paulus auch darin seinem Herrn nachzufolgen vermochte, zeigen die Stellen, an denen er – in Güte oder Strenge – gleichfalls eine Selbstvergegenwärtigung erstrebt. Im Ton hoher Erregung verfügt er die Einberufung einer Gemeindeversammlung in Korinth, bei der er trotz räumlicher Ferne »geistig anwesend« sein will, um den Übeltäter in todbringender Verfluchung »dem Satan zu übergeben« (1 Kor 5,3ff.).[4] Kommt hier die dunkle Stelle im Persönlichkeitsbild des Apostels zum Vorschein, so besticht die weniger deutliche zweite Stelle als Ausdruck seiner Menschlichkeit. Auch hier wendet sich Paulus an die Gemeinde Korinth mit dem Aufruf:

Gebt uns Raum! Niemand haben wir Unrecht getan, niemand zugrunde gerichtet, niemand übervorteilt. Das sage ich nicht, um (euch) zu verurteilen. Ich habe euch doch erklärt, daß ihr in unserem Herzen wohnt, verbunden mit uns im Leben wie im Sterben (2 Kor 7,2f.).

Ungleich deutlicher erhellt aus dem literarischen Niederschlag der paulinischen Heilsverkündigung, daß auch sie auf einen Sinneswandel der Hörer ausgeht. Schon zu Eingang seines ersten, an die Gemeinde von Thessalonike gerichteten Briefs rühmt er seinen Adressaten nach, wie sie sich von den Götzen zu Gott bekehrten, »um dem lebendigen und wahren Gott zu dienen und seinen Sohn vom Himmel her zu erwarten« (1,9f.). In beziehungsreicher Kontrastierung mit dem Erlebnis pneumatischer Inspiration spricht er dann zu Beginn des Charismen-Kapitels des Ersten Korintherbriefs vom einstigen Zustand der Adressaten, als sie sich, noch im Heidentum befangen, »zu den stummen Götzen hinreißen ließen« (12,2), so daß die Bekehrung geradezu als Eintritt in ein Kraftfeld erscheint, das Gott selbst zum Gravitationszentrum hat. Nur vom Rand her geht Paulus dabei auf den Beitrag ein, den er selbst leistete, um den Bekehrungsprozeß in Gang zu setzen. Doch kann man von seinem Umgang mit den verunsicherten Gemeinden von Galatien auf das von ihm angewandte Verfahren schließen. Wie er sie daran erinnert, daß er ihnen bei seinem ersten Auftreten in seiner Heilspredigt Christus als den Gekreuzigten vor Augen gestellt habe (3,1), wird er auch bei anderen Missionsversuchen verfahren sein.

Den entscheidenden Anstoß zur Bekehrung gab Paulus somit in der Regel dadurch, daß er den im Sog des Götzenwahns Befangenen – beschwörend – das aus seinem Predigtwort aufscheinende Bild des Gekreuzigten vor Augen hielt.[5] Das schließt nicht aus, daß Paulus dem Bekehrungsvorgang auch mit dem Einsatz anderer Sprachmittel, vor allem der seiner Appelle und Imperative, Vorschub leistet. Konfrontiert mit einem in Wahnvorstellungen (Röm 1,21 f.), Verblendung (1,28) oder verhängnisvoller noch, in selbstsicherer Voreingenommenheit befangenen Denken (1 Kor 2,8), bleibt ihm aber zuletzt doch nur das Vertrauen in die zugleich entzaubernde und faszinierende Kraft seiner Kreuzespredigt.

Bewegende Bilder

Die exorzistische Wirkung, die sich Paulus von der Proklamation des Kreuzes erhofft, läßt einen Rückschluß auf die Absicht zu, die sich mit dem Einsatz der von ihm – nicht immer glücklich – gewählten Bilder verbindet. Auch seine Verwendung von Sprachbildern steht letztlich im Dienst des Bekehrungsinteresses. Dafür spricht schon die Tatsache, daß sich eine ganze Reihe seiner Bildgedanken, wie insbesondere diejenigen von der Enthüllung der »Herzensaugen« (2 Kor 3,14 f.), vom offenbarenden »Lichtaufgang« (4,6) und von der »Neugeburt« durch die himmlische Mutter (Gal 4,22–31), auf sein Bekehrungserlebnis zurückführen lassen, erst recht aber sein Verständnis der Bekehrung selbst, die er als die Anverwandlung an das Herrlichkeitsbild des Auferstandenen beschreibt (2 Kor 3,18).

Wenn ihm dabei die bereits erwähnten Fehlleistungen unterlaufen, dann nicht etwa aus Nachlässigkeit, sondern hauptsächlich aus dem Grund, daß die jeweiligen Bildmotive dem Schmelzfluß der vorandrängenden Rede entnommen werden, bevor sie sich eigengesetzlich ausgestalten konnten. Bedenkt man überdies die mit den meisten dieser Motive verfolgte Absicht – die Bekehrung der Angesprochenen –, so könnte sich sogar mit dem irritierenden Bildgebrauch ein positiver Effekt verbinden. Fraglos gilt das von jenen Bildgedanken, die von Paulus in scharfer Antithetik entwickelt werden. In den Gegensatz von Freigeborener und Sklavin (Gal 4,22–31), von Wohlgeruch und Todesgeruch (2 Kor 2,15f.), von Zeltabbruch und Gotteswohnung (2 Kor 5,1), von Lichtengel und Satan (11,14) hineingestellt, gerät der Hörer in eine Bewegung, die den Prozeß der Sinnesumkehr in ihm beschleunigt. Das läßt zuletzt auf eine tiefere Veranlassung zurückschließen, die wiederum im Vergleich mit Jesus zum Vorschein kommt.

Anders als bei diesem liegt bei Paulus die spezifische Sprachleistung nicht auf dem Sektor der ausgeformten Bildsprache, sondern in jenem schwer erkundbaren »Tiefenbereich« der sprachlichen Ausdruckswelt, den NIETZSCHE als die »Musik hinter den Worten, die Leidenschaft hinter dieser Musik« und »die Person hinter dieser Leidenschaft« bezeichnete.[6] Wichtiger als die Sprachgestalt ist bei ihm somit das – im Sinn der theologischen Hermeneutik verstandene – Sprachgeschehen, wichtiger als die Organisation des Sprachmaterials dessen Inszenierung. In dem ungewöhnlichen Fall, den er bildet, handelt es sich, wie man schließlich in Abwandlung eines Heidegger-Titels sagen könnte, um eine Sprache, die noch »unterwegs« ist zu sich selbst, die aber gerade dadurch ein Maximum an Suggestivität und Mitteilungsfähigkeit erreicht.

Erst damit ergibt sich der volle Einblick in die spezifische Sprachschöpfung des Paulus, der tatsächlich wie kein anderer vor und nach ihm die Sprachleistung Jesu aufgriff und fortführte. Das aber besagt, daß die von ihm betriebene Inszenierung des Sprachmaterials vorwiegend in dessen Unterwerfung unter das sich in ihm aussprechende Ich bestand. Auf der Spur seines großen Vorbilds gelang ihm jene Inversion der

Sprache, durch die diese von den Erfahrungen, Beglückungen und Erschütterungen des redenden Subjekts sprechen lernte. Selbst in den Confessiones Augustins führt das von Gott heimgesuchte, von der Umwelt angefochtene und sich gerade dadurch behauptende Ich keine so voll orchestrierte, zur dankbaren Rühmung ebenso wie zur leidenschaftlichen Klage befähigte Stimme wie in den autobiographischen Fragmenten des Apostels. Wie er seine Ergriffenheit durch Christus bezeugt, wie er die in ihrem Glauben verunsicherten Galater umwirbt, wie er in der Narrenrede mit sich und seinen Gegnern ins Gericht geht, das und vieles andere bleibt eine unerreichte Spitze im Panorama der menschlichen Sprachgeschichte.

Die Sprachmystik

Eine zusätzliche Qualität gewinnt die Sprachleistung des Apostels dadurch, daß er die subjektive Integration des Wortmaterials nicht nur in den Dienst der eigenen Persönlichkeit zu stellen, sondern auch stellvertretend für andere einzusetzen vermag. Das ist die Bedeutung der vieldiskutierten, aus einem Akt solidarischer Partizipation gesprochenen Passage des Römerbriefs, in der sich Paulus in die Situation des unerlösten, zwischen Wollen und Widerwillen hin- und hergerissenen Menschen zurückversetzt und schließlich in den Notschrei ausbricht: »Ich unglücklicher Mensch! Wer wird mich von diesem todverfallenen Leib befreien?« (7,24).[7] Noch staunenswerter ist die Tatsache, daß Paulus dieses Ich nicht nur stellvertretend für den heilsbedürftigen Menschen, sondern auch für den die Menschen umwerbenden Gott und insbesondere für den zu sprechen vermochte, dem seine Verkündigung galt und der durch ihn redete. Das eine betont er, wenn er der Gemeinde von Thessalonike bestätigt, daß sie seine Heilsbotschaft nicht als Menschenwerk, »sondern als das, was sie in Wahrheit ist, als Gottes Wort« aufgenommen habe (1 Thess 1,13). Das andere nimmt er mit dem großen Wort für sich in Anspruch:

Wir sind Gesandte an Christi Statt. Gott selbst ist es, der durch uns mahnt. An Christi Stelle bitten wir: Laßt euch mit Gott versöhnen! (2 Kor 5,20).

Indessen scheint es zum Schicksal des Apostels zu gehören, daß er in allem, was er ist und tut, vom Schatten des Widerspruchs begleitet wird. So stößt sogar seine Sprachleistung auf die hämische Kritik der korinthischen Gegner. Aus der Ferne wirke er zwar imponierend, so heißt es, doch »im persönlichen Auftreten schwächlich« (2 Kor 10,1). Die Briefe seien wuchtig und klangvoll, seine Rede dagegen matt und flau (10,10). Der – gemessen an dem auf Erfahrungswerte gründenden Selbstzeugnis des Apostels – geradezu absurd wirkende Vorwurf wird verständlich, sobald man bedenkt, daß er von rhetorisch geschulten Ekstatikern erhoben wird. Was sie an der Diktion des Apostels vermissen, ist der kunstvolle Aufbau, der rhetorische Glanz, das esoterische Pathos. Selten dürfte der vielfach Mißdeutete einer derartigen Fehleinschätzung unterworfen worden sein wie in diesem Fall, selbst wenn man sein bisweilen zögerliches und gehemmtes Auftreten in Rechnung stellt (1 Kor 2,1–5).

Doch bewies der Vorwurf lediglich, daß die Gegner für seine wirkliche Sprachqualität kein Ohr hatten. Tragisch überhörten sie so in seinem Wort die Stimme eines aus innerster Ergriffenheit und zugleich aus demütigem Gehorsam Redenden, der sich selbst nur als »Mund« eines Höheren verstand. Sie überhörten, wesentlicher noch ausgedrückt, den Anruf Gottes und den Zuspruch Christi im Wort des zu ihnen redenden Botschafters. Es gehört mit zur Größe des Apostels, daß er sich diesen Vorwurf gesagt sein ließ, ohne dadurch im Wissen um die Dignität seiner Sprache irritiert zu werden. Denn auch von seiner Rede galt, daß sie ihren kostbaren Inhalt im »Tongefäß« eines zerbrechlichen Sprachgewandes barg. Um so dringlicher stellt sich die Frage, wie Paulus den auszusagenden Inhalt in das Gefäß seiner Worte zu bergen vermochte und wie es auf diesem Weg zur Ausgestaltung seiner Botschaft kam.

Das Ausgangsfaktum

Wenn es zutrifft, daß sich Paulus durch das Licht von Damaskus auf das Dunkel zurückverwiesen sah, aus dem dieses Licht hervorbrach, ist das gesuchte Ausgangsfaktum das Kreuz. Und wenn des weiteren gilt, daß er sich durch seine primordiale Geisterfahrung mit der am Ende der Lebensgeschichte Jesu aufragenden Todeschiffre konfrontiert sah, gestaltete sich die Ausarbeitung des Urerlebnisses zur Botschaft zu einem wesenhaft hermeneutischen Vorgang. Es galt für ihn, den Sinn zu entziffern, den ihm der Geist im »toten Buchstaben« des Kreuzes enthüllte. In der Hellsichtigkeit seines Hasses erkannte das NIETZSCHE, wenn er auf einem Höhepunkt seiner antichristlichen Polemik versichert:

> Das Verhängnis des Evangeliums entschied sich mit dem Tode – es hing am ›Kreuz‹... Erst der Tod, dieser unerwartete, schmähliche Tod, erst das Kreuz, das im allgemeinen bloß für die canaille aufgespart blieb – erst diese schauerlichste Paradoxie brachte die Jünger vor das eigentliche Rätsel: ›Wer war das? was war das?‹ – Das erschütterte und im Tiefsten beleidigte Gefühl, der Argwohn, es möchte ein solcher Tod die Widerlegung ihrer Sache sein, das schreckliche ›warum gerade so?‹ – dieser Zustand begreift sich nur zu gut... An sich konnte Jesus mit seinem Tod nichts wollen, als öffentlich die stärkste Probe, den Beweis seiner Lehre zu geben... Aber seine Jünger waren ferne davon, diesen Tod zu verzeihen.[8]

Deshalb hätten die Jünger – so Nietzsche – mit Paulus, dem »Gegensatz-Typus zum frohen Botschafter« an ihrer Spitze, das für sie unerträgliche Faktum des Kreuzes mit ihren Auslegungen übermalt, so daß das Christentum zur »Geschichte des schrittweise immer gröberen Mißverständnisses eines ursprünglichen Symbolismus« geraten sei.[9] Das ist paulinischer empfunden, als es Nietzsche lieb sein konnte. Denn mit seiner Polemik riß er die Perspektive auf, die unmittelbar an den Ausgangspunkt des Apostels heranführt. Dort aber steht für Paulus tatsächlich, so wie es ihm Nietzsche unterstellte, das Kreuz!

Die Todeschiffre

Zwar ist das Kreuz für Paulus nicht das einzige, wohl aber das wichtigste Faktum und als solches das Zentralereignis, das ebenso wie sein Denken sein ganzes Leben bestimmt. Da bei ihm die Theorie stets die Folge der Lebenspraxis ist, tut man gut daran, sich zunächst diesen Existenzbezug des Kreuzes vor Augen zu führen. Gestützt auf das Grundwort »rühmen«, das Paulus immer dann gebraucht, wenn es ihm darum zu tun ist, seine enthusiastische Identifikation mit einer Sache hervorzuheben, erklärt er am Ende des Galaterbriefs:

> Mir aber liegt es ferne, mich zu rühmen, außer im Kreuz unseres Herrn Jesus Christus, durch den mir die Welt gekreuzigt ist und ich der Welt gekreuzigt bin (6,14).

Und doch nimmt er damit nur den noch stärkeren Ausdruck auf, den er zuvor, am Ende seiner großen Selbstrechtfertigung gebrauchte: »Mit Christus bin ich gekreuzigt« (2,19). Dieser Überzeugung gibt er sich dann nochmals hin, wenn er im Briefschluß im Bewußtsein seiner Leidensgemeinschaft mit Christus an seine gegenwärtigen und künftigen Widersacher die Warnung richtet:

> In Zukunft soll mir niemand mehr zur Last fallen; denn ich trage die Malzeichen Jesu an meinem Leib (6,17).

Was das für seine Verkündigung, also für die lebendige Schnittstelle von Theorie und Praxis, besagt, macht die Stelle deutlich, an der die sorgenvolle Invektive gegen die wankenden Adressaten des Briefs ihren Höhepunkt erreicht:

> Ihr unvernünftigen Galater, wer hat euch nur verhext, da euch doch Jesus Christus als Gekreuzigter vor Augen gestellt wurde? (3,1).

Das Kreuz, daran läßt dieser leidenschaftliche Ausbruch keinen Zweifel, ist der mit letztem Einsatz festgehaltene Zentralinhalt der von Paulus verkündeten Heilsbotschaft, mit dem er, wie Mussner beobachtete, in eine geradezu symbiotische Beziehung tritt. Denn durch die ausgestandenen Leiden und die davon zurückgebliebenen »Malzeichen« kam es zu einer förmlichen Konfiguration seiner Existenz mit dem Kreuz Christi. Als der mit ihm Gekreuzigte (Gal 2,19) ist er schon vor jeder Äußerung die leibhaftige Proklamation des Kreuzes, dessen »Text« ihm buchstäblich auf den Leib geschrieben ist.[10] Daraus erklärt es sich, daß das Kreuz für Paulus, anders als für die korinthischen Enthusiasten und ihre moderne Nachhut, durch die Auferstehung nicht gegenstandslos geworden, sondern, mit Bornkamm gesprochen, »festgehalten« und als Heilszeichen erst voll in Kraft gesetzt worden ist.[11]

In dieser Existenzprägung ist die Ausschließlichkeit begründet, mit der Paulus bei seiner Verkündigung an der Kreuzesthematik festhält. Das betont er nicht nur im Rückblick auf sein Vorhaben, in Korinth, wo offensichtlich besondere Gründe für diese Strategie sprachen, »nichts anderes zu kennen als Christus und ihn als den Gekreuzigten« (1 Kor 2,2), sondern zuvor schon, und hier aus anderer Veranlassung, im Galaterbrief, wenn er seinen Adressaten unter ausdrücklicher Verfluchung eines jeden, der »ein anderes Evangelium« verkünden wollte, versichert:

> Wenn wir selbst oder gar ein Engel vom Himmel euch ein anderes Evangelium verkünden wollten als das an euch ergangene: Verflucht sei er! Was ich zuvor sagte, das wiederhole ich jetzt nochmals: Wenn euch jemand ein anderes Evangelium verkündet als das, was ihr empfangen habt: Verflucht sei er! (1,8 f.).[12]

Hier wendet sich die Ausschließlichkeit des Apostels offensichtlich gegen den in seinen Augen selbstzerstörerischen Versuch der Gegner, in die Heilsbotschaft das jüdische Beschneidungsgebot einzuschleusen und das Heil damit sowohl auf das Kreuz als auch auf das Gesetz zu begründen. Mit diesem Versuch würde nicht nur das ganze Ärgernis seiner auf das Kreuz gestellten Heilsbotschaft beseitigt (Gal 5,11), sondern – und darin enthüllt sich der harte Kern der zunächst ironisch anmutenden Argumentation – das Kreuz seiner Heilskraft beraubt und dadurch »entleert« (1 Kor 1,17).

Dagegen sieht sich Paulus in Korinth durch eine ganz andere Gegnerschaft zur Betonung dieser Ausschließlichkeit gedrängt. Es sind, näher besehen, zwei höchst gegensätzliche und doch tendenzgleiche Positionen, von denen der Einspruch ausgeht: einerseits die für seine Botschaft blinde »Philosophie«, von der er in sensibler Vorahnung heraufdrohender Entwicklungen fürchtet, daß durch sie der Glaube in einen Mythos aufgelöst würde; andererseits die schwärmerische Vorstellungswelt der Enthusiasten, die sich im Versuch, den historischen Jesus hinter sich zu lassen, um jetzt schon im Vorgefühl des Kommenden zu leben, bis zu seiner ekstatischen Verfluchung steigern (1 Kor 12,3). Auch hier droht letztlich die gnostische Auflösung der Heilsbotschaft in einen Mythos, die Paulus mit dem Wort von der »Entleerung« des Kreuzes beschwört.

Der Gegenwurf

Bei der Umschreibung seiner Ausgangsposition steht Paulus noch so sehr unter dem Eindruck der galatischen Herausforderung, daß sich die Gegenfront für ihn auf zwei Tatbestände reduziert: auf das Ärgernis der Juden und den Torheitsvorwurf der Heiden, wobei beim einen die Polemik der judenchristlichen Gegner, beim zweiten der Gedanke an die Enthusiastenmentalität nachwirkt. Das gibt seiner Explikation des Ausgangsfaktums eine besondere, vorandrängend-kämpferische Note. Sie bleibt sachlich, was sie ist: Auslegung des »Wortes vom Kreuz«; doch gerät sie nun zusätzlich in das Kraftfeld eines Willens, der darauf ausgerichtet ist, die gegnerischen »Bollwerke« niederzulegen.

Wie aber kommt es zur explikativen Umsetzung des Faktums, wie also, konkret gesprochen, zur Entdeckung der in der Torheit Gottes verborgenen Weisheit und der in seiner Schwachheit wirkenden Kraft? Wenn der zu diesen Paradoxien führende Vorgang deutlich werden soll, dann noch am ehesten mit Hilfe von Daten der paulinischen Autobiographie. Den entscheidenden Anhalt bietet dabei die Narrenrede, sofern sie nur in ihrer hermeneutischen Bedeutung ernstgenommen wird. Vorauszusetzen wäre dann lediglich, daß von der in ihr durchgespielten Torheit Gleiches gilt wie von der im Auftakt dazu einbekannten Eifersucht, die Paulus ausdrücklich als die »Eifersucht Gottes« (2 Kor 11,2) bezeichnet.

Mit der Narrenmaske übernimmt er dann die »Torheit Gottes« (1 Kor 1,25), um im Durchgang durch die von ihm ausgestandenen Leiden seine Schwachheit bis dorthin zu verfolgen, wo die Ohnmacht des Kreuzes in die »Gotteskraft« der Auferstehung umschlägt:

> Obwohl er in Schwachheit gekreuzigt wurde, lebt er aus Gottes Kraft. So sind auch wir schwach in ihm; doch werden wir uns euch gegenüber aus Gottes Kraft als lebendig erweisen (2 Kor 13,4).

Für Paulus ist die Leidensgemeinschaft mit Jesus aber auch ein Erkenntnisweg, da das Gottesgeheimnis, wie nach ihm Pseudo-Dionysius formulieren wird, mehr noch durch Leiden als durch Forschen ergründet wird. Das bestätigt, wenngleich in umgekehrter Konsekution, sein Wunsch:

> Ihn will ich kennenlernen: die Macht seiner Auferstehung und die Leidensgemeinschaft mit ihm. Ihm gleichgestaltet im Tod, möchte ich auch zur Auferstehung der Toten gelangen (Phil 3,10 f.).

Von da führt schon ein kleiner Schritt zur erkenntnistheoretischen Würdigung des Vorhabens, »nichts anderes zu kennen als Christus und ihn als den Gekreuzigten«. Danach wurde das Kreuz für Paulus tatsächlich zur zentralen Erkenntnisquelle, oder, mit der von ihm bevorzugten Metapher gesprochen, zum

»Text«, aus dem er die verborgene Gottesweisheit entziffern lernte.

Wenn der Prozeß dieser Entschlüsselung begreiflich werden soll, muß zweierlei feststehen: sowohl die Hermeneutik des Vorgangs als auch die Überlegenheit des Ergebnisses gegenüber der »Weisheit der Welt«. Das eine klärt sich unter der Voraussetzung, daß das Kreuz auf die Damaskusvision zurückbezogen und als das Dunkel in ihrem Licht betrachtet wird. Damit kommt das Glaubensmoment im Damaskuserlebnis erstmals ausdrücklich zum Vorschein. So sehr es den Tatbestand einer Ostererscheinung erfüllte, war mit ihm doch die gläubige Zustimmung des Berufenen gefordert; sonst hätte er unmöglich den Glaubensakt in solcher Gleichsinnigkeit mit seinem Offenbarungsempfang beschreiben können, wie dies in der grundlegenden Aussage des Römerbriefs (10,9) geschieht.

Demgegenüber läßt sich die Überlegenheit der Kreuzesweisheit unter der Bedingung glaubhaft machen, daß man den Epilog der Narrenrede in den Argumentationszusammenhang einbezieht und ihn in vergleichender Absicht an einen Schlüsseltext der platonischen Ideenlehre, den ›Phaidros‹, heranrückt. Dann ist beide Male von einer Entrückung an einen »überhimmlischen Ort« die Rede, bei Platon durch den Enthusiasmus, bei Paulus durch eine ekstatische Erhebung. Die Überlegenheit ergibt sich dann aus dem Unterschied der Erlebnisformen. Denn die Verständigung mit dem Gottesgeheimnis, zu der sich Paulus durch die Mitteilung »unaussprechlicher Worte« geführt sieht, ist inhaltlich gesehen mehr als die Wahrnehmung des »formlosen, gestaltlosen, wahrhaft Seienden«, zu der sich Platon durch die Ideenschau erhoben weiß.[13] Überdies wird dadurch neuerlich bestätigt, daß die lichte Seite des Kreuzes, die unter seiner Torheit verborgene Weisheit, mitgeteilt sein will und auf »Veröffentlichung« drängt.

Die göttliche Interpretation

Indessen hätten sich nicht einmal diese Ansätze ausbilden können, wenn der menschlichen Auslegung nicht eine göttliche Interpretation zuvorgekommen wäre. Doch aus dem Dunkel der scheinbaren Verlorenheit wurde die Sache Jesu durch seine Auferstehung hervorgehoben. Mit ihr ließ Gott dem Kreuz die authentische Aufwertung und Deutung angedeihen; sie erfüllt den Tatbestand seiner göttlichen Interpretation. Wie bei keinem andern Geschehen ist hier vor allen Dingen aber an der Klärung der Tatsachenfrage gelegen. Denn so sehr SCHELLING mit seiner Überzeugung recht behält, daß die Auferstehung zu jenen Tatsachen gehört, die »wie Blitze« die höhere, innere Geschichte in der »bloß äußeren« aufleuchten lassen, muß doch vor allem andern feststehen, daß sich dieser Blitzschlag tatsächlich ereignete.[14]

Die Tatsächlichkeit

Ungeachtet seines distanzierten Verhältnisses zum historischen Jesus hält Paulus doch drei Daten seiner Lebensgeschichte unerschütterlich fest: die Geburt (Gal 4,4), den Kreuzestod (Phil 2,7 f.) und die Auferstehung (1 Kor 15,3 f.). Dabei gewinnen die beiden ersten Daten die für ihn ausschlaggebende Heilsbedeutung erst durch die dritte, so daß alles am Aufweis ihrer Tatsächlichkeit gelegen ist. In methodischer Hinsicht begibt sich Paulus mit diesem Aufweis aus seinem eigenen, von dem pneumatischen Ergriffensein durch den Erhöhten bestimmten Gewißheitshorizont auf den Boden des allgemein Nachweisbaren. Kennzeichnend dafür ist es, daß er den Tatsachenbeweis mit Hilfe eines Traditionsstückes aus einer von ihm übernommenen Gemeindeüberlieferung erbringt, mit der Zeugenliste des Ersten Korintherbriefs (15,1–11), die er offensichtlich als das Fundament seines »Evangeliums« betrachtet.[15] Wichtig für die Blickrichtung der Aussage ist der gegen die korinthischen Enthusiasten gezielte Argumentationszusammenhang. Zwar bewegen sich die Gegner nicht im agnostischen

Außenraum jener, die (nach 1Thess 4,13) »keine Hoffnung haben«; doch nivellieren sie den Auferstehungsglauben durch die Annahme, in ihren charismatischen Erfahrungen jetzt schon die künftige Herrlichkeit vorwegzunehmen. Ihnen gegenüber muß der »Fußpunkt« herausgestellt werden, auf dem die paulustreue Gemeinde »feststeht« (15,1).[16] Deutlicher könnte die Absicht, mit der Liste einen Faktenbeweis zu erbringen, kaum noch unterstrichen werden. Was Paulus der Gemeinde zum Bewußtsein bringen will, sagt er mit dem in mehrfacher Wiederholung eingesetzten Ausdruck »er erschien« (*ophthe*), der ein von der Initiative des Auferstandenen ausgehendes »Sehen«, also eine nicht auf den subjektiven Erlebnisraum des Sehenden beschränkte, sondern objektiv vorgegebene Erscheinung besagt. Die in zwei Dreiergruppen gegliederte Liste lautet:

Und er ist dem Kephas erschienen,
dann den Zwölfen.
Darauf erschien er fünfhundert Brüdern auf einmal,
von denen die meisten noch leben,
einige aber schon entschlafen sind.
Darauf erschien er dem Jakobus,
dann allen Aposteln.
Als letztem von allen erschien er mir,
wie einer Fehlgeburt (15,3–8).[17]

Nur scheinbar ist die Architektur im jeweiligen Schlußsatz der beiden Dreiergruppen durchbrochen, sofern hier den Fünfhundert Paulus als einzelner gegenübersteht.[18] Denn mit diesen verbindet ihn der für den Argumentationszusammenhang ungleich wichtigere Tatbestand, daß er wie die noch lebende Mehrzahl von ihnen nach seiner Erfahrung befragt werden kann, während die fernen Altapostel nur mit dem Zeugnis, wonach der Auferstandene ihnen erschienen ist, greifbar sind. Indessen besteht zwischen diesem Protokollsatz und der einleitenden Aussage, »daß er auferweckt worden ist am dritten Tage gemäß den Schriften« (15,4), eine auffällige Spannung, die zur Rückfrage nach der Herkunft dieser unterschiedlichen Benennungen nötigt.

In seiner eindringlichen Untersuchung über die ›Auferstehung Jesu Christi‹ (von 1985) stellt HANS KESSLER ausdrücklich die Frage nach der »originären Bezeichnung der Ostererfahrung«, mit der er ins Zentrum der angedeuteten Spannung stößt.[19] Gleichzeitig macht er deutlich, daß die sich als »recht komplexe, theologisch hochreflektierte Bildung« erweisende Bekenntnisformel schwerlich als das »älteste Zeugnis der Auferstehung Jesu« anzusehen ist.[20] Als solches hat vielmehr eine exklamatorische Anrufung zu gelten, wie sie in dem auch von Paulus (1 Kor 16,22) überlieferten »Maranatha«-Ruf der Urgemeinde bezeugt ist.[21] Denn die Urform religiösen Redens ist die der betenden Anrufung, nicht die der dogmatischen Bestimmung.

Diese beginnt dann mit der im paulinischen Urzeugnis eröffneten Innensicht dessen, was der Protokollsatz »er erschien« bekundet. Hier spricht Paulus, wie PAUL HOFFMANN vermutet, womöglich in kritischer Selbstunterscheidung von den hinter dem Protokollsatz zurücktretenden Aposteln, von der ihm durch Gottes Güte zugeeigneten »Offenbarung«, durch die ihm das Geheimnis des Gottessohnes mitgeteilt wurde.[22] Nimmt man die protologische Version (2 Kor 4,6) hinzu, so ist im Blick auf die alttestamentliche Vorgeschichte des Offenbarungsbegriffs sogar anzunehmen, daß Paulus damit die Vollendung der an die Urväter Israels ergangenen, in der Folgezeit jedoch versiegten Gottesoffenbarung für sich in Anspruch nimmt.[23]

Als Tradent eines urchristlichen Psalms (LOHMEYER) gibt Paulus auch über den nächsten Schritt auf dem Weg zur definitiven Benennung Auskunft. Im Zug einer zwischen Hellsichtigkeit und Ablehnung oszillierenden Paulus-Kritik ging MARTIN BUBER in seiner Studie ›Zwei Glaubensweisen‹ (von 1950), wenngleich ohne Bezugnahme auf die einschlägige Philipperstelle, auf diese Zwischenstufe mit der Bemerkung ein:

> Es spricht manches dafür, daß in der Zeit nach dem Tode Jesu neben dem Bild seiner Auferstehung das seiner Himmelfahrt vom Kreuz aus bestand, ja jenem vorausging –

das Bild einer Entrückung also, analog den im Alten Testament von Henoch und Elias, später auch von Moses und anderen erzählten.[24]

Wenn Buber vermutet, daß dieses Motiv bei Paulus »noch nachzuwirken scheint«, so trifft das im Sinn eines von ihm überlieferten Traditionsguts tatsächlich zu. Der von ihm in den Philipperbrief eingefügte Christushymnus setzt dem Gedanken von der tödlichen Selbstentäußerung Jesu nicht, wie im Sinn der späteren Begriffsbildung zu erwarten wäre, den der Auferstehung, sondern den seiner »Erhöhung« entgegen:

> Er entäußerte sich selbst
> und wurde gehorsam,
> gehorsam bis zum Tod,
> ja bis zum Tod am Kreuz.
> Deshalb hat Gott ihn erhöht
> und ihm einen Namen gegeben,
> der über allen Namen ist,
> damit im Namen Jesu
> eines jeden Knie sich beuge,
> der Himmlischen, der Irdischen und Unterirdischen
> und jede Zunge bekenne:
> Herr ist Jesus Christus
> zur Ehre Gottes des Vaters (2,7–11).[25]

Ob Buber freilich auch mit der weitergreifenden Vermutung recht behielte, daß wir im Fall, daß der Erhöhungsbegriff zur Herrschaft gelangt wäre, von der Auferstehung niemals gehört hätten, ist sehr die Frage.[26] Zu groß war doch, wie die Erscheinungsberichte der Evangelien beweisen, das Bedürfnis nach Konkretisierung und Veranschaulichung, als daß es bei der mit der durchschnittlichen Todeserfahrung radikal brechenden Vorstellung von der Erhöhung des Gekreuzigten hätte bleiben können. In die damit entstandene Erwartung stieß jedoch die im apokalyptisch gestimmten Spätjudentum aufgekommene Hoffnung auf die endzeitliche Auferstehung aller Toten, die sich dem Prozeß der Benennung als Deute- und Verdeutlichungshilfe anbot und ihn schließlich zum Abschluß führte.

So stand am Ende des Vorgangs, der mit der Gleichsetzung der Todüberwindung Jesu mit »Offenbarung« begonnen und in der Folge die Zwischenstufe »Erhöhung« erreicht hatte, der von Paulus zwar nicht geschaffene, wohl aber entscheidend geförderte Begriff »Auferstehung«. Obwohl der Apostel nur vom Rand her an diesem Prozeß beteiligt ist, spiegelt sich in ihm doch seine eigene Denkleistung, die sich vor allem mit der Frage nach den von ihm aufgenommenen Interpretamenten verbindet. Es ist, im Anschluß an Michel Foucault gesprochen, die auf ihn angesetzte Frage nach der »Archäologie des Glaubens«.

Die menschlichen Interpretamente

Wenn man sich fragt, wozu Paulus die von ihm selbst auf »vierzehn Jahre« bezifferte Inkubationszeit bis zu seinem zweiten Jerusalembesuch und damit bis zur Aufnahme der Missionsarbeit großen Stils benötigte, wird man in erster Linie an die Ausarbeitung seiner Botschaft zu denken haben. Angesichts der aktiven Dominante in seinem Persönlichkeitsbild hat sich diese Denkleistung gewiß nicht in anachoretischer Zurückgezogenheit abgespielt; vielmehr deuten die ersten Missionsversuche im Umfeld von Damaskus und Tarsus darauf hin, daß die erzielten Einsichten von Paulus jeweils in missionarische Praxis umgesetzt wurden, wohl aber auch darauf, daß er sich von den dabei gemachten Erfahrungen zu vertiefender Reflexion bewegen ließ.[27] Bei dieser Ausarbeitung mußten insbesondere zwei Aufgaben gelöst werden, die genauerhin in der Verarbeitung des Damaskuserlebnisses und seiner Interpretation mit Hilfe vorgegebener Denkmuster bestanden.

Die Reflexion

Herausgefordert durch den differenzierten Glauben der antiochenischen Gemeinde sah sich Paulus zunächst auf seine Initiation vor Damaskus zurückverwiesen, die, bevor sie mit den vorgefundenen Glaubensvorstellungen in Vergleich gezogen werden konnte, in ihrem Sinngehalt erschlossen werden mußte. Deshalb bestand die Lösung der sich ihm stellenden Aufgaben zunächst in der Reflexion dessen, was ihm in und mit seinem Berufungserlebnis zugesprochen worden war. In diesem Zusammenhang gewinnt das Wort von dem, »was kein Auge geschaut, kein Ohr vernommen und keines Menschen Herz jemals empfunden hat« (1 Kor 2,9), einen unvermuteten Stellenwert. Denn es bietet sich spontan als Leitwort für die Erschließung des anvisierten Reflexionsvorganges an.

Ausgangsdatum ist das dem Apostel zugesprochene Geheimnis des Gottessohnes, das nun im Sinn des Auftakts »was kein Auge geschaut« zunächst in seinem »Sichtwert« von ihm zu ergründen war. Frucht der Reflexion war demgemäß in erster Linie die protologische Version des Damaskuserlebnisses, die vom Erstrahlen der Gottherrlichkeit auf dem Antlitz Christi spricht (2 Kor 4,6). Darin spiegelt sich fürs erste die Horizonteröffnung und die den erschlossenen Horizont erfüllende »Lichtung«, die sich für Paulus, gerade auch nach dem lukanischen Bericht, mit seinem Berufungserlebnis verband, mehr aber noch sein Eindruck, darin mit der die Offenbarungsgeschichte krönenden Selbstmanifestation Gottes konfrontiert worden zu sein. Entscheidend ist dabei der »Ort« dieses Aufleuchtens. Paulus erlebte dies gerade nicht – wie nach der Apostelgeschichte (9,3) – als Einbruch eines vom Himmel her erstrahlenden diffusen Lichts, sondern als Aufgang der Gottherrlichkeit auf dem Antlitz des Auferstandenen, also in der Gewahrung seines verklärten Angesichts.[28] Es war somit eine Lichterfahrung nach Art der von HÖLDERLIN in der Vorstudie zu seiner Friedenshymne beschriebenen:

Denn manches mag ein Weiser oder
Treuanblickender Freunde einer erhellen, wenn aber
Ein Gott erscheint, auf Himmel und Erd und Meer
Kömmt allerneuende Klarheit.[29]

Auf dem »Ort« des Aufgangs liegt insofern das Hauptgewicht, als sich damit die »Gestalt« der mit der Lichtung gemeinten Offenbarungswahrheit von der der Erkenntniswahrheit abhebt. Erscheint diese als der Inbegriff wahrer Geltungen, so hat jene, wie hier nochmals zu vermerken ist, zuinnerst antlitzhaftes Gepräge, so daß mit Augustin von einer *facies veritatis* gesprochen werden kann. Damit ist die Offenbarungswahrheit ebenso klar von der in Philosophie und Wissenschaft gesuchten abgegrenzt wie auf das bezogen, was jene allenfalls vom Rand her zu klären vermögen: auf den menschlichen Lebenssinn. Das betont Paulus mit dem (in 2 Kor 3,18) vorweggenommenen Gedanken, daß sich der Erkennende im Herrlichkeitsbild Christi gespiegelt sieht und schauend »in dasselbe Bild verwandelt« wird.

Demgegenüber wirft die Wendung »was kein Ohr vernommen« die Frage nach dem »Hörwert« des Damaskuserlebnisses auf. Sofern die Entrückung in den dritten Himmel, wie nicht zuletzt auch die genaue Datierung »vor vierzehn Jahren« (2 Kor 12,2) anzudeuten scheint, in einer zumindest indirekten Konsekution zum Damaskuserlebnis steht, ist den »unsagbaren Worten«, die der Entrückte zu hören bekommt, der Hinweis auf eine auditive Impression zu entnehmen.[30] Indessen ergibt sich schon aus dem Urzeugnis, daß die Vision Paulus etwas »zu sagen hatte«, wenn aller Wahrscheinlichkeit nach auch nicht das, was ihm die Himmelsstimme im lukanischen Bericht vorhält. Wenn der Zusatz, daß die vernommenen Worte »niemand nachsprechen darf«, nicht einfach aus der Mysteriensprache übernommen, sondern auf den subjektiven Eindruck zu beziehen ist, könnte daraus sogar auf eine exklusive Intimität des Zuspruchs geschlossen werden. Dann würde sich die Annahme bestätigen, daß das Vernommene einer göttlichen Liebeszusage gleichkam. Und damit käme auch schon die dritte Reflexionsstufe in Sicht.

Sie bezieht sich auf das, »was keines Menschen Herz empfunden hat«, also auf den eigentlichen Erlebniswert der Damaskusvision. Darauf geht die eschatologische Version (Phil 3,12 ff.) ein. Ihr zufolge besteht das Leben für Paulus in dem Wunsch, den immer vollständiger zu begreifen, von dem er sich ergriffen weiß. Die volle Bedeutung der Aussage erschließt sich erst, wenn man berücksichtigt, daß Paulus hier einen besonders intensiven, der Sprache der Mystik angenäherten Ausdruck verwendet, der zwischen der Vorstellung eines Eingeholt- und Überwältigtwerdens oszilliert. Entsprechend hoch ist der damit ausgesagte Erlebnisgrad. Was in keines Menschen Herz gedrungen ist, bezieht sich auf die alle durchschnittlichen Empfindungen übersteigende Erfahrung einer das Selbstsein erfassenden und an sich reißenden Seinsmacht, die jedoch nicht als abschreckend, sondern als faszinierend und anziehend empfunden wird, so daß sie das sehnsüchtige Verlangen nach immer vollständigerer Aneignung auslöst.

Der Deutungsprozeß

Wenn Paulus der Gruppe der Geistesgaben an letzter Stelle – und mit einem unüberhörbaren Akzent – die Gabe der Auslegung (*hermeneia*) zuordnet (1 Kor 12,10), kommt darin eine besondere Wertschätzung dieser Fähigkeit zum Ausdruck, zumal sie entscheidend zu der von ihm geforderten Verstehbarkeit der religiösen Äußerungen befähigt (14,18ff.). Indessen sind derartige Urteile bei ihm meist von Vorentscheidungen mitbestimmt, die sein Selbstverhältnis betreffen. Aus der Heftigkeit, mit der er auf der Auslegung des ausufernden und dadurch die Ordnung der Gemeindeversammlungen störenden Zungenredens besteht, darf daher auf ein Problem zurückgeschlossen werden, vor das er sich im Umgang mit seiner ureigenen Sache gestellt sah: auf die Nötigung, das ihm zugesprochene und von ihm reflektierte Gotteswort in ein verstehbares Menschenwort umzusetzen und zu einer konsistenten Botschaft zu entfalten. Das konnte nur mit Hilfe jener Denk- und Deuteformen geschehen, die WILLI MARXSEN in seiner eindringlichen Abhandlung über das Auferstehungsproblem (von 1964) als »Interpretamente« bezeichnete und zu einem festen Bestand des theologischen Diskurses erhob.[31]
Ein grelles, aber verdeutlichendes Licht fällt auf diesen Fragepunkt zusätzlich durch NIETZSCHES Christentums-Kritik, bei

der er, um es mit einer von ihm selbst erwähnten Verfahrenstechnik zu sagen, Paulus nach Art eines »Vergrößerungsglases« einsetzt und ihn gleichzeitig als Hauptschuldigen in die Kritik einbezieht.[32] Ihm gilt die Christentumsgeschichte als eine fortgesetzte Auslegungsgeschichte, nachdem das einzige Faktum, mit dem es auch schon zugrunde ging – denn »im Grunde gab es nur einen Christen, und der starb am Kreuz« –, die bedrängende Frage aufgeworfen hatte: »Wer war das, was war das?«[33] Im Zug der damit angestoßenen Auslegung kamen hauptsächlich vier Interpretamente ins Spiel, die Zug um Zug »über das Christentum Herr geworden« sind:

> der Judaismus (Paulus), der Platonismus (Augustin), die Mysterienkulte (Erlösungslehre, Sinnbild des »Kreuzes«), der Asketismus (– Feindschaft gegen die »Natur«, »Vernunft«, »Sinne«, – Orient...).[34]

Hauptschuldiger an diesem Prozeß ist Paulus nicht nur, weil er mehr als jeder andere als dessen Initiator zu gelten hat, sondern weil er die auf ihn folgenden Stufen in seiner fatalen Umdeutung vorwegnahm. Denn mit ihm beginnt die Verfälschung des ursprünglichen Symbolismus in eine Lehre vom Opfertod, von der Erlösung, der Genugtuung und dem Gericht;

> Von nun an tritt schrittweise in den Typus des Erlösers hinein: die Lehre vom Gericht und von der Wiederkunft, die Lehre vom Tod als einem Opfertode, die Lehre von der Auferstehung...[35]

So aber wurde die einzige Realität des Christentums, die doch nichts anderes als eine allzeit mögliche Herzenserfahrung war, »zugunsten eines Zustands nach dem Tode« aufgehoben und in eine manipulierbare Fiktion umgefälscht. Doch so grotesk Paulus in dieser polemischen Nachzeichnung verfehlt wird, ist der damit errichtete Zerrspiegel dazu angetan, eine Zentralaussage seiner Selbstrechtfertigung zu Beginn des Ersten Korintherbriefs auf rückbezügliche Weise lesbar zu machen, so daß ihr Hinweise auf die von ihm aufgegriffenen Interpretamente entnommen werden können. Dafür spricht nicht zuletzt der Umstand, daß sie von Paulus als Attribute Christi aufgeführt werden, von dem es heißt:

> Er ist für uns von Gott zur Weisheit geworden, zur Gerechtigkeit, zur Heiligung und zur Erlösung (1,30).

Die Deuteformen

Es ist sicher nicht nur situativ, durch die Kontroverse mit korinthischen Gegnern, bedingt, daß Paulus an erster Stelle die Weisheit nennt.[36] Denn beim Versuch, das auf dem Antlitz Christi erstrahlende Licht und den von ihm ausgehenden Appell begrifflich zu fassen, lag ihm, dem profunden Kenner der alttestamentlichen Vorstellungswelt, kein Motiv so nah wie das der Gottesweisheit, die als »Throngenossin« Jahwes an eine göttliche Hypostase erinnert und in ihrer Zuwendung zu ihren menschlichen Liebhabern darauf ausgeht, diese zu Gottesfreunden und Propheten heranzubilden (Weish 7,25 ff.).[37] Mit der einen Perspektive bot sie sich geradezu zur Identifikation mit dem Auferstandenen an, mit der anderen bewies sie ihre erkenntnistheoretische Relevanz. So konnte Paulus in einer Weise von dem »für uns zur Weisheit Gewordenen« sprechen, daß damit zugleich der lichtende Horizont seines Verstehens benannt war.

Klärend wirkte sich auf die Frage nach diesem Primärinterpretament die denkwürdige Kontroverse zwischen ULRICH WILCKENS und HEINRICH SCHLIER aus.[38] Dabei geriet das Weisheitsverständnis bei Schlier freilich zusehends in die Nähe des Zielbegriffs der philosophischen Spekulation, während bei Wilckens der Glaubende im Dunkel der Weisheitsferne verbleibt, das nur durch sein Wissen um die in der Torheit Gottes, dem Kreuz, verborgene Weisheit gelichtet wird. Getrübt wird das Verständnis beider zudem durch die Annahme, daß es sich bei der Reaktion des Apostels um eine »innerkirchliche Diskussion« und nicht um eine Aussage im Horizont einer weltweiten, Juden und Griechen umfassenden Daseinsorientierung gehandelt habe. Selbst wenn Paulus primär die Gruppe der »zu Apollos Haltenden« (1 Kor 1,12) und damit eine auf dessen alexandrinische Konzeption eingeschworene Anhängerschaft im Auge hat und wenn er gleichzeitig gegen die einer gnostizierenden Weisheitschristologie zuneigenden Enthusiasten polemisiert, erhebt er doch mit seiner Stellungnahme grundsätzliche Ansprüche.

Das ergibt sich schon aus der Strategie seiner Kritik. Da die Weltweisheit Gott, wie Paulus im Römerbrief sagen wird, trotz seiner »Ersichtlichkeit« nicht erkannte (1,19 ff.) und sich insbesondere gegenüber seiner Heilstat in Christus verschloß, ließ er sich bis zur Torheit des Kreuzes herab, um sie, zumindest für die Augen der Glaubenden, durch diesen paradoxen Erweis seiner Weisheit zu widerlegen. Grund ihrer Uneinsichtigkeit ist ihr – von Paulus kontrastiv zu Gottes Herablassung begriffenes – »Rühmen«, verstanden als die Tendenz zur Selbstabschließung im eigenen Sinnentwurf. So blieb sie blind für den im Kreuz verborgenen Sinn, mit dem Gott auf die Sinnsuche des todverfallenen Menschen die unüberbietbare Antwort gab. Hätte sich ihre »Suche« darauf und nicht nur auf den Inbegriff idealer Geltungen bezogen, so hätte ihr die göttliche Antwort nicht verborgen bleiben können. So aber verfällt sie seinem Gericht, das aus ihrem Fehlverhalten resultiert und sich, tiefer besehen, als ihr Selbstgericht erweist.

Wenn Paulus nur gegen eine in Korinth aufkommende Frühgnosis argumentiert hätte, müßte man mit Wilckens folgern, daß es für ihn kein anderes Weise-Sein als die »zutiefst christliche Erfahrung des eigenen Töricht-Werdens« gibt.[39] Doch argumentiert er nicht abwehrend, sondern konkurrierend, also mit dem Ziel eines genuin christlichen Weise-Werdens. Deshalb ist das Wort von dem »für uns zur Weisheit Gewordenen« übergriffen von der Aussage über das »Sein in Christus«, das in der Folge durch die Begriffe »Weisheit«, »Rechtfertigung«, »Heiligung und Erlösung« in seinem Bedeutungsgehalt erschlossen wird. Weisheit besagt demnach ebenso das, was Christus »ist«, wie das, was der Glaubende in der Lebensgemeinschaft mit ihm »wird«. Zwar ist im Rückblick auf das Damaskuserlebnis mit Wilckens daran festzuhalten, daß sich darin

Gott und nicht der von ihm mitgeteilte »Sohn« offenbarte. Doch war dieser mehr als nur der »Inhalt« des göttlichen Selbsterweises: liebende Liebe, mitteilende Mitteilung, redendes Wort. Deshalb überströmte ihn Gottes Weisheit ebenso, wie seine Gerechtigkeit und Heiligkeit, rechtfertigend und heiligend, auf ihn überging. Doch welche Bewandtnis hat es mit diesen Zusatzbegriffen?

Gerechtigkeit, Heiligung, Erlösung

Während Weisheit, wie schon an der von Paulus vorgefundenen Weisheitschristologie zu ersehen ist, einer Wesensaussage nahekommt, sagen Gerechtigkeit, Heiligung und Erlösung, entsprechend ihrer soteriologischen Nenntendenz, etwas über die Neuwerdung durch Christus aus. Das Bedürfnis nach deren Klärung ist aber seiner Natur nach »älter« als das nach spekulativer Wesensbestimmung. Das bestätigt die Erkenntnis (BECKERS), daß die Zusatzbegriffe, in umgekehrter Reihenfolge gelesen, eine alte Taufformel ergeben, die von der Erlösung, Heiligung und Rechtfertigung durch den Glauben sprach.[40] Wenn diese Formel »hellenistisch-antiochenischer Herkunft« ist, steht damit auch schon der »Fundort« dieser Begriffe fest. Sie entstammen einem Zweig des Urchristentums, der sich schon früh in Abgrenzung vom jüdischen Rechtfertigungs- und Heiligungsgedanken zum Vollbewußtsein christlicher Identität erhob. Dabei blieb die neugewonnene Konzeption der überwundenen insofern verhaftet, als auch sie im forensischen und kultischen Sinn von der Gottesgerechtigkeit sprach und dabei sowohl an deren endzeitliche »Offenbarung« (Röm 3,21) als auch an ihre sakramentale Zuwendung (6,1–13) dachte.

Demgegenüber löst Paulus den von ihm an letzter Stelle genannten Begriff »Erlösung« (*apolytrosis*) aus seinem kultisch-sakramentalen Verständnis, um ihn in identifizierender Rede an den für uns »zur Erlösung gewordenen« Christus zurückzubinden. Dadurch gewinnt er den Spielraum, Erlösung in der für ihn vorrangigen Bedeutungsvariante von »Befreiung« zu den-

ken und damit den Grundbegriff seines prozessualen Ge-
schichtsverständnisses zu gewinnen.[41] Zwar hat uns die Heilstat
Gottes grundsätzlich, wie der Kolosserbrief (1,13) sagen wird,
»der Macht der Finsternis entrissen«; doch steht das damit
ausgelöste Weltgeschehen noch immer unter dem eschatologischen Vorbehalt, so daß wir, zusammen mit der in Wehen liegenden Schöpfung, nur sehnsüchtig auf den Tag der endzeitlichen und damit endgültigen Freisetzung, der »Erlösung des
Leibes« (Röm 8,23) warten können.

Ähnlich streng bindet Paulus auch den Mittelbegriff »Heiligung« (*hagiasmos*) an die Person des Heilbringers zurück. Und
auch in diesem Fall hat der Eingriff weitreichende Folgen; denn
damit gewinnt Paulus das Grundkonzept seiner Ethik. Der sich
aus der Rückbindung herleitende Indikativ, der die Teilhabe des
Erlösten an der Heiligkeit des Erlösers besagt, kommt seiner
ganzen Sinnbestimmung nach einem fundamentalen Imperativ
gleich, den Paulus im ersten seiner Briefe mit dem Satz umreißt:
»Das ist der Wille Gottes: eure Heiligung« (1 Thess 4,3).

Ähnliches gilt für den soteriologischen Schlüsselbegriff »Gerechtigkeit« (*dikaiosyne*), den Paulus wohl deshalb im unmittelbaren Anschluß an die in Christus verkörperte Weisheit
nennt, weil diese schon nach alttestamentlichem Verständnis
zu gerechtem Walten befähigt, jetzt aber, in der Rückbindung
an den Heilbringer, mit der Wucht eines religiösen Leitmotivs
auf die durch ihn wiederhergestellte Gottesordnung, auch in
der menschlichen Innenwelt, verweist. Sofern damit das Prinzip der paulinischen Rechtfertigungslehre angesprochen ist, erweist sich diese hier schon als Frucht der Explikation, nicht jedoch als Datum der durch diese entfalteten Heilserfahrung.

Mit hinreichender Deutlichkeit zeichnet sich in diesem
Durchblick die interpretatorische und theoriestiftende Funktion der angesprochenen Leitbegriffe ab. Ähnliches gilt von
dem für die paulinische Soteriologie und Ekklesiologie grundlegenden Gedanken der Stellvertretung. Er führte Paulus
einerseits zu der extremen Aussage, daß Christus für uns »zur
Sünde« (2 Kor 5,21), ja »zum Fluch« (Gal 3,13) geworden sei,
andererseits aber auch zu der aus dem Bewußtsein christlicher
Allverbundenheit geschöpften Erkenntnis: »Wenn ein Glied

leidet, leiden alle mit; wenn ein Glied geehrt wird, freuen sich alle Glieder mit« (1 Kor 12,26). Eine ähnliche Funktion kommt dem vergleichenden Überbietungsgedanken zu, den Paulus vornehmlich dort einsetzt, wo er alttestamentliche Präfigurationen in der Heilsordnung des Neuen Bundes »erfüllt« sieht. Vom Rand her gehört zum Feld der Interpretamente schließlich auch die Typologie, mit deren Hilfe Paulus Zusammenhänge zwischen den beiden Testamenten aufspürt, bisweilen aber auch theologische Ansätze entfaltet und fortentwickelt. Unklar ist dagegen, ob und in welchem Umfang sein Denken von Vorstellungen nach Art des Urmensch-Mythos mitbestimmt wird, zumal die Vertreter dieser Annahme in der »Ortung« des Mythos auseinandergehen. Während Wikenhauser ihn vor allem in der Lehre vom mystischen Christusleib entdeckt, sieht Bultmann seine Spuren eher in der von Paulus entwickelten Situationsbestimmung des Menschen und zumal in seiner Lehre von der allgemeinen Sündenverhaftung.[42]

Die Inspiration

Mit alledem ist lediglich ein Blick in das kategoriale Instrumentarium geworfen, mit dessen Hilfe Paulus die von ihm vorgefundenen, oft sich ihm aufdrängenden oder von ihm gesuchten Motive zu seiner Botschaft verarbeitet. Daß es dann tatsächlich zur Einschmelzung einer derartigen Materialfülle kam, wie es sich in den Paulusbriefen darstellt, ist nur aufgrund einer exzeptionellen Kreativität denkbar, die den ersten Medienverwender der Christenheit zugleich zu ihrem überragenden Schriftsteller werden ließ. Worin wurzelt sie?

Gedrängt und erleuchtet

Die Antwort ergibt sich aus dem Arbeitsstil des Apostels. Zweifellos finden sich bei ihm lange Passagen, die im Sinne der antiken »Darlegung« (Diatribe) konstruiert sind, wo also ein Gedanke im Sinn logischer und rhetorischer Konsekution auf den andern »aufgestockt« ist. Doch in diesen Passagen erreicht Paulus nicht seine volle schriftstellerische Identität. In dieser tritt er dem Leser vielmehr dort entgegen, wo er nicht so sehr in der Rolle des Gestalters als vielmehr des »Referenten« seiner Gedanken erscheint, wo diese sich also nahezu eigengesetzlich, wie einem spontanen Produktionsvorgang gehorchend, ausformen. Dann ist man versucht, das Wort von dem auf ihm lastenden »Zwang«, mit dem er (1 Kor 9,16) seine Predigttätigkeit begründet, auf seinen Schaffensakt zu beziehen und ihn sich in jener »schöpferischen Passivität« vorzustellen, die man in der vorchristlichen Antike als »Enthusiasmus« zu bezeichnen pflegte und für die sich in der christlichen Ära der aus dem künstlerischen Schaffen bezogene Begriff »Inspiration« einbürgerte.

Angesichts dessen legt es sich nahe, auf Paulus jenes »stilistische Meisterstück« (MANN) zu beziehen, in welchem NIETZSCHE aus später Rückschau die »Eingebung« seines ›Zarathustra‹ beschreibt:

> Der Begriff Offenbarung, in dem Sinn, daß plötzlich, mit unsäglicher Sicherheit und Feinheit, etwas sichtbar, hörbar wird, etwas, was einen im Tiefsten erschüttert und umwirft, beschreibt einfach den Tatbestand. Man hört, man sucht nicht; man nimmt, man fragt nicht, wer da gibt; wie ein Blitz leuchtet ein Gedanke auf, mit Notwendigkeit, in der Form ohne Zögern... Die Unfreiwilligkeit des Bildes, des Gleichnisses ist das Merkwürdigste; man hat keinen Begriff mehr, was Bild, was Gleichnis ist, alles bietet sich als der nächste, richtigste, der einfachste Ausdruck. Es scheint wirklich, um an ein Wort Zarathustras zu erinnern, als ob die Dinge selber herankämen und sich zum Gleichnis anböten.[43]

Für die Gegenprobe bietet sich etwa die Sequenz an, mit welcher Paulus auf die korinthischen Verzwistungen eingeht. Nachdem er die Spannung zwischen der Apollos-Gruppe und seiner eigenen Anhängerschaft mit dem Hinweis auszugleichen suchte, er habe gepflanzt, Apollos begossen, Gott aber habe – und nur darauf komme es an – das Wachstum gegeben (1 Kor

3,6 f.), geht das Bild vom Ackerfeld unmerklich in das des Areals über, auf dem »Gottes Bauwerk« durch die Kunst »kundiger Baumeister« entstand (3,9 f.), das sich in der Folge zu dem des Grundes vertieft, »außer dem kein anderer gelegt werden kann« (3,11), und das zuletzt im Rückgriff auf das Motiv »Bauwerk« zu dem des »Gottestempels« führt mit dem abschließenden Direktbezug auf die Adressaten: »und der seid ihr!« (3,16 f.).

Ähnliches läßt sich mit der um das Motivwort »Schrift« kreisenden Sequenz des Zweiten Korintherbriefs zeigen, die den Ausgangsbegriff »Empfehlungsschreiben« (3,1) zunächst zum Gedanken von dem »auf fleischernen Herzenstafeln geschriebenen Brief Christi« vertieft (3,2 f.), dann das Theorem vom tötenden Buchstaben und lebendig machenden Geist entwickelt (3,6) und aus dessen Anwendung auf den »verhüllten« Text des Alten Bundes (3,13 ff.) ein geradezu triumphales Verständnis des freiheitsstiftenden Wirkens des Geistes Christi gewinnt (3,16 ff.).

Mit dem Modell einer assoziativ verknüpfenden Stichwortkomposition sind diese Passagen allenfalls oberflächlich zu erklären. Dunkel bleibt dann gerade das Charakteristische: die sich geradezu auftürmenden, den Gestalter – im Sinne Nietzsches – förmlich überfallenden und bedrängenden Bilder. Im Interesse einer angemessenen Würdigung wird man sich Paulus deshalb als einen inspirierten Autor zu denken haben, dessen Imagination bei aller Selbstkontrolle einer ihm entzogenen Steuerung unterworfen ist. Doch gibt es dafür Anhaltspunkte in seinem Selbstverständnis?

Der Geisterweis

Der gesuchte Nachweis kann nur mittelbar erbracht werden, dies aber mit Hilfe einer Formel, die zu den für die paulinische Wirkungsgeschichte bedeutungsvollsten gehört. Gemeint ist der von Paulus wiederholt als Verifizierung seiner Predigt in Anspruch genommene »Erweis des Geistes und der Kraft« (1 Kor 2,4), der die Demut und Schwäche seines äußeren Erscheinungsbildes kompensiert und seine Verkündigung (nach 1 Thess 2,13) als das an die Gemeinde ergehende »Wort Gottes« glaubhaft macht. Der in ihm waltende Geist brachte es somit dahin, daß sich sein Auftreten in »Furcht und Zittern« in einen göttlichen Machterweis verwandelte, in der Regel wohl infolge einer inneren Ermächtigung, bisweilen jedoch auch aufgrund von Wundertaten, obwohl Paulus davon im Unterschied zur Apostelgeschichte in auffälliger Zurückhaltung spricht.[44]

Was er in diesem Zusammenhang bietet, ist lediglich eine Art Querschnitt, der von den äußeren Beglaubigungen bis zum persönlichen Geistbesitz führt und Stufen der Ermächtigung erkennen läßt. Von »Wunderzeichen« ist in voller Ausdrücklichkeit nur im Römerbrief (15,19) die Rede, während Paulus sonst neutraler von »Machterweisen« (1 Thess 1,5) und »Kraftwirkungen« (2 Kor 12,12) spricht. Der Mitte des angesprochenen Begriffsfeldes nähert man sich, wenn man die auf die Wunderaussage des Römerbriefs hinführende Versicherung des Apostels berücksichtigt:

> Ich werde mich nicht erkühnen, von etwas zu reden, was nicht Christus durch mich in Wort und Werk zur Unterwerfung der Heiden gewirkt hat (15,18).

Da mit dem Erweis des Geistes und der Kraft ein synergetisches Verhältnis gemeint ist, tritt mit jedem Schritt zur Mitte hin der Geist Jesu stärker in den Vordergrund. Freilich bezieht sich eine ganze Reihe von Aussagen, mit denen Paulus das Wirken des Geistes beschreibt, ebenso auf Christus. Das erklärt sich aus der dynamischen, nicht substantiellen Identität von beiden. Denn der Geist ist die pneumatische Selbstmitteilung Jesu: ein Anderer zu ihm im Verhältnis der Nichtandersheit. Zwar »wohnt« auch Jesus, wie der Epheserbrief (3,17) sagen wird, im Herzen des Glaubenden, und er bewegt und »drängt« ihn durch seine Liebe (2 Kor 5,14; Röm 5,5). Doch gilt ebenso vom Geist, daß er die von ihm Beseelten »leitet«, daß er wie ein Feuer in ihnen glüht (1 Thess 5,20) und daß er in ihnen wie in einem Tempel wohnt (1 Kor 5,19). Von diesem Geist weiß sich Paulus, sofern er das, was er vom Walten des Geistes in verallgemeinernder Rede sagt, zunächst sich selbst gesagt sein läßt, »getrieben« (Röm 8,14) und zur Mitwisserschaft um die »Tiefen der Gottheit« geführt (1 Kor 2,10), ihn glaubt er zu besitzen (1 Kor 7,40), in ihm betet er (14,14f.), durch seine Eingebungen erkennt (2,12) und redet er (2,13).

Im Geist versammelt

Vollends ins Zentrum führt die Stelle, die Paulus in voller Aktion mit »seinem Geist« zeigt. Die Rede ist von der in wirkungsgeschichtlicher Hinsicht fatalen Szene, in der sich Paulus »dem Geist nach« mit der korinthischen Gemeinde »versammelt«, um den Übeltäter aus ihrer Mitte auszustoßen und, wenn auch in der Hoffnung auf seine Rettung im Endgericht, »dem Satan zu übergeben« (1 Kor 5,15). Zweifellos erreicht damit jener pneumatische Synergismus seinen Höhepunkt, der durch analoge Aussagen, die sich allerdings thematisch auf das Verhältnis Pauli zu Jesus beziehen, beleuchtet und vervollständigt wird. Sie setzen damit ein, daß er sich durch Christus »nicht zum Taufen, sondern zur Verkündigung der Heilsbotschaft gesandt« weiß (1 Kor 1,17), und gewinnen ihre volle Stringenz, wenn er daraus das Recht ableitet, »vom Herrn überkommene Traditionen« den Gemeinden mahnend und warnend in Erinnerung zu rufen (11,23), sie »mit einem Wort des Herrn« zu trösten (1 Thess 4,18) und von ihnen auch dann noch Gehorsam zu verlangen, wenn er ihnen in seiner Eigenschaft als der »vom Herrn Begnadete« Ratschläge erteilt (1 Kor 7,25; 14,37).

Mit dem Geisterweis hat das insofern zu tun, als Paulus hier aus der auf ihn übergreifenden Wirkmacht Jesu agiert, genauer noch als derjenige, dessen Aktionszentrum auf den überging, von dem er sich geliebt, erwählt und ergriffen weiß. Erneut zeigt sich damit, wie die Identität dessen zustande kommt, der sich, so sehr er im ständigen Abnutzungskampf aufgerieben wird, Tag für Tag »erneuert« fühlt (2 Kor 4,16). Gleichzeitig läßt der Apostel aber auch in diesem Zusammenhang, wie schon in der Wunderfrage, eine auffällige Zurückhaltung erkennen. Wenn man mit der heutigen Forschung davon ausgeht, daß er mit der Rede vom »Wort des Herrn« nicht persönliche Offenbarungen, sondern Worte des Erhöhten meint, die durch charismatisch Begabte an die Gemeinden ergingen, muß man sich fragen, warum er sich nicht auch seinerseits zu derartigen Worten erkühnt, obwohl er doch von sich sagen kann, daß er mehr als alle anderen in der Sprache der Engel reden könnte (1 Kor 14,18) und einmal sogar von einem an ihn ergangenen Zuspruch des Erhöhten zu berichten weiß (2 Kor 12,9).

Die Artikulationshilfe

Eine Erklärung dieser Reserve kommt in Sicht, wenn man dem Querschnitt eine Auskunft über die Genealogie abzugewinnen sucht. Dann verzichtet Paulus – analog zu seiner Zurückhaltung im Zungenreden – darauf, als Sprecher des Erhöhten aufzutreten, weil er dessen inspirative Hilfe früher, für die Ausarbeitung seiner Botschaft, in Anspruch nimmt. Zu den ihm von der religiösen und profanen Umwelt gebotenen Interpretamenten kommt bei ihm somit die inspirative Hilfe hinzu, die sich aus seiner pneumatischen Verbundenheit mit dem ergibt, der ihm zum Quellgrund der Weisheit und Erkenntnis wurde. Ein indirekter Hinweis darauf ergibt sich, wenn man die beiden wichtigsten Aussagen über die Geisthilfe auf diesen Fragepunkt bezieht. Der Geist nimmt sich (nach Röm 8,26) unserer Schwachheit an, indem er mit unaussprechlichem Seufzen – einem Echo der unaussprechlichen Worte, die der Entrückte im dritten Himmel vernahm – für uns eintritt. Und er läßt uns (nach Gal 4,6 und Röm 8,15) am Ziel unseres Betens die Abba-Anrufung Jesu nach- und mitsprechen. Wer das vom Geist zu sagen vermag – und darin besteht die Annahme –, hat seinen Beistand vermutlich auch beim Prozeß der Ausarbeitung erfahren, zumindest modellhaft, sofern er die Tiefen der Gottheit ergründet und so die göttliche Selbstverständigung bewirkt. Wie Paulus die Fürsprache des Geistes dadurch gekrönt sieht, daß er das Urwort der Gotteskindschaft sprechen hilft, wird er seine Artikulationshilfe wohl auch bei der Formung der davon abgeleiteten Worte in Anspruch genommen haben. So mündet die Frage nach dem Geisterweis in Vermutungen aus. Doch so entspricht es dem Dunkel des schöpferischen Prozesses, der schon immer als ein letztlich unauflichtbares Zusammenspiel von menschlicher Kreativität und himmlischer Inspiration empfunden wurde.

VIII. Die Verkündigung

Zweifach herausgefordert

Paulus ist ein ebenso spontan agierender wie reagierender Denker. So sehr er aufgrund des auf ihm lastenden »Zwangs«, also aus innerer Nötigung, zum wirkmächtigen Prediger der Christenheit wurde, reagierte er dabei auch auf jene äußeren Herausforderungen, die er zu Beginn des Ersten Korintherbriefs in scharfer Unterscheidung anspricht:

> Die Juden fordern Wunderzeichen, die Heiden suchen Weisheit; wir aber verkündigen Christus, den Gekreuzigten, den Juden ein Skandal, den Heiden eine Torheit, den Berufenen aber, Juden wie Heiden, Christus als Gottes Kraft und Gottes Weisheit (1,22ff.).

Wie CHRISTIAN DIETZFELBINGER glaubhaft macht, blickt Paulus bei der Erwähnung des »Skandals« sowohl auf die jüdische Tradition als auch auf die Motivation seiner eigenen Verfolgertätigkeit zurück.[1] Demnach sah der »vorchristliche Paulus« in der »Proklamation eines vom Gesetz Verfluchten einen Angriff auf das Herz des Judentums« und, da diese Proklamation zugleich die Freiheit vom Gesetz verhieß, eine blasphemische Bestreitung des der Welt durch die Thora eingestifteten Sinnes.[2]

Darin begegnet sich die jüdische Kreuzeskritik mit der heidnischen. Denn die griechische Philosophie ist gleichfalls Sinn-Suche. Doch zielt diese auf die im philosophischen Weisheitsbegriff subsumierte Fülle genereller Geltungen, also auf das alle Konkretheit übergreifende Allgemeine, so daß ihr die

Ortung des Welt-Sinns in einem konkreten Faktum, und gar noch dem des Kreuzes, als Exzeß der Unsinnigkeit vorkommen mußte.

Die Antithese

Dieser zweifachen Herausforderung setzt Paulus das Wort von der Weisheit und Gottesmacht des Kreuzes entgegen. Den Griechen gegenüber greift er somit den polemisch zur Geltung gebrachten Weisheitsbegriff auf, doch so, daß er ihn jetzt an den scheinbaren Inbegriff des Widersinns, das Kreuz, zurückbindet. Damit hat er den Exzeß des Konkreten, verstanden als das, was niemals hätte geschehen dürfen und in der Kreuzigung Jesu dennoch geschehen war, zum Allgemein-Gültigen, Allgemein-Verbindlichen und Heilbringenden erklärt, damit aber auch schon den Horizont gewonnen, in dem das »Wort vom Kreuz« (1 Kor 1,18) weltweit verkündet werden kann. Wie aber verfährt er gegenüber den jüdischen Herausforderungen?

Hier steht der kerygmatische Urakt im Vordergrund. Paulus hält der jüdischen Anklage das Kreuz demonstrativ, um nicht zu sagen beschwörend entgegen. Woran sie sich stößt, ist das von Gott selbst errichtete Heilszeichen, der Inbegriff von Sinn im Anschein des äußersten Widersinns. Wenn Paulus hier von »Gottes Kraft« spricht, spielt er damit gegen die mit der Anklage verbundene Wunderforderung die seine Predigt bekräftigenden »Machterweise« aus. Hinter dieser defensiven Strategie wird bei genauerem Zusehen jedoch eine eminent konstruktive und für seine Verkündigung grundlegende erkennbar.

Die Überbietung

Sie betrifft die für Paulus überragend wichtige Aneignung des Alten Testaments, die sein Denken nicht nur inhaltlich, sondern auch verfahrens- und auslegungstechnisch bestimmt. In hermeneutischer Hinsicht steht er offensichtlich auf den Schultern des PHILON VON ALEXANDRIEN, der im Interesse des

Brückenschlags von Judentum und Hellenismus die allegorisch-typologische Schriftauslegung entwickelt hatte.[3] Übereinstimmend mit Philon versichert Paulus, übrigens gegen sein eigenes Schöpfungsverständnis, daß das Gesetz nicht für die Tiere, sondern – und hier trennt sich sein Weg von demjenigen Philons – für die Diener des Evangeliums geschrieben sei (1 Kor 9,9f.; De spec. leg. I,260). Und wie Philon in einem in motivgeschichtlicher Hinsicht besonders folgenreichen Bild im Verhältnis der beiden Frauen Abrahams die Unterordnung der enzyklopädischen Wissenschaften unter die Philosophie dargestellt sieht, so versichert Paulus im Galaterbrief:

> Das ist sinnbildlich zu verstehen. Die beiden Frauen bedeuten die beiden Testamente. Das eine entspricht dem Berg Sinai und gebiert zur Sklaverei...; das Jerusalem dort oben bedeutet jedoch die Freie, und das ist unsere Mutter (4,24 ff.).[4]

Ebenso verband sich für Paulus mit dem, was sich auf Israels Wüstenzug ereignete, ein typologischer Sinn; »und es wurde für uns zur Warnung aufgezeichnet« (1 Kor 10,6.11). Bewegt er sich hier auf den Bahnen der alexandrinischen Allegorese, so entwickelt er durch die Kombination der Typologie mit dem rabbinischen »Schluß vom Kleineren auf das Größere« ein eigenes Erklärungsmodell, das sich als Überbietungsstrategie darstellt und nach dem Schema verfährt:

> Wenn wir als Feinde durch den Tod seines Sohnes mit Gott versöhnt wurden, um wieviel mehr werden wir nunmehr als Versöhnte durch sein Leben gerettet werden (Röm 5,10).

Rückläufig gewinnt Paulus von hier aus den heilsgeschichtlichen Durchblick, der die durch den Fall des Einen bedingte Todverfallenheit der vielen »in weit höherem Maß« durch das Gnadengeschenk des Einen – Christus – überwunden sieht (5,15 ff.). Und auch dort, wo dieses Schema weniger deutlich zutage tritt, läßt er sich bei der Entwicklung seiner Gedankenwelt vielfach davon leiten.

Die Prinzipialisierung

Indessen ist der Umgang des Apostels mit der alttestamentlichen Motivwelt noch durch ein weiteres Verfahren gekennzeichnet, das ihn an die Seite der geistesgeschichtlichen Gründergestalten stellt, wenn nicht sogar als ihren Protagonisten erweist. Denn die großen Innovationen kommen in der Regel nicht durch den Entwurf eines neuen Paradigmas, sondern dadurch zustande, daß eine vorgegebene Formel in ihrem höheren Stellenwert entdeckt und zur Geltung gebracht wird. So findet sich bei Augustin, wie HEINE hervorhob, der Ansatz des ontologischen Gottesbeweises, der dann durch Anselm von Canterbury in seiner argumentativen Stringenz entdeckt und zu »seinem« Beweisgang fortentwickelt wurde.[5] Ebenso findet sich bei ihm, wie sich Descartes von MERSENNE vorhalten lassen mußte, bereits der Cogito-Satz. Doch machte er in seiner Schrift gegen die akademische Skepsis davon nur einen defensiven Gebrauch, während ihn Descartes in Erfassung seines vollen Stellenwerts zum Prinzip der neuzeitlichen Bewußtseinsphilosophie erhob.[6]

Paulus ist, wie bereits erwähnt, ebenso Stifter wie Entdecker: Stifter, der als einer der großen Anreger Formulierungen vorgab, die bewußtseinsbildende und bis heute fortwirkende Zündkraft bewiesen; aber auch Entdecker, der alttestamentliche Wortprägungen zu neuer und erhöhter Bedeutung freisetzte. Als folgenreichste erwies sich fraglos das von Luther aufgegriffene und zum reformatorischen Prinzip erhobene, jedoch schon von Paulus in seiner innovatorischen Bedeutung entdeckte Prophetenwort »Der Gerechte lebt aus dem Glauben« (Röm 1,17; Hab 2,4). Während Paulus die Habakukstelle aufnahm, um die Gerechtigkeit, die im alttestamentlichen Verständnis an das Gesetz gebunden war, auf wahrhaft revolutionäre Weise mit Glaube zusammenzudenken, fand er in dem Psalmwort »Ich glaube, darum rede ich« (116,10) den »Beleg« (BECKER) für die im Glauben gewonnene kerygmatische Ermächtigung, der für ihn geradezu programmatische Bedeutung gewann.[7]

Als Schlüsselstelle hat in diesem Zusammenhang jedoch die

in der Korrespondenz mit Korinth entwickelte These zu gelten, daß Christus »für uns von Gott zur Weisheit, zur Gerechtigkeit, zur Heiligung und zur Erlösung wurde« (1 Kor 1,30). Abgesehen von dem Rückbezug auf die spätjüdische Weisheitskonzeption bündelt Paulus in dieser Aussage eine ganze Reihe von alttestamentlichen Stellen (Gen 15,6; Jer 23,5; Lev 19,2; Ps 111,9), um sie in innovatorischer Identifikation auf Christus zu beziehen. Im Zug dieser Zusammenschau erschließen sich ihm aber nicht nur die – im vorigen Kapitel aufgeführten – Dimensionen, in die sich seine Botschaft ursprünglich entfaltet; vielmehr gewinnt er durch sie auch schon die fundamentalen Prädikationen seiner Christologie, die sich damit in ersten Umrissen abzeichnet und gleichzeitig als das Kernstück seiner Verkündigung erweist.

Der Aufbau

Von ihr wird im Licht dieser Prädikationen klar, daß sie sich spontan in eine Soteriologie fortsetzt und, sofern »Heiligung« für Paulus eine soziale Konnotation aufweist, den Kern seiner Ekklesiologie bildet. Da Gerechtigkeit für ihn aber immer auch den Gedanken an das endzeitliche Gottesgericht – verstanden als die radikale Auslieferung des Menschen an den Gott des »verzehrenden Feuers« (Hebr 12,29; Dtn 4,24) – einschließt, wird die Lehre von der in der Kirche verfaßten Glaubensgemeinschaft ihrerseits von der Eschatologie umgriffen. So baut sich die paulinische Verkündigung in konzentrischen Kreisen auf, die – um es mit den nachempfindenden Worten der Paulus-Schule zu sagen – in der deutenden Proklamation des seit ewigen Zeiten verborgenen, jetzt aber in seiner vielfältigen Weisheit erschlossenen Gottesgeheimnisses (Röm 16,26f.; Eph 3,9ff.) ihre Mitte hat.[8] Wie eine Hülle legt sich um diesen Kernbezirk die im Bild vom mystischen Christusleib gipfelnde Ekklesiologie, und wie ein Feuerkranz umgibt das Ganze schließlich die Eschatologie des Apostels. Das gilt freilich in abfallenden Deutlichkeitsgraden; denn die Christologie ist ungleich klarer ausgeformt als die Ekklesiologie. Und im Fall der

Eschatologie sind sogar Diskrepanzen zu verzeichnen, die auf eine Selbstkorrektur schließen lassen.

Ein vollständiges Bild gewinnt man jedoch erst, wenn man berücksichtigt, daß Paulus auf seine Weise bereits die als Zentralereignis der Gegenwartstheologie geltende »anthropologische Wende« vorweggenommen hat. Für ihn ist in jedem Satz über Gott der Mensch mitgesagt. Umgekehrt ist der Mensch für ihn das mit seiner ganzen Existenz an Gott verwiesene und ihm überantwortete Wesen. Deshalb ist die Verkündigung des Apostels unterbaut von einer Anthropologie, die – ähnlich wie die Christologie in die Soteriologie – organisch in seine Ethik übergeht. Bei ihr muß der Aufriß seiner Verkündigung einsetzen.

Ich unglücklicher Mensch!

Zu Unrecht wurde dieser Notschrei (Röm 7,24) als Bekundung einer persönlich durchlittenen Lebensnot gedeutet, der Rückschlüsse auf den vergeblich nach Gesetzesgerechtigkeit strebenden Paulus vor seiner Lebenswende erlaube.[9] Demgegenüber hoben die Kritiker dieses Versuchs einmütig darauf ab, daß sich in dem Ausruf kein individuelles, sondern ein stellvertretend für die Verfassung des unerlösten Menschen gesprochenes Ich zu Wort melde.

Exklamatorische Ansprache

Was sie sich jedoch bei dieser Berichtigung entgehen ließen, war die erkenntnistheoretische Implikation des Satzes. Denn mit ihm bekannte sich Paulus – wie nach ihm mit vergleichbarer Deutlichkeit erst wieder Nietzsche – zu der Überzeugung, daß die Sache des Menschen im Grunde nur exklamatorisch, in Form von Aufschreien und Notrufen, zur Sprache gebracht werden könne. Denn als das zur Vergegenständlichung der ganzen Welt befähigte Wesen ist er, wie MAX SCHELER im Sinn einer Begründung geltend machte, selbst »gegenstandsunfähig«, also dem vergegenständlichenden Zugriff entzogen.[10] Deshalb geht Zarathustra am Schluß von NIETZSCHES Gedankendichtung der aus den Abgründen des Daseins aufsteigende große Notschrei nach, von dem er zuletzt begreift, daß mit ihm die Not des »höheren Menschen« an sein Mitleid rührte.[11]

Dem hätte Paulus so wenig widersprochen wie den Theoretikern, die daraus auf die Unvollständigkeit (GUARDINI) und Antiquiertheit (ANDERS) des Menschen schlossen, die von seiner Exzentrizität (PLESSNER) oder von ihm als »Mängelwesen« (GEHLEN) sprachen.[12] Mehr aber noch hätte er vermutlich der Auffassung JOSEPH BERNHARTS zugestimmt, wonach unter extremen Bedingungen »mit einem mehr oder weniger jähen Abbruch der Seinsform« gerechnet werden müsse, die der Mensch als *homo sapiens* für sich in Anspruch nehme.[13] Nur hätte er zu den auf den Abbruch hinwirkenden Mächten weniger die Tragik im Geschichtsgang als vielmehr die sich gegen ihren Schöpfer auflehnende Welt gerechnet, die er deshalb in einem durchgängigen Verweisungszusammenhang mit dem Menschen erblickt.[14]

Stufen des Selbstseins

Dem vom Abbruch seiner Seinsform bedrohten Menschen entspricht eine Welt, die ungeachtet ihres Ursprungs als Schöpfung Gottes (Röm 11,36) unter die Fremdherrschaft satanischer Gewalten, der Sünde und des Todes, geriet und sich als solche gegen Gott verschloß. Indessen schlägt diese Entfremdung in der Form auf sie zurück, daß sie unter das Joch der Vergänglichkeit gebeugt (8,20f.) und zum Untergang verurteilt ist; »denn die Gestalt dieser Welt vergeht« (1 Kor 7,31). Durch diese welthaften Rahmenbedingungen ist nun auch das Sein des Menschen bestimmt. Er ist das nach dem Ebenbild Gottes gestaltete Geschöpf (15,49), wobei Paulus die Gottebenbildlichkeit der Frau erst in abkünftigem Sinn zuerkennen möchte (10,7ff.). Indessen ist die Gottebenbildlichkeit des Menschen kein fester Besitz. Weil sie vom Abbild des Irdischen – des aus Erde geschaffenen Adam – »unterfangen« ist (1 Kor 15,47ff.), kann sie eingebüßt, ja sogar (nach Röm 1,23) gegen ein tierisches Modell vertauscht werden. Deshalb unterscheidet Paulus nach Maßgabe der jeweiligen Weltverfallenheit Stufen der menschlichen Selbstaneignung, die er mit den Begriffen Geist (*pneuma*), Leib (*soma*) und Fleisch (*sarx*), charakterisiert. Dabei bezeichnet die fleischliche Lebensform den höchsten Grad der Verfallenheit, der den Menschen an die Macht der Sünde ausliefert (Röm 7,14) und ihn allenfalls dazu gelangen läßt, eine auf »Gesetzeswerke« abhebende Selbstgerechtigkeit anzustreben (2,14–23). Zwar hat er »dem inneren Menschen nach« auch dann noch Freude am Guten (7,20 ff.); doch entdeckt er in seinen Gliedern ein anderes, dem Guten widerstreitendes Gesetz (7,23), so daß er schließlich, in ein hoffnungsloses Selbstzerwürfnis geraten, nicht das im Grunde seines Herzens ersehnte Gute tut, sondern das Böse, so sehr es ihm widerstrebt (7,19).[15]

Paulus könnte auf diesem Tiefpunkt seiner Existenzanalyse nicht den Notschrei des nach Befreiung von seinem todverfallenen Leib verlangenden Menschen vernehmen (7,24), wenn er von einem Zustand totaler Verfallenheit ausgegangen wäre. Deshalb kann er das sehnsüchtige Verlangen ebenso auf das Fleisch zurückführen (2 Kor 7,5) wie auf den Geist (2,13). Indessen bezeichnet er die Sphäre des relativen Selbstbesitzes häufiger mit »Leib« (*soma*), verstanden als der Inbegriff des von Emotionen bewegten und nach Kommunikation verlangenden Menschseins (1 Kor 6,15 f.; 7,4 f.). Als Tempel, den der Heilige Geist bewohnt, ist der Leib das Medium der Zugehörigkeit zu Gott (6,19), ja sogar die Opfergabe eines »geistigen Gottesdienstes« (Röm 12,1). Als Raum der Innerlichkeit (1 Kor 2,11) bezeichnet »Leib« außerdem jenes subjektive Bei-sich-Sein, für das Paulus auch den Ausdruck »Herz« gebraucht: Organ des menschlichen Verlangens (Röm 10,1; 1 Kor 4,5), des Trauerns und Liebens (2 Kor 2,4; 7,15) ebenso wie der Selbstverantwortlichkeit und des Gewissens (Röm 9,1; 1 Kor 4,4). Ein Wesen der Sehnsucht, ist der Mensch aber zugleich in Mitleidenschaft gezogen mit der der Nichtigkeit unterworfenen Schöpfung. Mit ihr begehrt er nach der Freiheit der Gotteskinder (Röm 8,21); doch möchte er dabei nicht entkleidet, sondern überkleidet werden (2 Kor 5,4), aufgenommen in eine die sterbliche Lebensform

»verschlingende« Seinsgestalt. Sie heraufzuführen, ist das Werk des Geistes, dessen Besitz jedoch dem Vorbehalt des Noch-nicht untersteht, so daß sich auch der Erlöste der endzeitlichen Umgestaltung nur hoffend annähern kann (Phil 3,20f.).

Die Ethik

Paulus sieht den Menschen nicht statisch, sondern dynamisch, im Prozeß seiner Verwirklichung, bei dem er ebenso durch destruktive Mächte gehindert wie durch göttliche Entgegenkunft gefördert wird. Ohnehin liegt ihm, dem in äußerstem Einsatz Lebenden, die Lebensform der *vita activa* von innen her nahe. Deshalb erscheint ihm der Mensch primär unter ethischem Aspekt, herausgefordert durch Gott, dessen Heilsplan darauf abzielt, ihn der welthaften Konfliktsituation zu entreißen und ewig in sich zu beheimaten. Auf die Frage, was ihm »Ethik« bedeutet, hätte Paulus aber sicher nicht im Sinn des aristotelischen Entwurfs, sondern eher mit HEIDEGGER geantwortet: dem Guten Raum geben und es als Gestaltungsmacht in sich anwesen lassen.[16] Nur hätte er das Gute nicht seinshaft, sondern konkret und prozessual, als gnadenbedingtes Heranreifen zur Gotteskindschaft, gedacht. Denn oberster Grundsatz seiner Ethik ist die Frage:

Was hast du, was du nicht empfangen hättest? Hast du es aber empfangen, was rühmst du dich, als ob du es nicht empfangen hättest? (1 Kor 4,7).

Insofern ist die von seiner Ethik geforderte Grundhaltung die der Dankbarkeit. Nicht umsonst schließt sich an den aus der Existenznot aufsteigenden Notschrei das Bekenntnis an: »Dank sei Gott durch Jesus Christus, unseren Herrn!« (Röm 7,25). Und der damit angeschlagene Grundakkord hallt in vielfacher Wiederholung und Abwandlung in seiner gesamten Verkündigung nach, insbesondere dort, wo er mit seinem Vorzugsausdruck erklärt:

Mir aber liegt es ferne, mich zu rühmen, außer im Kreuz unseres Herrn Jesus Christus, durch den mir die Welt gekreuzigt ist und ich der Welt gekreuzigt bin (Gal 6,14).

Wie die Versicherung des Apostels, er wolle sich, wenn überhaupt, nur seiner Schwachheiten rühmen, damit sich die Kraft Christi auf ihn niederlasse (2 Kor 12,9f.), deutlich macht, ist »rühmen« der Ausdruck für den »geglückten« Synergismus, dankerfüllte Zustimmung zu der ihm wirksam gewordenen Gottesmacht. Das verleiht der paulinischen Tugendlehre das betont ungriechische Profil. Nicht nur, daß er dem »Viergespann« der Kardinaltugenden (PIEPER) den Ternar von Glaube, Hoffnung und Liebe vorordnet (1 Kor 13,13) und ihm gleichzeitig neue, oft völlig konträre Verhaltensformen wie Demut, Sanftmut, Barmherzigkeit, Geduld und Güte hinzufügt; wichtiger noch ist die für sein Verständnis grundlegende Inversion, die ihn die von ihm als *summa virtus* herausgestellte Liebe (Röm 12,8ff.) als Reflex eines vorgängigen Geliebtseins begreifen läßt (1 Kor 8,3) und dem ethischen Handeln insgesamt den Charakter eines durch gnadenhafte Impulse zustandekommenden Geschehens verleiht.

Deshalb ist die Liebe für ihn »in unsere Herzen ausgegossen« (Röm 5,5); deshalb betrachtet er sie als den sein Verhalten steuernden »Antrieb« (2 Kor 5,14), und deshalb fragt er mit dem Grundwort seines zweiten und seine Ethik insgesamt krönenden Hymnus auf die Liebe: »Wer wird uns trennen von der Liebe Christi?« (Röm 8,35). Doch damit verfällt er keineswegs einer quietistischen Einstellung. Im Gegenteil: Gerade im bedingungslosen Vertrauen auf den, der ihm Kraft verleiht, vermag er »alles« (Phil 4,13), wobei ihm vor allem die Menge des Geleisteten vor Augen steht. Doch wenn er betont, daß er »allen alles geworden« sei (1 Kor 9,22), wird auch etwas von dem Einsatz fühlbar, der seine Lebensleistung trägt. Dennoch würde Paulus, darauf angesprochen, immer nur auf den »Drang« verweisen, der ihn zu diesem selbstvergessenen Dienst befähigte.

Laßt euch mit Gott versöhnen!

Während Paulus die Sache des Menschen primär exklamatorisch zur Sprache bringt, spricht er vom Herzstück seiner Verkündigung, dem »Wort vom Kreuz« (1 Kor 1,18), in betont appellativer Form:

> Wir sind Gesandte an Christi Statt. Gott selbst ist es, der durch uns mahnt. An Christi Stelle bitten wir: Laßt euch mit Gott versöhnen! (2 Kor 5,20).[17]

Invokative Annäherung

Doch der Appell steht am Ende, nicht am Anfang eines Artikulationsvorgangs. Was liegt ihm zugrunde? Auch darauf antwortet in letzter Hinsicht nur die als Sprachgeschehen begriffene Damaskusvision. Da Paulus damals das Geheimnis des Gottessohnes ins Herz gesprochen wurde, bestand seine Replik in einem Akt hörend-gehorsamer Zustimmung. Sofern ihm das Leben aber fortan in dem Wunsch bestand, den immer umfassender zu begreifen, von dem er sich ergriffen wußte, entsprach dem als Sprachform die der Anrufung. Lange vor Augustin tritt somit Paulus dafür ein, daß die invokative Aussageweise dem göttlichen Geheimnis mehr als jede andere entspricht. Darin konnte er sich durch den an den Erhöhten gerichteten Gebetsruf der judenchristlichen Gemeinden bestätigt sehen, in den er mit dem enthusiastischen Schlußwort des Ersten Korintherbriefs einstimmt: »Maran atha – Unser Herr, komm!« (16,22). In eben diesem Sinne ruft er schon zu Beginn des Briefs den »Frieden von Gott, unserm Vater, und dem Herrn Jesus Christus« auf die Gemeinde herab (1,3; Röm 10,13).

In diesem Wechselverhältnis von vernommenem Anruf und antwortender Anrufung wird der Herzschlag der religiösen Sprache hörbar; hieraus entwickelt sich dann auch die Urform der kerygmatischen Verlautbarung. Dem Erlebnis des Angerufenseins entspricht dann, spontan und unmittelbar, die appellative Rede. Mit ihr tritt der Botschafter in die Fußspur des göttlichen Anrufers. Er wird zu dessen innerweltlichem Medium. So entspricht es dann auch dem kerygmatischen Selbstverständnis des Apostels. Wie er der Gemeinde von Thessalonike dankbar bestätigt, daß sie sein Wort dessen wahrer Dignität gemäß »als Wort Gottes« angenommen habe, nimmt er den Korinthern gegenüber die Rolle des »Gesandten an Christi Statt« für sich in Anspruch; demgemäß faßt er den Zentralinhalt seiner Botschaft in den Aufruf zusammen: »Laßt euch mit Gott versöhnen!«

Mit allem Nachdruck wurde die zentrale Bedeutung dieses Appells von HOFIUS herausgestellt, der sich darin zusätzlich durch die formale Gestaltung des Kontextes bestätigt sieht.[18] Inmitten einer ihm durch die Sünde entfremdeten und in Feindschaft geratenen Welt hat Gott »das Wort von der Versöhnung aufgerichtet«: sein ureigenes, von ihm mit weltverwandelnder Macht in der Auferweckung Jesu gesprochenes Heilswort. Darin besteht die für das paulinische Heilsverständnis entscheidende und sinnbestimmende Vorgabe. Gleichzeitig entzieht Hofius jedoch der alteingewurzelten Sühne- und Satisfaktionstheorie, die mit dem paulinischen »Wort vom Kreuz« unzertrennlich verwoben schien, mit durchschlagenden Gründen den Boden.[19] Indessen wäre seine Begründung noch erheblich verstärkt worden, wenn er den kaum zu übersehenden Kronzeugen HANS KESSLER in seine Argumentation einbezogen hätte. Denn auch dieser kommt am Schluß einer subtilen Beweisführung zu dem Ergebnis, daß Paulus selbst dort, wo er kultische Traditionsmotive übernimmt, »nirgendwo« dem Sühne- und Loskaufgedanken Raum gibt; deshalb bezieht er den Kreuzestod Jesu auch niemals auf eine zu sühnende Sündenschuld, geschweige denn, daß er ihn »als kultische oder juridische Ableistung von Schuld versteht«.[20] Demgegenüber unterstellt die traditionelle Auffassung Paulus, so Hofius, einen Rückfall in das archaische Bild von Gott, der, durch die Sündenschuld des Menschen tödlich beleidigt, sich ihm dann erst vergebend zuwenden kann, wenn ihm vollgültige Sühne geleistet wurde. Da jedoch die menschliche Leistungskraft dadurch radikal überfordert war, bedurfte es des sühnenden Kreuzesopfers seines Sohnes.[21] Doch diese in der anselmischen Satisfaktionstheorie spekulativ ausgearbeitete Vorstellung hat in der paulinischen Kreuzesbotschaft keinen Anhalt. Denn von der dabei vorausgesetzten »Feindschaft Gottes gegen den Sünder ist bei Paulus nirgends die Rede«.[22] Liest man den erhellenden Gedankengang zusätzlich vor dem Hintergrund der sinnverwandten, jedoch ungleich radikaleren Einwände, die HANS BLUMENBERG in seiner ›Matthäuspassion‹ (von 1988) geltend machte, so drängt sich allerdings der Eindruck auf, daß Hofius auf halbem Wege stehen bleibt. Zu Ende beschritten führt dieser Weg nämlich in das entlegene und kaum je betretene Gelände der paulinischen Esoterik.

Die esoterische Dimension

Formal gesehen geht es dabei um die Dimension, die das Wort von den »Tiefen der Gottheit« (1 Kor 2,10) aufreißt, ohne sie inhaltlich zu bestimmen. Hinter den weltkritischen (1 Kor 7,31) und eskapistischen Äußerungen des Apostels (2 Kor 5,8; Phil 1,23) wird dann jener Gott sichtbar, den es (nach Gen 6,6) »reute«, den Menschen – und die (nach Gen 2,4ff.) um seinetwillen hervorgerufene Welt – erschaffen zu haben. Es ist der Gott, der zwar nicht im Sinn von Goethes »ungeheurem Spruch« des *nemo contra Deum nisi Deus ipse* gegen sich selbst steht, wohl aber derjenige, der weniger mit dem sündigen Menschen als vielmehr mit seinem eigenen Schöpfungsratschluß ins Gericht geht und dies im Kreuzestod seines Sohnes austrägt. Im Kreuz Jesu – und damit gewinnen die beiden Schlüsselworte erst ihr volles Gewicht – nahm Gott den auf der Welt lastenden »Fluch«, verstanden als den Fluch ihres Andersseins, auf sich; im Kreuz machte er sich das für ihn Unerträglichste, die »Sünde«, und damit ihre Todverfallenheit und alles sie zerquälende Leiden zueigen, um es bis zur bittersten Neige auszukosten. So bewirkt der Erlösungstod Jesu tatsächlich Versöhnung, jedoch primär nicht die des Menschen mit Gott, sondern Gottes mit Gott, wie es tatsächlich in dem jetzt erst in seinem Hintersinn hörbar werdenden Wort gesagt ist, daß Gott uns durch Christus »mit sich selbst versöhnte« (2 Kor 5,18).

Zusätzliches Licht fällt auf diese »Lesart« des Todes Jesu, die ihn als das Werk der göttlichen Selbstversöhnung zu verstehen gibt, aus dem esoterischen Hintergrund der paulinischen Gebetslehre. Wenn diese auf ihrem Höhepunkt versichert, daß der Geist sich der Gebetsnot des Menschen annimmt, um für ihn mit unaussprechlichem Seufzen vor Gottes Antlitz einzutreten (Röm 8,26 f.), setzt sie eine durchaus vergleichbare »Entzweiung« in Gott voraus. Denn der für die Heiligen eintretende Geist ist nicht weniger Gott als derjenige, an den sich seine Fürsprache richtet. Gebet ist demnach, paulinisch gesehen, die Partizipation des Beters an der ewigen Selbstverständigung Gottes und als solches der deprekative Vorgriff auf seine Selbstversöhnung im Kreuz des Sohnes.

Die volle Schlüssigkeit gewinnt dieser Gedanke jedoch erst durch seinen Rückbezug auf die kerygmatische Grundposition des Apostels. Mit dem Anspruch, daß in seiner Verkündigung das Wort Gottes vernommen werde (1 Thess 2,13), ist nur deren theologische Seite ausgeleuchtet. Rezeptionstheoretisch entspricht dem die in seinem Theorem des »inwendigen Briefs« bekundete Erwartung, daß der Adressat seiner Verkündigung in dieser das wiedererkennt, was ihm bereits »durch den Geist des lebendigen Gottes« ins Herz geschrieben war (2 Kor 3,3). So spiegelt sich in seiner hermeneutischen Selbstbegegnung das, was sich in den »Tiefen der Gottheit« dunkel und umrißhaft abzeichnet.

Elementare Frucht des mit sich versöhnten Gottes ist sein mit Christus gesprochenes »Ja« (2 Kor 1,19 f.), das nicht nur alle seine Verheißungen, sondern mit ihnen zusammen das »Sehr gut« des letzten Schöpfungstages (Gen 1,31) bekräftigt. Machtvoll artikuliert wurde dieses »Ja« in der Auferstehung Christi, mit der Gott nochmals Hand an die Welt legte, um sie, umgestaltet zu einer »Neuschöpfung« (2 Kor 5,17), ihrem Erfüllungsziel entgegenzuführen. Seither lebt sie, die Schöpfung, in der Hoffnung, daß sie zusammen mit den Erlösten zur herrlichen Freiheit der Gotteskinder gelange (Röm 8,21).

Erneut wird hier die Kopflastigkeit der Christologie zur Erlösungslehre hin ersichtlich. Sie aber erklärt sich, ebenso wie das zur Welt gesprochene »Ja«, aus der zutiefst soteriologischen Seinsweise Jesu, der seine Identität, wie Paulus in und mit seinem Damaskuserlebnis klarwurde, im Modus der Hingabe (Gal 2,20) gewinnt und deshalb von Gott in einer Weise »hingegeben« werden konnte, daß uns mit ihm »alles geschenkt« ist (Röm 8,32). Dadurch gewinnt sein Leben stellvertretenden Charakter und in seiner individuellen Konkretheit jene Universalität, aufgrund deren er mit Allgemeinbegriffen wie Weisheit und Gerechtigkeit, Freiheit und Friede prädiziert, zugleich aber auch mit jenen Hoheitstiteln ausgezeichnet werden kann, die das Grundgerüst der spekulativen Christologie bilden.

Hier bricht zum dritten Mal die paulinische Esoterik durch, die damit auf die verborgene Herzmitte der christologischen Vorstellungswelt verweist. Wenn Jesus seine Identität in Akten der Hingabe und nicht, wie im menschlichen Regelfall, der Abscheidung und Unterscheidung gewinnt, stellt sich unabweislich die Frage nach seiner Bewußtwerdung. Und die kann zulänglich nur mit dem Satz beantwortet werden, daß er, unbeschadet seines gottenstammten Selbstwissens, erst im Herzen der Seinen, der Glaubenden also, zu sich selbst gelangt. Mag das auf den historischen Jesus nur bedingt zutreffen, so um so mehr auf den fortlebenden. Als Fortlebender wird er seiner selbst in der ihm zugewandten Glaubensgemeinschaft bewußt, und sein Fortleben in ihr hat seine innerste Sinnbestimmung darin, daß er in ihr immer neu zu sich selbst und seiner Sinnfülle erwacht. Das setzt die Paulus-Schule voraus, wenn sie das Bild von der zum Vollalter Christi heranreifenden Glaubensgemeinschaft entwickelt und dabei die Frage des Subjekts dieses zur »Erkenntnis des Gottessohnes« führenden Prozesses beziehungsreich in der Schwebe läßt.[23] Hierin, und nicht erst in heilsökonomischen Zwecksetzungen ist es begründet, daß sich die soteriologisch unterbaute Christologie in die Ekklesiologie fortsetzt. Auch das ist in dem großen Pauluswort mitgesagt:

> Leben wir, so leben wir dem Herrn; sterben wir, so sterben wir dem Herrn; ob wir also leben oder sterben, wir gehören stets dem Herrn (Röm 8,14).

Die Hoheitsnamen

Ihre Kontur gewinnt die paulinische Christologie durch die auf Jesus bezogenen Hoheitstitel, die den »Ort« ihrer Entstehung im liturgischen Leben der Urgemeinde haben. Schwerlich ist die Bezeichnung der Anhänger Jesu als »Christianer« durch die antiochenische Öffentlichkeit (Apg 11,26) anders als durch die Beobachtung zu erklären, daß Jesus in deren Gemeindeversammlungen vornehmlich mit dem Christusnamen angerufen wurde.[24] Das klassische Beispiel einer charismatisch-enthusiastischen Akklamation aber bietet Paulus selbst, wenn er mit allem Nachdruck »erklärt«:

> Keiner, der im Geist Gottes redet, sagt: »Verflucht sei Jesus! Und keiner kann sagen »Jesus ist der Herr!« außer im Heiligen Geist (1 Kor 12,3).

Religiöse Ekstase, so hatte Paulus einleitend klargemacht, kann unterschiedlich verursacht sein, wie es die Adressaten an sich erfahren hatten, als sie sich noch von den »stummen Götzen fortreißen ließen« (12,2). Selbst in der christlichen Gemeindeversammlung mischt sich dämonischer Einfluß ein, sofern bisweilen der Fluch auf Jesus lautwird, auch wenn damit nur der pneumatische Christus gegen den historischen Jesus ausgespielt werden sollte. Demgegenüber bringt die Alternative den Geist in zweifacher Funktion ins Spiel: einmal als diakritisches Prinzip, das zur Unterscheidung der Geister befähigt; sodann aber nicht weniger als Antrieb der Akklamation; denn es ist sein Werk, wenn Jesus mit dem Kyriostitel angerufen wird. Letzter Beweggrund dessen aber ist, wie Paulus im Christus-Hymnus des Philipperbriefs – und hier als Referent einer hymnischen Anrufung – deutlich macht, Gott selbst, der den bis zum Tod am Kreuz Erniedrigten »erhöhte und ihm einen Namen gab, der über allen Namen ist, damit sich im Namen Jesu jedes Knie beuge... und jede Zunge bekenne: Jesus Christus ist der Herr« (2,9ff.).

Einen besonderen Akzent legt Paulus auf den Sohnestitel. Das von ihm verkündete Evangelium ist die »frohe Botschaft von seinem Sohn« (Röm 1,1.3). So entspricht es ebenso seiner eigenen Heilserfahrung wie der von ihm vorgefundenen Tradition, die (nach 1 Thess 1,10) den Gottessohn »vom Himmel her« als den Erretter aus dem kommenden Zorngericht erwartet. Für ihn selbst aber ist der Sohn der Inbegriff der an ihn ergangenen Offenbarung (Gal 1,16) und der ihm in seinem Streben und Irren zuvorkommenden Liebe (2,20). Wenn die Thessalonicher-Stelle in Jesus die Hoffnung setzt, daß er uns dem endzeitlichen Zorngericht »entreißt«, hat sie ihn zudem auch schon, wie es dann in dem gleichsinnigen Philipperwort formell geschieht (3,20), als den Retter (*soter*) der Endzeit angesprochen. Demgegenüber gilt die Sendung des Sohnes, wie Paulus in kunstvoller Formulierung im Galaterbrief sagt, der Herbeiführung der gegenwärtigen Zeitenwende:

Als die Zeit erfüllt war, sandte Gott seinen Sohn, aus einer Frau geboren und dem Gesetz unterstellt, damit er die dem Gesetz Unterworfenen befreie und damit wir zur Sohnschaft gelangten (4,4).

Wie Paulus im Christus-Hymnus des Philipperbriefs den Erniedrigungsweg Christi durch den Zusatz vertieft »bis zum Tod am Kreuz« (2,8), vervollständigt er hier die Sendung des Sohnes durch die des Geistes, »den Gott in unsere Herzen sandte«, damit er die zur Gotteskindschaft Gelangten zur elementaren Artikulation ihrer Würde, zur Abba-Anrufung, befähige (4,6).

Sofern auch diese Aussage einen charismatischen Vorgang im Rahmen der urchristlichen Gemeindeversammlungen spiegelt, wird die Insinuation fühlbar, die von dem christologischen Grundkonzept auf die Verkündigung ausging. Was in den ekstatischen Akklamationen zur Sprache kam, drängte danach, im Wort der Verkündigung weltweit proklamiert zu werden. Im persönlichen Fall des Apostels entsprach dem die Nötigung, der er durch sein Damaskuserlebnis unterstand. Was ihm damals ins Herz gesprochen wurde, »mußte« von ihm, der (nach 2 Kor 4,13) durch seinen Glauben zum Reden gebracht worden war, zur Ermöglichung des Glaubens anderer (Röm 10,15ff.) verkündet werden.

Aufs neue zeigt sich damit, wie sehr die paulinische Christologie soteriologisch, als Heilsbotschaft, konzipiert ist.[25] In sämtlichen Hoheitstiteln klingt das unüberhörbar durch, angefangen von dem Christusnamen, den Paulus selten absolut, um so häufiger jedoch in den prädikativen Bestimmungen des »durch«, »mit« und »in« Christus gebraucht. Zwar kann er auch sagen, daß Gott ihm »in Christus« die Gnade verlieh (1 Kor 1,4) und die Welt mit sich versöhnte (2 Kor 5,19). In der Regel dient die Wendung »in Christus« jedoch der Bestimmung der christlichen Seins- und Aktionssphäre, in der die Glaubenden »sind« (Röm 8,1), in der sie befreit (Gal 2,4), gerettet (Röm 3,24), neu geschaffen (2 Kor 5,17), lebendig gemacht (1 Kor 15,22) und geheiligt (1 Kor 1,2) sind, in der sie für Gott leben (Röm 6,11), sich rühmen (Röm 15,17; 1 Kor 15,31) und sich nicht vergeblich mühen (15,48).

Heilsaussagen verbinden sich aber insbesondere mit dem Kyrios- und Sohnestitel. Als Kyrios ist Christus nicht nur »Herr über Lebende und Tote« (Röm 14,9), sondern sogar Herr des Geistes (2 Kor 3,16). In der Anrufung »Herr ist Jesus Christus« feiert die Gemeinde seine Erhöhung (Phil 2,4), in ihrem sehnsüchtigen »Maran atha« ruft sie seine rettende Anwesenheit herbei (1 Kor 16,22); denn »jeder, der den Namen des Herrn anruft, wird gerettet« werden (Röm 10,12f.). Demgegenüber verbindet sich mit dem Sohnestitel vor allem das Motiv der Hingabe, dem Paulus mit dem Bekenntnis, daß er im Glauben an den für ihn hingegebenen Gottessohn lebe (Gal 2,20), eine ganz persönliche Note verleiht, so daß er, gestützt auf seine Urerfahrung, sogar sagen kann, daß uns mit dem für uns Hingegebenen »alles geschenkt« sei (Röm 8,32).

Christus und Sophie

Trotz dieses Überhangs behält die Christologie für Paulus ihr Eigenrecht. Das bestätigt die – wenn von ihm nicht begründete, so doch entscheidend profilierte – Weisheitschristologie, deren Stellenwert von KARL-JOSEF KUSCHEL mit neuen Gründen hervorgehoben wurde.[26] Es bleibe dahingestellt, ob Paulus dabei ein in Korinth bereits vorliegendes – und insbesondere von der Apollos-Gruppe privilegiertes – Modell korrigierend aufgriff oder unter dem Eindruck der philosophischen Herausforderung ein sophiologisches Christusbild entwarf: Unbestreitbar setzt er damit einen für seine Verkündigung zentralen Akzent.[27] Im ersten – von der Forschung mehrheitlich angenommenen – Fall bestünde seine Eigenleistung in der Verknüpfung eines christlich assimilierten Weisheitskonzepts mit dem »Wort vom Kreuz«, im zweiten in der Schaffung einer der philosophischen Weisheitssuche extrem widerstreitenden Alternative.

Dort die Weisheitssuche auf dem Weg des abstrahierenden Auf- und Überstiegs, hier auf dem Weg der Versenkung ins Passionsmysterium; dort die Suche nach dem »Fundort der Weisheit« im Ideenkosmos, hier ihre Entdeckung in der »Torheit des Kreuzes«; dort Weisheit als Inbegriff des Umgreifend-Universalen, hier als Ereignis am Rande des gesellschaftlichen Establishments. Wenn Paulus wiederholt die »Machthaber dieser Welt« als Urheber der Kreuzigung Jesu nennt (1 Kor 2,6.8), ist diese von Kuschel vermerkte sozialkritische Note durchaus glaubhaft.[28]

Wenn der zweite Fall angenommen werden dürfte, stünde der paulinische Entwurf in einer erstaunlichen Entsprechung zum Aufgang der Weisheitsidee im spätjüdischen Denken. Beide Male ginge es dann um eine »Notlösung« im höchsten Sinn dieses Ausdrucks. Im israelischen Präzedenzfall ging der Entwurf der spekulativen Weisheit aus einem theologischen Kompensationsakt erster Ordnung hervor, durch den die vom 74. Psalm beklagte »Not« der ausbleibenden »Wegzeichen« und »prophetischen Stimmen« (74,9) in die »Tugend« der als »ungetrübter Spiegel von Gottes Kraft« (Weish 7,26) geschauten Weisheit verwandelt wurde. Bei Paulus bestünde die zentrale Leistung demgegenüber in dem spekulativen Nachvollzug der großen Umwertung, durch welche sich Gott in der Torheit des Kreuzes als der aller Weltweisheit Überlegene erwies.

Ausgearbeitete Kontexte sind nicht Pauli Sache. Was er statt dessen bietet, sind Markierungspunkte und Durchblicke. Zu den ersten gehört das Wort von dem »einen Herrn Jesus Christus, durch den alles ist und durch den wir sind« (1 Kor 8,6), gleichviel, ob der Satz als kosmologische oder, wie die neuere Auffassung will, als soteriologische Aussage zu gelten hat.[29] Denn in jedem Fall gewinnt sie ihr volles Profil erst durch die Rückblende auf die von Gott »als erstes seiner Werke« geschaffene Weisheit, die, wohl als Verkörperung der Kunst und »spielerischen« Leichtigkeit seines Schöpfungswirkens, »vor ihm spielte auf dem Erdenrund« (Spr 8,31). Ähnliches gilt von der Bezeichnung Christi als »Gottes Ebenbild« (2 Kor 4,4), die unmittelbar auf die Qualifikation der Weisheit als das »Abbild seiner Güte« zurückweist.

Für die Annahme einer eigenen, aus den Quellen des Judentums geschöpften Weisheitschristologie spricht aber nicht zuletzt die allegorische Deutung von Israels Wüstenzug, auf dem das Volk nach der kühnen Deutung des Erzählers von einem »geistigen Felsen« – »der Fels aber war Christus« – begleitet wurde (1 Kor 10,4). Denn diese Passage (10,1–11) wirkt, ebenso wie die eschatologische Perspektive des Auferstehungskapitels (15,20–28), wie das Fragment eines geschichtstheologischen Durchblicks nach Art dessen, in den das Weisheitsbuch ausmündet (10,1–19,22). Zentrale Aussage jedoch bleibt der Satz, wonach Christus »für uns zur Weisheit geworden ist« (1 Kor 1,30), mit dem Paulus den »Abglanz des ewigen Lichts« (Weish 7,26) mit der zeitlich-konkreten Erscheinung Jesu identifiziert.

Die Rechtfertigung

Denkbar hart stößt sich damit der Satz, mit welchem BORNKAMM, wegweisend für die übergroße Mehrheit der Paulusforscher, zum soteriologischen Hauptstrang des paulinischen Christusverständnisses zurückführt. Danach ist das paulinische Kerygma vor allem darin gegeben, daß Paulus die Christusbotschaft als Botschaft von der Rechtfertigung aller aus dem Glauben auslegt und entfaltet. Weit davon entfernt, urchristliches Allgemeingut zu sein, ist diese Lehre eine spezifisch paulinische Schöpfung... Sie hat dem Apostel nicht nur von seiten des Judentums Todfeindschaft eingetragen, sondern ihn ebenso in der Christenheit seiner Zeit in Verruf gebracht und zum Fremdling gemacht. Und doch ist er durch sie zum Apostel der Völker geworden und hat nicht nur die Lösung des Christentums vom Judentum heraufgeführt, sondern auch die Einheit der Kirche aus Juden und Heiden erst eigentlich theologisch begründet.[30]

Diese ungleich mehr für die durch Bornkamm repräsentierte Paulusforschung als für das theologische Selbstverständnis des Apostels »programmatische« Behauptung steht und fällt mit ihren werkbiographischen und glaubensanalytischen Prämissen. Sofern sie die Rechtfertigungslehre zur paulinischen Zentralaussage erklärt, steht sie im Widerspruch zu der bis heute nicht widerlegten Beobachtung ALBERT SCHWEITZERS, wonach sie lediglich einen »Nebenkrater« im Hauptkrater der paulinischen Erlösungsmystik bilde.[31] Damit fällt auch schon das Stichwort für den in diesem werkbiographischen Kontext ausschlaggebenden Grund, der in die einfache Formel gefaßt werden kann, daß Paulus primär Mystiker und erst in zweiter Hinsicht Theologe ist. Als Theologe ist er zweifellos der Schöpfer und Theoretiker, wenn auch nicht der eigentliche Urheber der Rechtfertigungslehre, die er zudem als kerygmatische Strategie, nicht jedoch, wie ihm Borkamm unterstellt, als Verarbeitung persönlicher Probleme, Erfahrungen und Einsichten entwickelte.

Wie kaum irgendwo sonst rächt sich hier das über das paulinische Damaskuserlebnis verhängte Verdikt, das sich wie eine Barriere jedem Versuch widersetzt, die paulinische Botschaft zentral aus den Eingebungen jener Stunde herzuleiten. Inzwischen wurde diese Barriere jedoch mindestens zweimal durchbrochen: radikal durch die Studie DIETZFELBINGERS, die ›Die Berufung des Paulus als Ursprung seiner Theologie‹ erweist; ansatzweise aber auch durch BECKER, der das Verdikt durch den Versuch unterläuft, die in »typischer Sprache« ausgesagte

Berufung in ihren Bedeutungsvarianten, vor allem auch in ihrer »optischen« Qualität, auszuleuchten, zuletzt aber auch dadurch, daß er in subtiler Recherche den »Wurzeln der paulinischen Rechtfertigungsaussagen« nachgeht.[32] Danach führen zwei Aussagestränge auf die Rechtfertigungslehre hin: »Gerichtsaussagen«, die auf das endzeitliche Gottesgericht hinblicken und, was ihren Ursprung belangt, der jüdischen Apokalyptik entstammen; und präsentische »Taufaussagen«, die sich auf das geheiligte Sein des Christen beziehen und als solche auf eine »hellenistisch-antiochenische Herkunft« verweisen.[33]

Ergänzt werden müßte diese Bestandsaufnahme nur noch durch die bereits vermerkte Tatsache, daß in den das Damaskuserlebnis einkreisenden Aussagen kein Hinweis auf ein Sündenbewußtsein und darin gründendes Rechtfertigungsverlangen zu entnehmen ist. Damit schwindet die Wahrscheinlichkeit, daß die Rechtfertigungslehre zu den Elementardaten der paulinischen Konzeption zu zählen ist, während immer mehr für die Annahme spricht, daß sie zu den sekundären, durch die Einarbeitung vorgegebener Interpretamente entstandenen Strategien des Apostels gehört.

Die volle Tragweite dieses Befunds kommt jedoch erst unter glaubensanalytischem Gesichtspunkt ans Licht. Denn die Befürworter des Standpunkts, daß die Rechtfertigungslehre die »beherrschende Mitte der paulinischen Theologie«, wenn nicht sogar die unverzichtbare Bedingung der »Sagbarkeit Gottes« sei (Jüngel), gehen offensichtlich von der Voraussetzung aus, daß die christliche Botschaft ihren bleibenden Anknüpfungspunkt im Sündenbewußtsein der Menschen habe. Indessen zeigen schon die eindringlichen Appelle zur »Wiederentdeckung« der Sünde, daß diese Position, zumindest in bewußtseinsgeschichtlicher Hinsicht, auf brüchigem Boden steht. Verhängnisvoll wirkte sich für die Verarbeitung des Problemzusammenhangs der Umstand aus, daß die von Heine lautstark geforderte »Abschaffung der Sünde« nur von der Hellsichtigkeit Kierkegaards in ihrer epochalen Tragweite erfaßt wurde.[34] Inzwischen ist der spätestens seit der Jahrhundertmitte zu registrierende »Schwund des Sündenbewußtseins« schon so weit fortgeschritten, daß Günter Rohrmoser im Blick auf Luthers

Initialfrage »Wie bekomme ich einen gnädigen Gott«, als hätte er die These von der Zentralposition der Rechtfertigungslehre im Ohr, allen Ernstes fragen konnte:

> Ist aber der Mensch der Gegenwart durch die Frage Luthers noch erreichbar, wird er von ihr noch betroffen oder entzieht sie sich völlig seinem Begreifen? Was bleibt von dem Kernstück des ganzen Protestantismus, der Rechtfertigungslehre, wenn diese Frage nicht mehr das sie bewegende Zentrum bildet?[35]

Wenn Paulus als Orientierungsfigur für die Gegenwart erwiesen werden soll, kann dies somit nicht, wie immer noch vielfach angenommen wird, mit Hilfe der Rechtfertigungsbotschaft geschehen, so sehr diese einen Großteil seiner theologischen Leistung ausmacht und insbesondere das Kernstück seines theologischen Testaments, des Römerbriefs, bildet.[36] Statt dessen sollte man sich fragen, ob die im Spätwerk des Apostels zu beobachtende Verlagerung des theologischen Schwerpunkts auf die »Rechtfertigung des Gottlosen« (BECKER) nicht – analog zur psychologischen Entwicklung Augustins – mit einer zunehmenden Verdüsterung seines Lebens- und Weltgefühls zusammenhängt, die ihn die menschliche Verworfenheit schärfer sehen und dramatischer einschätzen ließ als in den früheren Briefen. Doch gleichviel: Die Aktualität des Paulus ist nicht an die Rechtfertigungslehre gebunden, sofern nur die Erkenntnis Beckers an Boden gewinnt, daß es sich dabei um die Verarbeitung vorgegebener Traditionen mit Hilfe des aus dem späten Judentum übernommenen Interpretaments »Gerechtigkeit« handelt, also um eine hauptsächlich auf jüdische Hörer zielende Strategie, die sich zu seiner Grundkonzeption wie die Auslegung zum Text verhält. Was in Frage steht, ist somit nicht die – unzweifelhafte – Legitimität, sondern das Erstgeburtsrecht.

Lange vor Schweitzer und den übrigen Bestreitern der Rechtfertigungspriorität hatte sich JOHANN SEBASTIAN BACH mit einer künstlerischen Aussage in die Frage eingeschaltet, die, kritisch gesehen, einem Widerruf der reformatorischen

Formel vom gerechtfertigten Sünder (*simul iustus et peccator*) und, positiv gewertet, einer Wiederentdeckung der paulinischen Heilslehre gleichkommt.[37] In seiner Motette ›Jesu, meine Freude‹ (von 1723) betont er mit einer Vehemenz »Es ist nun nichts Verdammliches in denen, die in Christus Jesus sind« (Röm 8,1), daß zumindest für die Vorstellung einer forensischen Gerechtsprechung des Sünders kein Raum bleibt.[38] Um so machtvoller bekennt sich Bach mit dem Fortgang des Römertextes, den er beziehungsreich durch die eingeschalteten Choralstrophen beleuchtet, zur Neuschöpfung dessen, der durch den Glauben in eine Lebensbeziehung zu Jesus trat und in ihm seine Freude – ein Äquivalent für das, was heute zeitgemäßer »Sinn« heißen könnte – gefunden hat. Damit wirft er auch seinerseits die Frage nach der Urform der paulinischen Soteriologie auf. Oder, nun direkt gefragt: Wie verstand Paulus die Übereignung des durch Christus gewirkten Heils ursprünglich?

Die Gotteskindschaft

Eine verläßliche Antwort ist wiederum nur von der Damaskusvision zu erwarten. Sofern sie nach dem Urzeugnis des Apostels in der »Offenbarung des Sohnes« bestand, ist die entscheidende Auskunft zweifellos seiner Aussage über dessen »Sendung« zu entnehmen. Davon aber sagt der Galaterbrief, daß sich mit ihr der göttliche Zweck verband, den dem irdischen Lebensgesetz Unterworfenen zur Gotteskindschaft zu verhelfen. Und er ergänzt diese Aussage durch eine weitere:

> Weil ihr nun Söhne seid, sandte Gott den Geist seines Sohnes in unsere Herzen, der »Abba, Vater!« ruft (4,6).

Aus formgeschichtlicher Sicht spricht alles dafür, daß die durch ihre Doppelsprachlichkeit als Traditionsgut ausgewiesene Anrufung auf charismatische Äußerungen im urchristlichen Gottesdienst zurückgeht.[39] Wie aber die Parallelstelle im Römerbrief (8,15) zeigt, hat die Akklamation für Paulus grundlegende Bedeutung, nicht zuletzt wohl deswegen, weil sie dazu angetan ist, die Spannung, welche die von ihm vernommenen »unsagbaren Worte« hinterließen, aufzuheben. In einem vergleichbaren Spannungsverhältnis steht die Abba-Anrufung aber auch zu dem »unaussprechlichen Seufzen«, mit dem der Gottesgeist (nach Röm 8,26) für die Gläubigen in ihrer Gebetsnot eintritt. Die Lösung bringt der Hinweis des Römerbriefs:

> So bezeugt der Geist selbst unserem Geist, daß wir Kinder Gottes sind (8,16).

Im enthusiastischen Abba-Ruf bricht sich demnach die elementare Vergewisserung der Gotteskindschaft Bahn. Wer sich dazu »vom Geist getrieben« fühlt, erlebt in diesem »Drang«, die Gotteserfahrung Jesu nach- und mitzusprechen, daß er dem Stand der Knechtschaft überhoben und in den Rang der Sohnschaft versetzt wurde. Erlaubt das aber auch einen Rückschluß auf den »Vollzug« des Damaskuserlebnisses? Zwar ist Paulus der Nachwelt jede formelle Auskunft darüber schuldig geblieben, da er nur in »typischer Sprache« davon berichtet. Dadurch sind Rückfragen an ihn aber keineswegs verwehrt. Vernahm er im Abba-Ruf der Gemeinde ein Echo seiner eigenen Antwort? Konnte er dem, der seinen Sohn in ihm offenbarte, überhaupt anders als im Sinn dieser Anrufung antworten? Und wenn der Sohn das Medium der an ihn ergangenen Berufung war, galt dann dasselbe nicht auch von seiner Antwort? Bestand sie nicht notwendig im pneumatischen Mitvollzug der Abba-Anrufung, mit welcher Jesus die Mauer der Unnahbarkeit Gottes durchbrochen und sein Herz für die Menschheit erschlossen hatte? Wenn es sich aber so verhielt, wie stand es dann um den Sprecher? Sprach er das »Abba« im Namen des Sohnes, oder sprach es der Sohn in ihm? Und war es dann nicht so, als wenn sich dieser Ruf erstmals in seiner Berufungsstunde zum Himmel erhoben hätte? Erfuhr er somit, anders gewendet, damals nicht das von den Mystikern gerühmte Wunder der Gottesgeburt in seinem ergriffenen Innern? Und war das nicht gleichbedeutend mit seiner Wiedergeburt zur Gotteskindschaft? Wenn so gefragt werden kann, löst sich das Prioritätsproblem; denn aus dem Zusammenspiel dieser Fragen ergibt sich dann die Folgerung, daß für Paulus die Erlösung primär in der Erhebung zur Gotteskindschaft bestand. So sehr das in der Konsequenz seiner Damaskusvision und damit seiner Lebenslogik liegt, steht es doch in einem geradezu erschreckenden Kontrast zur theologiegeschichtlichen Verarbeitung des Motivs. Denn nach der Cusanus-Schrift über die Gotteskindschaft (von 1445) wurde das Motiv kaum einmal intensiver erörtert, geschweige denn in seiner kosmologischen, anthropologischen und spirituellen Bedeutung ausgeleuchtet, obwohl es von Paulus im Weltkontext dargestellt (Röm 8,19ff.), als Replik auf den Notschrei des unerlösten Menschen (7,24) eingesetzt und als Prinzip einer mystischen Spiritualität (8,14ff.) ausgewiesen ist. Nicht zuletzt wird sich darum die Frage nach der Vergegenwärtigung des Apostels an der Wiederaufnahme dieses Motivs entscheiden.

Nur ein Leib

Zweifellos geht von Paulus der stärkste Schub aus der Antike in Richtung auf den neuzeitlichen Subjektivismus aus; und selbst der »erste moderne Mensch«, Augustin, der die Abkehr von der kosmosorientierten Denkweise zur subjektbezogenen in aller Form vollzog, ist ganz dem paulinischen Ansatz verpflichtet. Dennoch ist Paulus das Gegenteil eines Individualisten. Sein Programm lautet vielmehr: »Keiner lebt für sich selbst, und keiner stirbt für sich selbst« (Röm 14,7). Auch wenn das kaum seiner Persönlichkeitsstruktur entspricht, spiegelt sich darin doch um so mehr seine Heilserfahrung und sein Glaubensverständnis. Denn das ihm ins Herz gesprochene Geheimnis des Gottessohnes wurde von ihm (nach Gal 2,20) als Folge seiner »Hingabe« und Selbstübereignung erfahren; und der Glaube ist für ihn so sehr ein zum Zeugnis befähigender (2 Kor 4,13) und zur Liebe bewegender (Gal 5,6) Akt, daß er bei seiner zentralen Bestimmung (Röm 10,9) die Bekenntnispflicht sogar allem anderen vorordnet.

Dennoch überrascht die Intensität des von Paulus für die Glaubensgemeinschaft verwendeten Bildes, das an Stringenz noch weit über das von der Apostelgeschichte verwendete – »die Menge der Gläubigen war ein Herz und eine Seele« (4,32) – hinausgeht:

> Denn wie wir an einem Leib viele Glieder haben, jedoch nicht alle Glieder denselben Dienst verrichten, so sind wir viele ein Leib in Christus, einzeln aber, im Verhältnis zueinander, Glieder (Röm 12,4f.).

Diese komprimierte Aussage hatte Paulus zuvor schon in seiner Stellungnahme zu den korinthischen Enthusiasten – und vermutlich unter Anspielung auf ihre gnostizierende Vorstellungswelt – ausführlicher entwickelt (1 Kor 12,12–37).[40] Typisch ist für beide Ableitungen, daß Paulus den allegorischen Ansatz aufgibt und mit einer seinshaften Aussage – »so sind wir ein Leib in Christus« (Röm 12,5); »so ist es auch mit Christus« (1 Kor 12,13) – schließt.[41] Nur scheinbar zieht er einen Vergleich; tatsächlich trifft er eine Wesensbestimmung. Das wirft dann allerdings die von SCHWEITZER aus der Betroffenheit des modernen Individualbewußtseins mit aller Schärfe gestellte Frage auf:

> Wie konnte ein Denker dazu kommen, die Vorstellung des erweiterten Leibes einer Persönlichkeit hervorzubringen? Wie kann Paulus sie als so selbstverständlich ansehen, daß er von ihr Gebrauch macht, ohne sie jemals zu erläutern?[42]

Die einzig zutreffende Antwort darauf ist von verblüffender Einfachheit: weil Paulus davon ausgehen konnte, daß diese Vorstellung seinen Lesern aufgrund ihres Vorverständnisses unmittelbar einleuchtete, so daß sie nicht erläutert zu werden brauchte. Die dafür von der religions- und motivgeschichtlichen Forschung beigebrachten Belege entstammen in der Mehrzahl freilich einer relativ späten Reflexionsstufe, die, wie die von Menenius Agrippa zur Umstimmung der gegen den römischen Senat aufbegehrenden Plebs vorgetragene Fabel (Livius II,32) mehr für die Verbreitung als für die Herkunft des Gedankens sprechen.[43] Ungleich weiter führt die von Bultmann aufgerufene Urmensch-Tradition zurück, obwohl sie nach der abwägenden Würdigung FERDINAND HAHNS so wenig eine Erklärung für das Leib-Motiv bietet wie der Ableitungsversuch aus der gnostischen Weltleib-Idee.[44] Obwohl das auch auf das antike Mikrokosmosmotiv zutrifft, sollte dieses doch mit in die Suche nach dem Erklärungsgrund für den die Individuen zu einer Kollektivperson integrierenden Leib-Christi-Gedanken herangezogen werden. Indessen gehen alle derartigen Ableitungsmodelle an Schweitzers zentralem Fragepunkt vorbei. Ihm geht es um die »Selbstverständlichkeit«, mit welcher Paulus den Gedanken einführt. Und die läßt sich, um es mit einem Wortspiel zu sagen, nur aus dem Selbstverständnis des Apostels herleiten.

Der Bewußtseinsraum

Der Einstieg in diesen Problemkreis erschließt sich am besten durch die distanzierte Selbstbezeichnung des Apostels am Ende der Narrenrede, dieses befremdliche »Ich kenne einen Menschen« (2 Kor 12,2), das weder auf einen Dualismus noch auf eine einmalige Ausnahmesituation schließen läßt, sondern mit ANSELM STOLZ als Hinweis auf eine eigentümliche Synchronie alter und neuer Seinsform gelesen sein will.[45] Danach bleibt der Entrückte, was er ist: als der zur Höhe der Gottessohnschaft Erhobene angefochtene und todverfallene Kreatur, als Bürger der jenseitigen Gemeinschaft eingebunden in die vergehende Gestalt dieser Welt, als der unzertrennlich in der »Liebe Christi« Geborgene doch noch in der Fremde, »fern vom Herrn« (2 Kor 5,6).

Wenn man die Gestalt dieses Bewußtseins in den Blick zu bringen sucht, zeichnet sich ein ähnlich zyklischer Aufbau ab, wie er dem der Botschaft entspricht. Die »stehende Mitte« dieses Bewußtseinsraums bildet die im Damaskuserlebnis gewonnene neue Identität, die das konkrete Dasein des Apostels in jene Sphäre eintaucht, die er, konstrastiv zur Formel »Christus in mir«, mit dem dazu gegensinnigen »in Christus« bestimmt.[46] Es ist die Sphäre des Geistes, die durch die Überwindung der »fleischlichen« Lebensform zustandekam und mit dieser, wie das Ringen des Apostels um die vom Rückfall in das »Fleisch« bedrohten Galater zeigt (3,3ff.), mit dieser lebenslang in einem Spannungs- und Konfliktverhältnis steht.

Wie eine schützende Hülle legt sich um diese »Innenwelt«, wenngleich mit ihr vielfach verbunden, der mystische Christusleib, der sich aus dem organischen Zusammenspiel der unterschiedlichen Gnadengaben aufbaut (1 Kor 12,4–11) und als das durch eine differenzierte Ämterordnung strukturierte Gefüge einem jeden seine spezifische Funktion zuweist (12,28). So gesehen ist der mystische Leib die Sphäre, durch die Paulus in jener engen Wechselbeziehung mit seinen Gemeinden steht, die ihn auch in der Abwesenheit zu machtvoller Präsenz gelangen läßt (1 Kor 5,4f.) und ihm wiederholt die Versicherung abnötigt, daß er sie in seinem Herzen trage (2 Kor 7,3; Phil 1,7). Es ist somit die Sphäre der spirituellen Kommunikation und jenes mystischen »Lastenausgleichs«, den er mit dem Wort anspricht:

> Wenn ein Glied leidet, leiden alle mit; wenn ein Glied geehrt wird, freuen sich alle mit (1 Kor 12,26).

Wie die Herleitung des Leib-Christi-Motivs aus der »generativen« Urmensch-Vorstellung und deren kosmischem Rahmenkonzept, dem Mikrokosmosgedanken, erkennen läßt, kommen als bewußtseinsbildende Faktoren aber auch Motive mythischer und weltbildhafter Art mit ins Spiel. Wenn die originalen Paulusbriefe auch nicht mit der Deutlichkeit der Paulusschule von dem »Herrscher im Luftreich« (Eph 2,2) und den »Geistesmächten in den Himmelshöhen« (6,12) reden, wie es der altbabylonischen Vorstellung von einer durch Dämonen besetzten Zwischenzone zwischen Erde und Himmel entspricht, sieht doch auch Paulus in der Faszination des heidnischen Götterkults das Wirken dämonischer Mächte und im antiken Schicksalsglauben ein Syndrom von numinosen Tendenzen und Kräften, wenngleich für ihn feststeht, daß diese prinzipiell durch Christus entmachtet wurden (Gal 4,3–10), so daß der Freiheitsraum für ein Leben aus christlicher Selbstverantwortung entstehen konnte.

Die letzte Horizontlinie des paulinischen Bewußtseins aber wird durch das gebildet, was der Apostel mit dem Gegensatz von altem und neuem Äon meint. Darin verbindet sich die Vorstellung von Welt und Zeit im Unterschied zur gnostischen Auffassung, jedoch mit einer deutlichen Akzentverlagerung zur Zeitkomponente hin. Während die Gnosis den Äonenwechsel aus kosmischen, insbesondere astralen Gesetzen herleitet, wird er von Paulus betont geschichtlich, genauer noch heilsgeschichtlich gedacht. Zwar übt der alte, vom »Gott dieser Welt« (2 Kor 4,4) beherrschte Äon noch immer seinen Einfluß aus. Doch kann Paulus im Bewußtsein des bereits eingetretenen Umbruchs im Römerbrief versichern:

> Die Stunde ist da, vom Schlaf aufzuwachen. Denn das Heil ist weit näher als zu der Zeit, da wir zum Glauben kamen. Die Nacht ist vorgerückt, der Tag bricht an (13,11 f.).[47]

Und der Gemeinde von Korinth ruft er geradezu triumphierend zu:

> Jetzt ist er da, der Tag des Heils; jetzt ist sie da, die Zeit der Gnade! (2 Kor 6,2).

Er lebt somit im Bewußtsein einer verdämmernden und als solche von einem neuen Äon überholten Weltzeit. Was in seiner Stunde geschieht, wird einerseits von der zu Ende gehenden behindert, andererseits aber auch von der heraufkommenden begünstigt. Das gibt seinem Denken eine zweifache, negativ und positiv motivierte Vorwärtsorientierung. Eine Zukunftsperspektive bricht auf, die als Raum der Hoffnung gelebt sein will. Ein Bann fällt von den Herzen, während sich die Gestaltkräfte des Kommenden zu regen beginnen. Der Glaubende verfällt somit keinem epochalen Akosmismus; vielmehr tritt sein Dasein unter neue Rahmenbedingungen, die vom Vorgefühl der endzeitlichen Vollendung bestimmt sind. Noch bevor die Ekklesiologie volle Gestalt gewonnen hat, kommt hier die Inklination der paulinischen Verkündigung zur Eschatologie hin zum Vorschein. Wie aber gestaltet sich das Kirchenbild, das aus der Verschmelzung der denkerischen Disposition des Apostels mit dem, was ihm die »Matrix« der kulturgeschichtlichen Vorgaben und die eigene Erlebniswelt inhaltlich boten, hervorging?

Das Kirchenbild

Paulus steht noch diesseits der hierarchisch verfaßten Kirchengemeinschaft. Erst die Apostelgeschichte läßt ihn in der Position eines zum Amtsträger gewordenen Apostels zu den kleinasiatischen Presbytern, die sich auf seine Anordnung hin in Milet versammelten, in bewegenden Abschiedsworten sprechen (20,17–37). Dennoch hat die Kirche für ihn bereits deutliche Kontur. Sie heißt Herde (1 Kor 9,7), Pflanzung (3,5 ff.), Haus (9,17), Tempel (3,16) und schließlich sogar thematisch »Kirche« Gottes (10,32). Als Gottes Tempel muß sie vor Entweihung (3,17), als Volk Gottes (Röm 9,25 f.) vor Spaltung bewahrt werden. Dem dienen die von Gott zu ihrer Auferbauung und Leitung bestellten »Apostel, Propheten und Lehrer« (1 Kor 12,28 ff.).

Ungleich mehr als an den Strukturen liegt dem Apostel jedoch am liturgischen und spirituellen Leben der Kirche. Es ist für ihn entscheidend durch die beiden Sakramente Taufe und Herrenmahl, nicht weniger aber auch durch die Wirkungen des Gottesgeistes bestimmt, der »einem jeden seine besondere Gabe zueignet, so wie er will« (1 Kor 12,11). Während die Sakramente die Rückbindung der Gemeinde an Christus bewirken, erscheint der Geist als das ihr Leben inspirierende, entfaltende und steuernde Prinzip, das bei aller Gefahr des ausufernden Wildwuchses nicht behindert werden darf; denn nichts fürchtet Paulus mehr als ein mögliches Erlöschen. Daher sein Appell: »Löscht den Geist nicht aus!« (1 Thess 5,20).

Wasser und Blut

Im Kontext der Leib-Christi-Vorstellung gesehen bewirkt die Taufe nach Paulus die Eingliederung in diesen mystischen Organismus. Dahin deutet sein Wort, wonach die Taufe ein geistgewirktes »Hineingetauchtwerden in den einen Leib« besagt (1 Kor 12,11), nicht weniger aber auch sein Bild, wonach alle auf Christus Getauften »Christus angezogen« haben (Gal 3,27). Greift er hier auf alttestamentliche Bildsprache (Jes 61,10) zurück, so in der zentralen Aussage des Römerbriefs, wie Schelkle und Bornkamm vermuten, auf den rituellen Nachvollzug von Tod und Auferstehung der Vegetationsgottheiten in den zeitgenössischen Mysterienkulten; in diesem Sinn fragt er:

> Wißt ihr nicht, daß wir alle, die wir auf Christus getauft sind, auf seinen Tod hin getauft sind? So sind wir durch die Todestaufe begraben, damit wir, so wie Christus durch die Herrlichkeit des Vaters von den Toten auferweckt wurde, zu einem neuen Leben erstehen (6,3f.).[48]

Dabei bewirkt die Verähnlichung, wie Paulus in leiser Adaptation der platonischen *methexis*-Lehre sagt, eine seinshafte Partizipation, die er mit dem drastischen Bild von einem »Zusammenwachsen« und dem noch härteren von dem »Mitgekreuzigtwerden« mit Christus (6,5f.) verdeutlicht.

Geht es in der Tauflehre des Apostels um die Begründung der Lebensgemeinschaft mit Christus, so in seiner Auffassung vom Herrenmahl, die er polemisch, im Blick auf unerträgliche Mißstände, die nach dem ihm zugegangenen Bericht in der korinthischen Gemeindeversammlung eingerissen waren, entwickelt, um deren Befestigung in Akten kultischer Erinnerung und Evokation. Dabei verfolgte er ein zweifaches Ziel. Zunächst ruft er der Gemeinde, die sogar bei ihrem Gottesdienst, also im kultischen Intimbereich, ein Bild der »von den Leuten der Chloe« beklagten Zerrissenheit (1 Kor 1,11) und sozialen Spannungen (1,26ff.) bietet, die gerade vom Herrenmahl ausgehende Einigungskraft in Erinnerung:

Ist denn der Segenskelch, den wir segnen, nicht die Verbundenheit im Blut Christi? Und ist das Brot, das wir brechen, nicht die Verbundenheit im Leib Christi? Wie es ein einziges Brot ist, so sind wir vielen ein einziger Leib, die wir uns in das eine Brot teilen (10,16f.).[49]

»Ihr seid, was ihr eßt«: damit bringt AUGUSTIN diesen Gedanken auf die knappste Formel.[50] Um seine Durchschlagskraft zu erhöhen, gibt Paulus jedoch dem von ihm in Erinnerung gerufenen Einsetzungsbericht und seiner abschließenden Aufforderung »Tut dies zu meinem Gedächtnis« (11,23f.) eine vertiefende Deutung:

Sooft ihr also dieses Brot eßt und diesen Kelch trinkt, verkündet ihr den Tod des Herrn, bis er wiederkommt (11,26).

Zum zweitenmal rührt er damit an die platonische Anamnesislehre mit ihrer Vorstellung von der realen Partizipation an der im erinnernden Rückstieg berührten Ordnung des unverbrüchlich Seienden. Doch gibt er dem Auftrag Jesu mit dem Ausdruck »verkünden« eine Wendung ins Prospektiv-Promulgatorische.[50] Das Gedächtnis des Kreuzestodes soll ihn in einer Weise vergegenwärtigen, daß er den Feiernden zugleich Zukunft eröffnet und über ihren Kreis hinaus an eine größere Öffentlichkeit gelangt. Wie das geschehen kann, sagt Paulus in der Auseinandersetzung mit den Enthusiasten. Dabei setzt er den – wohl gar nicht seltenen – Fall, daß in ihre Versammlung ein Uneingeweihter oder gar Ungläubiger hereinkommt, dem die prophetisch Begabten die »Geheimnisse seines Herzens offenlegen«; wenn aber das geschieht,

wird er auf sein Angesicht fallen, Gott anbeten und bekennen: Wahrhaftig, Gott ist in eurer Mitte! (14,24f.).

Im gleichen Sinn wird der zufällige Besucher dann aber auch die Gegenwart dessen erfahren, zu dessen sakramentalem Gedächtnis sich die Gemeinde versammelte.

Während die Sakramente die Gläubigen in der ontischen Verbundenheit mit Christus befestigen, schafft der Geist in ihnen das dieses Sein entfaltende Leben. Dem entspricht der Unterschied der von Paulus verwendeten Bilder. Während Christus den in ihn »eingetauchten« Taufempfänger nach Art eines Mediums in sich aufnimmt, erscheint der Geist als der Trank, mit dem er »getränkt« und belebt wird. Wie es in der Natur eines inspirierenden Prinzips liegt, sind die Wirkungen ebenso differenziert wie spontan. Dem einen trägt Paulus sowohl in ekklesiologischer wie individueller Hinsicht Rechnung; dem andern begegnet er mit teils ermutigenden, teils eindämmenden Direktiven.

Für Paulus ist der als pneumatische Selbstvergegenwärtigung Jesu verstandene Geist in erster Linie der Gemeinschaft der Glaubenden, der Kirche gegeben, mit der Folge, daß sich sein Wirken in ihrem Aufbau am klarsten abzeichnet. Im einzelnen unterscheidet er Leitungs- und Vermittlungsfunktionen, doch ohne die beiden »Dienste« voneinander zu trennen. So besitzen die Apostel zusammen mit der Gabe der Leitung auch die der Lehre (Röm 12,6 ff.), während die Lehrer auch über die Gabe der Hilfeleistung und Heilung verfügen (1 Kor 12,28 ff.).[51] So sehr ihm, wie sein Zuspruch »Wehrt nicht dem Zungenreden!« (14,39) zeigt, an einem blühenden »Geistesleben« gelegen ist, legt er doch dort ein entschiedenes Veto ein, wo die Glossolalie die Mitverantwortung für die übrigen Gemeindeglieder zu vergessen und nur der eigenen Erbauung zu dienen droht. Denn wichtiger als die Äußerung selbst ist ihm deren Verständlichkeit:

> In der Gemeindeversammlung will ich lieber fünf verständliche Worte sprechen, um auch andere zu unterweisen, als zehntausend Worte in der Zungenrede (14,29).[52]

Die Vielfalt der im Dienst der Kirche stehenden Geistesgaben spiegelt sich beziehungsreich in den »Früchten« des Geistes, die Paulus im Galaterbrief, und hier primär im Blick auf die

Auferbauung der Einzelpersönlichkeit, aufzählt und den »offenkundigen Werken des Fleisches« entgegensetzt:

> Liebe, Freude, Friede, Langmut, Milde, Güte, Treue, Sanftmut, Enthaltsamkeit (5,22 f.).

Wenn er dem aber kurz danach die Mahnung anfügt: »Einer trage des andern Last, so werdet ihr das Gesetz Christi erfüllen« (6,2), tritt der Sozialbezug auch dieser individuellen Geistesgaben aufs deutlichste zutage. Doch auch dies ist nicht Selbstzweck. Vielmehr dient das Geistesleben insgesamt dem übergeordneten Ziel der endzeitlichen Vollendung, in deren Feuer das Werk eines jeden erprobt wird (1 Kor 3,13):

> Denn wir alle müssen vor dem Richterstuhl Christi erscheinen, damit einem jeden vergolten werde für das, was er während seines Erdenlebens an Gutem oder Bösem getan hat (2 Kor 5,10).

Gott alles in allem

Die Kirche ist, wie Paulus sie versteht, immer nur Vorgriff auf die endzeitliche Vollendung, in der sie dann endgültig so dasteht, wie sie der eifersüchtig um sie bemühte Apostel schon in Korinth sehen wollte: als »reine Jungfrau« (2 Kor 11,2), und wie sie dann vollends die Paulusschule erblickt: »als Gottes Braut ohne Flecken und Makel« (Eph 6,26). Dabei übernimmt er, wie nicht zuletzt auch das auf das Kirchenbild der Apokalypse (21,2) vorausweisende Wort des Epheserbriefs zeigt, in auffälliger Weise traditionelle Vorstellungen, wie sie ihm vor allem durch die antiochenische Gemeindetheologie vorgegeben waren. Das zeigt sich noch deutlicher in den eingehenden Äußerungen, die ihm die Irritationen in seinen Gemeinden abverlangen.

Sie betreffen allerdings nicht, wie man vermuten könnte, das Problem der Parusieverzögerung, das Paulus nur vom Rand her verunsichert haben dürfte, sondern im ersten Fall die Sorge um die wachsende Zahl von Toten, die aufgrund ihres Ablebens die erhoffte Schau der Wiederkunft Christi nicht mehr miterleben können. Darüber beruhigt Paulus die Gemeinde von Thessalonike, der er unter Berufung auf ein »Wort des Herrn« und damit auf eine Äußerung des frühchristlichen Prophetismus versichert:

> Wir, die wir noch leben und bei der Ankunft des Herrn noch übrig geblieben sind, werden den bereits Entschlafenen nichts voraus haben. Denn er selbst, der Herr, wird, wenn der Befehlsruf ergeht, wenn die Stimme des Erzengels ertönt und die Posaune Gottes erschallt, vom Himmel herabsteigen. Dann werden zuerst die Toten, die in Christus entschlafen sind, auferstehen. Darauf werden wir, die noch leben und übrig geblieben sind, mit ihnen zusammen auf Wolken dem Herrn entgegengehen und in die Höhe entrückt werden, um immer beim Herrn zu sein (1 Thess 4,15 ff.).[53]

In abgewandelter, sprachlich aber kaum veränderter Form wiederholt Paulus diese mit den drastischen Farben der visionären Apokalyptik ausgemalte Verheißung, mit der er den um das Schicksal der Toten Bangenden Trost zusprechen wollte (4,18), in der Korrespondenz mit Korinth, dort aber als Schlußargument gegenüber den Enthusiasten, die sich bereits im Stand der Vollendung fühlten und aus dieser Voreingenommenheit sowohl den Ernst des Todes als auch den Glauben an die endzeitliche Auferstehung herunterspielten. Deshalb liegt jetzt nach der Beobachtung Beckers der Akzent nicht mehr auf der festlichen Einholung des Wiederkommenden durch die ihm entgegenharrende Gemeinde, sondern auf der Überwindung des Todes:

Seht, ich sage euch ein Geheimnis: Wir werden zwar nicht alle entschlafen, wohl aber allesamt verwandelt werden. In einem Nu, in einem Augenblick, beim letzten Posaunenstoß, wenn die Posaune ertönt, werden die Toten als Unverwesliche auferweckt, und wir werden verwandelt werden (1 Kor 15,51 f.).[54]

Dann aber überschreitet Paulus die Ebene des Disputs, um sich, wenn auch gestützt auf ein Prophetenwort (Hos 13,14), zu einer seiner strahlendsten Aussagen zu steigern:

Wenn aber dieses Verwesliche erst einmal Unverweslichkeit angezogen hat und dieses Sterbliche mit Unsterblichkeit umkleidet ist, wird sich das Schriftwort erfüllen: Wo ist, o Tod, dein Sieg? Wo ist, o Tod, dein Stachel? Der Stachel des Todes aber ist die Sünde und die Kraft der Sünde das Gesetz. Doch Gott sei Dank, der uns den Sieg verleiht durch unsern Herrn Jesus Christus! (15,54–57).

Die Todesahnung

Bis zu diesem Augenblick scheint Paulus von der Sorge um die Parusieverzögerung unberührt geblieben zu sein. Dafür aber war, wie gerade dieses triumphale Wort beweist, ein anderer Schatten auf ihn gefallen, der die Zuversicht, noch bei Lebzeiten die Wiederkunft des Herrn zu erleben, nachhaltig verdunkelte: der Schatten des Todes. Als erstes Anzeichen eines geschwächten Lebenswillens, wenn nicht sogar eines sich verdüsternden Lebensgefühls, ist es zu werten, wenn er im Philipperbrief in den Wunsch ausbricht:

Ich sehne mich danach, aufgelöst zu werden, um bei Christus zu sein; denn das wäre bei weitem das Beste (1,23).

Und dieser Wunsch verliert auch dadurch nicht an Dringlichkeit, daß sich sein Sprecher gleichzeitig zur anderen, der Lebensseite hingezogen fühlt, weil die Gemeinde weiterhin seiner Betreuung bedarf. Noch deutlicher spricht die Todesfühlung aus dem Geständnis des Apostels, er seufze und sei beklommen

– eine Verfassung, die der Seufzende (nach Röm 8,22) mit der ganzen Schöpfung teilt –, weil er, um nicht nackt dazustehen, nicht entkleidet, sondern überkleidet werden möchte (2 Kor 5,1 ff.).[55] Selbst wenn Paulus dabei zunächst an das »Erscheinen vor dem Richterstuhl Gottes« (Röm 14,10) denkt, schlägt im Ausdruck »nackt« doch unverkennbar die »Furcht vor dem Tode« und seiner Zerstörungsmacht durch (LIETZMANN).[56] Ausdrücklich geht Paulus auf die von ihm wiederholt ausgestandene Todesgefahr in der Narrenrede (2 Kor 11,23) und in dem Bildwort von dem in Ephesus bestandenen »Tierkampf« (1 Kor 14,31) ein, aber auch dort, wo er damit rechnet, »als Trankopfer hingegossen« zu werden (Phil 2,17), und dafür dankt, daß er »aus bitterer Todesnot«, in der er sich selbst schon »das Todesurteil gesprochen« habe, errettet wurde (2 Kor 1,9 f.). Konnte er angesichts dieser extremen Gefährdungen die Zuversicht aufrechterhalten, zu den bei der Parusie noch Überlebenden zu zählen, nachdem sich die zeitliche Dimension fühlbar gedehnt hatte?

Die Korrektur

Die Brücke zu einem Zusatzproblem schlägt die Beobachtung BORNKAMMS, daß Paulus im Römerbrief, der doch sonst die meisten Motive rekapituliere, die dramatische Ankündigung der bevorstehenden Parusie nicht wiederholt.[57] Die plausibelste Erklärung dieses auffälligen Tatbestands bietet die eingehende Erörterung eines seiner Natur nach viele Generationen übergreifenden Vorgangs, der nur unter der Voraussetzung einer in weite Ferne gerückten Parusie sein Ziel und Ende erreichen kann: die Rettung Israels. Wenn sie, wie Paulus urteilt, erst die Folge der Heidenbekehrung sein wird, so wie diese durch Israels »Fall« verursacht war (Röm 11,11 f.25 ff.), ist an die Wiederkunft Christi bei Lebzeiten des Apostels nicht zu denken. Und dies um so weniger, als sich die Verkündigung, wie Paulus in selbstquälerischer Reflexion ausführt, durch den Mangel an »Boten« tragisch verschleppt. Zwar wird (nach Joel 3,5) ein jeder, der den Herrn anruft, gerettet:

Wie aber sollen sie anrufen, wenn sie nicht glauben? Wie aber sollen sie glauben, wenn sie nicht gehört haben? Und wie sollen sie hören, wenn ihnen niemand predigt? (10,14f.)

Dem konnte Paulus nur durch eine Korrektur, zumindest aber eine Modifizierung seines eschatologischen Ausgangskonzepts Rechnung tragen. Was er tatsächlich bietet, ist aber weder das eine noch das andere, sondern eine innovatorische Neukonzeption des Eschaton, die an Kühnheit und Stringenz alle vergleichbaren Entwürfe hinter sich läßt. Sie ist, fast wie ein Fremdkörper, in das Auferstehungskapitel des Ersten Korintherbriefs eingesprengt und schildert das Ende (im Anschluß an Pss 8 und 109) im Stil eines gegenseitigen, Gott und die Welt umfassenden Unterwerfungsaktes:

> Er muß herrschen, bis ihm alle Feinde zu Füßen gelegt sind. Als letzter Feind wird der Tod vernichtet; denn alles hat er seinen Füßen unterworfen. Wenn ihm aber alles unterworfen ist, wird auch er, der Sohn, sich selbst dem unterwerfen, der ihm alles unterworfen hat, damit Gott alles und in allem sei (15,25–28).

Die Stelle gehört zu jenen Paulustexten, die immer noch der Entdeckung harren. Dennoch kann gesagt werden, daß Paulus mit ihm dem heutigen Rezipienten ebenso nahekommt, wie er ihm mit seiner apokalyptischen Aussage fremdblieb. Erstaunlich ist schon die ungeheure Abstraktion, die diese »innere Biographie« des Endgeschehens kennzeichnet. Sogar das Bild des Herabsteigens, das Proprium der Wiederkunftsvorstellung, ist aufgehoben, und mit ihm zusammen sind die übrigen Requisiten des Weltend-Dramas verschwunden. Dafür wird das Geschehen als wechselseitige Unterwerfung beschrieben, doch so, daß dieser Begriff durch die Zielvorstellung des »Gott alles und in allem« revidiert und dem, was der Epheserbrief »Rekapitulation« nennt (1,10) und was im Anschluß daran zu einem soteriologischen Theorieentwurf entfaltet wurde, angenähert wird.[58] So erscheint der endzeitliche Gottessohn als jener himmlische »Urmensch«, der sich alles in der Form unterwirft, daß er es in sich zusammenfaßt. Das gilt sogar für den letzten Feind, den Tod, sofern man sich nur den tiefsinnigen Gedanken JOSEPH BERNHARTS zueigen macht, daß der Auferstandene die Spuren seines Todes in Gestalt seiner Wundmale in seiner Verklärung behält.[59]

Damit ist die Bedingung für das Letzte erfüllt: die Unterwerfung des Sohnes, verstanden als sein Rückgang vom weltbezogenen Werk zur ewigen Hingabe an den, von dem er (nach Röm 8,32) hingegeben worden war. Das ist, paulinisch gesehen, »das letzte Kapitel von der Geschichte der Welt« (KLEIST).

IX. Die Dokumentation

Die schriftstellerische Leistung

In seiner Abhandlung über das Priestertum fragt JOHANNES CHRYSOSTOMUS – der sich, wie der ihm beigelegte Ehrentitel »Goldmund« zeigt, mehr noch durch die Erinnerung an die Sprachgewalt seiner Predigten als durch seine literarische Hinterlassenschaft in das Gedächtnis der Nachwelt eingeschrieben hat –, wodurch sich Paulus »vor den übrigen Aposteln hervorgetan« habe und woher es komme, »daß sein Name auf der ganzen Welt in aller Munde ist«. Seine Antwort lautet:

> Nicht etwa wegen seiner herrlichen Briefe? Durch sie hat er nicht nur den Gläubigen seiner Zeit, sondern auch denen, die es seither geworden sind, Segen gebracht... Und er wird mit dieser Auswirkung nicht aufhören, solange das Menschengeschlecht besteht.[1]

Und er vertieft diese Würdigung noch zu Beginn seiner Erklärung des Römerbriefs mit der bekenntnishaften Umschreibung seines persönlichen Eindrucks:

> So oft ich aus den Briefen des heiligen Paulus vorlesen höre..., erfreue ich mich daran, den Klang dieser geistlichen Posaune zu vernehmen. Ich gerate in Entzücken und erglühe vor Sehnsucht, wenn ich diese mir so kostbare Stimme höre, und es kommt mir vor, als sähe ich den im Sprechen begriffenen Apostel leibhaftig vor mir stehen.[2]

Damit legt er eine Spur aus, die von der neueren Paulus-For-schung bereitwillig aufgenommen wurde. So von LIETZMANN, der den Apostel als eigenartigen Denker seine »einsamen Bah-nen« ziehen und ihn zugleich als einen »Sprachmeister von Gottes Gnaden« mit der »seltsamen Gewalt eines Propheten« auf seine Leser eindringen sieht, oder, entschiedener noch, von BORNKAMM, für den die dialogische Qualität der Paulusbriefe darin gipfelt, daß in ihnen nicht nur der Atem des Apostels, sondern auch die Nähe seiner Adressaten spürbar wird, und dies mit dem Effekt einer erstaunlichen Aufhebung der zeit-lichen Distanz:

> So werden wir, über Jahrhunderte hinweg herangeholt, selbst zu Zeugen einer einstigen Begegnung, ja Partner jenes ersten Gespräches, mit angeredet, gefragt und auf-gerufen.[3]

Die Notlösung

Über diesen zwischen Bewunderung und Betroffenheit schwankenden Zeugnissen droht indessen der Umstand in Ver-gessenheit zu geraten, daß Paulus kein geborener Literat, son-dern ein durch die Lebensumstände zur Abfassung von Briefen genötigter Schriftsteller ist. Denn von ihm gilt im speziellen Sinn, was LUTHER als die literarische Notlösung empfand, der die biblischen Schriften insgesamt ihre Entstehung verdanken. Es sei schon »ein großer Abbruch und ein Gebrechen des Gei-stes« gewesen, daß man, von der »Not erzwungen«, habe Bü-cher schreiben müssen; denn das Evangelium sei von seiner Eigenart her »nicht Schrift, sondern mündliches Wort«.[4]

Zwar spricht Paulus in keinem Fall von der »Not«, die ihn, den im höchsten Sinn des Ausdrucks »berufenen« Künder des Evangeliums zur Notlösung der schriftlichen Mitteilung veran-laßt habe; und doch klingt in einer zwar persönlich gehaltenen, aber durchaus verallgemeinerungsfähigen Wendung etwas da-von an, wenn er seinen korinthischen Adressaten erklärt, daß er nach seiner Ankunft in Makedonien »keine Ruhe gefunden«

habe, daß vielmehr zu den äußeren Konflikten innere Sorgen – »außen Kämpfe, innen Ängste« – hinzugekommen seien:

> Aber Gott, der die Gebeugten aufrichtet, verlieh uns Trost durch die Ankunft des Titus..., berichtete er doch von eurer Sehnsucht, euren Klagen und eurem Eifer um mich, so daß meine Freude noch gemehrt wurde (2 Kor 7,5ff.).

Hier stellt der persönliche Übermittler die Verbindung zur fernen Gemeinde in einer Weise her, daß davon unmittelbar auf den Gang der brieflichen Kommunikation zurückgeschlossen werden kann. Auch sie ist in der Mehrzahl der Fälle durch die »Herzensunruhe« über die Verfassung der Adressaten verursacht, und sie erfüllt, ohne deshalb aufzuhören, eine Ersatzleistung zu sein, ihren Zweck, wenn sie, entweder durch eine Rückäußerung oder durch die erhoffte Reaktion, zu dem gewünschten Einvernehmen oder doch wenigstens zur Klärung der Sachlage führt.

Der Schriftsteller

So gesehen wird auch Paulus in der Regel durch die »Not« in Gestalt seiner »Sorge um die Gemeinden« (2 Kor 11,28) zur Abfassung seiner Briefe veranlaßt. Indessen erreicht er seine schriftstellerische Identität nicht schon dort, wo er »reagiert«, sondern erst in den Fällen, wo er sich über diese Zwecksetzung erhebt und sich der Eigengesetzlichkeit der literarischen Gedankenentwicklung überläßt, wo er also, mit seinem eigenen Wort ausgedrückt, im literarischen Sinne »außer sich gerät« (5,13). Im Unterschied zum literarischen Typus des Evangeliums gibt ihm dafür die von ihm gewählte Mitteilungsform des apostolischen Briefs hinreichend Raum. Während die Redaktion der von ihnen verarbeiteten Stoffe den Evangelisten meist nur die Möglichkeit einer eher indirekten Entfaltung ihrer schriftstellerischen Qualität bietet, gilt für Paulus diese Einschränkung nicht, obwohl sein persönliches Profil bisweilen von Ableitungen im Sinn rabbinischer Argumentation oder der von der hellenistischen Synagogenpredigt bevorzugten Lehrrede (Diatribe) überwuchert wird.

Zwar ist in den Briefen des Apostels, wie schon WREDE empfand, »seine eigene Stimme, unverschleiert«, zu vernehmen; doch wird man sich gleichzeitig mit LIETZMANN vergegenwärtigen müssen, daß die Briefe keineswegs ein zuverlässiges Bild seiner mündlichen Rede vermitteln, zumal ihm einmal sogar von seinen Gegnern bescheinigt wurde, »daß er beim persönlichen Auftreten ein ganz anderer sei als in seinen Briefen«:

> Seine Briefe, so heißt es, sind wuchtig und kraftvoll, doch sein persönliches Auftreten wirkt schwächlich und seine Rede flau (2 Kor 10,10).[5]

In diesem Urteil gehen Wahrheit und Irrtum fast unentflechtbar zusammen, zumal es von einer unangemessenen Erwartung eingegeben ist und somit einem Vorurteil nahekommt. Denn letztlich stoßen hier zwei Sprachwelten aufeinander, die sich aus dem sprachgeschichtlichen Paradigmenwechsel ergeben, den Paulus, gestützt auf die prophetische Tradition und Sprachleistung Jesu, herbeiführt. Was die der antiken Sprachwelt verhafteten Gegner vermissen, sind beschreibende und darstellende Passagen nach Art einer Bild- und Faktensprache und Satzgestaltungen nach den Regeln der zeitgenössischen Rhetorik. Davon findet sich im Briefwerk des Apostels kaum etwas. Er hat, wie Wrede vermerkt, weder einen Blick für die Lilien des Feldes noch für die Vögel des Himmels.[6] Weder die von ihm durchzogene Landschaft noch die imposanten Kulturdenkmäler, auf die er dabei stieß, findet er auch nur einer Erwähnung wert. Sofern er auf das antike Geistesleben überhaupt Bezug nimmt, so nur, sofern es ihm wie in Gestalt des von ihm übernommenen Mediums und der von ihm wiederholt eingesetzten Diatribe das Instrumentarium für seine Verkündigung bereitstellt. Auch hier verfährt er getreu seinem Grundsatz: zu benutzen, als nutze man nicht.

Indessen entgeht den Gegnern die in der darstellerischen Schwäche des Apostels verborgene Kraft, die sich freilich in einer Dimension manifestiert, die ihnen unzugänglich blieb. Denn Paulus hauchte der Sprache, wie dies in der Musik auf vergleichbare Weise erst Beethoven gelang, seine eigene Persönlichkeit ein und schmolz sie dadurch zu einem Instrument subjektiver Selbstbezeugung um. In dem dadurch eröffneten Sprachraum bot er dann tatsächlich, um seinen eigenen Ausdruck aufzunehmen, wie kaum ein anderer nach ihm Beweise des Geistes und der Kraft, die alles in den Schatten stellten, was seine Kritiker unter sprachlicher Ausdruckskraft verstanden.

Das Eigenprofil

Daß Paulus an einer sprachlichen Wende steht, zeigt sich am eindrucksvollsten dort, wo er sie überschreitet und sich aus dem »Nahkampf« argumentierender, interpretierender und oft genug auch polemischer Argumentationen zum Rang konfessorischer Selbstaussage erhebt. Wie das geschieht, wurde von LIETZMANN in einer Weise beschrieben, die sich erstaunlich der sprachlichen Selbstcharakteristik NIETZSCHES annähert. Im Rückblick auf seine »Genealogie der Moral« hatte dieser in ›Ecce homo‹ von der Steigerung gesprochen, die aus hinhaltenden, unterkühlten, sogar irreführenden Anfängen schließlich zur Entladung in »schauerlichen Detonationen« führt.[7] Bei Lietzmann heißt das:

> Er setzt an, verfängt sich im Satzgefüge, verfolgt einen Nebengedanken, bringt ein schiefes Bild, bleibt schließlich stecken. Nun hebt er nochmal an, aber wieder überstürzen die Gedanken in ihrer Fülle die mühsam nachhinkenden Worte und verschlingen sich erneut zu einem seltsamen Satzgebilde... Dann endlich – aber keineswegs immer – bildet sich die Form dem Inhalt gemäß.[8]

Doch eben diesem oft hoffnungslos um angemessene Gestaltung ringenden Autor bescheinigt Lietzmann zugleich, daß er – und damit rückt er Paulus in die Nähe Augustins – »mit hinreißendem Zauber« sein Innerstes ausströmen lasse »in die Herzen der Leser oder vor Gottes Thron«, da sein Blick, erleuchtet wie der eines Propheten, immer wieder über die Menschen hinweggleite, um sich schließlich »in den Tiefen der Ewigkeit« zu verlieren.[9]

Die Sprachstile

Mit AUGUSTIN ist der Pauluskenner der Patristik angesprochen, der mit großer Einfühlung auf die von Paulus eingesetzten Stilmittel eingeht, nachdem schon CHRYSOSTOMUS auf unterschiedliche Schreibweisen des Apostels aufmerksam gemacht hatte, die er auf die Umstände der jeweiligen Abfassungszeiten zurückführt.[10] Mit bemerkenswerter Treffsicherheit wählt Augustin als Beleg für seine Stilanalyse zunächst die eskalierende Stelle des Römerbriefs, die sich von der Erfahrung der »Trübsale« bis zu der der geistgegebenen Liebe erhebt (5,3 ff.). Sofern sich in ihr eine ganze Reihe rhetorischer Figuren und Feinheiten nachweisen lassen, spricht sie besonders überzeugend dafür, daß sich »die Weisheit des Apostels mit Beredsamkeit« verbindet.[11]

Zentrale Belegstelle ist für ihn jedoch die Narrenrede, aus der ihm »der ganze Schmuck« der paulinischen Redekunst und »gleichsam ihr Antlitz« entgegentritt. Eine besondere Feinheit erblickt er darin, daß »die ganze, gleichsam nach Atem ringende Stelle« zuletzt in die Erzählung von Pauli Flucht über die Stadtmauer von Damaskus ausklingt, so daß der Leser nach der »stürmischen Periode« des Leidenskatalogs durch diesen narrativen Einschub zur Ruhe kommt. Geradezu komplementär verhält sich dazu die Bemerkung BORNKAMMS, daß manchem, der sich auf die mit schwerem Gedankengut befrachteten Paulusbriefe einläßt, »der Atem ausgeht«, weil er sich wie auf der Wanderung durch eine »schwindelerregende Bergwelt« vorkommt.[12]

Die Sprachformen

Inzwischen wurden Stil und Sprache des Apostels immer wieder und, je nach Standpunkt, kritisch oder bewundernd gewürdigt, so durch BULTMANN, der im Vergleich zwischen der kynisch-stoischen Diatribe und Paulus »dort eine reiche Fülle und Farbenpracht«, hier dagegen »eine merkwürdige Unfähigkeit, anschaulich zu schildern« registriert, oder durch DEISSMANN, der Paulus im Gegenteil die Fähigkeit zur Formung plastischer und einprägsamer Sprüche bescheinigt, »wie sie das Volk braucht und als Schatz hütet«.[13] Die Gegensätzlichkeit der Urteile, die auch mit der Unfähigkeit der Interpreten zusammenhänge, sich »von dem Verhältnis Pauls zu seinen Gemeinden ein Bild zu machen« und den daraus »zutage tretenden Charakter« des Apostels zu verstehen, geht nach ALBERT SCHWEITZER auf den Zwiespalt in Paulus selbst zurück:

> Bald ist der Apostel radikal, bald konservativ, bald tapfer, bald verzagt; in kleinen Dingen fest; in großen schwächlich nachgebend; einmal heftig, dann wieder mild; in allem voller Unklarheit und Widerspruch.[14]

Wie sehr sich diese überwiegend kritische Einschätzung aus der Zeit vor dem Ersten Weltkrieg mit der Annäherung an die Gegenwart zugunsten des Apostels wandelt, bestätigt OTTO KUSS, der bei aller Betonung der Unstimmigkeiten und Diskrepanzen zu einem überraschend positiven Urteil gelangt:

> Die Briefe sind diktiert, und so tragen die Sätze und Zusammenhänge häufig die Besonderheiten des Sprechstils, es gibt Unterbrechungen, unvollendete und gestörte Konstruktionen, Abschweifungen, Wiederholungen, Unklarheiten, aber zugleich ist das Einzelne wie das Ganze gekennzeichnet durch eine Lebendigkeit, welche den Leser zum Hörer macht und ihn unmittelbar dem auf ihn einredenden Paulus gegenüberstellt.[15]

Es ist, als habe das dialogische Denken in der Zwischenzeit darauf hingewirkt, daß die Fähigkeit des Apostels zur sprachlichen Selbstvergegenwärtigung wiederum so deutlich wahrgenommen wird, wie sie schon Chrysostomus empfunden hatte, dem es beim Lesen der ihm »so kostbaren Stimme« vorkam, als sähe er den Apostel leibhaftig vor sich stehen. Nicht zuletzt dürfte sich das aus dem Umstand ergeben, daß die Paulusbriefe, mit denen das Christentum auf seine Weise den Schritt der Menschheit zur Schriftkultur nachvollzog, jener Phase des »fließenden Übergangs« entstammen, in der sich die schriftliche Glaubensvermittlung erst ansatzweise aus dem Strom der mündlichen erhob und von dieser ungleich stärker geprägt wurde als nach Erreichung ihrer literarischen Vollgestalt. Das zeigt sich vor allem in jenen Passagen, in denen Paulus mit der Wucht des Protagonisten von sich selber Zeugnis ablegt, aber auch dort, wo er sich vom Fluß seiner Eingebungen tragen und fortreißen läßt. Schwerlich geht man mit der Annahme fehl, daß sich gerade an diesen Stellen deutlich erkennbare »Enklaven« der Mündlichkeit im literarischen Werk des Apostels erhalten haben und daß er demgemäß gerade dort zu stärkster literarischer Präsenz gelangt.

Konfessionen und Sprachekstasen

Daß sich Paulus von der Reihe der neutestamentlichen Autoren als der »antwortende Zeuge« abhebt, hängt nicht nur damit zusammen, daß er in seinem Briefwerk wiederholt auf seine Heilserfahrung von Damaskus eingeht, sondern vor allem schon damit, daß er wie kein anderer an dem sprachgeschichtlichen Umbruch beteiligt ist, mit dem die Epoche des konfessorischen, autobiographischen Redens beginnt. Auch wenn manches dafür spricht, daß er davon im Einzelfall nur in seinen brieflichen Niederschriften Gebrauch machte – schwerlich sind derart intime Aussagen wie das Bekenntnis »mit Christus bin ich gekreuzigt« (Gal 2,19) im Kontext mündlicher Aussagen denkbar –, ist die Mitteilung subjektiver Erlebnisse doch grundsätzlich der mündlichen Äußerung zuzurechnen, die erst durch den Verschriftungsakt in die literarische Dokumentation einging. Deshalb begegnet sie dort meist in Form von deutlich abgehobenen Enklaven.

Der Konfessor

Es entspricht dem Charakter des in hoher Erregung verfaßten Galaterbriefs, daß er dafür die »sprechendsten« Beispiele bietet. Das erste bezeichnet die Peripetie im Kontext der einleitenden Selbstdarstellung des Apostels, die ohnehin schon als ganze den Tatbestand eines »autobiographischen Fragments« erfüllt. Die Stelle, die schon in inhaltlicher Hinsicht den Umschwung in der Lebensgeschichte des Apostels dokumentiert, bezeichnet, literarisch gesehen, den Übergang von der äußeren zu seiner »inneren« Biographie, auch wenn diese nur für einen Augenblick im Gang der äußeren aufblitzt. Als solche setzt sie geradezu kontrapunktisch zur Beschreibung seines fanatischen »Wütens« für die »väterlichen Überlieferungen« ein:

> Als es aber dem, der mich vom Mutterschoß an ausersehen und durch seine Gnade berufen hat, gefiel, seinen Sohn in mir zu offenbaren, damit ich ihn unter den Heiden verkünde, zog ich nicht Fleisch und Blut zu Rat; auch reiste ich nicht nach Jerusalem zu denen hinauf, die schon vor mir Apostel waren; vielmehr ging ich nach Arabien und kehrte dann wieder nach Damaskus zurück (1,15 ff.).

In tiefstem Sinne »konfessorisch« ist sodann die auf den Bericht von dem »antiochenischen Zwischenfall« folgende Stelle, die sich monologartig aus dem Disput mit Kephas (Petrus) entwikkelt:

> Wenn ich das, was ich niedergerissen habe, wieder aufbaue, stelle ich mich doch selbst als Übertreter hin. Denn durch das Gesetz bin ich dem Gesetz gestorben, damit ich für Gott lebe. Mit Christus bin ich gekreuzigt. Ich lebe, doch nicht ich – Christus lebt in mir (2,18 ff.).

Während hier der zur mystischen Hauptaussage führende Monolog nur im Briefkontext denkbar ist, wirkt eine dritte Stelle eher wie der Reflex einer im Grunde mündlich gemeinten Äußerung. Denn Paulus setzt sich förmlich über die mediale Barriere hinweg, wenn er im Anschluß an sein »eschatologisches« Osterzeugnis erklärt:

> Ich bilde mir nicht ein, Brüder, es schon ergriffen zu haben. Eins aber tue ich: Ich vergesse, was hinter mir liegt, und strecke mich nach dem aus, was vor mir liegt. Dem Ziel jage ich nach, dem Kampfpreis der himmlischen Berufung durch Gott in Christus Jesus (Phil 3,13 f.).

Die Sprachekstasen

Die Brücke zu den »ekstatischen« Redeformen des Apostels bildet die Feststellung NORBERT FUERSTS, daß sich seine – für das Genie bezeichnende – Hingabe an den Gegenstand in seiner Neigung »zur Hyperbel und zum Übermaß« äußere.[16] Doch ist die Hyperbel für ihn nicht eine vorgegebene Form, die inhaltlich gefüllt werden müßte, sondern eine aus dem fortschreitenden Eindringen in den Gegenstand erwachsende Sprachgestalt, durch die ihm selbst noch so sachlich gemeinte Aussagen zur religiösen »Überredung« geraten. Es konnte nicht ausbleiben, daß sich dieses Interesse bisweilen in den Vordergrund schob und zu Aussagen verdichtete, die an den Rand des Sagbaren stoßen. Bei den geglücktesten von ihnen entsteht geradezu der Eindruck, als verselbständige sich die Sprache und strebe eigengesetzlich ihrem Ausdrucksziel entgegen. Das ist der Fall der paulinischen Sprach-Ekstasen, die sich, wenn sie erst einmal in Gang gekommen sind, in regelrechten Wortkaskaden entladen. So etwa die apostolische Selbstcharakteristik im Zweiten Korintherbrief, die unüberhörbar auf die Narrenrede vorausweist:

In Bedrängnis, in Nöten und Ängsten, unter Schlägen, in Kerkerhaft, bei Aufständen, unter Mühen, in Nachtwachen und Fasten..., bei Ehre und Schmach, bei Verleumdung und Lob, als (angebliche) Schwindler und doch wahrhaftig, als Unbekannte und doch wohlbekannt, als Todverfallene und doch überlebend, als Geschlagene und doch nicht umgebracht, als Betrübte und doch allzeit fröhlich, als Bedürftige, die viele beschenken, als Habenichtse, die doch alles besitzen (6,4.8 ff.).

Erst recht entspricht dieser Sprachform die von Augustin gerühmte Stelle des Römerbriefs, die den Tatbestand der zu bestehenden Bedrängnisse in das Bewußtsein liebender Geborgenheit »aufhebt« und in die Worte ausklingt:

Bedrängnis schafft Geduld, Geduld Bewährung, Bewährung Hoffnung. Die Hoffnung aber kann nicht trügen; denn die Liebe Gottes ist in unsere Herzen ausgegossen durch den Heiligen Geist, der uns gegeben wurde (5,3 ff.).

Während diese Stelle nach dem Prinzip der Reihung gestaltet ist, folgt der das Geistkapitel desselben Briefes beschließende Hymnus auf die Liebe eher einem dialektischen, so aber ungleich mächtiger vorantreibenden Gestaltprinzip:

Ich bin gewiß: Weder Tod noch Leben, weder Engel noch Mächte, weder Gegenwärtiges noch Zukünftiges, weder Gewalten der Höhe oder Tiefe noch irgendein anderes Geschöpf können uns trennen von der Liebe Gottes, die in Christus Jesus ist, unserem Herrn (8,38 f.).

Sprachliche Spiegelung

Hier sagt die Sprache – im dynamischen Sinn der Wendung – tatsächlich sich selbst. Das Mittel der Verständigung verselbständigt sich zum Selbstzweck, doch mit dem Effekt, daß der Adressat nicht nur angesprochen, sondern vom Aussagewillen ergriffen und fortgerissen wird. So aber erfährt er etwas von der Bedeutung des Satzes, mit dem sich das Neue Testament insgesamt überschreibt, um sich dadurch vom »alten« abzugrenzen und als dessen krönende Alternative zu erweisen. Es ist der Eingangssatz des Johannesprologs, der nicht etwa, wie man vom Evangelium oder vom Begleitbrief her erwarten könnte, die Wahrheit oder die Liebe, sondern das Wort zum Anfang aller Dinge erklärt. Danach geht die christliche Botschaft nicht vom Schöpferwirken Gottes, sondern von seiner offenbarenden Selbsteröffnung und damit von einer Spracherfahrung aus, die sich nicht grundsätzlicher aussagen konnte als in dem Satz: »Im Anfang war das Wort« (Joh 1,1). Es ist der Satz, den Paulus so noch nicht formuliert, wohl aber seinen Lesern durch die von seinen Konfessionen und Ekstasen ausgehende Sprachsuggestion »ans Herz legt«.

Auf die Stilfrage zurückbezogen, drängt sich aus diesem Befund eine Einsicht auf, die nicht besser als mit dem »abgenutzten Wort Buffons«, wonach »der Stil der Mensch selbst« ist (KAYSER), ausgedrückt werden kann.[17] Zu dieser Anwendung ermutigte indessen schon ERASMUS VON ROTTERDAM, als er im Blick auf den Hebräerbrief »Stil und Charakter der Rede« zum »letzten und sichersten Argument« erklärte.[18] Tatsächlich kommt die Physiognomie des Apostels kaum irgendwo profilierter zum Vorschein als in seinem Stil: das Bild eines gleicherweise Zerrissenen wie Hingerissenen, der (nach 2 Kor 5,13) gerade in seinem Außer-sich-Sein bei seinem Gott, bei seinen Lesern und bei sich selber ist.

Ihr seid ein Brief!

In BORNKAMMS Beobachtung, daß der Leser der Paulusbriefe »herangeholt« und in das einstige Gespräch des Apostels einbezogen werde, meldet sich die von der modernen Linguistik herausgestellte Tatsache zu Wort, daß Paulus dem Leser nicht als »allwissender Autor« gegenübertritt, sondern eine Aktionsgemeinschaft mit ihm anstrebt, die den Text als ein Gemeinschaftswerk von beiden erscheinen läßt.[19] So sehr man sich vergriffe, wenn man ihm von der heutigen Rezeptionsästhetik entwickelte Theorien unterstellen wollte, bliebe man im gegenteiligen Fall doch eindeutig hinter seinem ausdrücklichen Selbstverständnis zurück.[20] Denn Paulus überrascht seine korinthischen Adressaten, angeregt durch die von seinen Gegnern vorgezeigten Empfehlungsbriefe, mit einer Metapher, die sie das, was er ihnen schreibt, in Form einer Widerspiegelung in ihnen selbst entdecken läßt:

> Unser Brief seid ihr, eingeschrieben in unsere Herzen, von allen Menschen verstanden und gelesen; denn ihr steht vor aller Augen da als der von uns ausgefertigte Brief Christi, der nicht mit Tinte, sondern mit dem Geist des lebendigen Gottes geschrieben ist (2 Kor 3,2f.).

Zwar verschiebt sich das Bild schon in dem Zusatz »nicht auf Tafeln aus Stein, sondern auf Herzenstafeln aus Fleisch« (3,3) im Sinn der paulinischen Gesetzeskritik, so daß es in seiner ersten Bedeutung nur wie eine flüchtige Intuition aufleuchtet. Doch gerade so entspricht es dem, was als ferner Vorgriff auf das Selbstverständnis der heutigen Linguistik erwartet werden kann. Indessen verbindet sich mit dieser These unverzüglich die Frage, ob sich dafür Anhaltspunkte in der Vorstellungswelt des Apostels und seiner Zeit finden. Wie konnte er von den »Empfehlungsbriefen« der Widersacher auf den von seiner Gemeinde gebildeten »Herzensbrief« zurückschließen?

Der Himmelsbrief

Wenn man davon ausgeht, daß es zur Typik des Christentums gehört, Himmlisches wie die Figur des Menschensohns oder das ihm übergebene Gottesreich auf die Erde herabzuholen, liegt die Möglichkeit nicht fern, daß sich Paulus mit seiner Aussage die apokalyptische Vorstellung von einem »Himmelsbrief« zunutze macht. Sie erweist sich ihrerseits als Variante der alttestamentlichen Idee von der »Lesbarkeit der Welt«, wie sie BLUMENBERG unter Berufung auf den »biblischen Schöpfungsgedanken« und das Jesuswort von den »im Himmel angeschriebenen« Namen seiner Jünger (Lk 10,20) entwickelte.[21]

Das Himmelsbuch »mit den sieben Siegeln« und dessen fort-
schreitende »Eröffnung« steht im Zentrum des Weltendramas
der Johannesapokalypse, die auf einem ihrer Höhepunkte den
Himmel aufgerollt sieht, »wie ein Buch« (6,14). Im ›Hirt des
Hermas‹ wird ein Himmelsbrief übergeben, der eine Botschaft
für die Christenheit enthält (Vis. I, c. 2ff.). Und als Himmelsbrief gibt sich auch die (1895 entdeckte) ›Epistula Aposto-
lorum‹ mit ihren Schilderungen des Heilswegs Jesu, ihren Anweisungen an die Gemeinden und ihrer Ankündigung des endzeitlichen Gottesgerichts aus.[22] Obwohl sich diese Variante inhaltlich am stärksten mit dem berührt, was Paulus unter einem
Brief und seiner Gestaltung versteht, ist für ihn doch nur eine
Kenntnis der Vorstellung vom »Buch der Welt« nachzuweisen,
und auch sie nur mittelbar, sofern er den Gang der Mission mit
dem Psalmwort von der Rühmung Gottes durch die Himmel
(Ps 19,2–5) verdeutlicht.

Auf die ihm ungleich wichtigere Frage nach dem »Schreiber«
des Himmelsbriefs antwortet wiederum nur die kosmologische
Variante, für die nur der »Finger Gottes« die (nach Röm 10,18)
bis an die Grenzen der Erde dringende Botschaft in die Schöpfung eingeschrieben haben konnte. Für Paulus ist dagegen der
in Gestalt seiner Adressaten »ausgefertigte und aller Welt les-
bare« Brief »nicht mit Tinte, sondern mit dem Geist des lebendigen Gottes« geschrieben. Dabei bezieht er die Psalmstelle
(19,5), wie es in seiner Adaption alttestamentlicher Aussagen
häufig geschieht, gegen ihren erklärten Sinn auf die Ausbreitung des Evangeliums in aller Welt.

Die Duplizität

Die aber vollzieht sich, wie nunmehr deutlich wird, für ihn auf
zwei Ebenen: nicht nur durch sein eigenes Zutun in Gestalt
seiner Verkündigung und der sie unterstützenden Briefe, sondern gleichzeitig auch durch die leibhaftige Schrift, die der von
ihm missionierten Welt in Gestalt seiner Gemeindegründungen »eingeschrieben« wurde. Wie die (nach Ps 19,3) in die Welt
hineingesprochene Gottesbotschaft von einem Tag dem an-

dern zugerufen wird, so ging auch von seinen Gemeinden ein »publizistischer« Effekt aus. Daß Thessalonike »das Wort trotz großer Bedrängnis« annahm (1 Thess 1,6), blieb keineswegs ein regionales Vorkommnis; nein:

> Von euch ist das Wort des Herrn nicht nur nach Makedonien und nach Achaia gedrungen; vielmehr ist euer Glaube an Gott überall bekannt geworden, so daß wir dazu nichts mehr zu sagen brauchen. Überall erzählt man sich, wie ihr euch von den Götzen zu Gott bekehrt habt, um dem lebendigen und wahren Gott zu dienen und seinen Sohn vom Himmel her zu erwarten (1,8ff.).

Was er damit den Adressaten seines ersten Briefs attestiert, bestätigt er auch der Gemeinde von Rom, an die sich sein letzter richtet:

> Vor allem danke ich meinem Gott durch Jesus Christus um eurer aller willen, weil euer Glaube in der ganzen Welt gerühmt wird (1,8).

So rechnet Paulus tatsächlich mit einem zweifachen Gang der Verkündigung, die sich dadurch dupliziert, daß die von seinen Gründungen ausgehende »Botschaft« seiner persönlichen Tätigkeit zuvorkommt oder doch bei denen, die bereits zum Glauben kamen, als Bestätigung empfunden wird. Die Bedeutung des Korintherwortes aber besteht darin, daß er der Gemeinde dadurch zu einem rückbezüglichen Verständnis dieser Auswirkung verhilft. Bei der Lektüre des an sie gerichteten Briefs soll sie begreifen lernen, daß sie durch den in ihr wirkenden Gottesgeist zu dem geworden ist, was Paulus in brieflicher Form mitteilt. Er sagt ihr also nichts, was ihr nicht bereits eingeschrieben wäre. Insofern erfüllt der geistgewirkte Brief, den Paulus in ihr entdeckt, tatsächlich den Tatbestand des »impliziten Lesers«, der als Summe der Rezeptionsbedingungen mit dem Werk des Autors zusammen erst den vollständigen, aus dem Zusammwirken beider hervorgehenden »Text« ergibt. So gesehen sind die von Paulus an die Gemeinden gerichteten Briefe lediglich die »Vorgabe«, aus der sie in der Widerspiegelung mit dem ihnen eingeschriebenen »Geistesbrief«, also mit ihrem Glauben, Hoffen und Lieben, den lebendigen »Volltext« erheben sollen, auf den die Mitteilung letztlich abzielt. Wenn der Apostel im Anschluß daran das Theorem vom tötenden Buchstaben und lebendig machenden Geist entwickelt, zielt er erneut in diese Richtung. Wie aber bezog er die Metapher auf sich selbst zurück?

Der Rückbezug

Denn es hat doch ganz den Anschein, als habe Paulus mit ihr seine Verfassertätigkeit auf die angeschriebene Gemeinde projiziert. Diese Annahme verdichtet sich noch durch die begründende Bemerkung, die Gemeinde sei der von ihm lediglich »ausgefertigte« Brief Christi, durch die dieser zum Autor erklärt wird, während sich die Autorschaft des Apostels nahezu auf die Rolle des Überbringers reduziert. Ausfertigender Überbringer aber ist er in dem Sinn, daß auch von seinem Briefdiktat gilt, was er der römischen Gemeinde versichert:

> Ich werde mich nicht erkühnen, von etwas zu reden, was nicht Christus durch mich in Wort und Werk zur Unterwerfung der Heiden gewirkt hat (15,18).

Das ist zwar kein Kriterium für ein formelles Inspirationsbewußtsein, wohl aber ein Hinweis auf jene mystische Inversion, die ihn sein Denken als Reflex eines vorgängigen Gedachtseins und sein Wirken als Folge der ihn tragenden Liebeserfahrung begreifen läßt. Hier liegt, wenn irgendwo, der Grund für das geradezu reziproke Verständnis seines schriftstellerischen Werks. Es ist, bei allem Einsatz seiner kreativen Fähigkeiten, letztlich Reflex und Nachvollzug: Nach-Schrift des von Christus selbst verfaßten und von seinem Geist geschriebenen Briefs in Gestalt der jeweiligen Gemeinde, der er als solcher immer nur das mitteilen kann, was sie durch die Annahme des Glaubens bereits geworden ist. Wenn es sich aber so verhält, wollen die Paulusbriefe nicht, wie es in der Regel geschieht, als

Dokumente, sondern als »work in progress« gelesen werden, an deren Vervollständigung der Leser aktiv mitbeteiligt ist.

Chancen und Grenzen des Mediums

Wer der »Not« auf den Grund geht, die Paulus zur Abfassung seines Briefwerks veranlaßte, stößt auf sein durch innere Unruhe und äußere Zwänge immer wieder frustriertes Verlangen, mit seinen Gründungen eine Lebensgemeinschaft einzugehen und dem »Initialstoß« des Gründers durch die Tätigkeit des »Erbauers« Dauer zu verleihen. Indessen ließ es der fortwährende, nicht selten fluchtartige Wechsel der Standorte meist nicht zu dieser kontinuierenden Tätigkeit kommen.

Brief und Epistel

Es ist der ungeheuren Kompensationskraft des Apostels zuzuschreiben, daß er auch diese »Schwäche« in einen Erweis der »Stärke« umzusetzen vermochte. Diesen Erweis erbrachte er in Gestalt seiner Briefe. Sie sind die »Tugend«, in die er die Not seiner Abwesenheit verwandelte. Mit ihnen legte Paulus, ohne daß ihm diese Fernwirkung bewußt geworden wäre und ohne literarische Absicht den Grundstock zur Sammlung der neutestamentlichen Schriften. Dabei bezieht sich das literarische Desinteresse, wie schon FRANZ OVERBECK hervorhob, vor allem auf das Formproblem. Grundsätzlich sind bei jedem spezifischen »Literaturwerk« Form und Gestaltung für die Präsentation des Inhalts konstitutiv; dagegen »hängt die schriftliche Form eines Briefes nur an dem in Hinsicht auf den Ausdruck menschlicher Gedanken zufälligen Umstand der räumlichen Trennung der Korrespondenten«.[23] Diesen Gedanken präzisierte ADOLF DEISSMANN noch durch die gerade für die Paulusbriefe wichtige Unterscheidung von »Brief« und »Epistel«, mit der er das Vorkommen von Mischformen aber keineswegs ausschließen wollte.[24]

Indessen bedarf diese These einer dreifachen Einschränkung. Auf der einen Seite zeigte die »epistolographische« und formgeschichtliche Erforschung der Paulusbriefe, daß der Apostel bei seinen brieflichen Äußerungen nicht nur der inneren Eingebung folgte, sondern sich, vor allem in formaler Hinsicht, an antiken Modellen orientierte.[25] Auf der anderen Seite läßt sich nicht übersehen, daß Paulus die privaten Anlässe seiner Briefe, gleichviel, ob diese in Berichten über die Zustände seiner Gemeinden, in ausdrücklichen Anfragen oder in »Zufällen« nach Art des ihm zugelaufenen Sklaven bestehen, jeweils bei weitem überschreitet. Unterderhand wird ihm der privatzufällige Anlaß zur Gelegenheit für Aussagen von »überregionaler« Bedeutung. Daher die eindringliche Anweisung, die Briefe »allen Brüdern vorzulesen« (1 Thess 5,27) oder sie gegen andere auszutauschen (Kol 4,16). Von dieser übergreifenden Zielsetzung macht noch nicht einmal der persönlichste aller Paulusbriefe, der »Geleitbrief« an Philemon, eine Ausnahme. Wie ERNST LOHMEYER hervorhebt, weist er nicht nur eine überraschend sorgfältige Gliederung auf; vielmehr richtet er sich nach Ausweis des Präskripts an einen ganzen Kreis von Adressaten, so daß auch ihm »ein gewisses Maß an Öffentlichkeit eigen« ist.[26] Und schließlich – so die dritte Einschränkung – gewinnen die Paulusbriefe vom Gewicht ihrer Aussage her das, was man ihre »innere Form« nennen könnte, und damit eine Qualität, die sie sehr wohl zum Rang echter »Literaturwerke« erhebt.

So bieten die Briefe, wie BEDA RIGAUX deutlich machte, ein komplexes, gegenstrebige Tendenzen organisch verflechtendes Bild. Bei allem persönlichen Engagement spricht in ihnen doch stets der durch göttliche Berufung Beauftragte, dessen Wort als »das Wort Gottes« aufgenommen und verstanden sein will (1 Thess 2,13). Insofern sind diese Briefe tatsächlich »offizielle Akte seines Apostelamtes«.[27] Ungeachtet dieses »offiziellen« Charakters spricht sich in ihnen aber doch wie in keinem andern der neutestamentlichen Texte eine unverwechselbare Einzelpersönlichkeit in der Sensibilität und Leidenschaft ihres Charakters aus. Noch in den fiktiven Dialogen, die Paulus im Stil der antiken Diatribe führt, ist dieser persönliche Ton zu vernehmen. So sind die Paulusbriefe »dank dieses zugleich einmaligen und universalen Charakters... gleichzeitig Reaktionen auf Lebensäußerungen der Gemeinden und theologische Traktate, historische Dokumente und Quellen des Glaubens« und in alledem Selbstzeugnisse jener Persönlichkeit, die wie keine andere prägend in die Gestalt des Christentums einging.[28]

Die Medienverwendung

Paulus ist der erste Medienverwender der Christenheit, der dem Glauben dadurch zu jener weltweiten Expansion verhalf, die seinem persönlichen Wirken zwar als Zielsetzung – »bis an die Grenzen des Westens« – vorschwebte, aufgrund seines tragischen Lebensausgangs jedoch versagt blieb. Und er leitete dadurch die Entwicklung ein, die das Christentum mit allen Vorzügen und Nachteilen des Vorgangs zur Schriftreligion werden ließ.

Was die Vorzüge anlangt, so sind die Paulusbriefe ein einziger Beweis für den von WALTER HAUG hervorgehobenen Zusammenhang von Schriftlichkeit und Reflexion; denn für ihn schaffte nur die Schrift die »notwendige Distanz« für einen interpretierenden Umgang mit Natur und Geschichte.[29] Tatsächlich ist im Entwicklungsgang vom Ersten Thessalonicherbrief bis zum Römerbrief ein ständiger Fortschritt an Reflexivität zu verzeichnen. So bestätigt sich hier im speziellen Raum des Christentums die grundsätzliche Beobachtung, daß mit der schriftlichen Aufzeichnung von Erlebtem und Gedachtem jene Möglichkeit des Ideenvergleichs einsetzt, aus der letztlich Philosophie, Wissenschaft und Literatur hervorgingen. Mit den Paulusbriefen beginnt somit der Prozeß, der zur Entstehung einer wissenschaftlichen Theologie führte.

Wie jedes Medium bietet aber auch die Schrift immer nur eine Reproduktion der von ihr »wiedergegebenen« Wirklichkeit. Insofern ist mit der schriftlichen Aufzeichnug unvermeidlich jener Qualitätsverlust verbunden, den man im Anschluß an patristische Wendungen als die »Verkürzung« (Abbreviatur) und »Dehnung« (Extension) des lebendigen Wortes bezeichnen kann.[30] So beschwor die Notwendigkeit, daß »Bücher geschrieben werden mußten«, zugleich die herauf, die LESSING mit dem Pauluswort denunzierte, daß die christliche Sache unter das Diktat des toten Buchstabens geraten und dadurch um jene Stoßkraft gebracht worden sei, die allein vom »Beweis des Geistes und der Kraft« ausgehe.[31] Insofern stehen in der Gesamtbilanz den von der Schriftlichkeit eingebrachten Vorzügen Einbußen von einer kaum erst ermessenen Schwere entgegen. Wie aber kam Paulus, dem beides bewußt war, überhaupt auf die Idee, das Medium des Lehrbriefs in den Dienst seiner Verkündigung zu stellen?

Die Veranlassung

Es wäre ein reizvoller Gedanke, wenn man davon ausgehen könnte, daß Paulus dazu durch die Erinnerung an die Briefe des Hohepriesters angeregt wurde, durch die er sich (Apg 9,1 f.) zu seiner Verfolgertätigkeit autorisieren ließ. Indessen erweist sich diese Notiz der Apostelgeschichte nach Becker jedoch »als Konstrukt«, dem biographische und rechtshistorische Bedenken entgegenstehen.[32] Dennoch führt diese Annahme auf eine aussichtsreiche Spur, sofern man nur berücksichtigt, daß sich der Erste Thessalonicherbrief so sehr in Beweisen der Uneigennützigkeit und lauteren Gesinnung des Apostels ergeht, daß er diesem geradezu zu einem »Empfehlungsschreiben« nach Art jener gerät, die er seinen Gegnern zum Vorwurf macht (2 Kor 3,1). Dann wäre hier, in der damals verbreiteten und durch den Philemonbrief bestätigten Sitte, sich durch Empfehlungsbriefe auszuweisen, tatsächlich die Anregung zu den Paulusbriefen zu suchen, so weit sich diese in der Folge auch von dem vorgegebenen Modell entfernen.

Leichter ist die Frage nach dem Beweggrund zu beantworten, zumal Paulus darauf direkt und indirekt eingeht. Unmittelbar in den Äußerungen, die zur Hypothese eines den kanonischen Korintherbriefen zwischengeschalteten »Tränenbriefs« führten (2 Kor 2,4; 7,8) und in dem Geständnis gipfeln:

Ich schrieb euch aus tiefer Not und Herzensangst und unter vielen Tränen, nicht um euch zu betrüben, sondern um euch die Liebe fühlen zu lassen, die ich in so großem Maß für euch hege (2,4).

Kaum weniger beweiskräftig ist jedoch der mittelbare Hinweis, den Paulus damit gibt, daß er den Timotheus in derselben Funktion nach Thessalonike schickt, die auch der dorthin adressierte Brief verfolgt. Weil er die Ungewißheit nicht mehr auszuhalten vermochte, aber durch den Satan an der geplanten Reise gehindert worden sei, habe er den Timotheus, den »Helfer Gottes bei der Verkündigung der Heilsbotschaft«, zu ihnen geschickt, um sie im Glauben zu bestärken (1 Thess 2,17–3,5). Danach ist die Korrespondenz ein – wenngleich surrogathaftes – Äquivalent für die Lebensgemeinschaft mit dem, der seinen Gemeinden versichern kann, daß er sie in seinem Herzen trage und ihnen »auf Leben und Tod« verbunden sei.

Die mediale Barriere

Angesichts dieses hochgespannten Anspruchs mußte Paulus die Grenze des von ihm eingesetzten Mediums deutlich werden. Daß dies tatsächlich geschah und Paulus als erster Medienvertreter der Christenheit zugleich zu ihrem ersten Medienkritiker wurde, kann dennoch nur staunend vermerkt werden. Denn einmal gehört es zur Signatur einer Pioniertat, daß die negativen Folgen ihren Initiatoren verborgen bleiben. Wie sehr das gerade auch im Fall der Schriftlichkeit zutrifft, bestätigt der in PLATONS ›Phaidros‹ erzählte Mythos, wonach der Erfinder der Schrift, der Gott Theuth, erst durch den ägyptischen Großkönig, dem er seine Errungenschaft als »Mittel für Gedächtnis und Weisheit« angepriesen hatte, auf deren gegenteilige Auswirkungen, insbesondere den Verlust der Innerlichkeit, hingewiesen wurde.[33]

Zum andern gelingt es gerade Paulus wie kaum einem anderen Autor nach ihm, die Distanz zur Mündlichkeit streckenweise extrem zu verringern und ein Optimum an Selbstvergegenwärtigung zu erreichen. Wie sehr auch darin eine Entwicklung im Fortgang der Briefe zu verzeichnen ist, zeigt ein Vergleich des ersten mit dem folgenden, dem Galaterbrief, in dem er die Aussage buchstäblich bis an den Rand des schriftlich Mitteilbaren vorantreibt. Hier gewinnt das Briefwort tatsächlich etwas von seiner Fähigkeit, aus der Ferne mit der Macht eines Anwesenden zu wirken, wie er es den Korinthern in Aussicht stellt, mit denen er sich »im Geist« zum Gericht über den Blutschänder versammelt:

> Was mich betrifft, so habe ich, abwesend im Leib, aber anwesend im Geist, mein Urteil bereits über den Täter gefällt, so als wäre ich anwesend (1 Kor 5,3).

Auf dem Höhepunkt des Galaterbriefs gerät ihm demgemäß das Briefwort geradezu zu einem »literarischen Exorzismus«, wenn er den schwankend gewordenen Adressaten den Inbegriff seiner Predigt, das Kreuz, mit beschwörender Geste entgegenhält, um sie von ihrer »Verhexung« zu befreien:

> Ihr unvernünftigen Galater, wer hat euch nur verhext, da euch doch Jesus Christus als Gekreuzigter vor Augen gestellt wurde? (3,1)

Doch auf diese sprachliche Eruption folgt bald danach der Kollaps. Mit aller Schärfe kommt dem Apostel die mit dem Medium der großräumig erweiterten Kommunikation zugleich gebildete Barriere zu Bewußtsein, an der sein Mitteilungswille an eine unübersteigliche Grenze stößt:

> Ich wollte, ich könnte jetzt bei euch sein und euch mit anderer Stimme zureden; so aber bin ich ganz ratlos (4,20).

Die Rückbesinnung

So oft das Medium seinen Mitteilungswillen stimulierte und zur Schaffung wahrer Sprachekstasen antrieb, fühlte er hier die ihm dadurch gezogene Grenze. Bei allem, was er dem Briefwort an präsentischer Kraft mitzugeben vermag, bleibt es doch hinter dem, was das dialogische Wort vermag, peinigend zurück. Deshalb der wenngleich vergebliche Wunsch, mit der »anderen Stimme« des mündlichen Zuspruchs reden zu können. Ihr volles Profil gewinnt die Stelle indessen erst, wenn man sie vor dem Hintergrund der charismatischen, in »Engelzungen« sich ergehenden Sprachwelt liest, der Paulus in Antiochia begegnete und der er später, im Rückblick auf die korinthischen Enthusiasten, in nahezu nostalgischer Erinnerung nachhängt. Dort das spontane, alle Grenzen der Ordnung und selbst der Verständlichkeit überfliegende Wort – hier die Ratlosigkeit dessen, der, an die Gesetze der Literalität gebunden, doch weit lieber »mit anderer Stimme« reden möchte.

In der Korrespondenz mit Korinth wirft der »in der Rede Ungeübte« (2 Kor 11,6) – ein Vorwurf, der den Apostel besonders getroffen haben muß – tatsächlich einen fast wehmütigen Blick auf die charismatische Sprachszene, von der er sich mit der Entscheidung für das schriftliche Medium und seine Ordnung, einer höheren Nötigung gehorchend, nun abwendet. Die Überschreitung der Demarkationslinie wird fühlbar, wenn er der ausufernden Glossolalie mit dem Argument entgegentritt, daß im Interesse einer geordneten Zusammenkunft »fünf verständliche Worte« nützlicher seien als »zehntausend in der Zungensprache« (1 Kor 14,18ff.).

Vor diesem Hintergrund gewinnt der Schluß des Zweiten Korintherbriefs medienkritische Relevanz. Paulus war, offensichtlich von extremistischen Vertretern der Enthusiastengruppe, ein Beweis dafür abgefordert worden, daß Christus tatsächlich in ihm redete, so wie er sich unter ihnen als mächtig erweise (13,2).

Für einen Augenblick hat es den Anschein, als wolle er direkt, wenn auch mit dem Hinweis auf seine Gleichförmigkeit mit dem »in seiner Schwachheit gekreuzigten und nun aus Gottes Kraft« lebenden Christus antworten (13,4). Dann aber wälzt er die Beweislast, als sei ihm unversehens die Grenze des Mediums bewußt geworden, auf die Fragesteller ab:

Fragt euch doch selbst, ob ihr im Glauben seid; prüft euch selbst! Merkt ihr denn nicht, daß Christus Jesus in euch ist? Wenn nicht, dann hättet ihr freilich die Probe nicht bestanden (13,5).

Auch wenn er bei seinem persönlichen Auftreten keinen rhetorischen Effekt gemacht hätte, wäre seinen Kritikern doch ebenso wie den Adressaten seines ersten Briefs die Qualität seiner Verkündigung als »Wort Gottes« ersichtlich geworden. Da ihm aber nur das Medium des Briefs zu Gebote steht, bleibt ihm lediglich der Weg einer spiegelverkehrten Beweisführung. In der hermeneutischen Selbstbefragung, die ihnen die Lektüre des Apostelbriefs abverlangt, sollen die Fragesteller den geforderten Identitätsbeweis mit Christus selbst erbringen. Als Leser sind sie dem Verständnis des Autors zufolge ohnedies zugleich die Mitgestalter des an sie gerichteten Schreibens. So müßte ihnen an dem ihren Herzen eingeschriebenen »Brief Christi« ablesbar sein, was ihnen der Apostel beweisen soll. Ihn aber ehrt es, daß er ihnen, jenseits aller Polemik, die Fähigkeit und Bereitschaft dazu zugute hält.

Der Qualitätsverlust

Im Rückschluß auf das Medium läßt sich nun dessen Grenze genauer bestimmen. Sie macht sich in Ausfallserscheinungen nach Art eines Subtraktionseffekts bemerkbar. Der Verschriftungsprozeß wirkt reduktiv auf die Aussage zurück. Obwohl im Brief in inhaltlicher Hinsicht dasselbe, nur auf einer höheren Organisationsstufe, gesagt wird, bleibt er doch qualitativ weit hinter der Mündlichkeit zurück. Es ist, als sei das Volumen des gesprochenen Wortes der Struktur des Mediums entsprechend zur »Eindimensionalität« herabgesunken. Von der Reduktion sind insbesondere die evidenz- und empirievermittelnden Sprachqualitäten betroffen, auf die es doch dem nach seiner Heilserfahrung befragten und darauf »antwortenden« Zeugen besonders ankäme. Denn die ihm sonst spontan verfügbare Sprachsuggestion geht in sein Briefwort nur vom Rand her ein.

Im Bewußtsein dessen geht er in der brieflichen Entblößung seines Innersten weiter, als es in mündlicher Rede je geschehen könnte. Im Gehäuse des Briefdiktats wagt er sich bis zu jener spektakulären Überschreitung der Diskretionsgrenze vor, die ihn von seinem Mitgekreuzigtsein mit Christus und seinem Herzenstausch mit ihm reden läßt. So wird Paulus in seinen Briefen zum Protagonisten der christlichen Mystik; und es ist sehr die Frage, ob er in seinen Äußerungen dazu auch ohne die Verwendung des Mediums geworden wäre.

So zeichnet sich hinter der äußeren Veranlassung eine innere ab, die letztlich nur aus der Verflechtung des Genies mit den soziokulturellen Gegebenheiten zu erklären ist. Gerade am Notbehelf entzündet sich die Kreativität und Kompensationsfähigkeit des Geistes. In dieselbe Richtung weist eine dritte, aus der kritischen Übergangsphase, der die junge Christenheit entgegenging, erwachsende Nötigung. Sie betrifft den mit dem Begriff »Schriftkultur« angesprochenen Zusammenhang von Schriftlichkeit und Sozialordnung. Tatsächlich war mit der aus einem asketischen Triebverzicht hervorgegangenen Schrift ein entscheidender Schritt zur Domestizierung des Menschen getan. Mit ihr zog er die folgenschwerste Konsequenz aus dem kulturellen Urakt, der dem auf physische Aneignung Verzichtenden die geistige, vermittelt durch Bilder und Begriffe, einbrachte. Wenn LÉVI-STRAUSS mit seiner These recht behält, daß in primitiven Gesellschaften eine auffällige Entsprechung zwischen grammatischen Regeln und Heiratsregeln besteht, ist der Zusammenhang von Schriftlichkeit und Sozialordnung sogar empirisch erwiesen.[34] Bei Paulus tritt der Zusammenhang mit der Verabschiedung der charismatischen Sprachwelt zugunsten einer dem Prinzip der Verstehbarkeit unterworfenen in Erscheinung. Daß bei dieser »Unterwerfung« sogar ein Machtfaktor mit ins Spiel kommt, zeigt der Satz, mit dem er das Ende der Debatte verfügt:

Wer das nicht anerkennt, der werde selbst nicht anerkannt! (1 Kor 4,38)

Schon ein Schritt führt von hier zu der Erkenntnis, daß der Christenheit der Übergang von ihrem charismatischen Urzustand in die »Zeit der Kirche« (SCHLIER) vornehmlich mit Hilfe von zwei Entwicklungen gelang: mit der Schaffung einer eigenen Kollektion heiliger Schriften und der Etablierung einer strukturierenden Ämterordnung in Gestalt der Hierarchie. Der dazu von Paulus geleistete Beitrag aber führt zu der übergreifenden Einsicht, daß das eine nicht ohne Mithilfe des andern geschah.

Geist und Buchstabe

Paulus bringt die Medienszene jedoch in einem noch ungleich höheren Sinn »unter Kontrolle«. Seine Genialität führt ihn, den ersten Medienvertreter und Medienkritiker der Christenheit, dazu, auch schon ihr erster Medientheoretiker zu sein. Dabei muß KÄSEMANN zugestanden werden, daß sich für das mit dem Begriffspaar »Geist und Buchstabe« umschriebene Theorem in den Paulusbriefen nur eine schmale »Textbasis« findet.[35] Zudem ist die dafür zunächst namhaft zu machende Stelle aus dem Römerbrief, in der Paulus im Zug einer Diatribe, also im Wechselgespräch mit einem fiktiven Partner, auf das Theorem zu sprechen kommt, von seiner Gesetzeskritik überlagert. Im Gedanken an das Gericht Gottes, das »alle Sicherungen Israels« durchschlägt (MICHEL), erklärt er dem von ihm herbeizitierten Gesprächspartner, der sich zwar als »Führer der Blinden« fühlt, aber das Gesetz »trotz Buchstaben und Beschneidung« nicht erfüllt:

> Nicht der ist Jude, der es nach außen hin ist...; Jude ist vielmehr, der es im Verborgenen ist; denn die wahre Beschneidung geschieht am Herzen, durch den Geist und nicht durch den Buchstaben (2,28 f.).[36]

Zwar ist hier von dem Spannungsverhältnis, in welchem Paulus das unter den Formzwang der Schrift geratene Wort erblickt, noch nicht die Rede, wohl aber von dem zwischen einer forma-

listischen Gesetzesgerechtigkeit und der Religion der Innerlichkeit, die er mit »Herz und Geist« anspricht. Sie ist der
Raum der Freiheit, des Glaubens und des konfessorischen
Wortes; denn in ihr beginnt die aus der Umkehrung der natürlichen »Sagerichtung« entspringende Sprechweise, die insbesondere im paulinischen Briefwort Stimme und Ausdruck gewinnt.

Die erschriebene Stille

Ein Raum der Innerlichkeit erschließt sich nach BORNKAMM
aber auch durch die schriftstellerische Arbeit; denn in der »gesammelten Stille des Schreibenmüssens« gewinnt das Wort des
Apostels eine Klarheit, wie sie im Gedränge der mündlichen
Wechselrede kaum je zu erreichen war.[37] Abgeschirmt vom
»täglichen Andrang« und zurückgezogen in die gesammelte
Selbstreflexion des Briefdiktats gelingt dem Autor eine ungleich strengere, durchorganisierte Gedankenführung, die seiner Aussage zusätzliches Gewicht verleiht, auch wenn dies in
der Regel auf Kosten der dem mündlichen Wort eigenen Stoßkraft geht. Doch bilden gerade die Paulusbriefe auch Ausnahmen von dieser Regel. Dann gelingt es ihrem Autor, über seine
Raum-Zeit-Gebundenheit hinweg in jener Weise »präsent« zu
werden, die FRANZ ROSENZWEIG mit der durch den dialogischen Anruf bewirkten »Geistes-Gegenwart« meinte.[38] Dann
wird das Briefwort für Paulus zum »akustischen Spiegel«, der
ein so deutliches Echo der eigenen Stimme zurückwirft, daß
diese für Augenblicke die durch das Medium gebildete »Schall-
mauer« durchbricht.

Im Regelfall gerät das Briefwort jedoch durch den Schreibakt unter das Diktat des literarischen »Formzwangs«, der sich
wie eine zugleich strukturierende und beengende Fremdgestalt
über das aus dem Artikulationsprozeß hervorgehende »Ur-
sprungswort« legt. Dabei ist dieser Vorgang von einer zweifachen Paradoxie durchwaltet. Einmal bewirkt gerade die literarische Verfremdung des Wortes, daß es den abwesenden
Adressaten in seiner »Fremde« erreicht. Zum andern gerät das

literarisch gestaltete Wort in ein zusätzliches Spannungsverhältnis zu sich selbst, durch welches die »antizipierte Rezeption«, die von der Mitteilung immer schon geleistet werden muß, wenn die erhoffte Verständigung zustande kommen soll, ungleich deutlicher Gestalt gewinnt als im verbalen Sprechakt. Unübersehbar spiegelt sich dies in den zahlreichen Stilfiguren, die Paulus zur Verdeutlichung seiner Gedanken einsetzt, angefangen vom Verfahren der Reihung und Verkettung bis hin zu Wortspielen, rhetorischen Fragen, Parallelismen und der häufig verwendeten Kontrastierung, auch in deren zum Chiasmus erweiterten Form, die sich aus zwei gegenläufigen Reihen aufbaut.[39] Ihre Krönung erreicht diese »literarische Reflexion« jedoch in dem vom Römerbrief intonierten Theorem, das Paulus, genauer besehen, in drei Stufen entwickelt.

Die Stufenfolge

Die erste, noch unspezifische Stufe besteht in der Vorstellung von dem der Gemeinde eingeschriebenen »inneren Brief«, mit der Paulus sein schriftstellerisches Werk auf die Adressaten in einer Weise projiziert, daß sie sich durch ihn nur noch sagen lassen müssen, was sie sich bereits »gesagt sein lassen« konnten. Denn der antizipierten Rezeption im Sprech- und Schreibakt entspricht auf seiten des Rezipienten eine subsidiäre Artikulation, da er im Grund nur das zu verstehen vermag, was er sich aufgrund eines universalen Vorverständnisses selbst gesagt sein läßt. Wo diese Vorverständigung, gleichviel aus welchen Gründen, unterbleibt, tritt der von Paulus im Römerbrief angenommene Fall ein, daß sogar die Vorzugsadressaten der Gesetzgebung (9,4) von denen in den Schatten gestellt werden, die, »da sie kein Gesetz haben, sich selbst Gesetz sind« (2,14), und dadurch beweisen, daß »ihnen das Gesetz ins Herz geschrieben ist« (2,15). Das aber ist, auf den Begriff gebracht, der Fall des »toten Buchstabens«.

Die volle Höhe seines Theorems gewinnt Paulus mit der zweiten Stufe, die er im Fortgang der Stelle betritt. Getragen von seinem apostolischen Sendungsbewußtsein betont er hier, indem er vom Bild des inneren Briefs auf das des auf Steintafeln geschriebenen Gesetzes zurückgreift:

> Er hat uns befähigt, Diener des Neuen Bundes zu sein, nicht des Buchstabens, sondern des Geistes. Denn der Buchstabe tötet, der Geist aber macht lebendig (2 Kor 3,6).

Mit diesem Wort rechtfertigt Paulus die neue Lesart, in deren Licht die junge Kirche das Geheimnis Christi in den alttestamentlichen Schriften entdecken und dadurch den hermeneutischen Schlüssel zu ihnen finden lernte.[40] Gleichzeitig gibt er mit der Einführung des Ausdrucks »Neuer Bund« dem Begriffspaar »Geist und Leben« eine neue, heilsgeschichtliche Tiefe. Schon der Dämmerschein, der den Aufgang der vollen Taghelle der kommenden Heilszeit ankündigte, ließ, wie Paulus in schwieriger Motivverschlingung sagt, die Schrift auf den Gesetzestafeln des Mose verblassen. Um das jedoch den Israeliten zu verheimlichen, legte er – und darin erreicht der mitunter gewalttätige Umgang des Apostels mit alttestamentlichen Stellen einen Höhepunkt – eine Hülle über sein Gesicht, die nun rückläufig als Herzensverhüllung unter seinen Anhängern nachwirkt. Wer sich jedoch, bewogen von den Dienern des Neuen Bundes, »dem Herrn zuwendet«, wird von dieser Verhüllung befreit; denn »der Herr ist der Geist, und wo der Geist des Herrn waltet, da ist Freiheit« (3,16f.). Im Geist dieser Freiheit wird ihm klar, daß der alte Bund »in Christus zu Ende gebracht wurde« (3,14). Sich Christus zuwenden heißt für Paulus im Sinn der mystischen Inversion aber zuletzt: hineinverwandelt werden in sein Herrlichkeitsbild »wie es dem Geist des Herrn entspricht« (3,18).

Da sich die heutige Paulus-Forschung – vermutlich unter dem Druck des Sühnegedankens – mit der »forschen Behauptung« (MERKLEIN), daß der Buchstabe tötet, schwertut, ist es ratsam, die Auslegungs- und Wirkungsgeschichte des Theorems als Verstehenshilfe heranzuziehen.[41] Auch wenn diese das Theorem bisweilen (wie bei ORIGENES) abschwächt oder ihm (wie bei AUGUSTIN) die Idee einer heilsökonomischen Zeitenfolge abzugewinnen sucht, zieht sie in der Hauptsache doch »grammatologische« Konsequenzen. Dabei liegt der Akzent auf dem mit dem »buchstäblichen Schriftsinn« gleichgesetzten »Buchstaben«, der bei unterschiedlicher Einschätzung insgesamt als Inbegriff des Festgeschriebenen und dadurch Festgelegten erscheint und bei Luther sogar mit dem »Gesetz des Zornes« zusammengesehen wird.[42] Auf der Linie dieser Deutungen, die insgesamt auf den Charakter der Schrift als »Vorschrift« abheben, liegen zwei in wirkungsgeschichtlicher Hinsicht besonders signifikante Äußerungen. Der von Mephisto »um Lebens oder Sterbens willen« um »ein paar Zeilen« angegangene Faust hält diesem entgegen:

> Das Wort erstirbt schon in der Feder,
> Die Herrschaft führen Wachs und Leder. –

Und den Gebildeten unter den Religionsverächtern gesteht SCHLEIERMACHER zu:

> Ihr habt recht, die dürftigen Nachbeter zu verachten, die... an einer toten Schrift hängen, auf die sie schwören und aus ihr beweisen. Jede heilige Schrift ist nur ein Mausoleum der Religion, ein Denkmal, daß ein großer Geist da war, der nicht mehr da ist; denn wenn er noch lebte und wirkte, wie würde er einen so großen Wert auf den toten Buchstaben legen, der nur ein schwacher Abdruck von ihm sein kann?[43]

Sollte Paulus, der im Galaterbrief mit dem Wunsch, »mit anderer Stimme« seinen Adressaten zureden zu können, buchstäblich an den Gitterstäben der Schriftlichkeit rüttelt, bei seinem Wort vom tötenden Buchstaben nicht ähnlich empfunden haben, so daß in diese Behauptung auch ein Element schriftstellerischer Selbstkritik einfloß? Wenn sogar die gottentstammte Schrift auf den Gesetzestafeln zum »Verblassen« verurteilt war, ist doch wohl erst recht der menschliche Versuch, Geistiges zu fixieren und dadurch festzulegen, zur Vorläufigkeit verurteilt. Die aber hat, paulinisch gesehen, in erster Linie mit den heteronomen Zwängen zu tun, denen die Schrift aufgrund ihrer strukturellen Defizienz das »reine Ja« der Botschaft unterwirft. Jedenfalls ist es für Paulus eine ausgemachte Sache, daß seine Briefe immer nur eine »Nachschrift« dessen sind, was den Gemeinden als Himmelsbrief ins Herz geschrieben war, eine menschliche Rekonstruktion, die nie ganz an dessen Leuchtkraft und Verständlichkeit heranreicht.

Geradezu antithetisch verhält sich dazu die von Paulus auf der dritten Stufe getroffene Aussage, die auf das Gegenmotiv des »lebendig machenden Geistes« abhebt. Schon im Fortgang der Korintherstelle hatte er auf die geistgewirkte Freiheit hingewiesen, durch die dem Christus Zugewandten die Aufhebung des Gesetzes einsichtig wird. Darauf kommt er im Römerbrief nun nochmals mit der verdeutlichenden These zurück:

> Jetzt aber sind wir frei geworden vom Gesetz, gestorben all dem, worin wir gefangen waren, so daß wir unsern Dienst im neuen Geist und nicht mehr in den alten Buchstaben verrichten (7,6).

Was die Geisteskraft Christi bewirkte, war die Befreiung aus der »Gefangenschaft« in den Restriktionen und Zwängen des »alten Buchstabens«. Damit erfährt das Motivwort vom »toten Buchstaben« eine zusätzliche Verdeutlichung: Indem er fixierte und festlegte, hielt er seine Anhänger zugleich gefangen. Insofern trat er verhängnisvoll zu den Zwängen hinzu, die auf den Zeitgenossen einer durch Schicksalsglauben und Weltangst bestimmten Epoche lasteten. Dem setzt Paulus das Prinzip der geistgewirkten Freiheit und damit die Botschaft entgegen, durch die er das Christentum seiner Zeit zum Sieg über das römische Imperium und seine Ideologie führte. Es hat nicht den Anschein, als ob ihm die Wirkungsgeschichte darin mit gleicher Entschiedenheit gefolgt wäre wie im Fall des Gegenmotivs. Während der »tote Buchstabe« noch im Instrumentarium der historisch-kritischen Methode nachwirkt, fand das Wort vom »lebendig machenden Geist« keine vergleichbare Resonanz. Zuletzt dürfte auch das darauf zurückgehen, daß in der Paulus-Rezeption der Mystiker hinter dem Kritiker ungebührlich zurücktrat. Doch Paulus war unentflechtbar beides: der vielseitige Kritiker und der von Christus ergriffene Mystiker. Deshalb muß sich das Augenmerk nunmehr auf den Zusammenhang dieser scheinbar gegensätzlichen Pole richten.

X. Kritik und Mystik

Das kritische Ingenium

Wie nach ihm wohl nur noch Nietzsche ist Paulus ein Genie der Kritik. Was er anfaßt, wird für ihn in einer Weise durchsichtig, daß er in ihm sowohl die verborgenen Schwach- und Bruchstellen als auch den sich seinem Zugriff entgegensetzenden Widerstand wahrnimmt. So entdeckt er in den als »Lichtengel« agierenden Gegnern die »Satansdiener«, die sich, wie ihr Meister selbst, seinem Werk widersetzen. In der überbordenden Sprachwelt der in »Engelzungen« redenden Charismatiker sieht er die Gefahr einer kirchlichen Anarchie heraufdrohen. Und selbst in dem von Gott durch Engelhand gegebenen Gesetz erblickt er den Schattenwurf einer den Menschen von seinem Sinnziel abhaltenden Heteronomie.

Die Konfliktstruktur

Paulus ist, wie seine Äußerungen vielfach bestätigen, ein Mann des Konflikts, der erst im Kampf sein volles Format gewinnt. Selbst in seinem bewegenden Friedenszeugnis ist der Konflikt noch wie ein in der Ferne abziehendes Gewitter vernehmbar. Diese Konfliktbereitschaft ist aber nicht nur die Folge seiner Konstitution, sondern weit mehr noch die seiner religiösen Werdegeschichte, die sich zu einer lebenslangen Auseinandersetzung mit dem mosaischen Gesetz gestaltete. Stand am Anfang der glühende, wenngleich durch Erfahrungen des Ungenügens verschattete Einsatz für die »väterlichen Überlieferungen«, so nach der Lebenswende seine in immer neuen Anläufen geübte und durch seine legalistischen Gegner stimulierte Gesetzeskritik. In der ungeheuren Anstrengung dieses Kampfes, in dessen Verlauf sich der ressentimenterfüllte Verfolger der vermeintlichen Gesetzesbrecher an deren Spitze stellte, gewann er seine menschliche und religiöse Kontur.

Gleichzeitig war seine Konfliktbereitschaft jedoch konstitutionell bedingt. Daß ihm Größe und Elend des Menschen in geradezu pascalscher Antithetik vor Augen stehen, läßt ebenso darauf schließen wie das Schlüsselwort seiner Selbstcharakteristik, wonach sich der innere Mensch im selben Maß aufbaut, wie der äußere aufgerieben wird. Obwohl als stellvertretende Aussage gemeint, spricht für dieses extrem gespannte Selbstverhältnis noch deutlicher die Römerstelle:

> Ich bin mir selbst ein Rätsel; denn ich tue nicht, was ich will, sondern das, was ich verabscheue... So handelt in mir nicht mein Ich, sondern die in mir wohnende Sünde (7,15.17).

Der autobiographische Unterton dieses Bekenntnisses wird hörbar, sobald man es in den Kontext jener Äußerungen hineinstellt, in denen Paulus von dem auf ihm lastenden Zwang, vom Zwiespalt der von ihm leidvoll empfundenen Todverfallenheit und der ihn beseelenden »Hoffnung auf Herrlichkeit« redet und schließlich geradezu versichert:

> Es zieht mich nach beiden Seiten hin. Ich sehne mich danach, aufgelöst zu werden, um bei Christus zu sein; denn das wäre bei weitem das Beste. Doch im Fleisch zu verbleiben ist notwendig um euretwillen (Phil 1,23f.).

Schließlich ist in diesem Zusammenhang auch nochmals an den »Pfahl« zu denken, der dem Apostel »ins Fleisch getrieben« ist, damit er sich wegen seiner Offenbarungen nicht überhebe, also an dieses lastende »Gegengewicht« zu seiner Entrückung, das ihm zum Bewußtsein bringt, daß die Kraft gerade in der Schwachheit zur Vollendung gelangt.

Die kritische Denkform

Im Konflikt mit dem Komplex, den der Begriff »Gesetz« umfaßt, und wohl mehr noch im Konflikt mit sich selbst und seiner spannungsreichen Konstitution gewinnt Paulus aber vor allem auch sein denkerisches Profil. Aufschlußreich ist dafür der Stil der Aussagen, mit denen er seine großen Themen angeht. Gott ist für ihn »kein Gott der Unordnung, sondern des Friedens« (1 Kor 14,33), und sein Reich besteht demgemäß »nicht in Speise und Trank, sondern in Gerechtigkeit, Friede und Freude« (Röm 14,17). Jesus, den er, selbst wenn er ihn dem Fleisch nach gekannt haben sollte, jetzt so nicht mehr kennt (2 Kor 5,16), »lebte nicht sich selbst«, sondern nahm die Schmähungen seiner Beleidiger auf sich (Röm 15,3); nachdem er von den Toten erweckt wurde, stirbt er nicht mehr; vielmehr lebt er nun »mit seinem Leben für Gott« (6,9 f.). Deshalb gilt weder Beschneidung noch Unbeschnittensein etwas, »sondern eine neue Schöpfung« (Gal 6,15). Dem entspricht die Seinsweise der Erlösten. Ihre Heimstatt ist im Himmel (Phil 3,21); doch leben sie im Glauben, nicht in der Schau (2 Kor 5,7). Zwar bezeugt ihnen der Geist, daß sie Kinder Gottes sind (Röm 8,16); dennoch sehnen sie sich, zusammen mit der ganzen Schöpfung, nach der endzeitlichen Erlösung ihres Leibes (8,23). In diesem Sinn vollzieht sich auch das letzte Kapitel der Weltgeschichte, wenn sich der Sohn dem unterwirft, der ihm alles unterworfen hat, so daß sich sogar noch im Erdenken des Endziels alles Seins und Geschehens die dialektische Grundstruktur des Zugriffs durchhält.

Das kritische Prinzip

Indessen ist es letztlich weder die Konstitution noch die Denkform, was Paulus zum Genie der Kritik werden ließ, sondern die Entdeckung, daß der von ihm vertretenen Sache selbst ein kritisches Prinzip eingestiftet war. Wenn nicht alles täuscht, vollzog sich diese Entdeckung im Raum der Spiritualität, den Paulus in der Auseinandersetzung mit den korinthischen

Enthusiasten durchmaß. Unter den Geistesgaben, die er im Leben der Gruppe am Werk sieht, erscheint, wenngleich an nachgeordneter Stelle, auch die der »Unterscheidung der Geister« (1 Kor 11,10). Dennoch gelingt ihm damit eine Entdeckung ersten Ranges. Denn die christliche Spiritualität ist für ihn nach Ausweis seiner Gebetslehre nicht nur »spekulativer«, als es dem linearen Verständnis des Gebetsaktes erscheint; sie trägt vielmehr auch das Prinzip der Immunisierung gegen überfremdende Einflüsse, die Fähigkeit zur Selbstunterscheidung, in sich.

So ergibt es sich für Paulus letztlich aus seinem Geistbegriff. Denn neben dem göttlichen Pneuma, das ihn als Element des neuen Daseins durchdringt, kennt er sehr wohl den dem Menschen innewohnenden Geist, den er (nach 1 Kor 2,11) primär als Prinzip der Reflexion, aber auch als Sensorium der Emotionalität versteht, das ihn (nach 2 Kor 2,13) bald in Unruhe versetzt, dann aber (nach 1 Kor 16,18) auch wieder durch hilfreichen Zuspruch beruhigt wird. Nimmt man den Hinweis auf die schwankende Befindlichkeit mit der Reflexivität zusammen, so stößt man schließlich auf den Grund, der Paulus, so sehr es ihm – wie dies EBERHARD JÜNGEL für seine Theologie in Anspruch nahm – darum zu tun war, das von Gott in Christus gesprochene »Ja« nachzubuchstabieren, zum großen Kritiker der Christenheit werden ließ.[1]

Felder der Kritik

Lebensgeschichtlich gesehen ist das erste Feld, an das sich das kritische Ingenium des Apostels verwiesen sah, mit dem Begriff »Gesetz« umschrieben, das für Paulus in einer Weise durch die Gestalt des »Vermittlers« Mose repräsentiert wird, daß es ihm mitunter wie eine leibhaftige Größe vor Augen steht. In dieser Verkörperung gewinnt der Vorzugsgegner des Apostels eine Vehemenz, die seinen Kampf an die nächtliche Szene von Jakobs Kampf mit dem Engel heranrückt. Wie Jakob geht dann auch er zwar versehrt, aber gesegnet aus dieser Auseinandersetzung hervor. Wenn er daraus die Summe mit

den Worten zieht »durch das Gesetz bin ich dem Gesetz gestor-
ben, damit ich für Gott lebe« (Gal 2,19), erinnert das nicht nur
an sein »Mitgekreuzigtsein« mit Christus, auf das er im selben
Atemzug zu sprechen kommt, sondern über die Jahrhunderte
weg sogar an das Wort, mit welchem NIETZSCHE seine Kritik
des Christentums auf die Spitze trieb: »In mir überwindet sich
das Christentum selbst«.[2] Das aber ist jene Kampfesweise, die,
wie dies wiederum an Nietzsche abzulesen ist, erst in der Anverwandlung an den Gegner ihr Ziel erreicht.[3]

Die Gesetzeskritik

An den Gesetzeskomplex war Paulus aber auch von seiner
Methode her verwiesen, sofern ihm der »tote Buchstabe«, wie
KÄSEMANN hervorhob, in erster Linie im mosaischen Gesetz
entgegentrat.[4] Schon der Einstieg bestätigt das Recht dieses
hermeneutischen Zugriffs. Mag Paulus die Problematik des
Gesetzes schon durch das Gefühl, von ihm überfordert und
Gott gegenüber ins Unrecht gesetzt worden zu sein, gedämmert haben, so wird sie ihm doch erst im Licht des Evangeliums
vollends klar.[5] Zwar zeigt sich in diesem Licht, daß das Gesetz
in sich »gerecht und gut« ist (Röm 7,12), weil es Gott selbst zum
Urheber hat und durch Engelhand an Mose übergeben wurde
(Gal 3,19). Als solches spiegelt es das dem Menschen schon vor
jener göttlichen Wegweisung ins Herz geschriebene Gesetz
(Röm 2,15). Doch mußte es angesichts der Fülle von Übertre-
tungen »hinzugefügt« werden (Gal 3,19; Röm 5,20), um die
sündige Menschheit vor dem Aufgang der Heilszeit »in Ge-
wahrsam zu halten« (Gal 3,23). So erweist es sich als eine Maß-
nahme göttlicher Pädagogik, die das Gesetz als »Zuchtmeister
auf Christus hin« einsetzte, um dadurch die »Gerechtigkeit aus
dem Glauben« anzubahnen (3,24).
   Doch das Licht des Evangeliums wirkt wie die diakritische
Geistesgabe auch unterscheidend. Und so zeigt sich zunächst,
daß das Gesetz sein Ziel nur bedingt erreichte. Es konnte trotz
seiner Heiligkeit der im Menschen wohnenden Sünde nicht
Einhalt gebieten. Im Gegenteil; es brachte den nach seiner Er-

füllung Verlangenden trotz seiner Freude an ihm in ein hoffnungsloses Zerwürfnis mit sich selbst. Nicht nur, daß es ihn, wie Paulus leidvoll an sich selbst erfuhr, mit der Fülle seiner Vorschriften überforderte; es sensibilisierte ihn auch in einer ihn belastenden Weise, so daß er das »andere Gesetz« in seinen Gliedern wahrnahm, das dem Gottesgesetz widerstreitet (Röm 10,23). Dieses dem Gotteswillen widerstreitende Gesetz entstammt aber nicht etwa nur der Widersprüchlichkeit des Menschen, der anstelle des als richtig und sinnvoll erkannten Guten immer wieder das Böse tut (7,19), sondern in letzter Provenienz seiner Todverfallenheit. An dieser Stelle erreicht die paulinische Anthropologie, die mit ungeheurer Schärfe in den konstitutionellen Zwiespalt des Menschen eindringt, jenen Höhepunkt, auf dem die menschliche Sache nur noch exklamatorisch zur Sprache gebracht werden kann. Daher der zwar generell gemeinte, aber doch mit letzter Intensität ausgestoßene Aufschrei:

Ich unglücklicher Mensch; wer wird mich von diesem todverfallenen Leib befreien? (7,24).

In der Gegenrichtung besehen, zeigt der vom Evangelium ausgehende Lichtschein dann aber insbesondere, daß das Gesetz in Christus »zu Ende gebracht« und »aufgehoben« ist. Zu Ende gebracht, sofern der Gekreuzigte den Fluch des Gesetzes auf sich nahm und, wie Paulus mit dem extremsten Ausdruck seiner Stellvertretungslehre sagt, zum Gegenteil seiner selbst, »zum Fluch« (Gal 3,13), geworden ist. Das verdeutlicht Paulus mit dem Wort des Römerbriefs, das Christus »das Ende des Gesetzes« nennt (10,4): Ende, das aber nicht Beseitigung, sondern erfüllende »Aufhebung« des Gesetzes in eine neue, erlösende Geltungsweise besagt.[6]

Die Aufhebung

Doch mit dem Gedanken der Aufhebung überschreitet Paulus die Deutung in eine Sachaussage, auf der das Schwergewicht seiner Gesetzeskritik liegt. Zwar kleidet er diese an entscheidender Stelle in die Metapher von seiner »Enthüllung«, wenn er dem Gesetzesmittler Mose unterstellt, daß er sein Gesicht verhüllte, um die Israeliten den verblaßten Glanz der Gesetzesschrift nicht erkennen zu lassen (2 Kor 3,13). Wenn er im Fortgang der Stelle dann aber von der Entfernung der Hülle bei den zum Christusglauben Bekehrten spricht (3,16), geht der noetische Aspekt bruchlos in den sachlichen über. Der »Aufhebung« der Hülle entspricht die tatsächliche Aufhebung des Gesetzes durch die Heilstat Jesu. Sie wird allerdings nur in ihrer Positivität ausgeleuchtet, wenn es heißt:

> Der Herr ist der Geist, und wo des Herrn Geist waltet, da ist Freiheit. Wir alle aber spiegeln mit enthülltem Antlitz die Herrlichkeit des Herrn und werden so, von Klarheit zu Klarheit, seinem eigenen Bild anverwandelt, wie es dem Herrn des Geistes entspricht (3,17 f.).[7]

Indessen setzt diese Anverwandlung voraus, daß der Verherrlichte, wie der ungeheure Satz des Galaterbriefs versichert, als Gekreuzigter die Fluchwürdigkeit des vor Gott versagenden Menschen auf sich nahm und in seiner Passion »zu Ende« litt. Weil er so stellvertretend auf die Negativität des Menschen einging, kann er diesem nun auch als Verherrlichter sein neues, gottentstammtes Leben einhauchen, er, der neue Adam, der das Versagen des ersten durch seine Heilstat aufarbeitete und in sein rettendes Gegenteil verwandelte. Wie sehr sich Paulus diese Parallele nahelegt, wird deutlich, wenn er im Anschluß daran sein Damaskuserlebnis auf den Schöpfungsmorgen zurückspiegelt (2 Kor 4,6) und daraus im weiteren Kontext den Gedanken der Neuschöpfung folgert (5,17).

Eine Kampflehre?

Wenn es HOFIUS für »undenkbar« hält, daß Paulus seine Geset-
zestheologie erst in der Auseinandersetzung mit judenchrist-
licher Polemik entwickelte, geschieht das in unausdrücklicher
Frontstellung gegen WILLIAM WREDE, der die zur Rechtfertigungslehre zugespitzte Gesetzeskritik des Paulus als eine nur
aus seinem Konflikt mit dem Judenchristentum zu verstehende
»Kampfeslehre« bezeichnete, die bruchlos aus dem »Ganzen
der paulinischen Religion« herausgelöst werden könne.[8] Im
Gegenzug zu der von seinen Gegnern erhobenen Gesetzesforderung habe er den Glauben als das »wahre Unterscheidungs-
merkmal« des Christen herausgestellt, bei dem Versuch, dessen Positivität zu verdeutlichen, jedoch die »Form der jüdischen Lehre« übernommen.[9] Von dieser habe er sich jedoch
radikal durch die Überzeugung distanziert, daß Gott dem Menschen nicht als Richter, sondern »als Geber« gegenüberstehe;
damit aber mache sich Paulus den religiösen Grundgedanken
zueigen, »daß der Mensch Gott gegenüber ganz der Emp-
fangende«, Gott dagegen »allein der Gebende« sei.[10]

Trotz ihrer Kurzschlüssigkeit kann diese These den Erfolg
der paulinischen Verkündigung für sich in Anspruch nehmen.
Denn es läuft auf einen Anachronismus hinaus, wenn man diesen auf die Rechtfertigungslehre zurückführt, die, zumal in ihrer reformatorischen Interpretation, weit mehr dem erschüt-
terten Selbstgefühl der beginnenden Neuzeit als dem von
Schicksalsangst bedrückten der Antike entspricht. Entschei-
dungsinstanz ist aber auch in dieser Frage allein das Damaskuserlebnis. Und in dessen grundlegender Bezeugung, die sich mit
den Begriffen Offenbarung, Neuschöpfung und Überwältigung
umschreiben läßt, scheint die Gesetzesthematik nicht einmal
vom Rand her auf. Vielmehr erweist sich darin Gott als der den
Verfolger mit seiner Liebe Heimsuchende, der ihn mit seinem
Innersten, dem Sohn, beschenkt.

Gebundene Freiheit

Soweit die beiden Deutungen auseinanderdriften, kommen sie doch in der Bestimmung der Freiheit überein, zu der die Aufhebung des Gesetzes verhilft. Zwar gilt für Paulus uneingeschränkt, daß uns Christus »vom Joch des Gesetzes befreite« (Gal 5,19); doch gebietet er mit gleichem Nachdruck:

> Einer trage des andern Last; so werdet ihr das Gesetz Christi erfüllen! (6,2).

Dieses »Gesetz« ist aber kein anderes als der zum Lebensgesetz des »Glaubenden gewordene Christus selbst«. Wie er die Sünden- und Todverfallenheit des Menschen in sich zu Ende litt, und wie er die durch ihn Erlösten seinem Herrlichkeitsbild anverwandelt, bewegt er diese auch zur tätigen Bezeugung ihres neuen Seins. Als Lebensinhalt des Glaubenden ist er zugleich der inspirierende Antrieb seines Handelns. Denn die mystische Inversion gilt auch im Feld der Ethik. Handeln ist in dieser letzten Sicht ein Getätigtsein durch den, der sein Heilswerk in den Seinen fortsetzt, oder, mit der Paulus-Schule gesprochen, der Nachvollzug der »im voraus bereitgestellten Werke« (Eph 2,10).

Die Weltkritik

Wenn man die von der Paulus-Schule, vor allem im Kolosserbrief, vollzogene Ausweitung des christologischen Ansatzes in kosmische Dimensionen bedenkt, etwa in der hymnischen Aussage:

> Er ist das Bild des unsichtbaren Gottes,
> der Erstgeborene vor aller Schöpfung;
> denn in ihm wurde alles geschaffen,
> was im Himmel und auf Erden ist,
> das Sichtbare und das Unsichtbare,
> ob Throne, Mächte, Herrschaften oder Gewalten:

alles ist durch ihn und zu ihm hin geschaffen,
er ist vor allem, und das All hat in ihm Bestand (1,15 ff.),

stellt sich rückläufig die Frage nach dem Weltverhältnis des Apostels. Auf den ersten Blick springt dann bereits die Gebrochenheit dieser Beziehung in die Augen. Als antiker Mensch denkt selbstverständlich auch Paulus im Horizont des Kosmos, auch wenn er niemals seine höchste Sinnerfüllung in der Betrachtung seiner Schönheit und Ordnung gefunden hätte.[11] Dafür denkt er viel zu entschieden aus heilsgeschichtlicher Perspektive; und dafür stehen ihm die Grenzen und Schatten der Welt viel zu deutlich vor Augen. Das aber besagt: Sein Weltverhältnis ist, atypisch für die Antike, nicht affirmativ, sondern kritisch.

Auf die Frage nach dem Ort seiner Beheimatung hätte Paulus keinesfalls auf die Welt verweisen können. Eher hätte er sich mit SCHUBERTS »Wanderer« auf den Zuspruch des »Geisterhauchs« berufen: »Dort, wo du nicht bist, dort ist das Glück!« Seine wirkliche Antwort aber lautet:

Unsere Heimat ist im Himmel, von wo wir auch den Retter erwarten, den Herrn Jesus Christus (Phil 3,20).

Auch für Paulus ist die Welt der Lebensraum des Menschen, doch eher im Sinn einer Bühne, auf der sich sein Leben abspielt, als in dem seines definitiven Aufenthalts.[12] Zwar weiß er auch um die »Sterne des Weltalls« (2,15), doch nur, um daraus einen eindrucksvollen Vergleich für das leuchtende Beispiel seiner Adressaten abzuleiten, die er dadurch zugleich von der als dunkel empfundenen Welt abhebt. Von den Ochsen und Ölbäumen, also von Tieren und Pflanzen, dem Hirten und seiner Herde, dem Pflügen, Säen und Dreschen spricht er durchweg in distanzierten, meist metaphorischen Wendungen. Auch auf Städte, Meer und Flüsse kommt er nur in Erinnerung an die dort ausgestandene Gefahr zu sprechen. Eher schon nimmt er, wenngleich mit derselben Einschränkung, das städtische Leben mit seinen Gerüchen und Klängen, den Gerichtsverhandlungen und Wettkämpfen wahr. Insgesamt aber fällt bei diesem so weit gereisten Autor doch die »Weltlosigkeit« seiner Briefe auf. Was sie an Farben und Tönen wiedergeben, entnehmen sie so gut wie ausschließlich der geistig-religiösen »Innenwelt«. Von dort – und nur von dort – nimmt die Dramatik ihren Ausgang, die ihr faszinierendes Leben ausmacht. Ebenso entstammt ihr die Fülle der von ihnen mitgeteilten und reflektierten Inhalte.

Angesichts dieses Befundes ist es erstaunlich, daß Paulus aus seiner großen Distanz zur Welt diese mit einem Blick umfaßt, zu dem ihn nur die Sehkraft eines mitleidenden Herzens befähigen konnte. Freilich ist es nicht die sich selbst überlassene, sondern die von der Hand Gottes gehaltene Welt, die Schöpfung (*ktisis*), von der er sagt:

> Wir wissen, daß die ganze Schöpfung bis heute mit (uns) seufzt und in Wehen liegt, doch nicht nur sie, sondern auch wir, die wir die Erstlingsgabe des Geistes besitzen (Röm 8,22f.).

So sieht er die Schöpfung mit den Erlösten zu einer umfassenden Leidensgemeinschaft zusammengeschlossen, die in sehnsüchtiger Erwartung danach verlangt, von der »Knechtschaft der Vergänglichkeit« befreit und der »Herrlichkeit der Gotteskindschaft« entgegengeführt zu werden. Damit spricht er nicht nur in seiner Sicht und Ausdrucksweise von den »Tränen der Dinge« (VERGIL); vielmehr widersetzt er sich auch, in größerem Zusammenhang gesehen, dem auf Herrschaftswissen begründeten Umgang mit der Weltwirklichkeit mit der alle Argumentationskraft übersteigenden Hellsichtigkeit des in Mitleidenschaft Gezogenen.

Die Menschenwelt

Die Welt, auf die sich der kritische Begriff des Apostels bezieht, ist, wie Bultmann zeigte, in erster Linie nicht Kosmos, sondern die sich aus der gesellschaftlichen Interaktion aufbauende »Menschenwelt«.[13] Mit diesem Weltbegriff, der die

»Sphären der menschlichen Beziehungen«, Schicksale und Erfahrungen umfaßt, arbeitet Paulus, begriffsgeschichtlich gesehen, sogar schon auf die große Wende im Weltverhältnis hin, die GIAMBATTISTA VICO dadurch herbeiführte, daß er dem klassischen Weltbegriff die Idee der »ganz gewiß vom Menschen gemachten« und ihm deshalb als einziger Gewißheitsgrund erreichbaren »Menschenwelt« entgegensetzte.[14]

Damit mag es zusammenhängen, daß Paulus die Welt als Erkenntnisgrund veranschlagt und von der »Weisheit dieser Welt« spricht (1 Kor 3,19), auch wenn er mit dieser radikal ins Gericht geht. Denn gerade daran wird im Zug seiner Kritik ersichtlich, daß sich die in Selbstsucht und Leidenschaft verstrickte Menschenwelt gegen das ihr zugedachte Heil verschließt, dafür jedoch dem Einfluß gottfeindlicher Mächte erliegt, die sie in dieser widergöttlichen Verschlossenheit fixieren und dadurch an ihre Todverfallenheit ausliefern. Damit übernimmt Paulus vom Rand her ein ihm durch die Spätantike vorgegebenes Denkmuster, sofern diese im selben Maß, wie der Götterhimmel seine Glaubwürdigkeit verlor, einem lähmenden Schicksalsglauben verfiel.[15] An die Stelle des Schicksals treten bei ihm die vergleichbare Zwänge ausübenden »Weltelemente«, über denen letztlich der Widersacher, »der Gott dieser Welt« (2 Kor 4,4), zusammen mit seinen Komplizen, den Archonten, vor allem in Gestalt von Sünde und Tod, waltet.[16]

Jetzt wird begreiflich, daß die Weltkritik des Apostels letztlich auf ein Todesurteil hinausläuft, auch wenn er dieses eher beiläufig, in paränetischem Zusammenhang, fällt. Aber gerade in dieser Form, wenn er seine Mahnung, zu weinen als weine man nicht, zu erwerben als besitze man nicht und sich der Welt zu bedienen als nutze man sie nicht, begründet, wirkt das Urteil um so härter: »denn die Gestalt dieser Welt vergeht« (1 Kor 7,31). Und doch spricht daraus kein Akosmismus, noch nicht einmal die Stimme eines Asketen oder Weltverächters, sondern nur der Wille, den Freiraum für die »Neuschöpfung« zu gewinnen, der sich die vergänglichen Weltgestalten nach paulinischem Verständnis entgegensehnen. So ist die Weltkritik des Apostels nicht Selbstzweck, sondern Absprungstelle für eine um so intensivere Bejahung der Welt, wenngleich in ihrer noch ausstehenden, dafür aber sehnsüchtig erwarteten Ziel- und Endgestalt.

Die Selbstkritik

Die von Paulus geübte Gesetzes- und Weltkritik bliebe jedoch auf bedenkliche Weise unvollständig, wenn sie nicht auf ihn selbst zurückschlüge und von seiner Selbstkritik unterbaut würde. Denn auch für ihn gilt – allerdings mit der durch seine religiöse Mission gegebenen Einschränkung – der Satz PAUL VALÉRYS, daß ein Dichter nur soviel taugt, »wie er als Kritiker seiner selbst getaugt hat«.[17] Mit seiner Selbstkritik verhält es sich, wie dem in Form einer zweiten Einschränkung hinzuzufügen ist, wie mit seiner Sprachleistung: Sie tritt eher mittelbar als in ausdrücklichen Selbstzeugnissen in Erscheinung. Und selbst in dieser zurückgenommenen Form wird man von ihm aus zwei Gründen nicht zu viele Hinweise erwarten dürfen: einmal, weil die Briefe auf weite Strecken der Abwehr gegnerischer Angriffe, oft genug auch der spontanen Rechtfertigung des eigenen Standpunkts dienen und aufgrund dieser apologetischen Haltung der selbstkritischen Reflexion kaum Raum lassen; vor allem aber, weil das Sendungsbewußtsein des Apostels alle gegensinnigen Anwandlungen überstrahlt. Gegen radikale Selbstzweifel, die seine gottgeschenkte Identität, sein Apostolat und seine Autorität betreffen, ist Paulus von seinem lebenslang nachwirkenden Berufungserlebnis her immunisiert.

Unter dieser Schwelle erweckt er jedoch den Eindruck eines vielfach angefochtenen und seiner Entscheidungen keineswegs stets sicheren Menschen. Das zeigt sich schon in den ängstlichen Sätzen, mit denen er den durch sein vehementes Urteil über den korinthischen Skandalfall oder, wie die Forschung mehrheitlich annimmt, durch einen analogen »Eingriff« angerichteten Schaden zu begrenzen sucht:

Wenn ich euch mit meinem Brief betrübt habe, so tut es mir dennoch nicht leid. Selbst wenn ich es bereuen wollte,

sehe ich doch, daß jener Brief, auch wenn er euch vor-
übergehend betrübte, euch – und darüber freue ich mich –
durch die Trauer zur Sinnesänderung geführt hat (2 Kor
7,5 f.).[18]

Ähnlich ist wohl auch die Stelle zu beurteilen, an der sich Paulus im Fortgang des Schreibens die von ihm zunächst mit sichtlicher Erbitterung vermerkte Vorhaltung seiner Gegner, daß er
zwar aus der Ferne einschüchternde Briefe schreibe, in seinen
persönlichen Äußerungen jedoch schwächlich und in seinem
Auftreten unterwürfig wirke (10,1.10), schließlich mit dem Geständnis zu eigen macht, daß er in der Rede ein Laie (*idiotes*)
sei (11,6). Auch in der Überreaktion auf die Angriffe der von
ihm als Pfuscher und Satansdiener gescholtenen Gegner
kommt gelegentlich das Eingeständnis eines zumindest takti-
schen Versagens zum Vorschein. Demgegenüber bezieht sich
das Feld der indirekten Selbstkritik vor allem auf die Aussagen
über die apostolische Existenz, die sich von der Beschreibung
des Szenariums bis zur formellen Übernahme der Narrenrolle
steigert. Er habe den Eindruck, sagt Paulus zunächst, als habe
Gott die Apostel als Todeskandidaten auf den letzten Platz der
Weltbühne gestellt, auf deren Rängen sich Engel und Menschen versammelten (1 Kor 4,9). Kaum kann er das ohne einen
Anflug von Selbstverachtung in den Satz ausmünden lassen,
daß er sich wie der »Auswurf der Welt« und der »Abschaum
aller« vorkomme (4,13). Und gleiches gilt vermutlich auch von
der Parallelstelle, die abschließend den Apostel im vollen »Widerspruch der Welt« darstellt:

Bei Ehre und Schmach, bei Verleumdung und Lob, als
(angebliche) Schwindler und doch wahrhaftig, als Unbekannte und doch wohlbekannt (2 Kor 6,8 f.).

Vollends kommt der selbstkritische Zug zum Vorschein, wenn
Paulus am Schluß der Narrenrede gesteht, daß ihm der Pfahl
ins Fleisch getrieben worden sei, damit er sich nicht überhebe
(12,7). Das verdeutlicht er schließlich, wenn auch nicht mit
Worten, so doch mit einem ebenso paradoxen wie eindring-

lichen Bild, wenn er die Rolle des »mit Fäusten« auf ihn einschlagenden Satansboten selbst übernimmt und sich in der
Maske des Faustkämpfers präsentiert:

> Ich übe mich nicht im Faustkampf wie einer, der Luftstrei-
> che versetzt; vielmehr ziele ich auf meinen Leib und treffe
> ihn, damit ich nicht anderen predige, selbst aber verwor-
> fen werde (9,26f.).

Auch wenn das im Stil der antiken Lehrrede gesagt ist, könnte
es so doch schwerlich gesagt worden sein, wenn Paulus nicht
durch die Nacht der Ungewißheit und Selbstkritik hindurchge-
gangen wäre.

Der Spannungsabfall

Daß die Selbstzweifel den Personkern des Apostels unberührt
lassen, ist nur erklärlich, wenn man die von ERICH SEEBERG
gestellte Frage »Wer war Paulus?« weder von seiner Leistung
noch von seiner Theologie, sondern von seinem Selbstverständnis her zu beantworten sucht. Dann ist er nicht, wie ihn
die Apostelgeschichte beschreibt, der von Gott bestellte Heidenmissionar und ebensowenig, wie JOHAN CHRISTIAAN BE-
KER will, Apokalyptiker, sondern Mystiker.[19] Freilich muß dem
unverzüglich hinzugefügt werden: ein exoterischer, durch
seine Innerlichkeit zum Weltdienst bestimmter und überdies
ein apokalyptisch gestimmter, auf die endzeitliche Vollendung
hin orientierter Mystiker.

Der Zusammenhang

Schon diese ersten Bestimmungsversuche zeigen, daß es sich
bei Paulus um das Gegenteil einer esoterisch-hermetischen
Mystik handelt, also um eine Form, die man vage als »offene
Mystik« bezeichnen könnte. Im Unterschied zur klassischen,
die im Regelfall auf strenge Isolation bedacht ist, ist die paulini-

sche in sämtliche Lebensbezüge eingebettet, einschließlich der konfliktreichen Sozialbezüge des Apostels, die entscheidend durch seine Welt- und Gesetzeskritik bestimmt sind. Damit aber beginnt sich der Abstand der beiden vermeintlichen Gegenpole – Mystik und Kritik – in einer Weise zu verringern, daß sie, entgegen der landläufigen Ansicht, zusammengedacht, am Ende sogar in einem Verweisungszusammenhang gesehen werden können.

Wenn man davon ausgeht, daß die von Paulus genannten Geistesgaben als mystische Phänomene anzusehen sind, wird diese Annahme schon dadurch bestätigt, daß er, wie bereits erwähnt, auch die »Unterscheidung der Geister« diesem Selbsterweis des in der Gemeinde wirkenden Gottesgeistes zurechnet (1 Kor 12,10). Das aber könnte nicht gesagt werden, wenn nicht der Geist in sich als diakritisches Prinzip zu gelten hätte. In eben diesem Sinn hatte ihn Paulus auch tatsächlich zu Beginn des Ersten Korintherbriefs eingeführt, wo er ihm die Erschließung der Gottesweisheit (2,6.12 f.), ja sogar der »Tiefen der Gottheit« (2,10) zuschrieb und sein Wirken gleichzeitig von der Erschließungskraft – und Verblendung – der »Weltweisheit« unterschied.

Die volle Bestätigung des Zusammenhangs erbringt Paulus jedoch mehr noch in horizontaler Blickrichtung als in dieser »vertikalen«, sofern er das neue Sein der Glaubenden in ständiger Antithetik zu welthaften Denk- und Verhaltensformen entwickelt. Das ihnen eingehauchte Lebensprinzip ist kein Geist der Knechtschaft, sondern der Kindschaft (Röm 8,15), nicht der Lasterhaftigkeit, sondern der Heiligkeit (1 Thess 4,7 f.), nicht der Beredsamkeit, sondern der Kraft (1 Kor 2,4), und nicht der Unordnung, sondern des Friedens (14,33). So steht der geisterfüllte Mensch urteilsfähig und souverän über allem, während er selbst der welthaften Bewertung entzogen ist. Das faßt Paulus in dem ebenso knappen wie eindringlichen Satz zusammen:

Der Geisterfüllte beurteilt alles; er selbst aber wird von niemand beurteilt (2,15).

Der Inbegriff der paulinischen Mystik, das Leben aus der Inspiration und Führungsmacht des Geistes, ist hier bruchlos mit dem Urakt des kritischen Denkens, der Fähigkeit zur Beurteilung (*anakrinein*) verknüpft. So bleibt nur noch zu fragen, wie weit es bei Paulus konkret zusammenging.

Der Übergang

Eine erste Antwort gibt der Ausklang der Narrenrede, in dem Paulus bruchlos, ja sogar ausdrücklich verkoppelt durch die Wendung »gerühmt muß sein« (11,30; 12,1), auf seine »Gesichte und Offenbarungen« zu sprechen kommt, auch wenn er darauf – vermutlich zur Unterstreichung der Geheimnishaftigkeit des Vorgangs – nur in betont distanzierter Ausdrucksweise eingeht.[20] Unvermittelt geht hier eine extrem kritische – und unterschwellig selbstkritische – Passage in einen Erlebnisbericht über, der Paulus nach allgemeiner Einschätzung unzweideutig als Mystiker ausweist. Ähnliches gilt von dem wie ein Nachhall der Narrenrede anmutenden Selbstzeugnis des Philipperbriefs, das mit einer steckbriefartigen Präsentation beginnt (3,5ff.), dann diesen vermeintlichen »Gewinn« mit allen Anzeichen des Abscheus – »Verlust« und »Dreck« – verwirft (3,7ff.), um mit der eschatologischen Version des Damaskuserlebnisses zu schließen (3,12ff.).

Das eindrucksvollste Beispiel bietet jedoch der zur mystischen Identitätsaussage hinführende Bericht des Apostels über den antiochenischen Zwischenfall. Kaum einmal präsentiert sich der Kritiker Paulus so vehement wie in der einleitenden Erwähnung des Konflikts mit Petrus, dem er – nach der Luther-Übersetzung – »ins Angesicht widerstanden« habe, weil er »Tadel verdiente« (Gal 2,11.14). Schon in den Folgesätzen verkürzt sich der Dialog zum Monolog, der schließlich in einem Wort intimer Versenkung zum Stillstand kommt, dem »Nicht mehr ich – er in mir«. Anfänglich ist der getadelte Petrus noch präsent; dann verliert sich seine Gestalt, während das Interesse der Selbstbegründung die Oberhand gewinnt. Im Übergang dazu schreibt Paulus, immer noch im Gedanken an die falsche

Rücksichtnahme seines Kontrahenten, die als Zugeständnis an die Gesetzesforderung seiner judaistischen Gegner mißdeutet werden konnte:

> Wenn ich das, was ich niedergerissen habe, wieder aufbaue, stelle ich mich doch selbst als Übertreter hin. Denn durch das Gesetz bin ich dem Gesetz gestorben, damit ich für Gott lebe (2,18).

Darauf folgen die Sätze, die auch für Paulus nur in der Abgeschiedenheit des Briefdiktats aussprechbar waren und die, formal gesehen, den Umschlag von der äußeren Biographie zur inneren vollziehen:

> Mit Christus bin ich gekreuzigt. Ich lebe, doch nicht ich – Christus lebt in mir (2,20).

Aus dieser Abgeschiedenheit tritt er dann aber schon mit dem anschließenden Satz heraus, der, so sehr er als eine der bewegendsten Stellen der Paulusbriefe zu gelten hat, doch bereits als missionarisches Bekenntnis denkbar ist:

> Sofern ich noch im Fleische lebe, lebe ich im Glauben an den Gottessohn, der mich geliebt und sich für mich hingegeben hat (ebd.).[21]

Hier ist der kritische Gedankengang endgültig zur Ruhe gekommen, aufgehoben in jene höchste Form von Selbstkritik, die in der Verneinung der eigenen Existenz zugunsten einer anderen besteht. Im Übergang von der Kritik gewinnt Paulus hier bereits die Mitte seiner Mystik. Doch was hat es damit auf sich?

Der wunderbare Tausch

Die Identitätsformel »Nicht mehr ich – er in mir« benennt zugleich das mystische Prinzip, aus welchem Paulus denkt, entscheidet, fühlt und lebt. Es ist das Prinzip seines eigentümlichen »Doppellebens«, das die ganze Last dieser schwierigen Existenz zu tragen hat und sich zugleich entlastet und getragen weiß, das sich in geistiger und physischer Anstrengung verzehrt und dabei doch davon durchdrungen ist, nichts geleistet zu haben, was nicht von Christus in ihm, dem unablässig Tätigen, bewirkt wurde (Röm 15,18).

Das Doppelleben

Wenn man bedenkt, daß Paulus am Anfang des konfessorischen Redens steht, verdient es höchste Bewunderung, daß er den gegensinnigen »Daseinsverlauf« überhaupt auszudrücken vermochte. Freilich darf es dann aber nicht verwundern, daß er darauf nur in knappen, nicht einmal durchweg persönlich gehaltenen Wendungen zu sprechen kommt. Doch ohne persönliche Erfahrungsbasis ist es kaum zu erklären, daß er den Galatern versichern kann: »Jetzt erkennt ihr Gott; oder vielmehr: ihr seid von Gott erkannt« (4,9), oder daß er in der Korrespondenz mit Korinth erklärt: »Wenn jemand Gott liebt, ist er von ihm erkannt« (1 Kor 8,3). Und erst recht gilt das von dem Zielbild, das der – vermutlich noch »vorpaulinische« – Paulus von sich mit dem Satz entwirft:

> Jetzt erkenne ich bruchstückhaft,
> dann aber so, wie ich erkannt bin (13,12).

Die deutlichste Form, in der Paulus sich dieses Doppellebens bewußt wurde, bezog sich jedoch auf sein energetisches Selbstgefühl, das einerseits durch Anwandlungen des Unterlegenseins, der Beeinträchtigung und Schwäche untergraben, andererseits aber nicht weniger durch Erfahrungen gnadenhafter Ertüchtigung und Bestärkung aufgerichtet wurde. Und hier tritt der bestärkende Faktor sogar als dialogisch reagierende Größe in Erscheinung, wenn Paulus an der für sein Gebetsleben aufschlußreichsten Stelle erklärt, er habe wegen des auf ihn einschlagenden Satansboten dreimal den Herrn angefleht:

Er aber sagte mir: Meine Gnade muß dir genügen; denn die Kraft kommt in der Schwachheit zur Vollendung. So will ich mich denn meiner Schwachheit rühmen, damit sich die Kraft Christi auf mich niederlasse (2 Kor 12,9).[22]

Schließlich zieht er aus alldem die Summe mit der paradoxen Behauptung: »Wenn ich schwach bin, bin ich stark« (12,10). Das ist, wie sich nun eindeutig zeigt, die energetische Abwandlung des »Nicht mehr ich – er in mir«, das seinerseits auf das Damaskuserlebnis zurückweist. Es ist, wenn man von Vorgefühlen des »vorpaulinischen« Paulus absieht, seine Geburtsstunde als Mystiker.

Der Lebensinhalt

Wenn man nun umgekehrt das vergebliche Verlangen des jungen Paulus nach religiöser Erfüllung und nach definitiver Beantwortung seiner Sinnfrage als Lesehilfe für die Schlüsselstelle heranzieht, tritt das Gewährungsmoment in seinem Berufungserlebnis mit erhöhter Deutlichkeit zutage. Aus Gottes reiner »Güte« erhielt Paulus in jener Stunde, was er zuvor in seinem »maßlosen Eifer« vergeblich gesucht hatte. Deshalb kann das Wort von der »Offenbarung des Sohnes« unbedenklich mit der Wendung umschrieben werden, daß ihm das Geheimnis des Gottessohnes ins Herz gesprochen worden, daß ihm also der ersehnte Lebensinhalt zugeeignet worden sei. Eben dies bestätigt das Philipperwort:

Leben, das ist für mich Christus und Sterben – Gewinn (1,21).

Zusammen mit dem Bekenntnis »Christus lebt in mir« nötigt dieses Wort zu einer Verschiebung der bisherigen Perspektive. Stand bei dem Begriff »Lebensinhalt« zunächst der Gedanke einer sachhaften Gewährung im Vordergrund, so gilt das nunmehr von ihrer selbständig agierenden Eigendynamik. Denn das Sensorium des neuen Lebensinhalts war nicht so sehr dessen Empfänger als dieser Inhalt selbst. Ihn besitzen hieß im Grunde: staunend-betroffener Zeuge seines Eigenlebens zu sein. Damit ist auch schon angedeutet, daß es bei dieser distanzierten Zeugenschaft nicht bleiben konnte, weil der Erlebende durch die Eigendynamik des Vorgangs immer tiefer in den Selbstvollzug des in ihm »auflebenden« Lebens hineingenommen wurde. Paulus bringt das dadurch zum Ausdruck, daß er den Gedanken der Inexistenz Christi, sein »in uns«, mit der Gegenvorstellung des »in Christus« polarisiert und es dem Leser überläßt, sich der Oszillation der beiden gegensinnigen Bestimmungen auszusetzen. Daß das tatsächlich in seiner Absicht liegt, bestätigt die Beobachtung ALBERT SCHWEITZERS, wonach die »invasive« Redeabsicht des Apostels besonders bei seinen Äußerungen zur Mystik fühlbar wird:

> Mit Gewalt stößt Paulus den Menschen, durch Selbstbekenntnisse, in denen er sich ihm preisgibt, in ein Erleben hinein, das dem seinen gleichwerden soll.[23]

Wenn damit der Fall eines »empirievermittelnden« Redens gegeben ist, das es darauf anlegt, die eigene Lebensform in den Lesern zu »erwecken«, ist damit auch schon eine Vorentscheidung in der Prioritätsfrage getroffen.[24] Dann überrascht zwar das offenkundige Mißverhältnis, daß der Überfülle von Wendungen, die von dem Sein der Glaubenden »in Christus« sprechen, nur eine geringe Zahl von Bezeugungen seiner Einwohnung in ihnen gegenübersteht.[25] Doch steht dem die Beobachtung Schweitzers entgegen, daß der Gedanke der Einwohnung die Christusmystik des Apostels ursprünglicher als das davon abgeleitete »in Christus« bestimmt, ja daß erst aus dieser primären »Art des Vereinigtseins« der »Christus in uns« wie das »Wir in Christus« verständlich werde.[26] Diese Auffassung unterbaut WIKENHAUSER durch den Befund, daß Paulus, ungeachtet der schwachen Bezeugung der Inexistenzformel »umso öfter« in gleichsinniger Weise von der Einwohnung des Geistes Christi und von der sich auf ihn niederlassenden »Kraft Christi« rede.[27]

Das trifft schon deshalb den Kern der Sache, weil der Gedanke der Einwohnung ganz der Identitätsformel des Apostels, also dem »Er in mir«, entspricht. Er begründet somit die wunderbare Erfahrung des von Christus »Ergriffenen«, daß der vordem Verfolgte nunmehr die Stelle seines Ich einnimmt und seinem Dasein dadurch zu der vergeblich erstrebten Sinnerfüllung verhilft. In diesem Sinn kann er seine Adressaten fragen: »Merkt ihr denn nicht, daß Christus Jesus in euch ist?« (2 Kor 13,5) und ihnen versichern, daß er nochmals Geburtswehen um sie leide, damit Christus in ihnen Gestalt gewinne (Gal 4,19). Gestützt auf solche Aussagen wird dann die Paulus-Schule davon sprechen, daß Christus durch den Glauben im Herzen der Seinen wohne (Eph 3,15).

Da dadurch die menschliche Urteils- und Entscheidungskraft keineswegs aufgehoben ist, stellt sich für Paulus die Frage nach der zwischen dem einwohnenden Christus und seinem Rest-Ich einsetzenden Interaktion. Das aber gelingt ihm überzeugend durch das reziproke »in Christus«, sofern er mit dieser – nach Wikenhauser von ihm selbst geschaffenen – Formel die »neue Lebens- und Machtsphäre« bezeichnet, die ihn seit seiner Lebenswende umgreift.[28] Demgemäß spricht die Formel zunächst von dem neuen Sein der Glaubenden (1 Kor 1,30; 2 Kor 5,17; Phil 3,9; Röm 8,1), wiederholt aber auch von der sich daraus ergebenden Aufgabe (Gal 5,16; Röm 6,4). Umgriffen von der Geistmacht Christi gewinnt das Dasein der Erlösten eine zusätzliche Qualität. Sie stehen fest im Herrn (Phil 4,1); sie freuen sich in ihm (3,1; 4,4). Im selben Sinn nimmt Paulus für sich selbst in Anspruch, in Christus zu reden (2 Kor 2,17; 12,19) und die Wahrheit zu sagen (Röm 9,1); und er stützt sich dabei auf die Gewißheit, daß es ihm so durch sein »Gewissen im heiligen Geist bezeugt wird« (Röm 9,1).

Der Idiomentausch

Je deutlicher die Oszillation der beiden Bestimmungen empfunden wird, desto mehr schärft sich auch der Sinn für den charakteristischen Idiomentausch, der sich zwischen Christus und Paulus vollzieht: die Qualität des einen wird zum Besitz des andern, und dessen Armut erweist sich als das Gefäß für den Empfang göttlichen Reichtums. Wie diese Anspielung deutlich macht, steht die Vorstellung des »heiligen Tauschs« im Zusammenhang mit einer Grundfigur der paulinischen Christologie, die nun ihrerseits als Ableitung aus einer mystischen Zentralerfahrung des Apostels lesbar wird. Denn von dem Gekreuzigten heißt es, daß durch seine »Torheit« die Weisheit der Welt als Torheit erwiesen wurde (1 Kor 1,18–25), und von dem der Herrlichkeit Gottes Entstammenden, daß er um unsertwillen arm wurde, damit wir »durch seine Armut reich« würden (2 Kor 8,9). Den Rückstieg in die eigene Erlebnissphäre vollzieht Paulus mit dem Satz:

Immerfort werden wir, die Lebenden, dem Tod preisgegeben um Jesu willen, damit auch das Leben an unserem sterblichen Fleisch offenbar werde (2 Kor 4,11).

Auch dieser Satz steht, in seinem motivgeschichtlichen Kontext gesehen, im Zusammenhang mit der von Paulus vorweggenommenen »anthropologischen Wende« und seiner These von der Erhöhung des Menschen zum Rang der Gotteskindschaft. Im Blick auf die Wirkungsgeschichte ist deshalb zu fragen, ob die Forderung nach der Zurücknahme der göttlichen Attribute auf den Menschen jemals in jener aggressiven Form erhoben worden wäre, wie dies durch Nietzsches »Apologie des Menschen« geschah, wenn Paulus von diesem Zentrum seiner Mystik her verstanden und zur Geltung gebracht worden wäre.[29]

Auf dem Höhepunkt der mystischen Osmose vollzieht sich der Austausch, wenngleich weniger deutlich, in umgekehrter Richtung, so daß Paulus geradezu sagen kann:

Obwohl er in Schwachheit gekreuzigt wurde, lebt er aus Gottes Kraft. So sind auch wir schwach in ihm; doch werden wir uns euch gegenüber aus Gottes Kraft als lebendig erweisen (2 Kor 13,4).

Der Satz hat insofern als eine Spitzenaussage der paulinischen Mystik zu gelten, als er nicht wie die bisherigen Zeugnisse von der Übertragung der Weisheit und Kraft Jesu auf den törichten und schwachen Apostel, sondern umgekehrt vom Übergang seiner Schwachheit auf den »in Schwachheit« Gekreuzigten zu sprechen und so den Idiomentausch zu vervollständigen scheint. In diesem Sinn votiert auch die Paulus-Schule, wenn sie dem Apostel den »extremen Satz« (SCHWEITZER) in den Mund legt:

> Nun freue ich mich über meine Leiden für euch; denn ich vervollständige in meinem Fleisch, was am Leiden Christi noch aussteht, für seinen Leib, die Kirche (Kol 1,24).[30]

Nimmt man das genuine Bekenntniswort hinzu »Mit Christus bin ich gekreuzigt«, so entsteht der Eindruck, daß Kreuz und Auferstehung für Paulus nicht ein für allemal abgeschlossene Ereignisse, sondern ein in die Geschichte hineinwirkendes Geschehen sind, das immer neu, beginnend mit ihm selbst, aktualisiert werden will. Für WIKENHAUSER läßt sich darum seine Mystik in die »kurze Formel« zusammenfassen:

> Der für mich am Kreuz Gestorbene führt nunmehr in mir als Auferweckter sein Leben.[31]

Das Erwachen

Zuletzt wird es darum zu tun sein, auch diese Sachaussage so umzusetzen, daß die Eigendynamik des mit ihr Angesprochenen fühlbar wird. Dazu berechtigen insbesondere jene Stellen, die über das Wirken des – jetzt wiederum streng als Selbstmitteilung Jesu begriffenen – Geistes Auskunft geben. Von ihm sagt Paulus nicht nur, daß er die Glaubenden leite (Gal 5,18; Röm 8,14) und sie zum pneumatischen Reden bewege (1 Kor 12,3), sondern daß er in ihnen auch brenne (Röm 12,11), seufze (8,26) und für sie vor Gott eintrete (8,27). Und er krönt die Liste dieser pneumatischen Aktivitäten mit dem Satz, daß der

Geist »unserem Geist bezeugt, daß wir Kinder Gottes sind«, indem er uns die Abba-Anrufung Jesu nachsprechen hilft (8,15 f.), ja daß er selbst in uns »Abba, Vater!« ruft (Gal 4,6).

Zusammen mit der Aufforderung »Löscht den Geist nicht aus!« (1 Thess 5,20), die sich in der Tradition der Paulus-Schule zur Mahnung abwandelt »Betrübt nicht den heiligen Gottesgeist!« (Eph 4,30), führt das zu der Vorstellung, daß die Einwohnung Jesu als mystischer Nachvollzug seines Lebens im Herzen der Glaubenden verstanden sein will. In diesem Sinne steht, mit dem Kolosserbrief gesprochen, am Maß seines Lebens und Leidens noch etwas aus. Im Blick auf die Römerstelle, die vom Seufzen und Reden des Geistes spricht, kann das (nach Gal 4,1–7) sogar dahin verstanden werden, daß Jesus im Glaubensbewußtsein eines jeden den Übergang vom bevormundeten Kind zum mündigen Mann nachvollzieht und auf jeweils neue Weise zu sich und seiner Sendung erwacht, daß er dann aber auch in dessen Krisen und Leiden seine Passion erneuert, um aus dieser Schwachheit zu je neuem Leben zu erstehen. Wenn es sich aber so verhält, nimmt in der paulinischen Mystik jene Bewegung ihren Ausgang, die in der Folge die Vorstellung von der Gottesgeburt im Menschen, den Gedanken der mystischen Rekapitulation der Lebensgeschichte Jesu im Lebensvollzug des Christen und insbesondere den Begriff des in den Seinen »fortlebenden Christus« entstehen ließ.[32] Paulus ist dann nicht nur der Begründer der neutestamentlichen Schriften und der Initiator der darauf aufbauenden Theologie, sondern vor allem anderen auch der Protagonist der christlichen Mystik.

Die Sozialmystik

Dem steht weder die eschatologische noch die praktische Ausrichtung des paulinischen Denkens entgegen. Nicht die eschatologische, weil der Erhöhte für Paulus zugleich der Kommende ist und weil seine Erwartung der Parusie nichts an der vertikalen Grundrichtung ändert, für die er sich durch die – im Unterschied zur aggressiven Absage der korinthischen Enthusiasten (1 Kor 12,3) – behutsame Distanzierung vom histori-schen Jesus entscheidet.[33] Was ihn prägt, ist nicht der Rückbe-zug auf die Lebens- und Leidensgeschichte Jesu, sondern das Ergriffensein durch den Erhöhten, der für ihn freilich, bildlich gesprochen, auch in seiner Herrlichkeit die Malzeichen seiner Passion behielt und für ihn darum stets der vom Tod Erstan-dene ist.

Wie aber steht es um den Praxisbezug seines Denkens, der doch den traditionellen Begriff der – durch Weltabgeschieden-heit definierten – Mystik zu sprengen scheint? Bei aller Über-einkunft in der Christozentrik hätte sich Paulus sicher niemals die »Position« des ANGELUS SILESIUS zu eigen machen kön-nen:

> Johannes an der Brust, Maria bei den Füßen
> Tun alle zwei sonst nichts, als daß sie Gott's genießen.
> Wie wohl sind sie daran! Könnt ich so müßig sein,
> Ich regete mich nicht, und fiel der Himmel ein.[34]

Zwar kennt auch Paulus den Wunsch nach Abgeschiedenheit, um ganz »beim Herrn« zu sein; doch erfüllt sich ihm dieser erst im Tod. Jetzt aber, im gegenwärtigen Leben, gehört sein volles Engagement so sehr seinen Gründungen, daß er die »Sorge um die Gemeinden« sogar den von ihm ausgestandenen Folterun-gen und Strapazen gleichstellt. Die *vita activa* und *contempla-tiva*, die der traditionelle Mystiker zugunsten der letzteren von-einander zu trennen sucht, gehen bei ihm bruchlos zusammen. Wie für ihn alle Gebote in dem einen Wort zusammengefaßt sind: »Du sollst deinen Nächsten lieben wie dich selbst!« (Röm 5,9; Gal 5,14), da die Liebe, wie er schon in seinem Hymnus dichtete, »alles glaubt, alles hofft und alles duldet« (1 Kor 13,6), ist für ihn auf einer noch höheren Ebene auch die Gottes- und Nächstenliebe eins. So sehr ist er davon durchdrungen, daß der fortlebende Christus in seinen Gliedern präsent ist, daß er seinen Einsatz für sie rückbezüglich als Dienst an seiner Sache und letztlich an ihm selbst versteht.

Antwort auf Buber

Daraus ergibt sich auch die Replik auf den Einwand, den MAR-
TIN BUBER im Zug seiner umfassenden Pauluskritik, gestützt
auf Augustin, gegen den Apostel geltend macht. Er, der doch
so Großes von der Liebe der Menschen zueinander zu sagen
wisse, gedenke nur selten der Liebe der Menschen zu Gott:

> In der Tat gibt es kaum einen Satz bei Paulus, der von
> einer als spontan zu verstehenden menschlichen Gottes-
> liebe redete; wo bei ihm der Mensch Gott liebt, wird uns
> kein Zweifel daran gelassen, daß da Gott selber im Men-
> schen wirke, und wir sind versucht, an Spinoza zu denken,
> bei dem die Liebe des Menschen zu Gott in Wahrheit
> nichts als Gottes Liebe zu sich selber ist.[35]

In diese unwillkürliche Huldigung an den Mystiker Paulus
mischt sich der Vorwurf des Dialogikers Buber ein, daß er sich
zwar vom Kreislauf der göttlichen Liebe tragen lasse, dem ewigen Du, von dem dieser ausgeht, aber nicht als liebendes Ich
antworte. Mit dem Hymnus auf die Liebe kann dem nur entge-
gengehalten werden, daß alles, was Paulus zur Verbreitung des
Glaubens und zur Erweckung der Hoffnung unternimmt, und
alles, was er im Dienst der Sache Jesu an Mühen, Strapazen
und Leiden auf sich nimmt, getätigte Erweise seiner Liebe sind,
jener Liebe, von der er sich zwar »gedrängt« fühlt (2 Kor 5,14),
die aber letztlich dem Glauben entspringt, »der durch die Liebe
wirksam wird« (Gal 5,6) und als solcher ganz in der Verantwor-
tung des Menschen steht. Völlig ausgeräumt ist der Vorwurf
Bubers jedoch erst, wenn man begreift, daß für Paulus diese
getätigte Liebe einer Form der Kontemplation gleichkommt.
Indem er sich abmüht und in der Sorge um die Gemeinden verzehrt – betet er.

Bevor dem damit angeschlagenen Thema nachgegangen
werden kann, muß jedoch die Pauluskritik Bubers auf ihren
Grund zurückverfolgt werden, da sich Paulus darin mit seinem
Kritiker – in der Distanz – überraschend begegnet. Angesprochen ist damit das gegensinnige »Bekehrungserlebnis«, durch

welches Buber, ohne aufzuhören, der mystischen Lebensform verhaftet zu sein, der Sphäre der »esoterischen«, auf Enthebung von der Alltäglichkeit abzielenden Mystik entrissen wurde.[36] Das Versäumnis, die nicht gestellte Frage eines von Suizidanwandlungen befallenen Besuchers erraten zu haben, wurde für ihn zum drängenden Impuls, das Mystische fortan in eben jener Alltagswelt zu suchen, die er zuvor als ihren Gegenpol empfunden – und gemieden – hatte.

Paulus hätte ihm darin zugestimmt. Nur sucht er die »Welt« entschiedener noch als selbst der Dialogiker Buber in der Dimension der Mitmenschlichkeit. Im Verhältnis des Apostels zu seinen Gemeinden gewinnt der Begriff »Sozialmystik« sogar eine höhere Stringenz als bei seinem Kritiker. Denn aufgrund seiner mystischen Identitätsfindung, die ihn durch die Selbstübereignung Jesu zu sich kommen läßt, tritt er in jene exzeptionelle Beziehung zu seinen Adressaten, die ihm das Geständnis abnötigt, daß er sie in seinem Herzen trage (Phil 1,7) und mit ihnen auf Leben und Tod verbunden sei (2 Kor 7,3). Mit der zweiten Bemerkung rührt er an die Vorstellung von einer »stehenden Interaktion«, die Buber, übereinstimmend mit ALEXANDER VON VILLERS, das »Zwischenmenschliche« nannte. Mit der ersten Aussage nimmt er dagegen den Gedanken einer dialogischen Inexistenz vorweg, wie ihn ein mittelalterlicher Kommentator des Claudianus Mamertus mit den Worten entwickelte:

> Du bist mir gegenwärtig, und ich bin dir gegenwärtig in deinem Gebet. Sei nicht erstaunt darüber, daß ich von Gegenwart rede. Denn wenn du mich liebst und deshalb liebst, weil du in mir das von dir geliebte Bild Gottes erblickst, bin ich dir ebenso gegenwärtig, wie du es dir selber bist.[37]

Wenn dieser Text das Gebet als die Sphäre der wechselseitigen Selbstvergegenwärtigung nennt, ist damit endgültig die Frage nach Paulus als Beter und Theoretiker des Gebets aufgeworfen.

Was rechtes Beten ist

Im lukanischen Damaskusbericht kommt der Erhöhte den Einwänden des durch die Verfolgertätigkeit des Paulus geängsteten Ananias mit dem Hinweis zuvor: »Er betet!« (Apg 9,11). Entspringt dieser Hinweis, so ist im Blick auf Ausführungen KARL HARTMANNS zu fragen, nur dem speziellen Interesse des Lukas und seiner Gemeinde am Gebet, oder spiegelt sich darin ein Wesenszug des Apostels?[38] Im Grunde ist die Frage längst schon im positiven Sinn durch das von ROLAND GEBAUER eindrucksvoll referierte Interesse der Forschung an der Gebetspraxis und insbesondere auch an der Gebetstheorie des Apostels entschieden, so daß die Frage auf die nach den wichtigsten Belegstellen zurückgenommen werden kann.[39]

Die Eröffnungsgebete

Mit demselben – zweifelhaften – Recht, mit dem man von einer »Brieftheologie« des Apostels sprechen kann, wird man sich dem von Gebauer eingeführten Begriff »Briefgebet« anschließen können, da beidem der von Paulus zwar gelegentlich überspielte aber doch stets gegenwärtige Mediencharakter seiner Briefe entgegensteht.[40] Indessen läßt sich nicht übersehen, daß er mit der gebetförmigen Eröffnung seiner Korrespondenz eine »kommunikative« (GEBAUER), die Adressaten ins religiöse Einvernehmen ziehende Absicht verbindet.[41] Er macht sie in einer Weise zu Mitwissern seiner inständigen »Fürbitte«, daß er sich damit geradezu zu der Funktion des »Fürsprechers« vor dem Angesicht Gottes, wie er sie dem »für die Heiligen eintretenden« Geist zuschreibt, erhebt. In den deprekativen Briefeingängen zeichnen sich demgemäß auch schon die Grundformen des paulinischen Betens ab. Im Vordergrund steht dabei der Dank an Gott für die der Gemeinde verliehene Gnade, der sich spontan in eine Rühmung des göttlichen Erbarmens umsetzt und in einer dritten Abwandlung zur Bitte um Festigung des in den Adressaten »begonnenen Werkes« gestaltet. Für das eine spricht der Eingang des Ersten Korintherbriefs:

Allzeit sage ich meinem Gott euretwegen Dank für die Gnade Gottes, die euch in Christus Jesus verliehen wurde. In ihm seid ihr in jeder Hinsicht reich geworden, in aller Lehre und jeder Erkenntnis, so wie auch das Zeugnis in Christus in euch gefestigt ist. So leidet ihr an keiner Gnadengabe Mangel, während ihr der Offenbarung unseres Herrn Jesus Christus entgegenharrt (1,4–7).

Dagegen kommt die Bitte besonders eindrucksvoll im Eingang des Philipperbriefs zum Ausdruck, nachdem Paulus der Gemeinde zuvor seine Freude über ihre fortdauernde »Anteilnahme am Evangelium« versicherte:

Deshalb bin ich voll Zuversicht, daß der, der das gute Werk in euch begonnen hat, es auch vollenden wird bis zum Tag Christi Jesu (1,6).

Die Gebetstheorie

Wichtiger als die Bestimmung der Formen ist jedoch die des theologischen Ortes, der dem Gebet nach paulinischem Verständnis zukommt. Eine vollgültige Klärung ist indessen nur über den Umweg der Gebetstheorie zu erzielen, wie sie Paulus an der sogar von der Musikgeschichte hervorgehobenen Stelle des Römerbriefs (8,26f.) entwickelt. Zu den wenigen Texten, die eine kompositorische Umsetzung höchsten Ranges erfuhren, gehört das von JOHANN SEBASTIAN BACH in seiner titelgleichen Motette (von 1729) aufgenommene Römerwort »Der Geist hilft unserer Schwachheit auf«, das in seinem Fortgang von der durch die Interzession des Geistes überwundenen Ratlosigkeit des Beters handelt.[42]

Danach gilt, wie das umfassende »Wir« bestätigt, von jedem Beter, der christliche durchaus eingeschlossen, daß ihn der Gebetsversuch zunächst in die Ungewißheit über das »Was«, nicht nur über das »Wie« seines Betens stürzt, ja sogar, daß sich diese Ratlosigkeit auch auf den Zweck seines Gebetes erstreckt. Denn er täuscht sich in der Annahme, es gehe dabei um die Erhörung seiner Anliegen, von denen er doch (nach Lk

12,30 f.) wissen müßte, daß sie dem himmlischen Vater vor Augen stehen. Gebet ist vielmehr, wie BUBER in Übereinstimmung mit der neutestamentlichen und insbesondere auch der paulinischen Gebetslehre betont, »die Bitte um Kundgabe der göttlichen Gegenwart, um das dialogische Spürbarwerden dieser Gegenwart«.[43] Im Gebet geht es somit nicht um die Behebung menschlicher Anliegen und Sorgen, sondern um – Gott. Er ist das »Was«, um das gebetet wird und über das sich der Beter, solange ihm der Geist nicht aufhilft, täuscht.

Auf bewegende Weise bestätigt dies das einzige von Paulus inhaltlich überlieferte und unmittelbar an Jesus gerichtete Gebet. Es besteht in der dreimaligen Anrufung des Herrn, er möge den peinigenden Satansboten von ihm fernhalten (2 Kor 12,8).[44] Indessen wird gerade diesem Gebet – wie es vielfältiger Gebetserfahrung entspricht – die Erhörung versagt. Was dem Beter in seiner Enttäuschung jedoch bleibt, ist die Zusicherung seiner bestärkenden Verbundenheit mit dem Angerufenen, die sich in die Worte kleidet: »Meine Gnade muß dir genug sein.« Es ist dies das von Buber angesprochene »Spürbarwerden der Gottesnähe«, das gerade in der Frustration der anfänglichen Gebetserwartung fühlbar wird.

Doch Paulus überbietet diese Gebetskritik nochmals, indem er der Vorstellung, es gehe im Gebet um die Beziehung des Menschen zu Gott und dessen Selbstkundgabe die These entgegensetzt, es gehe darin vielmehr um ein Verhältnis Gottes zu Gott im Herzen des Beters. Das ist die Grundaussage des Satzes:

> Wir wissen nicht, was rechtes Beten ist, wie sich's gebührt. Da tritt der Geist selbst für uns ein mit unaussprechlichem Seufzen. Der aber die Herzen erforscht, kennt das Ansinnen des Geistes: daß er nach Gottes Willen für die Heiligen eintritt (Röm 8,26 f.).[45]

Danach erfolgt im Gebetsvollzug eine symbolische Selbstentzweiung Gottes. In Gestalt seines Geistes macht er sich die Gebetsnot im Herzen des Beters zu eigen, indem er »mit unaussprechlichem Seufzen« für ihn eintritt; doch bleibt er gleichzeitig der Adressat, der das »Ansinnen des Geistes« versteht und erhört.[46] Vereinfachend könnte man auch sagen, daß Gott für Paulus Ziel-Grund allen Betens ist: Ziel, an das es sich richtet, und zugleich Urheber, der es veranlaßt und durch seine pneumatische Selbstmitteilung zum Ziel führt. In nochmaliger Abwandlung könnte das auch heißen: Das Gebet ist für Paulus die mit dem Herzen gestellte Gottesfrage, die Gott durch seine »Selbstkundgabe« in Gestalt des von ihm gesandten und für den Beter eintretenden Geistes beantwortet.

Der theologische Ort

Die Klärung des theologischen Ortes aber ergibt sich in der Einsicht, daß einer Frage – und erst recht der Gottesfrage – nicht schon durch ein »Spürbarwerden« der mit ihr gesuchten Wirklichkeit Genüge geschieht. Zwar wird sie dadurch beschwichtigt; doch verlangt sie ihrer ganzen Struktur zufolge nach einer Antwort. Daß die Römerstelle in diesem Sinn »fortgeschrieben« werden kann, bestätigt KÄSEMANN mit der These, daß das »unaussprechliche Seufzen« des Geistes durch die »unsagbaren Worte« erläutert wird, die Paulus (nach 2 Kor 12,4) bei seiner Entrückung in den dritten Himmel vernahm.[47] Denn gleichviel, ob diese Entrückung direkt oder indirekt mit der Damaskusvision zusammenhängt: auf jeden Fall bezieht sie sich auf einen Offenbarungsempfang. Damit ist aber auch schon der Begriff genannt, auf den hin die Römerstelle fortgeschrieben werden muß, wenn die im Gebet gestellte Gottesfrage beantwortet werden soll. Ihre vollgültige Beantwortung erfolgt erst durch die offenbarende Selbstmitteilung Gottes.

Damit geht das Gebet bruchlos in den Glauben über. Denn dieser kommt, gerade auch nach paulinischem Verständnis, »aus dem Hören«, so wie dieses (nach Röm 10,17) dem göttlichen Offenbarungswort gilt. So führt der Glaube die Sache des Gebets zu Ende, während dieses den Glauben anbahnt und unterbaut. Beide stehen in einem engen, letztlich sogar unentflechtbaren Wechselverhältnis, das mit dem Satz verdeutlicht werden könnte: Das Gebet ist, paulinisch gesehen, die Wurzel des Glaubens und dieser die Krone des Gebets. Für die Frage nach seinem theologischen Ort aber besagt das, daß dieser »Ort« eindeutig durch die Glaubenstheorie des Apostels definiert ist. Insofern gibt GEBAUER die einzig zutreffende Auskunft auf die von ihm aufgeworfene Frage, wenn er vom »paulinischen Gebet« sagt, daß es »seinen Ort in der Gottesbeziehung des Glaubenden« habe.[48] Und auch darin ist ihm zuzustimmen, daß der paulinische Glaubensbegriff erst von der Gebetslehre her in seine volle Beleuchtung tritt.

Betender Glaube

Das gilt sogar in so hohem Maß, daß die theologische Spitzenleistung des Apostels, seine Klärung der Frage nach Sinn und Wesen des Glaubens, jetzt erst voll gewürdigt werden kann. Freilich tritt man der sich anbahnenden Klärung selbst in den Weg, wenn man mit einem heutigen Trend den Glauben als »Antwort« auf die Gottesoffenbarung ausgibt.[49] Denn dadurch wird die für Paulus wesentliche Rezeptivität des Glaubens verschleiert. Glaube ist für ihn primär die durch das Hören der Botschaft geweckte Offenheit für das Offenbarungswort und, als Akt genommen, dessen Akzeptanz durch den ihm »gehorchenden« Menschen. Im Seufzen des Geistes, das er in seinem Herzen vernimmt, läßt sich dieser auf insinuative Weise gesagt sein, was ihm die Botschaft in expliziter Form mitteilt. Denn auch für den als Verstehensvorgang begriffenen Glaubensakt gilt, daß er nur dem zuzustimmen vermag, was er sich zuvor selber zuspricht. Da dies dem mit der Gottesoffenbarung konfrontierten endlichen Geist unmöglich ist, setzt sich der ihm ins Herz gesandte Geist für ihn ein; das ist der hermeneutische Sinn seines »unaussprechlichen Seufzens«, durch das er den Glaubenden zur Annahme des Offenbarungswortes bewegt. Dennoch besteht die Rede von der »Antwort des Glaubens« zu Recht. Denn die Gottesoffenbarung stößt den Menschen nicht in die Heteronomie des unterwürfigen Knechtes zurück; sie erhebt ihn vielmehr, wie Paulus zu betonen nicht müde wird, zum Rang mündiger, dialogisch antwortender Gotteskindschaft.

Dem arbeitet Paulus mit seinem Theorem von der Gesprächs-fähigkeit des Glaubens in die Hand. Mit dem prinzipienhaft gestalteten Satz »Ich glaube, darum rede ich« schafft er die sprachtheoretische Voraussetzung für die den Glaubensvollzug abschließende und krönende Antwort. So wie für ihn im Sinn des patristischen Grundsatzes gilt, daß es unmöglich ist, Gott ohne Gott zu erkennen, ist es seiner theologischen Prämisse zufolge ebenso unmöglich, Gott anders als aus göttlicher Position zu antworten. Das bringt er, kennzeichnend für den über-ragenden Stellenwert der Aussage, zweimal zum Ausdruck. Im Kontext des Römerbriefs durch die von seiner Gebetsdeutung nur geringfügig abgesetzte Aussage, die sich jeder religiösen Heteronomie mit letztem Nachdruck widersetzt:

> Ihr habt doch nicht den Geist der Knechtschaft emp-fangen, so daß ihr euch aufs neue fürchten müßtet; viel-mehr habt ihr den Geist der Sohnschaft empfangen, in dem wir rufen: Abba, Vater! (8,15).[50]

Hier geht es Paulus, wie GEBAUER richtig sagt, vorwiegend um die Vergewisserung im betenden Glaubensvollzug.[51] An ihrer Erkühnung, in die Abba-Anrufung Gottes, der Jesus Bahn ge-brochen hatte, einzustimmen, sollen die Beter ihre Einsetzung zu Gottes Kindern ersehen. Ihr Gebetsruf ist somit das Krite-rium, paulinisch ausgedrückt, das »Siegel« ihrer Gotteskind-schaft. Dem hatte Paulus die kühnere Abwandlung desselben Motivs im Galaterbrief vorausgeschickt. In chiastischer Ver-schränkung hatte er dort zunächst die zweifache Unterwerfung des Sohnes – »aus einer Frau geboren, dem Gesetz unterstellt« – auf die zweifache Befreiung der Erlösten bezogen: »damit er die dem Gesetz Unterworfenen befreie und wir zur Sohnschaft gelangten« (4,4ff.). Daraus zog er sodann die krönende Folge-rung:

> Weil ihr nun Söhne seid, sandte Gott den Geist seines Sohnes in unsere Herzen, der »Abba, Vater!« ruft (4,6).

Hier ist der Geist nicht nur wie in der Römerstelle die pneumatische Ermöglichung des Rufs, sondern dessen Subjekt, der Rufende selbst im Hallraum des gläubigen Menschenherzens. Wenn man die Spannung der beiden Stellen nicht kurzschlüssig egalisieren, sondern, wie es in der Absicht der Paulusbriefe liegt, aushalten will, bleibt nur eine prospektive Lösung, die zugleich auf die Mitte der paulinischen Christusmystik zurückführt. In dieser Sicht konvergieren die beiden Aussagen in dem Gedanken, daß der Ursprung der Gotteskindschaft, der den Glaubenden einwohnende Gottessohn, wenn immer sie in seine Anrufung Gottes als »Vater der Erbarmungen und Gott allen Trostes« einstimmen (2 Kor 1,3), zu sich und seinem Fortleben in ihnen erwacht.

XI. Der Vordenker

Die unabgeschlossene Wirkungsgeschichte

Die von Paulus ausgehende Wirkungsgeschichte gleicht einem die Nachwelt bis heute durchziehenden Strom, der bald träge, bald reißend dahinfließt, bisweilen zu versiegen scheint, um dann wieder machtvoll anzuschwellen und weit über seine Ufer hinauszutreten. Diesem Bild entsprechend führt der von Paulus auf die Folgezeit ausgehende Einfluß zu Auswirkungen ganz unterschiedlicher Art.

Die Oberfläche

An der Oberfläche treiben eine Reihe der von ihm geschaffenen Wortprägungen wie die von ihm wiederholt gebrauchte Redewendung »Furcht und Zittern« (2 Kor 7,15; Phil 2,12), mit der Kierkegaard seine gleichnamige Schrift (von 1843) überschrieb, das Wort von den »unergründlichen Wegen Gottes« (Röm 11,32), die Rede vom »Berge versetzenden Glauben« (1 Kor 13,2) und von den »feurigen Kohlen« auf dem Haupt des Gegners (Röm 12,20). Sie drangen, vor allem im Gefolge der Luther-Übersetzung, in die deutsche Alltagssprache ein, sofern sie sich nicht sogar wie die Wendungen »in den Wind reden« (1 Kor 14,9), »gut angeschrieben sein« (nach Phil 4,3) und »Gott läßt seiner nicht spotten« (Gal 6,7) als sprichwörtliche Redensarten durchsetzten.[1]

Die Hauptströmung bildet demgegenüber der von ihm ausgehende Impuls, der immer neue Interpreten in seinen Bann schlug und über sie hinweg das christliche Bewußtsein insgesamt als ständiger Gewissensruf stimulierte. Was es dagegen mit der Tiefenschicht dieses Stromes auf sich hat, kommt immer dann zum Vorschein, wenn er über die Ufer der definierten Christenheit tritt und außerchristliche Randbezirke erfaßt, also immer dann, wenn sich Paulus über seine binnenchristliche Bedeutung hinaus als eine Gestalt der Geistes- und Kulturgeschichte erweist. Aus einer eher traditionskritischen Sicht faßte dies KARL LUDWIG SCHMIDT in das Urteil zusammen:

> Des Paulus Schicksal im Laufe der Geschichte ist seine Verschüttung gewesen, und sie wird das wohl weiterhin sein. Doch ab und zu in den Jahrhunderten hörte man gerade die Stimme des Verschütteten, und zwar immer dann, wenn's in der Welt brennt, wenn die menschlichen Praktiken ihren Kredit verloren haben, wenn die Systeme nicht weiter helfen, wenn die Grenzen der Humanität, die Grenzen unserer menschlichen Möglichkeiten sichtbar werden.[2]

Angesichts der Tatsache, daß dieses Jahrhundert nach einer in der westlichen Hemisphäre – bis auf die unheilverkündenden Ausnahmen des Falkland- und Golfkrieges – nahezu ungestörten Friedenszeit unter neuerlichen Exzessen der Unmenschlichkeit zu Ende geht, schlägt diesem Urteil zufolge heute wie kaum einmal zuvor die paulinische Stunde. Denn die weltweit fühlbar gewordenen »Grenzen der Humanität« schreien mit erschütternder Eindringlichkeit nach dem, der die Sache Jesu wie keiner vor und nach ihm auf den Nenner der Begriffe Freiheit und Friede brachte. Darin besteht die noch viel zu wenig gefühlte Aktualität der paulinischen Denk- und Lebensleistung.

Der Antrieb

Was das von Schmidt gebrauchte Bild nur unzulänglich erkennen läßt, ist der von Paulus selbst ausgeübte Druck zu seiner Vergegenwärtigung. Denn nicht nur in seinen Gedanken und Worten, nein, in ihm selbst ist ein Überhang an freischwebenden Energien, die darauf drängen, immer neu realisiert zu werden; in seinen Gedanken, sofern sie einen Anreiz enthalten, fortgedacht zu werden; in seinen Worten, sofern sie bisweilen ein von ihrem Sprecher losgelöstes Eigenleben führen; und von ihm selbst, sofern in ihm ein – wenn im Vergleich zu Jesus auch nur abkünftiger – Drang zur Selbstvergegenwärtigung wirksam ist.

Es liefe auf eine Verfälschung des ganzen Sachverhalts hinaus, wenn man sich dieser Gegebenheit nicht vor jeder andern Begründung stellen würde. Zwar kann nur von Jesus im Sinne Kierkegaards gesagt werden, daß er als Person alle seine Wirkungen übersteigt und deshalb in ihnen präsent ist. Dagegen besteht die Aktualität Pauli darin, daß er dies wie kein anderer wahrgenommen und zur verborgenen Mitte seiner Botschaft erhoben hat. So wird er zum leibhaftigen Korrektiv der gegenwärtigen Christenheit, die ihre Identität im Rückbezug auf ihren zum Glaubens- und Kultobjekt stilisierten Stifter sucht. Im Unterschied zu ihr steht Paulus, bei aller Bejahung der Historizität Jesu, in einem präsentischen Verhältnis zu ihm. Seine Gedanken entwickelt er nicht im Anschluß an die Überlieferung, sondern, zumindest der Substanz nach, aus der inspirierenden Verbundenheit mit dem Erhöhten. Und selbst das Zentralmotiv seiner Verkündigung, das Kreuz, ist für ihn weniger historisches Faktum als vielmehr das ihm buchstäblich auf den Leib geschriebene Heilszeichen. So partizipiert er indirekt an der Art, in welcher Jesus selbst in der Christenheit fortwirkt: hineingerissen in den Prozeß jener kontinuierlichen Selbstvergegenwärtigung, den die Rede vom fortlebenden Christus aus wirkungsgeschichtlicher Sicht zu erfassen sucht.[3]

Die Dialektik

Doch Paulus ist, wenn man von der höchsten Ebene auf die des empirisch Greifbaren herabsteigt, immer nur im Modus der Unzeitgemäßheit, also mit Vorbehalten, aktuell und zeitgemäß. Zwar nimmt er unter den tragenden Gestalten des Christentums, am Maßstab der Gegenwartsnähe gemessen, fraglos die Spitzenposition ein. Doch fasziniert er als Gestalt nicht im gleichen Maß wie Franziskus; und seine denkerische Nachwirkung ist weniger greifbar als diejenige Augustins. Im Fall seiner Gedankenwelt kommt hinzu, daß die Front, an der er, wie es (Neh 4,11) von den aus dem Exil zurückgekehrten Juden heißt, mit der einen Hand kämpfend, mit der andern aufbauend, sein Lebenswerk errichtete, schon bald nach seinem Tod zusammenbrach und schon für seine Schule kaum noch eine Rolle spielte. Deshalb wirkt sein unablässiger Kampf gegen die judenchristliche Tendenz, die Gesetzesvorschriften zur unverzichtbaren Bedingung des Christseins zu erklären, heute in ähnlichem Grade obsolet wie seine Polemik gegen das zeitgenössische Judentum. Aktuell bleibt er in beiden Fällen lediglich mit seinen Einschränkungen. Denn seine Gesetzeskritik ließ, wenn bisweilen auch in prekärer Argumentation, den Offenbarungswert des Gesetzes unangetastet. Und ebenso ließ seine antijüdische Polemik nie einen Zweifel an der Erwählung und der darauf gründenden Erstberufung Israels.

Eher gegensinnig verhält es sich inzwischen mit dem Aktualitätsgrad seiner Kritik der heidnischen Götterkulte. Zwar sind die »stummen Götzen«, zu denen er die Ungläubigen »hingerissen« sah (1 Kor 12,2), längst zu jenen Idolen der Masse, der Höhle, des Theaters und des Marktes herabgesunken, die nach FRANCIS BACON den Prozeß der Wahrheitsfindung behindern; sofern es dabei aber letztlich um den Gegensatz von Glaube und Mythos ging, wirkt seine Kritik überraschend zeitgemäß. Denn immer mehr behält MAX WEBER mit seiner Prognose recht, daß die alten Götter in entzauberter und zu unpersönlichen Mächten gewordener Gestalt ihren Gräbern entsteigen, um sich der Menschen zu bemächtigen.[4] Angesichts des Verfalls der Rationalität erlebt der Mythos tatsächlich eine bestürzende Konjunktur. Und dies vor allem, weil er sich in seiner trivialsten Erscheinungsform, der modernen Medienszene, zugleich das Instrument der wirksamsten Propaganda schuf.

Im Hinblick auf diesen zwiespältigen Befund stellt sich – ebenso dringlich wie unabweislich – die Frage, in welchem Maß Paulus überhaupt als Orientierungsfigur für die Gegenwart gelten und in Anspruch genommen werden kann. In die Waagschale der Verneinung fällt schon die Einsicht, daß »seine Probleme weitgehend nicht mehr die unseren sind«, mehr aber noch, daß er selbst, mit Kuss gesprochen, »fremd« und »inkommensurabel«, sperrig und kaum integrierbar erscheint.[5] Das hat seinen innersten Grund noch nicht einmal in der Schwierigkeit seines Charakters, sondern darin, daß er sich als Gestalt selbst »überwächst«: Wenn auch nicht wider Willen, so wird er doch, »ohne es auch nur im mindesten zu wollen«, zum Schriftsteller und als solcher – wiederum ohne jedes Bewußtsein dessen – zum Initiator der neutestamentlichen Schriftensammlung. Und in eben dieser Weise gingen von ihm, dem unsystematischen Improvisator, die stärksten Anstöße zur theologischen Systembildung aus.

Nur eine sensible Gestaltwahrnehmung könnte diese von ihm selbst gebildete Barriere durchbrechen. Aus der unterschiedlichen Rezeptionsfähigkeit der Nachwelt dürften sich deshalb die starken Schwankungen seiner Wirkungsgeschichte erklären. Auf Zeiten der emphatischen Identifikation mit ihm als dem Vater des Glaubens folgten regelmäßig Epochen, in denen sein Erscheinungsbild verhüllt, wenn nicht gar zum Zerrbild verstört wurde. Verhängnisvoll wirkte sich dahin besonders die Tatsache aus, daß Paulus seine glühendsten Verfechter in den Gründern von Gegenkirchen fand, so daß er geradezu zum »Apostel der Häretiker« (Tertullian) abgestempelt werden konnte.[6] Während sich nur Mani sein Lebensprogramm, »allen alles zu werden«, zu eigen machte, entwickelte sich zwischen ihm und Markion ein Verhältnis, das Franz Overbeck zu der ironischen Bemerkung veranlaßte, Paulus habe nur diesen einen Schüler gehabt, und der habe ihn mißverstanden.[7] So konnte es kaum ausbleiben, daß eine auf Kontinuität und Stabilisierung bedachte Nachwelt zu ihm zunehmend auf Distanz ging, sei es aus Unvermögen, weil die Nachgeborenen an seine Riesengestalt (Schweitzer) nicht heranreichten, sei es aus Besorgnis, weil sie die in ihm und seinem Denken geahnte Sprengkraft fürchteten.

Gefürchtete Sprengkraft

Das Mißverhältnis geht nicht zuletzt auf die eigentümliche »Doppelrolle« zurück, die Paulus in der christlichen Glaubensgeschichte zufiel. Auf der einen Seite gilt die Feststellung GUARDINIS, daß sich der Leser der neutestamentlichen Schriften erst bei Paulus »am rechten Ort« fühle, weil sich dieser »in der gleichen Situation« befinde wie er: in der Situation dessen, der die Botschaft von Jesus erst durch die kirchliche Verkündigung erfuhr.[8] Auf der anderen Seite erhebt Paulus selbst aufs entschiedenste den Anspruch, aufgrund seines Ostererlebnisses vollgültiger Apostel wie die Erstberufenen zu sein. Diese in seiner Person geeinte Doppelrolle brach jedoch in der Folgezeit auseinander. In dem Maße, wie sich seine Gestalt zu der des großen Heidenmissionars verklärte, geriet der Osterzeuge in Vergessenheit. Unvermeidlich schlug sich das belastend auf das Verhältnis der Nachwelt zu ihm nieder.

Gründe der Entfremdung

Sofern die Nachfolgegeneration zu Paulus auf Distanz ging, lag das jedoch nicht nur an diesem Mißverhältnis, noch nicht einmal in seiner allgemeineren Form, wie sie fast regelmäßig zwischen einem Protagonisten und seinen Epigonen besteht, sondern weit mehr an dem, was KUSS das »Inkommensurable« an ihm nannte und mit erstaunlicher Einfühlungskraft auslotete. Dunkel muß die Nachwelt empfunden haben, daß es in seinem Fall mit der bloßen Repetition seiner Gedanken nicht getan war, weil man dann allenfalls wie Faust die leeren Hüllen in Händen gehalten hätte. Ihr muß also bewußt geworden sein, daß Paulus, so sehr er auf seine »Nachahmung« drängte, eben doch nicht den auf seine Worte eingeschworenen Schüler, sondern den Nach- und Neugestalter suchte. Und am Ende muß ihr wohl sogar gedämmert haben, was Kuss auf dem Höhepunkt seiner Deutung in der Tiefenschicht der Paulus-Existenz entdeckte: eine innere Freiheit gegenüber der eigenen Lebensleistung, ja einen mit seinem Einverständnis zum Dasein eigentümlich konkurrierenden Widerwillen, wie ihn nur der bewußt auf seinen Tod Zugehende kennt.[9] Insofern widerfuhr Paulus in der Reaktion seiner Nachwelt nichts Befremdliches, sondern nur ein Rückschlag, der ebenso die Folge seiner Größe wie seines Widerstands gegen jeden Domestizierungsversuch war und ihn überdies neuerlich mit der Lebensgeschichte seines Herrn verband.[10] Dennoch beschreibt KARL HOLL nur den Tatbestand, wenn er gegen Kleinasien den Vorwurf erhebt, dem, dem es in erster Linie die Wohltat des Christenglaubens verdankte, »mit dem schwärzesten Undank« gelohnt zu haben.[11]

Selbst ERNST DASSMANN, der eher zu einer Aufwertung der frühchristlichen Paulus-Rezeption neigt, muß bei den Kirchenschriftstellern um die Mitte des zweiten Jahrhunderts ein allgemeines »Verschweigen« des Apostels registrieren, auch wenn sich ihm dieses vorwiegend durch den markionitischen Mißbrauch der Paulusbriefe erklärt.[12] Anders liegen die Dinge freilich im Fall des für die Entstehungsgeschichte der neutestamentlichen Schriften aufschlußreichen Papias-Fragments, zumal dieses, im Grunde sehr paulinisch, für den Vorrang des mündlichen Zeugnisses vor der schriftlichen Dokumentation eintritt. Bei jeder sich bietenden Gelegenheit habe er, so der Verfasser, den Schülern der »Presbyter« die Frage vorgelegt:

Was sagt Andreas, was Petrus, was Philippus, was Thomas und Jakobus, was Johannes oder Matthäus oder irgendein anderer von den Jüngern des Herrn ...? Denn ich war der Ansicht, daß aus Büchern geschöpfte Berichte für mich nicht denselben Wert haben könnten wie das lebendige und beständige mündliche Zeugnis.[13]

Hier kommt das Verschweigen einer ähnlichen Abwertung gleich wie die ausdrückliche Kritik, welche die vermutlich letzte Schrift des Neuen Testaments, der Zweite Petrusbrief, am Briefwerk des Apostels übt, wenn er seinen Adressaten versichert, daß ihnen »der geliebte Bruder Paulus nach der ihm verliehenen Weisheit« zwar im gleichen Sinn geschrieben habe, wenn er zu »all seinen Briefen« jedoch anmerkt:

> Darunter gibt es einiges Schwerverständliche, das Uner-
> fahrene und Ungefestigte zu ihrem eigenen Verderben
> verdrehen, wie sie es auch mit all den übrigen Schriften
> tun (3,16).[14]

Hier wird gegen den glühendsten Glaubenszeugen bei aller Anerkennung seiner »Weisheit« der ungeheuerliche Vorwurf erhoben, daß er inkompetenten Lesern Vorwände zum Glaubensabfall geboten habe. Daher kann es nicht erstaunen, daß
der Name des Apostels in der Folgezeit selbst bei Anhängern
wie Justin, Tatian und dem Verfasser des Diognetbriefs, erst
recht aber bei indifferenten oder gar antipaulinischen Schriften
wie dem ›Hirt des Hermas‹, dem Barnabasbrief und den
›Denkwürdigkeiten‹ des Hegesipp fehlt. So entsteht schon bald
nach der von Paulus beherrschten Anfangsphase eine förm-
liche »Schweigemauer«, die insgeheim darauf hinwirkte, den
»fremd« Gewordenen und als Inbegriff religiöser Beunruhi-
gung Empfundenen von dem Kristallisationsprozeß fernzuhal-
ten, durch den die junge Christenheit in ihre ekklesiale Gestalt
hineinwuchs.

Entschärfungsversuche

Doch mit den Ausgrenzungsversuchen war es angesichts der
geistigen Übermacht des Apostels auf die Dauer nicht getan.
Statt dessen setzten schon mit der Apostelgeschichte die bis
heute nachwirkenden Tendenzen ein, Paulus zu »entschärfen«
und in domestizierter Form ins kirchliche Leben zu integrieren.
Als die wirksamsten Strategien erwiesen sich von Anfang an
die der Reduktion und Systematisierung. Reduktive Tendenzen sind dort am Werk, wo der Missionar den Apostel, der Traditionsbewahrer den Offenbarungsempfänger und der Lehrer
den Botschafter verdeckt. Exponenten dessen sind das lukanische Paulusbild und der Versuch der Bornkamm-Schule, die
Damaskusvision auf ein Bekehrungserlebnis zurückzustufen.
Systematisiert wurde Paulus demgegenüber schon von Markion, auf neue Weise beim späten Augustin und insbesondere

durch seine reformatorische Festlegung auf die Rechtfertigungslehre.

Indessen bewies Paulus allen diesen Versuchen gegenüber ein auffälliges Resistenz- und Selbstbehauptungsvermögen. Immer wieder durchbrach er, ohne daß eine rationale Erklärung dafür möglich wäre, die sich um ihn aufbauende Schweigemauer. Und nicht weniger oft kämpfte er sich gegen die doktrinale Vereinfachung durch, die ihn auf Einzelpositionen festzulegen und so unterschiedlichen Zielsetzungen zu unterwerfen suchte. Das aber hing nicht nur mit dem energetischen Überschuß seiner Gestalt zusammen, sondern nicht weniger mit dem ideellen Überhang seiner Propositionen. Nicht zuletzt verweigern sich seine Gedanken deshalb jedem Systematisierungsversuch, weil sie zur rationalen Begrifflichkeit querstehen und, von deren Kategorien niemals ganz ausgeschöpft, eigengesetzlich nach Fortgestaltung streben. Wie ist das zu erklären?

Die Fernwirkung

Die zutreffendste Antwort gibt Kuss mit einem Bild. Er habe, so meint er resümierend, mit seiner Deutung nur die »Spitze des Eisbergs« berührt, dessen Masse sich in räumlicher wie zeitlicher Hinsicht ins Unabsehbare dehne.[15] Wenn man unter dieser Masse das Ungesagte in den Aussagen des Apostels versteht, liegt hier der Grund seines unterschwelligen Fortwirkens in der Geschichte, das immer wieder dazu führte, daß sich seine Andeutungen in den Händen anderer vervollständigten, seine Formeln zu programmatischen Thesen fortentwickelten und seine Impulse zu geradezu revolutionären Potentialen anwuchsen. Stets bleibt in der interpretatorischen Befassung mit ihm ein ungehobener Rest, ein hermetisch verschlossener Kern, nicht selten ein sich dem deutenden Zugriff entwindender Hintersinn. Gerade weil die schriftliche Fixierung für ihn immer nur Notbehelf des »mit anderer Stimme«, also in unmittelbarem Dialog zu Sagenden ist, eignet seinen greifbar gewordenen Äußerungen dieses »nicht festgestellte« Mehr an Bedeutung und Gewicht. Nicht zuletzt gehen deswegen die weiten, den gesamten Gang der Glaubens- und Kirchengeschichte überspannenden Fernwirkungen von ihm aus.

Die Fundorte

Auf der Suche nach den Fundorten, an denen diese Wirkungen ihren Ausgang nehmen, wird man zunächst an die »Lücken« zu denken haben, die, mehr oder minder sichtbar, in den von Paulus bearbeiteten Motivfeldern klaffen. Auch in systematischer Hinsicht gilt von ihm, daß es ihm nichts ausmacht, »von einem menschlichen Gerichtshof beurteilt zu werden« (1 Kor 4,3). Er folgt seiner jeweiligen Eingebung, gleichgültig, wie sich der jeweils niedergeschriebene Gedanke zu seinem literarischen Umfeld, also zu dem zuvor oder danach Gesagten verhält. So bleibt er der Nachwelt nur zu oft die Egalisierung seiner Propositionen schuldig. Zu der Entstehung solcher Lücken führte jedoch nicht nur die improvisatorische Art seiner Gedankenführung, sondern nicht weniger seine Unzeitgemäßheit. Als »Frühgeburt«, wie man seine Selbstbezeichnung (1 Kor 15,8) notfalls übersetzen könnte, sagt er manches, für das die hermeneutischen Bedingungen erst in späteren Epochen gegeben waren, so daß sich diese mit ihren Anliegen in ihm wie in einem längst vorgegebenen Spiegel entdeckten.

Nicht weniger oft ist der gesuchte Fundort jedoch durch die Verknüpfung von Motiven zu ermitteln, die bei ihm unverbunden stehen blieben. So spricht er in seinem originären Damaskuszeugnis zwar von einem Offenbarungsempfang; und ebenso unzweifelhaft besteht dieser für ihn in seiner Schau des Auferstandenen. Indessen führt erst die ausdrückliche Verknüpfung der beiden Begriffe zu der Einsicht, daß er die Auferstehung Jesu als den Höhe- und Endpunkt im Gang der göttlichen Selbsterschließung versteht. Ebenso gewinnt sein Glaubensbegriff dann erst sein volles Profil, wenn man ihn auf das Auferstehungsmotiv und zuvor noch auf die Christologie des Apostels zurückbezieht. Denn Glaube ist für ihn existentieller Nachvollzug der Lebensgeschichte Jesu, Mitsprechen seiner

Abba-Anrufung Gottes, Teilnahme an seiner Passion und Anverwandlung an sein Herrlichkeitsbild, oder kürzer: Auferstehungsglaube (Röm 10,9).

Ungleich schwieriger gestaltet sich die Ermittlung des Fundorts jedoch auf dem Sektor der von Paulus ausgehenden Großwirkungen, also im Fall der von ihm zumindest angeregten Entstehung der neutestamentlichen Schriftensammlung, der sich auf ihn zurückbeziehenden Rechtfertigungslehre, des von Augustin bestätigten epochalen Paradigmawechsels, des von Descartes formulierten neuzeitlichen Prinzips, der von ihm vorweggenommenen »anthropologischen Wende« und der von Lessing unter ausdrücklicher Berufung auf ihn geübten Medien- und Kirchenkritik. Ist die Konjunktur der narrativen Darstellung der Lebensgeschichte Jesu in den Evangelien ohne die Herausforderung durch seine »invasive« Kreuzespredigt zu erklären? Was verhalf einem paulinischen Interpretament zu jener geschichtsverändernden Wirkung, die es in Gestalt des reformatorischen Rechtfertigungskonzepts erlangte? Woher nahm Augustin den Elan, der ihn mit der antiken »Weltorientierung« brechen und statt dessen nur noch auf die durch Selbstreflexion erschlossene Innenwelt setzen ließ? Wie kam Descartes dazu, sein »Cogito ergo sum« gleichsinnig zu dem paulinischen Prinzip »Ich glaube, darum rede ich« (2 Kor 4,13), zu gestalten? Was verhalf der Gegenwartstheologie zu der von Paulus längst vorweggenommenen Einsicht, daß in jedem Satz über Gott der Mensch mitgesagt ist? Und was veranlaßte schließlich Lessing dazu, seine Vermutung, daß die Christenheit seiner Zeit zu einer Reproduktion ihrer selbst herabgesunken sei, auf das Pauluswort vom Erweis des Geistes und der Kraft (1 Kor 2,4) zu begründen?

Die Neomorphose

Nur schwer läßt sich der Rückbezug auf Paulus im Fall des cartesianischen Denkansatzes nachweisen, da sich alles aus einer Aufwertung augustinischer Formeln zu erklären scheint. Doch in der Verlegenheit, mit der Descartes auf den Hinweis Mersennes reagierte, daß sich sein Cogito-Satz schon im Werk Augustins finde, spiegelt sich mehr als nur das mangelnde Selbstverständnis des Neuschöpfers, der die Eigenleistung nur schwer von der übernommenen Vorgabe abzuheben vermag.[16] Dabei hätte der Befragte unbedenklich in dem Sinn antworten können, daß erst er den wahren Stellenwert der Wendungen entdeckt habe, die Augustin lediglich zur Bekämpfung der Skepsis einsetzte.[17] So sei das defensive Argument in seinen Händen zum Prinzip einer Neubegründung der gesamten Philosophie geworden. Daß er dem mit ihm befreundeten Theologen und Naturwissenschaftler diese Antwort schuldig blieb, könnte auch mit der Unsicherheit hinsichtlich seiner Quelle zusammenhängen. Denn die paulinische Formel kommt, so sehr sie als Element einer Glaubenstheorie zu gelten hat, dem »Cogito ergo sum« schon in ihrer Sprachgestalt so nahe, daß sie dessen Ausgestaltung, zumindest unterschwellig, mitbedingt haben dürfte. Wenn aber auch nur diese ferne Beziehung besteht, gilt für den paulinischen Rückbezug ebenso wie für den augustinischen, daß die Aufwertung der Formel durch Descartes als der geradezu klassische Fall einer ideengeschichtlichen Neomorphose zu gelten hat.

Das Spiegelbild

Anders liegen die Dinge in der Fernwirkung auf LESSING und die Gegenwartstheologie, wenngleich aus unterschiedlichen Gründen. Von der Gegenwartstheologie gilt das Urteil GERHOLD BECKERS, wonach in der von ihr gebildeten Landschaft, mit Ausnahme Balthasars, »der anthropologische Generalansatz« vorherrsche.[18] Dem stimmt HERMANN FISCHER mit der Beobachtung zu, daß sich die von ihm besonders in den Blick genommenen Vertreter der evangelischen Theologie gegen Barth für den »anderen Weg« entschieden, der in dem »gemeinsamen Ansatz einer Wirklichkeitserfahrung des Menschen« bestehe.[19] Im Zusammenhang mit der gerade von der »dialektischen Theologie« vollzogenen Rückwendung zu Paulus gesehen, kann das nur heißen, daß dabei die für ihn grundlegende Verklammerung von göttlicher Selbstmitteilung und menschlichem Sinnverlangen zum Tragen kam, daß sich also der theologische Gedanke, wie er sich unter den Bedingungen der Gegenwart ausgestaltete, durch Paulus bestätigt sah und demgemäß seine volle Identität in Akten einer Selbstwahrnehmung im paulinischen Denken erlangte.

Eine vergleichbare Spiegelschau könnte auch am Anfang von Lessings Christentumskritik gestanden haben. Herausgefordert durch eine Gegenschrift seines orthodoxen Opponenten Schumann, der ihn unter Berufung auf das Pauluswort vom Erweis des Geistes und der Kraft auf die spirituelle Evidenz des Glaubens verwiesen hatte, verfaßte er seine unter dem Titel ›Über den Beweis des Geistes und der Kraft‹ veröffentlichte Replik (von 1777), die diese Stelle zu einer Waffe gegen die nach seinem Eindruck geist- und kraftlos gewordene Christenheit umschmiedete.[20] Das aber kann nur als der Versuch gewertet werden, eine Unheilserfahrung so auf ein paulinisches Schlüsselwort zurückzubeziehen, daß dessen kritisches Potential freigesetzt und für die religiöse Situationsanalyse einer Spätzeit nutzbar gemacht wird. Das witterte HEINE, als er Lessing, wiederum im Rückblick auf Paulus, den »Fortsetzer Luthers« nannte, der so, wie dieser gegen die Tradition ankämpfte, den »tyrannischen Buchstaben« niedergekämpft und dadurch den »starren Wortdienst« überwunden habe. Denn der Buchstabe sei, so Lessing, »die letzte Hülle des Christentums«, und erst nach der Vernichtung dieser Hülle trete sein wahrer Geist hervor.[21]

Im weiteren Fortgang dieser Fernwirkung brachte es die Dialektik des Vorgangs sogar mit sich, daß Lessings Kritik bei dessen posthumem Gesprächspartner Kierkegaard in ihr Gegenteil umschlug und zur Wiedergewinnung dessen führte, was Lessing am Christentum seiner Zeit vermißt hatte. Bevor diese Spur weiterverfolgt werden kann, muß jedoch den fortwirkenden Motiven des Apostels nachgegangen werden, auch wenn gerade davon gilt, daß Paulus von keiner Wirkung je ganz ausgeschöpft und von keiner Deutung vollständig eingeholt wurde.

Fortwirkende Motive

Wenn Paulus auch nur mittelbar mit dem antiken und neuzeitlichen Paradigmenwechsel, also mit der Abkehr von der vorchristlichen Weltorientierung und dem Umschwung vom Seins- zum Selbstdenken zu tun hat, steht bereits fest, daß noch kein Ende seiner Wirkungsgeschichte abzusehen ist. Sie muß dann vielmehr, wie vermutlich in kaum einem vergleichbaren Fall, als auf lange Sicht noch unabgeschlossen gelten. Indessen stellt ihr eigentümliches Schwanken zwischen abflachender und nach dem Verebben stets neu ansetzender Rezeption vor die Frage, wie sich in diesem gebrochenen Verlauf die Kontinuität erhielt. Das ist die Frage nach den fortwirkenden Motiven.

Die Kreuzespredigt

Wenn man sich vergegenwärtigt, mit welcher Wucht – und Ausschließlichkeit – Paulus seine Kreuzespredigt zur Geltung brachte, konnten nur außergewöhnliche Nötigungen die Ablösung seines Konzepts durch die origenistische und athanasianische Inkarnationstheologie herbeigeführt haben. Sie ergab sich aus dem wachsenden Bedürfnis, die Sache des Evangeliums im Interesse ihrer Verständlichkeit mit den Denkmitteln jener Weltweisheit zur Geltung zu bringen, gegen die sich das entschiedene Verdikt des Apostels gerichtet hatte. Die Brücke bildete der im Sinn philonischer Tradition philosophisch ausgelegte Logosbegriff, der sich geradezu als Schlüssel zu der – nun ins Zentrum der neutestamentlichen Schriften rückenden – johanneischen Botschaft anbot.[22] Daß diese Beanspruchung des philosophischen Instrumentariums nicht ohne leise Bedenken vor sich ging, zeigt das Bild, das AUGUSTIN in der Folge zur Rechtfertigung dieses Verfahrens gebrauchte. Die großen Denker der Vorzeit hätten, so meinte er, ähnlich gehandelt wie die Juden, die sich beim Auszug von den Ägyptern goldene und silberne Gefäße entliehen und sie auf ihrem Weg in die Freiheit mitgehen ließen. Da sich diese Geräte »besser für den Dienst an der Wahrheit« eigneten, sei es geradezu geboten, sie der

Hand der Heiden zu entreißen, um sie für die »Verkündigung des Evangeliums zu gebrauchen«.[23]

Wenn man sich den ungeheuren Erfolg dieser »Anleihe« vor Augen hält, der die gesamte Systemtheologie ihr Entstehen verdankt, wird es begreiflich, daß erst ein frömmigkeitsgeschichtlicher Wandel zur Erneuerung des paulinischen Konzepts führte und daß auch dieser sich mit der Wucht eines visionären Erlebnisses, der Kreuzesvision des Franz von Assisi, Bahn brechen mußte.[24] Auf dem Boden dieser Passions- und Kreuzesmystik gelingt dann Luther der endgültige Durchbruch zu einer *theologia crucis*, die Gott in ausdrücklichem Rückbezug auf Paulus (Kor 1,18 ff.) »im Zeichen des Widerspruchs« (EBELING), also im Bruch mit dem platonischen Analogiedenken, zu begreifen sucht.[25] Als Überbrückung in patristischer Zeit könnte die von ALOIS GRILLMEIER gedeutete Darstellung des »Logos am Kreuz« gewirkt haben, als Brücke zwischen Luther und Barth die hermeneutische, auf die Selbstverschweigung Jesu abhebende Passionsmystik Kierkegaards.[26] Zwar zeigt die Gegenwartstheologie, abgesehen von Ansätzen bei JOHANN B. METZ, wenig Neigung, die damit wieder aufgenommene Linie fortzuführen. Doch wird sie sich dazu, wie schon im Fall der Neuentdeckung Jesu, vermutlich von jüdischer Seite gedrängt fühlen, nachdem HANS JONAS den traditionellen Gottesbegriff durch Auschwitz in Frage gestellt sah und dadurch die christliche Rückfrage nach dem Gottesverhältnis des Gekreuzigten neu in Gang setzte.[27]

Die Glaubenstheorie

In engstem Anschluß an die Kreuzespredigt entwickelt Paulus seine – unabgeschlossene und gerade deshalb machtvoll nachwirkende – Glaubenstheorie, von der – wohl nicht zu Recht, aber bezeichnend für den ihr zugemessenen Stellenwert – gesagt wurde, daß sie als das Äquivalent zur Reich-Gottes-Proklamation Jesu zu gelten habe. Unabgeschlossen ist seine Theorie aufgrund ihrer engen Verkoppelung mit der eigenen Lebensgeschichte des Apostels, der nach dem Leitwort des Ga-

laterbriefs das Leben mit dem »Glauben an den Gottessohn«
gleichsetzt, von dessen Liebeshingabe er sich umfangen und
getragen weiß (2,20). Daß damit ein niemals voll erreichbares
Ziel angestrebt ist, zeigt das sinngleiche Geständnis des Philipperbriefs: »Nicht als ob ich es schon ergriffen hätte oder bereits vollendet wäre, doch möchte ich es ergreifen, so wie ich
von Christus Jesus ergriffen bin« (3,12). Diese radikale Deutung des Glaubens hinderte Paulus freilich nicht, in seinem Erscheinungsbild Einzelstrukturen herauszuarbeiten, die seine
Dialogik, seine Christozentrik, seinen Erkenntnisbezug und
nicht zuletzt die mit ihm gegebene Bekenntnispflicht betreffen.
Wie in einem Kristall brechen sich diese Aspekte in der chia-
stisch gestalteten Glaubensbestimmung des Römerbriefs:

> Wenn du mit deinem Mund Jesus als den Herrn bekennst
> und in deinem Herzen glaubst, daß Gott ihn von den To-
> ten erweckt hat, erlangst du das Heil; denn mit dem Her-
> zen glaubt man zur Gerechtigkeit, und mit dem Mund be-
> kennt man zum Heil (10,9).

Was sich im Eingangssatz wie eine Überbetonung der Bekenntnispflicht ausnimmt, meint tatsächlich die »Einstimmung« des
Glaubenden in die kollektive Anrufung des in seiner beleben-
den und inspirierenden Gegenwart erfahrenen Herrn (Kyrios),
wie sie sich im enthusiastischen »Maran atha« der Urgemeinde
äußerte.[28] Denn niemand braucht, wie Paulus im hochdramati-
schen Auftakt der Stelle betont, zum Himmel emporzusteigen,
»um Christus herabzuholen«, und ebensowenig muß er eine
Höllenfahrt antreten, um ihn »von den Toten heraufzuholen«,
da sich für ihn die Verheißung erfüllte: »Nahe ist dir das Wort;
es ist in deinem Mund und in deinem Herzen« (Röm 10,8).[29]

Was mit der Zustimmung des Mundes beginnt, vollendet sich
durch die Tat des Herzens, durch die sich der Glaubende das
»Wort des Glaubens« im höchsten Sinne »gesagt sein läßt« und
zu eigen macht. Aufs neue schlägt hier die Überzeugung des
Apostels durch, daß die Verkündigung nichts bewirkt, was den
Hörern nicht bereits durch den Gottesgeist »eingeschrieben«
ist und als verborgener Inbesitz in ihnen schlummert. Insofern

hat der Glaubensakt den Charakter einer Erweckung. Mit ihm vollzieht der Glaubende für sich selber nach, was sich ein für allemal in der Auferstehung Jesu ereignete. In diesem Sinn ist die Glaubenserweckung gleichbedeutend mit der subjektiven Aneignung der Tatsache, »daß Gott ihn von den Toten erweckt hat«.

Unverkennbar folgt diese Glaubenstheorie den Vorgaben der Damaskusvision. Mit ihr schreibt Paulus den Glaubenden sachlich dasselbe Gottesverhältnis zu, das er selbst durch die an ihn ergangene »Offenbarung des Sohnes« erlangte. Glaube ist für ihn somit die mit der ganzen Hingabe des Herzens und Geistes vollzogene Zustimmung zur Selbstoffenbarung Gottes im Antlitz des Auferstandenen. Aus dem Himmel dieser Glaubensmystik holt Paulus seine Adressaten jedoch unverzüglich auf den Boden ihrer Situation herab, indem er ihnen vor Augen führt, daß ihnen das, was er (nach Apg 10,41) mit den von Gott erwählten Zeugen unmittelbar empfing, nur indirekt, vermittelt durch das Wort der Predigt, gegeben ist. Mit aller Schärfe reißt er damit die Kluft zwischen dem Offenbarungsempfänger und den »Hörern des Wortes« auf, die Kierkegaard durch die Unterscheidung von Schülern »erster« und »zweiter« Hand verdeutlichte. Die menschliche Größe des Apostels aber zeigt sich darin, daß er sich in den Schmerz, den er den »Nachgeborenen« zufügte, unverzüglich mit ihnen teilt. Denn der Tatsache, daß sie »nicht sehen und doch glauben« (Joh 20,29), entspricht die brennende Sorge des Botschafters, die sich in den geradezu selbstquälerischen Fragen äußert:

> Wie sollen sie anrufen, wenn sie nicht glauben? Wie aber sollen sie glauben, wenn sie nicht gehört haben? Und wie sollen sie hören, wenn ihnen niemand predigt? (Röm 10,14f.)

Im Feuer dieses Schmerzes fällt die Wand, die den Augenzeugen von seinen Hörern trennt; denn sie vergessen die unterschiedlichen Wege über dem Glück des gemeinsamen Ziels. Es liegt im Wesen dieser Theorie, daß sie mit wachsendem Zeitenabstand an Aktualität gewinnt. Deshalb steht sie im selben

Maß noch bevor, wie sie bereits zur Wirkung gelangte. So wenig ihre mystische Komponente bisher zur Geltung kam, griff die Folgezeit doch die hermeneutische auf. Wirkungsgeschichtlich gesehen nahmen sowohl das scholastische Programm der »Fides quaerens intellectum« als auch die reformatorische »Sola-fides-Lehre« hier ihren Ausgang, obwohl in beiden nur Teilaspekte eines im Grunde weit umfassenderen Konzepts zum Tragen kommen.

Das gilt auch von dem Kirchenbild, das Paulus aus seinem sozial konzipierten Glaubensbegriff entwickelte. Mit dem Gedanken der kollektiven Verbundenheit der Glaubenden mit ihrem mystischen »Haupt«, das sie als seine »Glieder« belebt und in sich eint, entwarf er das »kompensatorische« Gegenmodell zu dem von ihm inaugurierten Subjektivismus, das unter dem Einfluß sozialmystischer Tendenzen vor allem in Spätzeiten auf starke Resonanz stieß. So schon in Augustins Begriffsbild des »ganzen Christus«, im Spätmittelalter durch den Gedanken der gegenseitigen Einwohnung und in der Gegenwart durch das von Guardini proklamierte »Erwachen der Kirche in den Seelen«.

Schien dieses Kirchenbild durch die vom Zweiten Vatikanum favorisierte Vorstellung von dem pilgernden Gottesvolk zunächst in den Hintergrund gedrängt zu werden, so gewinnt es neuerdings im Kontext der auf diesem Boden entstandenen Befreiungstheologie wieder an Gewicht. Dazu trug nicht zuletzt die von ihr entwickelte Vorstellung eines kollektiven Glaubenssubjektes bei, die im Maß ihrer Akzeptanz eine der subtilsten Intuitionen der Paulusschule wiederbeleben dürfte. Es ist der Gedanke von dem in seinen Gliedern heranreifenden und zur Selbsterkenntnis gelangenden Gottessohn, wie ihn der Epheserbrief (4,13) entwarf und wie er in seinem Gefolge von der patristischen Mystik, insbesondere von GREGOR VON NYSSA fortgebildet wurde. Nach dessen Hohelied-Kommentar verhält es sich mit dem den Glaubenden einwohnenden Christus wie mit einem Weinstock, dessen Sprossen die Blüte und dessen Blüten die Früchte und den daraus gekelterten Wein verheißen:

Das in uns geborene Kind ist Jesus, der in denen, die ihn aufnehmen, auf unterschiedliche Weise heranwächst an Alter, Weisheit und Gnade. Denn er ist nicht in jedem der Gleiche. Nach der Fassungskraft des Aufnehmenden erscheint er vielmehr einmal als Kind, dann als Heranreifender und schließlich als Vollendeter.[30]

Erbschuld und Todverhaftung

Während Paulus hier das Motiv der überindividuellen Verbundenheit der Glaubenden und ihrer Inspiration durch den sie übergreifenden und einenden Christus zu einer bis heute nicht überbotenen Klärung führte, warf er mit dem Gedanken der kollektiven Schuldverhaftung aller, also dem der Ursprungs- und Erbschuld, einen folgenschweren Schatten auf das Denken und Leben der Nachwelt. Verhängnisvoll wirkte es sich dabei insbesondere aus, daß Augustin darin die effizienteste Alternative zur pelagianischen Häresie zu finden glaubte und das Motiv im Bestreben, seine – von ihm anfänglich beklagte – Unverständlichkeit aufzuhellen, mit der menschlichen Konkupiszenz verknüpfte.[31] Zwar bemühte sich in der Folge Anselm von Canterbury, diese fatale Verkoppelung von Erbschuld und Sexualität durch den Gedanken der Defizienz des durch die Sünde Adams zwar belasteten, aber nicht verstörten Menschen zu überwinden. Doch vermochte er die Nachwirkung des augustinischen Modells ebensowenig abzufangen wie die Korrektur, mit der sich das Trienter Konzil der neuerlichen Verengung des Motivs durch die reformatorische Rechtfertigungslehre widersetzte. Darauf dürfte nicht zuletzt der Umstand hingewirkt haben, daß die Vorstellung von der Erbschuld, gerade auch in ihrem augustinischen Verständnis, als integraler Bestandteil in das Pastoralkonzept beider Konfessionen einging, das die Sünde mit Kierkegaard zur unverzichtbaren Voraussetzung der christlichen Heilslehre erklärte.[32]

Unverkennbar gelangte Paulus, was seine Theoriebildung anlangt, zu dem von ihm entwickelten Erbschuld-Gedanken auf dem Weg seiner schon im Auferstehungskontext des Ersten

Korintherbriefs eingesetzten Adam-Christus-Typologie, die dort, wie stets, im Zug eines »Überbietungsvergleichs« entfaltet wird (15,45–49). Wie aber kam er dazu, diese schon hier und dann vollends im Römerbrief zu einem »Kontrastvergleich« abzuwandeln? Denn jetzt steht dem »Abbild des Irdischen« nicht mehr das »Abbild des Himmlischen« gegenüber (15,49), sondern dem Tod- und Verderbenbringer der Heilbringer und Lebensspender (15,21 f.; Röm 5,14–21).[33] Geht man zu weit, wenn man angesichts der ebenso drastischen wie ausgedehnten Schilderung menschlicher Verworfenheit, von der sich der Gedankengang des Römerbriefs nur mit sichtlicher Mühe zu erheben vermag, eine ähnliche Verdüsterung im Urteil des Apostels über die Verfassung der Menschheit vermutet, wie sie auf den späten Augustin zutrifft und diesen veranlaßte, die paulinische Vorstellung aufzugreifen und zu der von einer von vornherein verworfenen Masse (*massa damnata*) zu überspitzen? Unter dieser Voraussetzung stünde der Gedanke der Erbschuld in einem unterschwelligen Zusammenhang mit der trotz aller weitgreifenden Pläne inneren Verabschiedung des Apostels von seinem Lebenswerk, konkret gesprochen, mit seiner Einstimmung auf den Tod.

Dafür spricht schon der Umstand, daß Paulus die ganze Gedankenreihe in den Satz ausmünden läßt:

> Denn der Sünde Sold ist der Tod; die Gabe Gottes aber ist ewiges Leben in Christus Jesus, unserem Herrn (Röm 6,23).[34]

Der Satz gehört, bezeichnend für den ihm zuerkannten Stellenwert, zu den Formulierungen des Apostels, die in den Bestand der sprichwörtlichen Redewendungen eingingen. Auch hinsichtlich seiner Sprachqualität hatte er ihn mit der kaum weniger eindrucksvollen – und auf das Wort vom »Pfahl im Fleisch« vorausweisenden – Korintherstelle vorweggenommen: »Der Stachel des Todes ist die Sünde; die Kraft der Sünde aber das Gesetz« (1 Kor 15,50). Im Ganzen des Römerbriefs schafft Paulus damit den denkbar schärfsten Kontrapunkt zu dem von ihm in der Folge entwickelten Gedanken der Berufung zur

Gotteskindschaft. Indessen ließe man sich eine der bemerkenswertesten Ideenentwicklungen im paulinischen Briefwerk entgehen, wenn man übersähe, daß sich das Motiv im Medium der im Römerbrief vorgetragenen Geist- und Gebetslehre (8,1–39) unterschwellig fortentwickelt, ohne indessen zu einer vollen Lösung zu gelangen. In dem Hymnus auf die Liebe, der das Geist-Kapitel beschließt, polarisiert Paulus die tödlichen Vernichtungsmächte – Hunger, Gefahr, Schwert – und schließlich in voller Ausdrücklichkeit auch den Tod in einer Weise mit der Liebe, daß diese in eine kontradiktorische Beziehung zu ihm tritt. Von da führt dann schon ein kleiner Schritt zu einer einsichtigeren Alternative. Der Tod ist dann nicht mehr »der Sünde Sold«, sondern, wie es auch seiner Funktion im Haushalt des Lebens entspricht, der »Preis der Liebe«. Da er für Paulus aber zugleich den Gegenbegriff zu allem bildet, was er unter Rettung, Erlösung, Heil und gottgeschenktem Leben versteht, bleibt sein Gedanke selbst dabei nicht stehen. Vielmehr läuft die – wenngleich mittelbare – Folgerung, zu welcher der Hymnus drängt, letztlich auf die christliche Alternative zu jener Stelle des Hohelieds hinaus, die als eine der luzidesten Aussagen der alttestamentlichen Todesreflexion zu gelten hat: »Die Liebe ist stark wie der Tod« (8,6). Im Sinn des paulinischen Hymnus gilt jedoch der noch ungleich kühnere Satz: »Die Liebe ist stärker als der Tod!« Nicht er in seiner Vernichtungsmacht, sondern sie, die so oft verkannte und unterliegende, behält das letzte Wort im Gang aller Dinge. Denn Christus, die menschgewordene Liebe, muß über alle seinem Heilswerk entgegenstehenden Mächte zur Herrschaft gelangen. »Als letzter Feind aber wird der Tod vernichtet« (1 Kor 15,26).

Die unaufgerufenen Impulse

Der Übergang zu den unaufgerufenen Impulsen ist so fließend, daß sich die Zuordnung im Einzelfall zu einer Ermessensfrage gestaltet. Unter diesem arbiträren Gesichtspunkt aber wird man sich gerade angesichts der gegenwärtigen Konfliktsituation dafür entscheiden, den von Paulus ausgehenden Freiheitsimpuls seinen letztlich noch unausgeschöpften Vorgaben zuzu-ordnen. Denn alle kirchengeschichtlichen Emanzipationsakte, die Reformation eingeschlossen, reichen an Intensität nicht an die eruptive Kraft heran, mit der er die Freiheit zur Geltung brachte, der die Heilstat Jesu Bahn brach.

Kreative Freiheit

Kennzeichnend dafür ist der in seinem Freiheitsbegriff fortwir-kende Impuls, also der Umstand, daß er die Freiheit dyna-misch, genauer gesagt, als ein zielgerichtetes Geschehen ver-steht. Zweifellos rührt das davon her, daß er Freiheit, ebenso wie Weisheit, Hoffnung und Liebe, in engstem Rückbezug auf Jesus denkt. Zwar nennt er ihn nie formell »die Freiheit«; doch reicht sein programmatischer Satz: »Der Herr ist der Geist, und wo des Herrn Geist waltet, da ist Freiheit« (2 Kor 3,17), unmittelbar an eine Identifikation heran.

Demgegenüber setzt die Freiheitsproklamation des Apo-stels, schon aus kerygmatischer Rücksicht, mit der Betonung des emanzipatorischen Moments ein. Denn nirgendwo tritt die durch Christus heraufgeführte Umwertung aller Wertungen und Rangfolgen so deutlich zutage wie hier. Für Christus gefan-gen genommen, ist der Glaubende allen weltlichen Zwängen überhoben und so der einzig wahrhaft Freie. Deshalb kann Paulus dem Sklaven raten:

> Auch wenn du frei werden kannst, bleibe besser bei deinem Stand. Denn der Sklave ist ein Freigelassener des Herrn, der Freie dagegen ein Sklave Christi (1 Kor 7,21 f.).

Von hier aus breitet sich der Freiheitsimpuls in konzentrischen Kreisen aus. Zunächst im Bereich des Gesetzes und seiner Zwänge, die (nach Röm 10,4) in Christus ihr Ende erreichten. Dann aber auch im Raum der gesamten Schöpfung, die (nach 8,21) ihrer Befreiung aus der Knechtschaft der Vergänglichkeit entgegenharrt. Verschärft tritt Paulus diese Unfreiheit in Ge-stalt der von ihm als »Weltelemente« (Gal 4,3.9) bezeichneten

Machtstrukturen vor Augen, vor allem auch in Form des lähmenden Schicksalsglaubens, der durch die Sendung des Gottessohnes seine niederzwingende Macht über die Menschenherzen verlor (4,3 ff.).

Wenn Paulus dann aber seine Freiheitsbotschaft in den pleonastischen Satz zusammenfaßt: »Zur Freiheit hat uns Christus befreit« (Gal 5,19), löst er den Freiheitsbegriff von jedem Gegensatz ab, um ihn ganz auf sich selbst zu stellen und damit, was für ihn gleichbedeutend ist, aus der Heilstat Jesu herzuleiten. Grundsätzlich wird die Freiheit – und nicht, wie bisweilen gesagt wird, der Glaube – so für ihn zum Äquivalent dessen, was in der Verkündigung Jesu »Reich Gottes« heißt. Das kann Paulus wagen, weil er Freiheit letztlich nicht emanzipatorisch, sondern teleologisch denkt, ausgerichtet auf jene höhere Werdemöglichkeit, die er mit dem Begriff der Gotteskindschaft aufruft, und auf die damit gegebene Lebensordnung. Deshalb kann er geradezu von dem in der Freiheit waltenden »Gesetz des Geistes« sprechen (Röm 8,2) und sie zum Inbegriff der neuen Schöpfung erklären. Damit bezieht er, fast unmerklich, die Gegenposition zu dem Asketismus, auf den ihn die Tradition, gestützt auf restriktive Wendungen seiner Briefe, festlegte. Und damit bestätigt er von der Mitte seiner Verkündigung her, daß das Christentum nicht als eine asketische, sondern als eine therapeutische und nicht weniger als eine mystische« Religion zu gelten hat. Doch in welcher der sich auf Paulus berufenden Freiheitsbewegungen wurde diese Einsicht form- und tatbestimmend? So überragt auch in der Wirkungsgeschichte der paulinischen Freiheitsbotschaft das noch ungehobene Potential das, was unter Berufung auf sie tatsächlich ins Werk gesetzt wurde. Immer noch wartet deshalb die Stelle, die Bornkamm den »paulinischen Hymnus auf die libertas Christiana« nannte, auf ihre vollgültige Resonanz:

Alles gehört euch, ob Paulus, Apollos oder Kephas, ob Welt, Leben oder Tod, ob Gegenwärtiges oder Künftiges: alles gehört euch, ihr aber gehört Christus, und Christus gehört Gott (1 Kor 3,21 ff.).[35]

Auch wenn sich der von Paulus ausgehende Freiheitsimpuls im christlichen Lebensraum nur unvollständig durchsetzte, zog mit ihm doch wenigstens der philosophische Gedanke gleich, als HEGEL den »Fortschritt im Bewußtsein der Freiheit« zum Sinn der Weltgeschichte erklärte.[36] Daran gemessen blieben die Anstöße, die der große Beter im Feld der Spiritualität gab, fast ganz auf der Strecke. Da diese eng mit seinem Freiheitsimpuls verwoben sind, mag das zunächst in dessen unzulänglicher Rezeption begründet sein. Indessen ist die entscheidende Ursache wohl in der defizitären Aufnahme des von Paulus angestoßenen Paradigmenwechsels zu suchen. Denn die Neuorientierung wurde von Augustin bis Hegel als Weg zur reflektierenden Einkehr bei sich selbst begriffen, während es Paulus doch in erster Linie auf die mystische Inversion, also auf das Wissen um das vorgängige Erkanntsein des Denkenden ankam.[37] Doch was verbindet die Spiritualität mit der Freiheit?

Darauf antwortet die von Bornkamm hervorgehobene Stelle, sofern sie von jener souveränen Indifferenz spricht, die der gesammelten Allverbundenheit entstammt und vertiefend auf diese zurückwirkt. Es ist die Indifferenz dessen, der von sich sagen kann, daß er »allen alles geworden sei« (1 Kor 9,22), daß er in seiner Armut viele bereichere und als Habenichts »doch alles besitze« (2 Kor 6,10). Anders als die reflektierende Konzentration ist das gesammelte Bei-sich-Sein nach paulinischem Verständnis offen, zunächst gegenüber allen Mitseienden, dann aber auch – und vor allem – gegenüber Gott und seinem Zuspruch. Denn hier, in der gesammelten Innerlichkeit seines Herzens, weiß sich der Glaubende einbezogen in die große Leidensgemeinschaft aller, die gleich ihm dem Joch der Vergänglichkeit unterworfen sind und mit ihm seufzend nach der Freiheit der Gotteskindschaft verlangen. Und hier, in seinem still gewordenen Herzen, vernimmt er das Seufzen des Geistes, der sich seiner Schwachheit annimmt und für ihn vor Gottes Angesicht eintritt. So ist die Freiheit tatsächlich der Weg zur Sammlung und diese das Fundament der Spiritualität.

Die »soziologische Aktualität« dieser Freiheit betonte im

Vorgriff auf moderne Gesellschaftskritik GUARDINI, als er der paulinischen Spiritualität nachrühmte, den Menschen aus den Zwängen und Drängen der Konsum- und Leistungsgesellschaft herauszulösen:

> Der Zwang des Leisten-müssens und der Krampf des Leisten-wollens verschwinden... Indem aber der Wille sich zur Demut löst, wird er einer Leistung fähig, die ihm keine Nötigung abringen konnte. Die Eingeschlossenheit tut sich auf; eine Freiheit öffnet sich, die nicht aus der Auflehnung gegen das Gesetz, sondern aus der Lösung des Eigenwillens und dem Walten des Geistes stammt.[38]

In ihrer vollen Aktualität ist die paulinische Spiritualität jedoch erst dann erfaßt, wenn sie nicht nur als die Befreiung von diesen gesellschaftlichen Nötigungen, sondern auch von dem ungleich intimeren Zwang – dem Hang zu fortgesetzter Selbst-Setzung und Selbst-Bestätigung – begriffen wird, dem der Mensch gerade auch durch den von Paulus inaugurierten Subjektivismus verfiel; und das heißt in letzter Konsequenz: wenn Paulus auch als der Befreier von den von ihm selbst ausgehenden Restriktionen gewürdigt und angenommen wird.

Im einzelnen wird sich diese Rezeption in drei Stufen vollziehen. Fürs erste geht es darum, das Gebet mit Paulus im Gegenzug zu seiner durchschnittlichen Einschätzung als die Tat des Gottesgeistes und nicht so sehr des Beters aufzufassen. Denn nur so entspricht es der Gelassenheit, zu der die Freiheit jenseits der gesellschaftlichen und epochalen Zwänge führt. Der Gang der paulinischen Gebetslehre setzt sich sodann in die Erkenntnis fort, daß das Gebet als ein Verhältnis Gottes zu Gott begriffen sein will, als die spirituelle Partizipation des Beters an der ewigen Selbstverständigung Gottes, die ihm im Seufzen des Geistes und in seiner Ermächtigung zur Artikulation der Abba-Anrufung Jesu erfahrbar wird. Ihre Sinnspitze erreicht diese spirituelle Anleitung jedoch erst mit der Einsicht, daß Jesus nicht nur der Bahnbrecher dieser Anrufung, sondern der Rufer selber ist, sofern er – im Zuspruch des Geistes – dem sich in ihm mitteilenden Gott, stellvertretend für die Seinen, antwortet. In den Gebetsruf der Glaubenden mischt sich somit, melodieführend, seine Stimme ein. Und das besagt in letzter Hinsicht, daß sich seine hingebende Selbstaneignung immerfort in ihnen wiederholt oder, einfacher ausgedrückt, daß er in ihrem Gebet stets neu zu sich selbst erwacht.

Die Medialgestalt

Es konnte nicht ausbleiben, daß diese Spiritualität auf die – ohnehin auf ihrem Boden entstandene – Theologie des Apostels, insbesondere aber auf seine Christologie, zurückwirkte. Sein Verhältnis zu dem ihm geoffenbarten Gottessohn ist viel zu eng, als daß er zu ihm jemals auf eine vergegenständlichende Distanz gehen, zu eng, als daß Jesus für ihn zum Gegenstand lehrhafter Darlegung oder kultischer Verehrung werden könnte. Deshalb ist die Feier des Abendmahls für ihn kultisches »Gedächtnis« seiner Todeshingabe und die Lehre, bei allem Willen zur Unterscheidung und differenzierenden Explikation, letztlich vermittelte Schau der göttlichen Wahrheit auf dem Antlitz des Auferstandenen.

Der Umstand, daß Paulus eine Christologie im Vorstadium ihrer Gerinnung zu einer festumschriebenen Lehre bietet, hat jedoch auch einen eminent positiven Aspekt, der es mit sich bringt, daß bei ihm zwischen den Inhalten und ihrer Verkündigung, also zwischen Lehre und Botschaft, nicht exakt unterschieden werden kann. Er »hat« die Inhalte immer nur in Form ihrer kerygmatischen Übereignung, und diese bestimmt bereits das Gesetz ihrer Erschließung. Davon rührt es her, daß er seine Themen nicht didaktisch, sondern exklamatorisch zur Sprache bringt. Das gilt, wie bereits vermerkt, schon von seiner Anthropologie, die in dem Notschrei »Ich unglücklicher Mensch, wer wird mich von diesem todverfallenen Leib befreien?« Nietzsches exklamatorische Selbstdarstellung unter dem Passionstitel ›Ecce homo‹ vorwegnimmt. Und es gilt erst recht von seiner Christologie, die in der Klage »Wer hat euch nur verhext, da euch doch Jesus Christus als Gekreuzigter vor Augen gestellt wurde?« dem »Ecce homo!« in dessen Originalsinn gleichkommt. In der Verkündigung dessen, der sich nicht anmaßt, etwas zu sagen, was nicht Christus in ihm gewirkt hätte (Röm 15,18), sagen sich seine Inhalte in einer letzten Hinsicht – selbst. Und wann wäre je eine Theologie entworfen worden, die der seinen darin auch nur nahekäme?

Letztlich ist die »feuerflüssige« Gestalt der Theologie die Folge seiner Sprachleistung. Denn in der These, daß Paulus eine Inversion der Sprache heraufgeführt habe, die das Instrument der Weltbeschreibung in das Medium der Selbstmitteilung verwandelte und dadurch die konfessorische Sprachform schuf, steckt ein bisher nur punktuell angesprochener Rest. Und der besagt: Paulus spricht nicht nur in bahnbrechender Weise von sich selbst, so daß andere, allen voran Augustin in seinem Bekenntniswerk, in seine Spur treten und diese, wie die lawinenhaft anschwellenden Veröffentlichungen von Autobiographien zeigen, weithin auch breittreten konnten; er bringt sich auch selbst zur Sprache, und dies letztlich in der Absicht, sich im Medium seiner Sprache zu vergegenwärtigen. Der stechende Blick, den er auf Dürers Apostelbild (von 1526) dem Betrachter zuwirft, setzt diesen Sprachwillen aufs genaueste in Szene. Seine Aussagen enthalten einen personalen »Mehrwert«, einen über ihr inhaltliches Gewicht hinausgehenden »Schub«, der es dahinbringt, daß er seinen Leser, selbst wenn er ihn noch so hart anfährt, in seinen Bann schlägt. Das erleichtert seine Lektüre, erschwert sie aber auch, weil in seinen Briefen der Autor dem Rezeptionsakt ständig zuvorkommt. Er bestimmt, wie er verstanden sein will. Nach Art des impliziten Lesers, den er mit seinem Theorem von dem »inneren Brief« meint, ist er dem Leser gegenwärtig. Und welcher Autor wäre es gleich ihm? In diesem Sinn steht Paulus immerfort bevor. Und vermutlich immer dann am meisten, wenn er, wie so oft in seiner Wirkungsgeschichte, verdrängt und vergessen wurde.

XII. Die Anfragen

Der Erwartungsdruck

Es ist nicht nur in seinen Lebensumständen, sondern in seiner Konstitution begründet, daß Paulus im Unterschied zu anderen Autoren befragt werden kann. Doch davon abgesehen, hängt es vor allem mit der an ihn ergangenen Offenbarung des Gottessohnes, also mit der dialogischen Qualität seines Damaskuserlebnisses zusammen, daß er sich gedrängt fühlt, das Erlebte mündlich und schriftlich weiterzugeben. Da er im Zug dieser Verarbeitung zur Fähigkeit des konfessorischen Redens heranreifte, ging in sein Zeugnis jener Überschuß an existentieller Präsenz ein, die Rückfragen an ihn ermöglichten, ja sogar provozierten. So mußte ihn nach Ausweis des an sie gerichteten Antwortschreibens jedenfalls die Gemeinde von Korinth empfunden haben, die einen ganzen Katalog von Fragen, darunter die für ihn zentrale nach der Auferstehung, an ihn richtete. Sie entdeckte Paulus in dem, was ihn von anderen unterschied und ihm einen unverwechselbaren Rang verlieh: im Rang des antwortenden Zeugen.

Der ideale Leser

Der Dialog mit Korinth lenkt den Blick auf einen wenig beachteten Zug der Paulusbriefe: Paulus richtet seinen Blick nicht nur, wie LIETZMANN beobachtete, über den jeweiligen Adressaten hinweg auf Gott, wenngleich so, daß er den Menschen gerade dadurch in seinen Bann zieht, sondern gleichzeitig auf einen transempirischen, idealen Leser. Nicht zuletzt wird das dort fühlbar, wo er sich ungeduldig über die mangelnde Fassungskraft seiner konkreten Adressaten beschwert, nachdem er sich unmittelbar zuvor noch der Hoffnung hingegeben hatte, in geisterfüllten Worten zu »Geisterfüllten« reden zu können:

> Milch gab ich euch zu trinken, keine feste Speise; denn ihr konntet sie noch nicht vertragen, ja, ihr könnt es auch jetzt noch nicht (1 Kor 3,2).

Wie kaum einmal sonst wird hier deutlich, daß sich Paulus mit seinen Äußerungen insgeheim an jenen imaginären Adressaten wendet, dem er sich ungehindert verständlich machen kann, ganz so, als stehe er unter dem Randdruck einer Erwartung, die ihm Größeres abverlangt als nur die Lösung der vordergründigen Probleme, mit denen er sich konkret befaßt. So erklären sich dann auch am besten jene Passagen, in denen er die unmittelbaren Anlässe seiner Korrespondenz aus dem Auge zu verlieren scheint, um sich in frei ausschwingenden Darlegungen, meist im Stil der Diatribe, nicht selten auch der freien Improvisation, zu ergehen. Seinen konkreten Adressaten aber scheint er mit dem johanneischen Jesus zuzurufen: »Noch vieles hätte ich euch zu sagen; doch ihr könnt es jetzt noch nicht ertragen« (Joh 16,12).

Die aktuelle Glaubenserwartung

Daß Paulus in diesem »Überschuß« an Mitteilungswillen gerade heute erkennbar wird, hängt weniger mit einer Annäherung an ihn als vielmehr mit der durch die gewandelte Glaubenserwartung bedingten Interessenlage zusammen. Denn die heute vorherrschende Glaubenserwartung richtet sich weniger auf die informative als vielmehr auf die empirische und evidenzstiftende Qualität der Heilsbotschaft. Bedrängt von einer umsichgreifenden Lebensangst und der sich mit ihr verschärfenden Vereinsamung erwartet der Christ dieser Zeit vom Glauben in erster Linie Impulse der Angstüberwindung und der bergenden Vergewisserung, und er erwartet dies um so zuversichtlicher, als er, nicht zuletzt mit Hilfe einer in »konzentrativer Bewegung« begriffenen Theologie (KERN), in der Mitte des Evangeliums den »Vater der Erbarmungen und Gott allen Trostes« entdeckt (2 Kor 1,3), der ihn der Angst und Einsamkeit entreißt, indem er ihn in ein Kindesverhältnis zu sich zieht.

Eine zeitübergreifende Korrespondenz bringt es somit mit sich, daß kein neutestamentlicher Autor, selbst nicht der Verfasser der Reflexionsteile des Johannesevangeliums, auf diese Erwartung so unmittelbar eingeht wie Paulus. Das erhellt schon aus seiner Anthropologie, die mit ihrem Sinn für die zwischen Selbstverlust und Selbstergreifung schwankenden »Gezeiten« des Menschseins der »Befindlichkeit« des heutigen Menschen erstaunlich nahekommt, erst recht aber aus seiner Christologie, die die »Sendung des Gottessohnes« als den geschichtsbestimmenden Liebeserweis Gottes begreift. Den eigentlichen Grund bildet jedoch die von Paulus in wiederholten Anläufen gebotene Explikation seines Damaskuserlebnisses, die mit großer Eindringlichkeit auf die evidenz- und empirievermittelnde Komponente der an ihn ergangenen Gottesoffenbarung, also auf ihr Erfahrungsmoment, abhebt. Wenn der Apostel dabei insbesondere sein »Befreit- und Ergriffensein« betont (1 Kor 9,1; Phil 3,12), gestaltet sich seine Deutung nachgerade zu einer Antwort auf die Frage, die der geängstete und vereinsamte Christ dieser Zeit an ihn richtet. Gerade ihm wird er somit in einem spontanen Korrespondenzerlebnis als der »antwortende Zeuge« glaubhaft.

Die Perspektiven

Wenn es sich aber so verhält, wächst die Zuversicht, daß Paulus auch nach anderen, damit nur mittelbar zusammenhängenden Problemen befragt werden kann. Sie ergeben sich dann nicht nur aus der Bedürfnis- und Notlage des heutigen Fragestellers, sondern ebenso auch aus den spezifischen Leistungen des Apostels. An den grundlegenden Glaubenstheoretiker ergeht dann die Frage nach der Zukunftsgestalt des Glaubens; an den Botschafter, dem es gelang, die Lebens- und Heilstat Jesu in eine sich wie ein Feuerbrand ausbreitende Verkündigung umzusetzen, die Frage, wie heute, besonders im Blick auf das von der »sanften Revolution« eröffnete Missionsfeld, verkündet werden muß; an den Mystiker die Frage nach der zeitgerechten Form der Spiritualität und an den ersten Medienverwender der Christenheit die Frage nach dem von Glaubensverantwortung getragenen Umgang mit der ständig eskalierenden Medienszene.

Wie sollen wir glauben?

Der uneinholbare Vorsprung, den Paulus gegenüber jedem Deutungsversuch behält, ergibt sich nicht nur aus dem sprachlichen »Überschuß« in seinen Äußerungen, der immer noch ansteht, auch wenn ihm das formell Gesagte bereits entnommen ist. Und er folgt des weiteren nicht nur daraus, daß bei ihm der sprachliche Ausdruck stärker an die Person des Sprechers zurückgebunden ist als im Regelfall. Er ist vielmehr die Folge der Tatsache, daß Paulus aus der Rolle eines seinerseits Angesprochenen, also aus der des Offenbarungsempfängers spricht. Das hebt ihn – bei aller Zugehörigkeit – von den übrigen Traditionsträgern der Christenheit eigentümlich ab. Sie gingen in das Fundament der christlichen Glaubensgemeinschaft ein, ja sie bilden es geradezu, wie ein in der Apokalypse (21,14) wiederkehrender Bildgedanke des Epheserbriefs (2,20) sagt. Ungeachtet seiner Trägerfunktion ist Paulus dagegen im ganzen Bauwerk präsent. Von dieser »hermeneutischen« Gleichzeitigkeit rührt es her, daß er jeder Folgezeit etwas zu sagen hat, daß er sie aber auch durch seine Überlegenheit in Frage stellt.

Wer darauf eingeht, sieht sich in erster Linie durch Paulus nach seinem Glauben befragt. Die Antwort des Apostels ist längst schon in den Hauptsätzen seiner Briefe gegeben. Im ersten wendet er sich mit Empörung, Schmerz und Bitterkeit an die, die der Anfechtung zum Glaubensabfall zu erliegen drohen, obwohl er ihnen doch Christus als den Gekreuzigten »vor Augen gestellt« hat (Gal 3,1). Damit geht er genauso mit denen ins Gericht, die heute einer Amalgamierung des Glaubens mit gnostischen und esoterischen Vorstellungen zuneigen, wie seinerzeit mit den Galatern, die unter dem Eindruck judaistischer Propaganda im Begriff standen, in die alte Gesetzeshörigkeit zurückzufallen.

Nachdem sich der Sturm der Erregung legte, bricht sich im zweiten Wort des Apostels der zentrale Liebeswille Bahn, der die in ihrem Glauben Gefährdeten mit mütterlicher Zärtlichkeit umhegt und sich schließlich zu dem Geständnis steigert, daß er nochmals um sie Geburtswehen leide, bis Christus in ihnen Gestalt gewonnen habe (4,19). Wie nach Paulus keiner »für sich selber lebt und keiner für sich selber stirbt« (Röm 14,7), gibt es seiner Überzeugung nach auch keinen in individueller Einsamkeit unternommenen Glaubensversuch. Vielmehr ist der Glaube stets einbezogen in das, was der Epheserbrief die »Übereinkunft des Glaubens« (4,13) nennt. Was das für den heutigen Glaubensvollzug besagt, hat GUARDINI mit Wendungen, die dem Gedanken an ein spirituelles Kollektivsubjekt nahekommen, in seiner nachgelassenen ›Existenz des Christen‹ zum Ausdruck gebracht:

> Niemand weiß, aus welchen – vielleicht räumlich entfernten oder zeitlich vergangenen – gläubigen Existenzen heraus sein eigener Glaube gespeist wird, sein Tun Kraft bekomme – ebensowenig wie er weiß, welche Menschen er selbst mitträgt.[1]

Mit dem dritten Wort kehrt Paulus in die Mitte seiner Heilserfahrung zurück, die für ihn im Erlebnis der seiner Unzuläng-
lichkeit zuvorkommenden, ihn umhegenden und drängenden
Liebe Christi besteht. Sofern er noch im irdischen Dasein festgehalten werde, so erklärt er mit der bewegendsten Wendung
seiner Briefe, lebe er im Glauben an den Gottessohn, »der
mich geliebt und sich für mich hingegeben hat« (Gal 2,20). Hier
wird, hochbedeutsam für die Überwindung der heutigen Glau-
benskrise, die Grenze zwischen Glaube und Liebe und damit,
da es um eine erfahrene Liebeszuwendung geht, zwischen
Glaube und Mystik fließend. Glauben heißt hier: sich der
Liebe Christi erschließen, oder einfacher noch: sich von ihm
lieben lassen. Trotz aller Aktivität des Glaubenden liegt die
Initiative bei ihm. Glaube ist somit, in letzter, formelhafter Zu-
spitzung gesprochen, Zustimmung zur Liebe.

Die Glaubenswende

Daß Paulus damit auf eine »Glaubenswende« hinwirkt, macht
er in überraschendem Synergismus mit einer hauptsächlich gegen ihn gerichteten Kampfschrift, mit BUBERS ›Zwei Glaubensweisen‹, deutlich.[2] Denn es liegt, trotz der Gegenthese des
Verfassers, ganz auf seiner Linie, wenn dieser dem heutigen
Christentum vorwirft, von der Glaubensform Jesu zu einer in-
ferioren in Gestalt einer auf satzhaft umschriebene Inhalte bestehenden Glaubensweise abgesunken zu sein. Wenn Paulus an
der Zentralstelle des Römerbriefs den mit dem Herzen zu um-
fangenden Glaubensinhalt dahin bestimmt, daß Gott den Gekreuzigten »von den Toten erweckt hat« (10,9), erfüllt diese
Bestimmung nur äußerlich den Tatbestand der von Buber ge-
rügten Satzgestalt. Denn diese widerruft er gleichzeitig dadurch, daß er den Glaubensakt fast ununterscheidbar an sein
Damaskuserlebnis heranrückt. Was ihm damals durch Gottes
Güte ins Herz gesprochen wurde, das wird inhaltsgleich, nur
mittelbar, dem Glaubenden durch das Wort der Verkündigung
gesagt. Sofern man des weiteren bedenkt, daß für Paulus der
Glaubensvollzug zuletzt auf die Initiative des Geglaubten zu-

rückgeht, ist es sogar in seinem Sinn, wenn man den Glauben als die spirituelle Auferstehung Jesu im Herzen des Glaubenden bezeichnet.

Indessen hätte Paulus, anders als Buber, diese Kritik der im Grunde schon gestrigen Glaubensform von sich aus angesichts der Tatsache zurückgenommen, daß sich der Glaube unverkennbar in Richtung auf die Urform zubewegt, die nach Buber dem von Jesus geteilten Glauben der Propheten entspricht. Wenn sich die heutige Glaubenserwartung auf Impulse der Angstüberwindung, des mystischen Trostes und der Befestigung in der Gotteswirklichkeit richtet, dann ist tatsächlich jene glaubensgeschichtliche Wende eingetreten, die der Kritik zuvorkommt und dadurch den Boden entzieht. Dann ist, deutlicher noch gesagt, der Glaube in jener konzentrativen Bewegung begriffen, aufgrund deren er in dem von Gott selbst (nach 1 Kor 3,11) gelegten »Grund« Einkehr hält, der zugleich seine Mitte ist. Von dem aus der Rolle des Kritikers in die des Protagonisten und Fürsprechers überwechselnden Apostel aber könnte – und müßte – dann vor allem gelernt werden, wie sich Glaube mit Mystik verbindet, weil nur so dem verbreiteten Glaubensformalismus gewehrt werden kann.

Gegen Vereinfachungen

Paulus ist trotz allem Willen zur Konzentration das Gegenteil eines Reduktionisten. Seine erklärte Sorge gilt daher der drohenden Verflachung des Glaubens, in seiner Sprache: der »Entleerung des Kreuzes« (1 Kor 1,17), die er vor allem von dem Einsickern der »Weltweisheit« befürchtet. Ihr gegenüber hält er die Paradoxie der Kreuzesbotschaft aufrecht: ihre gerade in der »Torheit« des Kreuzes verborgene Weisheit und die im scheinbaren Erliegen der göttlichen Sache wirkende Kraft, gespiegelt in seiner ebenso kraftlosen (2 Kor 10,10) wie geisterfüllten Verkündigung (1 Kor 2,4), die aber gerade durch diesen Widerspruch verdeutlicht, daß der von ihr geweckte Glaube »nicht auf Menschenweisheit, sondern auf Gottes Kraft« beruht (2,3 ff.).

Damit wendet sich Paulus, über den Zeitenabstand hinweg, gegen alle Tendenzen, die auf eine Verflachung und Trivialisierung des Glaubens abzielen. Längst bevor das der Glaubensvermittlung bis in die Gegenwart hinein zugrunde gelegte »Instruktionsmodell« in seiner Fragwürdigkeit durchschaut wurde, hätte im Rückbezug auf ihn gesehen werden müssen, daß der Glaube weder eine Verflachung zur Lehre noch eine Verfestigung zur Ideologie duldet. Und erst recht hätte die Orientierung an ihm Klarheit darüber schaffen müssen, daß der Glaube eine folgenschwere Verstörung erleidet, wenn er von seiner Randzone her durch Fremdmotive überwuchert und im Sinn vorchristlicher Vorstellungen nivelliert wird.[3] Deshalb gilt sein leidenschaftlicher Kampf dem judaistischen Versuch, den Glauben auf die Stufe einer Gesetzesfrömmigkeit abzusenken, und dem Hang der »Schwachen«, ihn mit Elementen einer Religion der knechtischen Furcht zu amalgamieren. Tendenzen dieser Art, wie er sie in seiner Korrespondenz wiederholt bekämpft, beweisen ihm, daß der Glaube seine Balance, wenn nicht gar seine Identität zu verlieren droht. Derartigen Gefährdungen begegnet er mit einem Kraftakt, unter dem das ganze Gerüst seiner Darstellung erbebt. Das aber dient nur dem einen Ziel, den von Verflachungs- und Nivellierungstendenzen bedrohten Glauben auf seinen Grund und in seine Mitte zurückzuholen. Mehr als durch jede Anweisung ist Paulus durch diesen Kraftakt das Paradigma für die jederzeit, gerade auch heute erforderliche Erneuerung des Glaubens.

Wie sollen wir verkünden?

Indessen ist der Glaube nicht nur von einem möglichen Profil- und Identitätsverlust bedroht, sondern, aktueller noch, von der Gefahr, in Sprachlosigkeit zu verfallen. Das aber ist für Paulus der Extremfall einer pathologischen Defizienz. Denn für ihn muß der Glaube reden, um atmen und leben zu können. So bringt er es schon in seinem Grundsatz: »Ich glaube, darum rede ich« (2 Kor 4,13), zum Ausdruck. Und er bestätigt dies, wenn er in seiner Sinnbestimmung des Glaubens (Röm 10,9) die Bekenntnispflicht hervorhebt, noch bevor er auf die Sache selber eingeht. Das Bekenntnis tritt für ihn somit nicht additiv zum Wesensbestand des Glaubens hinzu; es erfließt vielmehr aus ihm in einer Weise, daß die Sache erst dann in ihrem Vollsinn gegeben ist, wenn sie »zur Sprache kommt«. Damit nennt er die innerste Veranlassung seiner Verkündigung, die in christologischer Abwandlung dasselbe besagt wie das Geständnis »die Liebe Christi drängt uns« (2 Kor 5,14), sofern sich dieses in die Mahnung fortsetzt »Laßt euch mit Gott versöhnen!« (5,20).

Wenn man sich somit fragt, was Paulus letztlich veranlaßt, praktisch im Alleingang wiederholt den Weg durch die Osthälfte des Reiches anzutreten, um in allen ihm erreichbaren Zentren die Heilsbotschaft auszurichten, kann die vollgültige Antwort nur lauten: weil ihm das Bewußtsein, von Gott angesprochen und zu weltweiter Promulgation dieses Besitzes beauftragt zu sein, keine andere Wahl ließ; weil es somit einem Verrat an seinem gottgeschenkten Selbstsein gleichgekommen wäre, wenn er nicht verkündet hätte. So wurde ihm das Reden auch in dem Sinn zur Lebenstat, daß er es als die ureigene Form seiner Selbstverwirklichung empfand, als die einzige Weise, wie er sich selbst – im religiösen Verständnis dieses Ausdrucks – gerecht werden konnte.

Zu dieser inneren Nötigung kommt jedoch eine äußere in Form einer situativen Herausforderung hinzu, auf welche Paulus in der bohrenden Reflexion des Römerbriefs eingeht. Wie bereits erwähnt, stellt er hier, gestützt auf den Grundsatz, daß der Glaube aus dem Hören kommt (10,17), die Frage, wie denn geglaubt werden soll, wenn niemand verkündet, und wie gepredigt werden könne, wenn niemand dazu gesandt wird (10,14 f.). In diesen Sätzen, die durch den folgenden Hinweis auf das sich trotz weltweiter Verkündigung »verhärtende« Israel eher verschärft als abgeschwächt werden (10,18 ff.), weitet sich der Blick des Apostels nochmals in Richtung auf das von ihm »in weitem Bogen« durchzogene Imperium.[4] Damit aber rückt er unmittelbar an die durch den Zusammenbruch der atheistischen Systeme in Osteuropa entstandene Missionssituation heran. Wie soll in diesem Raum verkündet werden?

Mehr noch durch sein Verhalten als durch programmatische Äußerungen antwortet Paulus zunächst darauf: innovatorisch, nicht in Form klischeehafter Wiederholungen! Denn in diesem Sinn verfuhr er selbst, als er die Reich-Gottes-Verkündigung Jesu angesichts einer von Schicksalsangst gelähmten Menschheit in eine Freiheits- und Hoffnungsbotschaft umsetzte. Bei dieser Tat von beispielloser Kühnheit bewies er zugleich hohe Sensibilität, die sich freilich nicht so sehr auf den ihm entgegentretenden Fatalismus als vielmehr auf dessen Folgen in Gestalt jener sittlichen Verwilderung richtete, wie er sie in geradezu peinigender Eindringlichkeit zu Beginn des Römerbriefs schildert (1,24–32).[5]

Wenn er in diesem Zusammenhang dann aber auch von der über jede Menschenseele hereinbrechenden »Angst und Bedrängnis« (2,9) spricht, fällt definitiv das Stichwort für die gegenwärtige Situation, die nicht nur in den befreiten Ostgebieten, aber vor allem dort, von Existenznöten vielfältiger Art und einer sich unaufhaltsam ausbreitenden Lebensangst bestimmt ist. Was in den Ostgebieten erschwerend hinzukommt, sind die Spätfolgen der terroristischen Systeme, die ihre Bevölkerung an den totalen Freiheitsentzug mit Hilfe eines garantierten Existenzminimums gewöhnten und so in den Zustand einer »kollektiven Hospitalisierung« versetzten. Verstörung bis in die menschlichen Grundverhältnisse hinein war die Folge, von der die unter dem Druck der totalen Überwachung entstandenen Fehlformen sprachlicher und lebenspraktischer Art nur einen äußeren Eindruck vermitteln.

Wenn die Aktualität Pauli noch eines Beweises bedürfte, würde er durch die Erkenntnis erbracht, daß das Evangelium in diese Situation nur in jener Form hineingesprochen werden kann, die seiner Freiheitsbotschaft entspricht. Dabei müßte nach dem Wegfall der äußeren Zwänge der Akzent womöglich noch ausdrücklicher auf der teleologischen Komponente des Motivs liegen als bei ihm, weil nur so dessen therapeutische, auf die Erneuerung der verstörten Grundverhältnisse gerichtete Wirkung fühlbar würde. Daß das Evangelium den Menschen auf neue Weise zu sich selbst bringt, indem es ihn zum Stand der Gotteskindschaft erhebt, müßte im Kern dieser Verkündigung deutlich werden.

Mit dem emanzipatorischen Moment müßte sich nach dem Vorbild des Apostels dann aber vor allem auch das konzentrative verbinden, weil nur so der ständig drohenden Verzerrung der Botschaft zu einer Ideologie oder doch zu einer bloßen »Lehrform« gewehrt werden kann. Im Sinn der paulinischen Verkündigung muß jede lehrhafte Formulierung, so richtig sie auch sein mag, transparent gemacht und auf den zurückgenommen werden, der als die zentrierende Mitte zugleich der wahre Inhalt der Botschaft von ihm ist. Denn das Christentum ist für Paulus nur in abgeleitetem Sinn »Gesetz« und »Lehre«, substantiell gesehen jedoch identisch mit dem, der für ihn die Gerechtigkeit und Weisheit in Person (1 Kor 1,30) und als solche zugleich das die Seinen erfüllende, inspirierende und bewegende »Leben« ist (Phil 1,21).

Die Modalgestalt

Mit lehrhaften Äußerungen ist diese konzentrative Reduktion nicht zu erreichen. Sie weisen höchstens den Weg; wie aber ist er zu beschreiten? Dazu bietet Paulus ein ebenso instruktives wie unnachahmliches Modell, indem er den Verkündigten in seiner Verkündigung selbst zu Wort kommen läßt. Er unterstehe sich nicht, so betont die schon wiederholt erwähnte Stelle des Römerbriefs, etwas zu sagen, was nicht Christus in ihm gewirkt habe (15,18). In dieselbe Richtung weist der Vergleich seiner Verkündigung mit dem Erleiden von Geburtswehen, sofern man nur beachtet, daß sich Paulus darin insgeheim mit dem sich im Glaubenswachstum selbst ausgestaltenden Christus identifiziert. Mit letzter Deutlichkeit aber spricht sich dieses christologische Bewogen- und Übergriffensein des Apostels in der bekenntnishaften Anrede an die Korinther aus: »Gott selbst ist es, der durch uns mahnt. An Christi Stelle bitten wir: Laßt euch mit Gott versöhnen!« (2 Kor 5,20). Der Vorgang kann zulänglich nur in Form einer Umkehrung dessen beschrieben werden, was gemeinhin als der Fundamentalprozeß des neutestamentlichen Denkens gilt: die Verwandlung des Künders in den Verkündigten, des lehrenden Jesus in den kerygmatischen Christus. Bei Paulus, der an diesem Prozeß entscheidend beteiligt ist, geschieht aber im innersten Bereich seiner Verkündigung auch jeweils das Umgekehrte: In seiner Predigt wird der von ihm Verkündigte selbst hörbar. Darin ist er allen seinen Nachahmern uneinholbar voraus.

Indessen ist die Frage, wie heute verkündet werden soll, erst dann vollgültig beantwortet, wenn es gelingt, mit ihm darin wenigstens mittelbar gleichzuziehen. Prinzipiell kann das nur auf dem Weg einer möglichst intensiven Annäherung an die Modalgestalt seiner Verkündigung geschehen, an die invasive, vom personalen »Mehrwert« seines Wortes geprägte Gestalt seiner Predigt. Unter diesem Gesichtspunkt muß dem Appell der Vorzug gegeben werden vor der doktrinalen Form, der Insinuation der Vorzug vor der Instruktion.

Der therapeutische Aspekt

Dazu bietet Paulus einen Anlaß, der als Einübung nicht besser erwünscht sein könnte. Er betrifft die hamartiologische und satisfaktorische Schlagseite seiner Botschaft. So sehr sie in ihrer vorgegebenen Form Anlaß bot, im soteriologischen, näherhin auf Sünde und Sündenvergebung abhebenden Sinn ausgelegt zu werden, wird sie letztlich doch mit zunehmender Deutlichkeit in ihrem anthropologischen Hintersinn lesbar. Was Paulus über die sittliche Verwilderung in seinem Umfeld und insbesondere auch über die Ursünde am Anfang der Menschheitsgeschichte sagt, wirkt aus heutiger Sicht als Auskunft über die pathologische Verfassung des unter sein Niveau gedrückten, von sich durch innere und äußere Zwänge abgehaltenen und dadurch sich und den anderen entfremdeten Menschen. Damit erschließt sich aber auch schon die Perspektive, die es erlaubt, das Heil diesseits der durch die lehrhafte Vergegenständlichung gezogenen Grenze auszusagen: die therapeutische.

Das ist die kerygmatische Umkehrung der pseudodionysischen Einsicht, daß das Gottesgeheimnis mehr noch durch Leiden als durch Forschen erkannt wird. Es ist also der Versuch, auf die Sehweise des leidenden Menschen verkündigend einzugehen. Die Aktualität dieses Versuchs springt in die Augen. Denn eine effektive Verkündigung im Raum der systematisch entchristlichten Ostgebiete ist an die Voraussetzung gebunden, daß sie die vielfältigen Verletzungen – und Selbstbeschädigungen – berücksichtigt, die der jahrzehntelang einem terroristischen Zwangssystem unterworfene Mensch erlitten hat. Angesichts dieser Tatsache kann die Freiheitsbotschaft, in deren Gestalt das Christentum in diesem Raum zur Geltung gebracht werden muß, nicht abrupt vermittelt werden. Im andern Fall würde sie aller Wahrscheinlichkeit nach einen Schock auslösen, der ihre Rezeption schon im Ansatz zunichte macht. Wie aber müßte dann konkret verfahren werden?

Antwort auf Lessing

Auch darauf hält die Wirkungsgeschichte Pauli eine wichtige Antwort bereit. Sie besteht in der Lösung, die das Problem, vor das sich LESSING durch das Ausbleiben des urchristlichen »Beweises des Geistes und der Kraft« gestellt sah, posthum gefunden hat. Es war das Problem seiner Glaubensfähigkeit, verfaßt in die Frage, wie er sein ewiges Heil auf ein nur historisches Bewußtsein gründen könne.[6] Das aber war gleichbedeutend mit der Frage, wie das unter das Diktat des toten Buchstabens geratene und dadurch zu einer Reproduktion seiner selbst herabgesunkene Christentum seiner Zeit für ihn noch verbindlich sein könne, einer Frage, der – wie dem anthropologischen Notstand – letztlich nur exklamatorisch Ausdruck verliehen werden konnte. Deshalb steigert sich sein Problem auf dem Höhepunkt der Flugschrift ›Über den Beweis des Geistes und der Kraft‹ (von 1777) zu der Klage:

Das, das ist der garstige breite Graben, über den ich nicht kommen kann, so oft und ernstlich ich auch den Sprung versucht habe. Kann mir jemand hinüberhelfen, der tu' es; ich bitte ihn, ich beschwöre ihn. Er verdienet ein Gotteslohn an mir.[7]

Als schon kein Echo mehr zu erwarten war, stimmte sich KIERKEGAARD auf den Notschrei Lessings ein, indem er ihn zum Motto seiner ›Philosophischen Brocken‹ (von 1844) erhob und die dort gefundene Lösung dann nochmals in seiner ›Einübung im Christentum‹ (von 1850) reflektierte, die als das tiefsinnigste Jesusbuch seines Jahrhunderts zu gelten hat.[8] Für ihn schloß sich der Abgrund, der zwischen Jesus und der Gegenwart klaffte und nur durch die brüchige Verbindung des historischen Wissens um ihn überbrückt war, durch den Glauben. Denn der Glaube bewirkt, nein, ist die Gleichzeitigkeit mit ihm. Jesus ist somit jeder Folgezeit ebenso nah wie seiner eigenen Lebenszeit, weil er wie kein anderer liebt, wie kein anderer leidet und wie kein anderer hilft. Liebt: denn im Übermaß seiner Liebe wendet er sich, ungeachtet aller räumlichen und zeitlichen Distanzen, allen und jedem einzelnen so zu, als gebe es für ihn nur diesen Einen in aller Welt; leidet: denn ihm, dem Gott inkognito, wurde aufgrund der Passion, die ihm seine Unkenntlichkeit auferlegte, der Kelch des Leidens noch einmal gereicht, doch so, daß er gerade dadurch die von Lessing beklagte Barriere niederlegte;[9] und hilft: denn nach dem Schlüsselsatz »der Helfer ist die Hilfe« unterscheidet er sich von allen übrigen Wohltätern der Menschheit dadurch, daß er sich in seinen Gaben selbst gibt. Mit diesem Akt seiner konstitutionellen Selbstgewährung aber bringt er das ganze System der Denk- und Anschauungsformen zum Einsturz. Mit seiner einzigartigen Hilfe ist er überall und jederzeit zugegen. Die im Glauben erreichte Gleichzeitigkeit mit Jesus ist somit die Folge seiner helfenden Selbstübereignung, seiner verborgenen Passion und seiner allübergreifenden Liebe, also jener mystischen Fakten, die sich als die weithin noch unerkannten Elemente des Glaubens erweisen.

Wenn man sich vergegenwärtigt, daß Kierkegaard diese Christologie komplementär zu seiner in der ›Krankheit zum Tode‹ (von 1848) entworfenen Anthropologie konzipierte, springt die Aktualität seines Ansatzes erneut ins Auge. Denn er sah am Menschen erstmals die Spur jener Existenznot, die sein Daseinsgefühl seither zunehmend beherrscht. Sie legt wie nur je eine Leiderfahrung einen Bruch im traditionellen Bild des Menschen frei, die Zustände der Selbstentfremdung, ja der Abhaltung und des Abfalls von sich selbst an ihm erkennbar werden läßt und in letzter Konsequenz die anthropologische Grundfrage »Was ist der Mensch?« auf die biblische Urfrage »Wo bist du?« zurückzwingt. Doch gerade so erscheint der Mensch in jenem Notstand, den nur der Helfer, der mit der von ihm gewährten Hilfe identisch ist, zu beheben vermag. Was die »anthropologische Wende« der Gegenwartstheologie thematisch und theoretisch besagt, ist somit in Kierkegaards »Existentialchristologie« auf eine Weise vorweggenommen, die Jesus dem Menschen gleicherweise als Bewältiger der Existenznot wie als Ziel seiner Sinnsuche nahebringt. Darauf muß sich die Verkündigung einstimmen, wenn sie ihren Adressaten nicht tragisch verfehlen will.

Wie sollen wir beten?

Ungeachtet seiner stupenden Aktivität ist Paulus, wie bereits betont, in erster Linie ein Mann der Spiritualität und des Gebets. Ihm hat die Christenheit die zweifellos höchste, durch die Bach-Motette ›Der Geist hilft unserer Schwachheit auf‹ über das Einzugsgebiet der Theologie hinaus bekannt gewordene Gebetslehre zu verdanken. Heute ist eine neuerliche Steigerung ihres Bekanntheitsgrades für die christliche Sache geradezu lebens- und zukunftsentscheidend geworden. Das ist zunächst genauer zu begründen.

Das mystische Zeitalter

Bekanntlich verabschiedet sich KARL RAHNER von seiner theologischen Lebensarbeit mit einem Wort, das als eine geradezu prophetische Aussage zu gelten hat. Der Christ der Zukunft werde, so versicherte er wiederholt, »ein Mystiker sein, oder werde überhaupt nicht sein«.[10] Damit verlieh er jenem »Vorgefühl« Ausdruck, das der gewandelten, auf spirituelle Erfahrung abhebenden Glaubenserwartung des heutigen Christen und, allgemeiner noch gesehen, dem wachsenden Unbehagen vieler gegenüber der Leistungsfähigkeit der rationalen Welterklärung entspricht.

Doch so sehr die Prognose damit übereinkommt, geht sie doch fraglos noch eher mit der von WALTER KERN beobachteten konzentrativen Bewegung konform, in der die glaubensgeschichtliche Entwicklung insgesamt begriffen ist. Sie aber kann nicht genauer als mit dem Satz umschrieben werden, daß der Glaube im gegenwärtigen Stadium auf jenen »Grund« zurückkommt, der (nach 1 Kor 3,11) zugleich seine tragende Mitte ist, daß er also eine Bewegung der Einkehr in sein ureigenes Zentrum vollzieht und sich dadurch in einer bisher nicht erreichten Weise selber durchsichtig wird. Durchsichtig insbesondere auch in dem Sinn, daß dem zum Selbstbegriff gelangenden Glauben seine mystische Ermöglichung zum Bewußtsein kommt, so daß er seine Einkehr als Folge eines vorgängigen Ergriffenseins durch seinen »Wegbereiter und Vollender« (Hebr 12,2), ja sogar als Mitvollzug seiner Selbstvergegenwärtigung in ihm verstehen lernt.

Die Selbstkundgabe

Damit ist auch schon eine erste Antwort auf die Frage nach dem aktuellen Gebetsvollzug gegeben. Das Gebet, so wird hier deutlich, verhält sich antizyklisch zu dem von der modernen Gesellschaft in gleicher Weise geforderten wie insinuierten Leistungs- und Konsumverhalten. In diesem Zusammenhang ist nochmals an das hellsichtige Guardini-Wort zu erinnern, wonach in der Berührung mit Jesus der Zwang des Leisten-Müssens und der Krampf des Leisten-Wollens vom Menschen abfällt. In die Richtung dieser Aussage wies bereits eine frühe Stelle, die sich ausdrücklich auf die Frage nach dem sinnvollen Gebetsverhalten bezog. In seiner Meditation ›Von dem lebendigen Gott‹ (von 1930) bemerkt GUARDINI zu dem den Gebets-

versuch anfänglich oft verschattenden Gefühl der Vergeblichkeit und Leere:

> Und es kann sein, nach langem Warten, wird ganz leise
> etwas anders. Es ist nicht mehr Nichts. Es ist Etwas...
> Laß uns nicht an große Erlebnisse denken; an Licht oder
> Glut oder Gewalt. Wir wollen nicht verlieren, was die
> Schule des ›Nein‹ gelehrt hat. Gar nichts Besonderes ist
> geschehen, nur, daß an Stelle jenes immerfort gefühlten
> Entbehrens ein zartes Erfülltsein steht. Man kann nicht
> sagen, was es ist. Und doch ist Er da.[11]

Das ist, allgemeiner ausgedrückt, das, was Paulus das »Seufzen
des Geistes« nennt, mit dem Gott die in und mit dem Gebetsakt
nach ihm und seiner Wirklichkeit gestellte Frage beantwortet,
oder, auf den gleichsinnigen Gedanken Bubers zurückbezogen, die Selbstkundgabe, mit der der im Gebet Angerufene die
Bitte des Beters erfüllt.

Die Solidarisierung

Damit kam freilich ein Prozeß in Gang, der seiner ganzen Natur nach weitergeführt sein will und letztlich nach einem Positionswechsel des Beters verlangt. Im Maß, wie ihm die göttliche Entgegenkunft fühlbar wird, muß er die Sache seines Gebets dem übergeben, der sich seiner Ratlosigkeit angenommen
hat und ihm aus seiner Schwachheit aufhilft. Denn nur so wird
sich seine anfängliche Gebetserwartung in das verwandeln, was
nach Paulus das letzte Ziel der mit dem Herzen gestellten Gottesfrage ist: der vernehmende Mitvollzug der Abba-Anrufung
Jesu, der mehr noch in dem Vernehmen dieses Urworts allen
christlichen Betens als in dessen Nach- und Mitsprechen besteht. Denn nur im Maß, wie er vernimmt, wird der Beter der
an ihn ergangenen Antwort bewußt.

Das erscheint in einer nicht minder ausgeprägten Aktualität
als das Erfahrungsmoment, auf das sich das Guardini-Wort bezieht. Denn das Verlangen nach Fühlung der Gotteswirklich-

keit ist zweifellos von der Existenznot des geängsteten Menschen eingegeben, der vom Gebet den unverbrüchlichen Halt in der Bodenlosigkeit des Daseins erwartet. Dem hatte, gleichzeitig mit Guardini, nur nachhaltiger noch als er, GERTRUD VON LE FORT Ausdruck verliehen, als sie Gebet und Angst in eine komplementäre Beziehung setzte. Während die Angst, die sich nun geradezu wie ein zu früh abgebrochenes Gebet ausnimmt, im qualvollen Erleben der Bodenlosigkeit des Daseins verharrt, gelangt der Beter in einer Art Radikalisierung der Angst bis auf jenen Grund, der kein Fallen mehr zuläßt.[12]

Wenn es zutrifft, daß die Angst ihr Opfer ebenso vereinsamt wie erschüttert, ist das Gebet der Daseinsnot gerade auch des heutigen Menschen zweifach zugewandt. Einmal, weil es seine Angst von ihren Wurzeln her behebt. Sodann aber nicht weniger dadurch, daß es seiner Einsamkeit entgegenwirkt. Sofern die Bitte des Beters um Selbstkundgabe Gottes letztlich seine Antwort meint, ist das Gebet im positiven Sinn ebenso auf Wort und Sprache angelegt wie die Angst im Gegensinn. Angst vereinsamt; dem Geängsteten verschlägt es, wie der Volksmund sagt, die Sprache. Indem er verstummt, verliert er die elementarste Form des Sozialkontakts. Denn die Sprache ist, wie le Fort im Blick auf deren literarische Hochform versichert, »eine Form der Liebe« und nicht nur das Medium des Informationsaustausches.[13] Indem nun das Gebet, wie dann in aller Form der Glaube, zum Reden bewegt, wehrt es der von der Angst verhängten Einsamkeit. Soviel ist dann auch an KÄSEMANNS gewaltsamem Versuch, das Seufzen des Geistes mit dem gottesdienstlichen Schrei nach Freiheit gleichzusetzen, richtig, daß mit der Anrufung des Vaters auch der Dialog mit seinen Kindern eröffnet ist.[14]

Die Leidensgemeinschaft

Vollends ist die aktuelle Situation getroffen, wenn man das Seufzen des Geistes mit Paulus auf die der Nichtigkeit unterworfene Schöpfung bezieht, die sich mit dem Erlösten zusammen nach der Freiheit der Gotteskinder sehnt. Sofern damit der Tatbestand einer »Knechtschaft« (*douleia*) gegeben ist, richtet sich der Blick bei dieser aktualisierenden Folgerung nicht allein auf das unübersehbare Heer der vom Geschichtsgang dieses Jahrhunderts in Mitleidenschaft Gezogenen, sondern auch auf die durch eine rigorose Technik ausgebeutete, mißhandelte und verwüstete Natur, die, zusammen mit dem dem Leistungs- und Konsumzwang unterworfenen Menschen, die Folgelast eines unbeherrschten Herrschaftswissens zu tragen hat. Wenn das Gebet dem gerecht werden will, dann im Sinn des Römerwortes dadurch, daß es sich als Einstieg in die die gesamte Schöpfung umgreifende Leidensgemeinschaft derer versteht, die unter das Joch der Vergänglichkeit und eines oft unerfüllten Daseins gebeugt sind. Denn nach paulinischem Verständnis grenzt das Gebet nicht ab; es bezieht vielmehr ein, da sich der Beter auf jenen Konvergenzpunkt zubewegt, von dem es heißt: »Alles gehört euch« (1 Kor 3,22), und wo demgemäß auch gilt: »Wenn ein Glied leidet, leiden alle Glieder mit« (12,26).

Im selben Maß, wie sich der Gebetsvollzug zum Erlebnis dieser universalen Leidensgemeinschaft gestaltet, bewahrheitet sich an ihm aber auch die pseudodionysische Einsicht, daß Gott mehr noch durch Leiden als durch Forschen erkannt wird, daß er also nicht so sehr Gegenstand forschender Versenkung als vielmehr Inbegriff eines mystischen Ergriffenwerdens ist. Dieser entscheidenden Atemwende strebt der Vorgang insgesamt entgegen.

Die Atemwende

Doch so sehr die gesamte Tradition der Mystik, auch der außerchristlichen, dafür einsteht, daß sich die menschliche Gottsuche auf ihrem Höhepunkt in die Erfahrung eines vorgängigen Heimgesuchtseins lichtet, bedarf es gerade hier jener christologischen Konkretisierung, durch die das Gottesgeheimnis erst voll verstehbar wird. Das ist gleichbedeutend mit der Erinnerung an den von Paulus konzipierten, jedoch erst von der Folgezeit voll entwickelten Gedanken von dem fortlebenden und

sich im Rhythmus seiner Lebensgeschichte stets neu vergegen-
wärtigenden Christus. Wenn Paulus in dem Bewußtsein predigt, damit nur das zu sagen, was Christus in ihm bewirkte, setzt
das voraus, daß sich für ihn die Lebens- und Leidensgeschichte
Jesu im Prozeß seines Glaubens spiegelt, wenn nicht sogar wiederholt.

Eine Reflexion kam in Gang, aber nicht des Glaubenden auf
sich selbst, sondern des Geglaubten in ihm. Das kann nicht ein-
drücklicher als mit einer Umgestaltung des berühmten, aber
lange schon obsolet gewordenen Guardini-Wortes vom »Erwachen der Kirche in den Seelen« geschehen.[15] Was von GUARDI-
NIS Vorentscheidung her – denn das »Wesen« von Christentum
und Kirche war für ihn zuletzt der in seiner Stiftung gegenwärtige »Herr« – nur metaphorisch gemeint sein konnte, kann in
der Umwidmung auf Jesus in strengem und direktem Sinn ausgesagt werden. Er erwacht im Glauben der Seinen zu sich
selbst. Ungeachtet aller Beeinträchtigungen, Verunsicherun-
gen und Schwächen im gegenwärtigen Glaubensleben ergibt
sich so doch eine eminent positive Gesamtbilanz. Denn im
Zentrum des religiösen Zeitgeschehens ereignet sich die spirituelle Auferstehung Jesu im Glaubensbewußtsein der Christenheit. Je intensiver sie sich darauf besinnt, desto rascher
wird sie die immer noch anstehende resignative Phase überwinden und zu jener Entschlossenheit zurückfinden, die Paulus
und seine Gefährten zu ihrem beispiellosen Siegeszug bewog.

Auf die Ausgangsfrage zurückbezogen aber heißt das, daß
ein neuer Stil des Gebets gefunden werden muß, der diesem im
Sinn der paulinischen Gottes- und Christusmystik die Möglichkeit der Umpolung – verstanden als die der mystischen Inversion – einräumt, und das besagt: der Selbsterkenntnis des
Angerufenen im Beter. Denn erst diese Höchstform des »Er-
wachens in den Seelen« entspricht dem Anbruch der von Rahner angekündigten mystischen Zukunft, so wie diese ihrerseits
in dem Maß beginnt, wie das Gebet als Sensorium und »Ort«
der Selbstvergegenwärtigung Jesu begriffen wird.

Wohin führt die Medienszene?

Nach aller Voraussicht wird die künftige Lebenswelt von keinem Faktor auch nur annähernd so nachhaltig bestimmt sein wie von der immer rascher eskalierenden Medienszene. Die Zukunft steht somit im Zeichen der totalen Mediatisierung aller Verhältnisse und insbesondere des Menschen.[16] So entspricht es dem dialektischen Entwicklungsgang der Hochtechnik, die einerseits, wie schon Freud hellsichtig erkannte, die Realisierung uralter Menschheitsträume betreibt, andererseits aber in Form der Medientechnik die Alltagswirklichkeit allabendlich in Traum und Show verwandelt.

Wenn man davon ausgeht, daß die technische Entwicklung weniger vom jeweils erreichten Standard als vielmehr von geistigen Vorentscheidungen bestimmt ist und insofern in ihren Hervorbringungen als angewandte Metaphysik zu gelten hat, täuscht man sich nicht, wenn man das Schicksal der Gegenwart in der Technik, insbesondere in Gestalt der Medienszene, erblickt.

Die Kompetenz

Ein Schicksal will aber nicht so sehr hingenommen als vielmehr, solange es einen Spielraum läßt, gedeutet und gemeistert werden. Damit stellt sich die Frage nach der wirksamen Orientierungshilfe, die sich nahezu von selbst mit dem Hinweis auf die Instanz beantwortet, die seit unvordenklicher Zeit mit einem Medium befaßt ist: die Theologie. Ihre Kompetenz erstreckt sich auf den ersten Blick freilich nur auf die Schrift, wenngleich auf deren exemplarische Ausprägung in Gestalt des »Buchs der Bücher«. Wenn man sich aber von WALTER WIMMEL davon überzeugen läßt, daß die Gegenwart im Begriff steht, von ihrer kulturellen »Urtat«, der Textualität, in Form der elektronischen Medien »eingeholt« zu werden, wird man die theologische Kompetenz auch auf die audiovisuelle Medienszene beziehen, zumal strukturvergleichende Beobachtungen für diese Ausweitung sprechen.

Während sich die Zuständigkeit in diesem Fall nur über Rückschlüsse klären läßt, steht sie bei Paulus, dem ersten Medienverwender der Christenheit, aufgrund einer Fehlleistung seiner Kritiker außer Frage. Obwohl ihm selbst bewußt ist, daß er seinen Briefen die suggestive Kraft seiner Predigten nur bedingt mitzugeben vermag, bestätigen ihm die Gegner doch in seltsamem Selbstwiderspruch, daß er aus der Ferne, in seinem Briefwort, imponierend und »wuchtig« wirke, in seinem persönlichen Auftreten dagegen zaghaft und matt (2 Kor 10,10). Was sie ihm dabei nachrühmen, entspricht, wenn man die Kennzeichnung mit »suggestiv« übersetzt, den von ihm zwar virtuos genutzten, jedoch keineswegs gesuchten »technischen« Qualitäten des verwendeten Mediums, konkret gesprochen, der Stringenz der Gedankenführung, der Durchschlagskraft der Argumentation und insbesondere dem Glanz der literarischen Gestaltung. In der Grundbedeutung von »wuchtig« genommen, entspricht das aber nicht weniger auch der Suggestivkraft der audiovisuellen Medien, so daß dem Apostel, wenngleich aufgrund einer Fehleinschätzung, auch dafür Zuständigkeit und Kompetenz zuzuerkennen sind, die es nun allerdings zu erhärten gilt.

Die Suggestion

Um zunächst die damit ausgelegte Spur aufzunehmen, so kann tatsächlich von dem, was die Gegner an den Paulusbriefen beeindruckt, auf die faszinierende Wirkung der elektronischen Medien geschlossen werden. Denn es ist auch in ihrem Fall die − wenngleich szenische − »Aufbereitung« der Inhalte, der sie ihre – ständig wachsende – Faszination verdanken. Mit der Verwandlung der Fakten in eine Traumszene bewirken sie, zusammen mit einem fortschreitenden Wirklichkeitsentzug, die Wiederverzauberung der durch die Rationalität »entzauberten« Welt; mit ihren sich ständig perfektionierenden Reproduktionen gewöhnen sie den Rezipienten an ein »Leben aus zweiter Hand«, und mit beidem unterwerfen sie ihn ihrem Strukturgesetz – »das Medium ist die Botschaft« (Mc Luhan) –, so daß er Gefahr läuft, zu einer Metapher seiner selbst herabzusinken.

Die Gegensteuerung

Gegen diese nur allzu manifesten – und wohl gerade deshalb kaum wahrgenommenen – Auswirkungen kann nur eine gezielte Gegensteuerung aufkommen. Während sich die Kompetenz des Apostels für die prinzipielle Kritik nur indirekt erweisen ließ, springt sie in diesem Fall geradezu in die Augen. Den entscheidenden Fingerzeig gibt er in der Form, daß er seinem persönlichen Auftreten denselben Effekt zumißt wie dem von den Gegnern anerkannten seiner Briefe und daß er dabei auf das von ihm durch seinen stupenden Missionserfolg erreichte »Maß« verweist (2 Kor 10,12 ff.).

In einer Sphäre des Sprachverfalls und der nicht zuletzt durch die Medien bedingten Sprachlosigkeit bietet sich somit keine wirksamere Gegensteuerung an als die von Initiativen zum Ziel einer neuen Sprachkultur. Voraussetzung dessen wäre freilich die Wiederentdeckung der durch die modische Gleichsetzung von Wort und Information ausgegrenzten Sprachqualitäten, um die kaum einer deutlicher wußte als Paulus. Deshalb könnte seinem Umgang mit der Sprache geradezu ein Leitfaden entnommen werden, wie durch Worte beschworen, erschüttert, erweckt, erbaut und getröstet werden kann. Denn er steht mit seiner ganzen Kompetenz dafür ein, daß die Sprache primär ein Medium sozialer Interaktion und erst in zweiter Linie das der Information und Wissensvermittlung ist. Sein Beispiel beachten, hieße demnach in letzter Konsequenz, die kopflastig gewordene Sprachverwendung der Gegenwart wieder auf das zurückzuführen, was ursprünglichster und innerster Sinn des menschlichen Sprachvermögens ist: die Liebe. Wenn diese Korrektur gelänge, träte auch die zu wenig genutzte Hauptfunktion der modernen Medien deutlicher ans Licht: ihre alle bekannten Promulgationsverfahren in den Schatten stellende Leistungskraft als Informationsvermittler, die sich auf die ganze Bandbreite der Kulturleistungen, angefangen von den vorgeschichtlichen Artefakten bis hin zu den Produkten der heutigen Literatur- und Kunstszene, nicht zuletzt aber auch auf den für die religiöse Konsolidierung hochbedeutsamen Bereich der Glaubensinformation erstreckt.

Die Direktive

Doch welche Direktive geht von Paulus in seiner Rolle als erster Medienverwender der Christenheit aus? Die Antwort darauf ergibt sich ebenso aus den Passagen, in denen er sich den Strukturgesetzen der Schriftlichkeit unterwirft, wie aus den Äußerungen, in denen er dagegen aufbegehrt. Was seinen Gegnern imponierte, waren die Stellen, in denen er, ebenso eigenwillig wie souverän, die literarischen Formen seiner Zeit wie die Lehrrede oder den fiktiven Dialog aufgreift und seine Motive überdies in argumentative und systematische Zusammenhänge bringt. Damit hängt es ursächlich zusammen, daß Paulus im Gedächtnis der Nachwelt nicht nur als der erfolgreichste Apostel, sondern vor allem auch als das Modell des theologischen Schriftstellers und als der Initiator der christlichen Theologie weiterlebt.

Was er dem mit der schleichenden Krise der Schriftmedien konfrontierten Menschen dieser Zeit zu sagen hat, entstammt aber ungleich mehr noch den Äußerungen, in denen er sich dem Diktat des von ihm in den Dienst seiner Missionsarbeit gestellten Mediums widersetzt, indem er seine Enge aufzubrechen und seine »Eindimensionalität« aufzuheben sucht. Denn seine höchste Aktualität beweist er dort, wo er an der Wirkkraft seiner Briefe zweifelt und in den Wunsch ausbricht, »mit anderer Stimme« – also Aug in Aug mit seinen Adressaten – reden zu können (Gal 4,20), und öfter noch dort, wo er bemüht ist, seinem literarischen Wort den Atem seiner persönlichen Präsenz einzuhauchen.

Schon ein kleiner Schritt führt hier zu der Folgerung, zu der kein biblischer Autor so sehr wie Paulus Anlaß und Anstoß gibt: zur Einschätzung der Bibel »als Medium«.[17] Denn ungeachtet der Tatsache, daß sie die »Tradition im Ursprung« enthält (SECKLER) und insofern als die authentische Dokumentation der Heilsbotschaft zu gelten hat, muß sie in ihrem Mediencharakter erfaßt und berücksichtigt werden, da sie wie nur je ein Medium ihre Inhalte in Form einer literarischen Reproduktion bietet. Ihrem medialen Strukturgesetz folgend »dehnt« sie, was in mündlicher Rede kompakt und suggestiv zur Sprache kommt, während sie gleichzeitig ausführlich Erzähltes vielfach, wie insbesondere im Fall der Gleichnisse Jesu, kontrahiert und »verkürzt«. Nicht umsonst sprach schon die Medientheorie der Väterzeit von der »Abbreviatur« und »Extension« des göttlichen Wortes. Durch die Niederschrift gerät die Botschaft, über deren Stoßkraft sich die Hörer der ersten Stunde (nach Mk 1,27) »entsetzten«, unter das Diktat des »toten Buchstabens« und in die »Gruft« des literarischen Textes, aus der sie, um in ihrer ursprünglichen »Wucht« vernommen werden zu können, durch Anläufe zu einer kompensatorischen Lesart wiedererweckt werden muß.

Die Erweckung

Dazu kann die historische Kritik, die zur methodologischen Alleinherrschaft gelangte, lediglich Vorarbeiten leisten, da sie ihrerseits, paulinisch gesehen, zutiefst dem »toten Buchstaben« verhaftet ist. Wie sich im Gegenzug dazu eine Lektüre im »lebendig machenden Geist« gestalten müßte, hat Paulus zwar nicht in Form von differenzierten Methodenschritten, dafür aber grundsätzlich geklärt. Darin besteht der Aktualitätswert, der seinem Theorem des »inneren Briefes« zukommt. Mit ihm nimmt er die Erkenntnis der modernen Rezeptionsästhetik und Lerntheorie vorweg, wonach vom literarischen Text dasselbe gilt, was die Mikrophysik für die subatomare Teilchenwelt geltend machte und was Bultmann auf den Umgang mit der Geschichte bezog: Auch zum Text steht der Leser nicht im Verhältnis des vergegenständlichenden Beobachters, sondern des ebenso betroffenen wie beteiligten Mitgestalters. Das steigert Paulus zu der kühnen These, daß er seinen Lesern nichts mitteilen könne, was ihnen nicht zuvor schon, durch den Geist des lebendigen Gottes, ins Herz geschrieben worden wäre (2 Kor 3,2 f.). Wenn man sich den Gleichklang dieser Stelle mit seinem Bekenntnis vergegenwärtigt, daß er sich nicht unterstehe, etwas zu sagen, was nicht Christus in ihm bewirke (Röm 15,18), kann man den mystischen Unterton dieser Aussage kaum noch überhören. Paulus redet – auch dort, wo er diktiert und schreibt –, weil in ihm der zu Wort kommen will, der ihm als Inbegriff der Gottesoffenbarung ins Herz gesprochen wurde; und er wendet sich mit seinem Wort an diejenigen, die er immer nur auf die ihnen zuvor schon eingeschriebene Botschaft anspricht. Damit tritt er, der große Autor, in einem ebenso überraschenden wie bewegenden Positionswechsel auf die Seite seiner Leser, denen er mit seiner Wegweisung heute ebenso hilfreich ist wie damals. Und heute, am Morgen des mystischen Zeitalters, leuchtet seine Direktive um so mehr ein, als sie in dieselbe Richtung weist wie seine Anleitung zum Gebet.

Nachwort

Am Ende eines zurückgelegten Weges, wie er in dieser Besinnung auf Paulus beschritten wurde, stellt sich unweigerlich die Frage nach dem »Weg« im wissenschaftlichen Sinn des Ausdrucks, also nach der Methode. Sie kann ebenso wörtlich beschrieben werden; denn es ging um den Versuch, dem von Paulus durchmessenen Lebensweg nachzugehen und ihn über die ihm zugewiesene Zeitspanne hinaus in die Wirkungsgeschichte hinein zu verfolgen, also letztlich um den Versuch, dem Wort von der »paulinischen Stunde« im Blick auf die bleibende Lebensleistung des Apostels zu seinem Recht zu verhelfen.

Wenn Genialität, wie REINER KUNZE meint, im Regelfall darin besteht, daß »alles Geniale, das vor ihm war«, in einem Menschen »als ein noch nie Dagewesenes« Auferstehung feiert, verhält es sich mit der des Apostels eher umgekehrt; denn er wurde im Kontakt mit dem, was noch niemals war, mit der Auferstehung Jesu, zu dem, was er war und bewirkte.[1] Dem Weg des Apostels nachgehen heißt darum in erster Linie: ihm gegen einen verbreiteten Trend der Paulus-Forschung in der Überzeugung folgen, daß er seine Identität und weitgehend auch seine denkerische und literarische Kompetenz durch diese Kontaktmetamorphose gewann. Nur so war seine Aktualität glaubhaft zu machen und das Recht der Befragung zu erweisen. Sie stand und fiel mit der Voraussetzung, daß die christologische Prämisse, wonach der Stifter in seiner Stiftung weiterlebt und ihr dadurch zur zeitübergreifenden Dauer verhilft, in abkünftiger Weise auch auf ihn, den wirkmächtigsten Anwalt der Sache Jesu, zutrifft. Denn nur unter dieser Voraussetzung kann er, ungeachtet seiner Eingebundenheit in die Nahperspektive seiner Parusieerwartung, auf Probleme hin angesprochen und befragt werden, die nicht oder doch höchstens in fernen Ansätzen die seinen waren.

Im Extremfall des Medienproblems drängt sich eine denkbar überraschende Erklärung auf: weil Paulus selbst ein »Medium« war, der Künder einer Botschaft, die er zwar im Sinn seiner Persönlichkeit und seiner Einsicht in die religiöse Zeitsituation stilisierte, die aber nicht die seine, sondern die ihm zugesprochene war. Verbindet sich denn mit seinem Anspruch, der Herold im Triumphzug Christi durch die Osthälfte des Reiches zu sein, nicht sogar das durch sein vordergründiges Selbstgefühl bisweilen durchbrechende Bewußtsein, an der Stelle dessen zu stehen und zu reden, von dem er sich inspiriert, geliebt und gestärkt weiß?

Wenn aber das auch nur im Bereich des Wahrscheinlichen liegt, bringt die Paulus-Befragung nicht nur die kritische Potenz des Apostels zum Vorschein, die sich, heute wie damals, gegen alle Tendenzen der Verfestigung, Verflachung und Ideologisierung wendet. Jenseits von allem, was in seinem Sinn in Frage gestellt, als Fehlform denunziert und als Fremdgut bekämpft werden muß, erweist sich dann vor allem seine eminent affirmative, den Glauben erweckende, die Hoffnung bestärkende und zur Liebe bewegende Energie. Dennoch käme diese nur gebrochen zum Tragen, wenn Paulus sich nicht in einer wesentlichen Hinsicht von allen übrigen, die mit ihm in das Fundament der Christenheit eingingen, unterschiede.

Schon der Ausnahmecharakter seiner Berufung – »zuletzt erschien er mir« (1 Kor 15,8) –, nicht weniger aber auch der auf das neuzeitliche Bewußtsein vorausweisende Zug zur Reflexivität brachten es mit sich, daß Paulus bei der Bezeugung des Faktums nicht stehenblieb, sondern mit ihr zusammen auch über die Rückwirkung auf sein Selbstverständnis und Sendungsbewußtsein Aufschluß gab. So gewann sein Auferstehungszeugnis eine Dimension, mit der er auf Fragen eingeht, die in voller Ausdrücklichkeit erst die auf Erfahrungswerte bedachte Glaubenserwartung der Gegenwart an ihn richtet. Wie kein anderer ist er darum gerade für sie der »antwortende Zeuge«.

Darin beruht die Möglichkeit ebenso wie das Recht, ihn, den

so Fernstehenden, auf aktuelle Probleme hin anzusprechen. Was dieser Dialog erbringt, bestätigt aufs nachdrücklichste, daß von Paulus Impulse ausgehen, die ihn in einer oft verblüffenden Gleichzeitigkeit mit der heutigen Glaubenssituation erscheinen lassen. Wie schon zu seinen Lebzeiten wirkt er aber auch heute noch mehr als mit dem, was er zu sagen hat, durch das, was er ist. Kaum einmal wurde diese Wirkung zutreffender angesprochen als durch ALBERT SCHWEITZER, für den die Gewalt, die Paulus auf das Denken der Nachwelt ausübt, auf drei Dingen beruht:

> Es eignen ihm eine Tiefe und Sachlichkeit, die uns in ihren Bann zwingen. Das Feuer des urchristlichen Glaubens schlägt aus ihm in den unsrigen hinein. Ein Erleben mit Christo als dem Herrn des Reiches Gottes spricht aus ihm, das uns in die Bahn des gleichen Erlebens reißt.[2]

Wenn das von ihm gesagt werden kann, ist von der Annäherung an ihn zu erhoffen, daß sie dem verunsicherten Denken zu neuer Gewißheit, dem angefochtenen Glauben zu neuer Zuversicht und der tastenden Spiritualität zu jener Erlebnistiefe verhilft, die dem Anbruch der mystischen Stunde und ihren Forderungen entspricht.

Anmerkungen

I. Die Annäherung

1 A. Mahler, Erinnerungen an Gustav Mahler, Frankfurt 1971, 137.
2 E. Dassmann, Der Stachel im Fleisch. Paulus in der frühchristlichen Literatur bis Irenäus, Münster 1975.
3 Dazu G. Bornkamm, Paulus, Stuttgart 1977, 235.
4 K. Holl, Der Kirchenbegriff des Paulus in seinem Verhältnis zu dem der Urgemeinde, in: K. H. Rengstorf (Hrsg.), Das Paulusbild in der neueren deutschen Forschung, Darmstadt 1964, 176.
5 Dazu A. Vögtle, Offenbarungsgeschehen und Wirkungsgeschichte, Freiburg 1985, 280–294.
6 R. Bultmann, Zur Frage der Christologie (1927), in: Glauben und Verstehen I, Tübingen 1966, 101.
7 Dazu F. Mussner, Der Galaterbrief, Freiburg 1981, 53–59. Zutreffend spricht auch Sch. Ben-Chorin von dem »gereizten Ton«, auf den der ganze Brief gestimmt sei: Paulus. Der Völkerapostel in jüdischer Sicht, München 1980, 127.
8 Dazu meine Erschließung des Kolosser- und Philemonbriefs, Einsiedeln 1956, 77–92; ferner O. Kuss, Paulus. Die Rolle des Apostels in der theologischen Entwicklung der Urkirche, Regensburg 1971, 213–218.
9 Kuss, a.a.O., 205–212.
10 Dazu K. H. Schelkle, Paulus. Leben – Briefe – Theologie, Darmstadt 1981, 3–29; ferner J. Becker, Paulus. Der Apostel der Völker, Tübingen 1989, 6–16.
11 Paulusakten 3,3; nach W. Schneemelcher, Neutestamentliche Apokryphen, Tübingen 1964, 243.
12 Dazu Ph. Vielhauer, Geschichte der urchristlichen Literatur, Berlin 1975, 377–407; ferner Becker, Paulus, 12–16.
13 Dazu E. Bradford, Die Reisen des Paulus, München 1979; ferner G. Sporschill (Hrsg.), Der Weg des Paulus, Wien 1985, 115–125.

14 Dazu Schelkle, Paulus, 32–35.

15 Bornkamm, Paulus, 37.

16 R. Guardini, Das Christusbild der paulinischen und johanneischen Schriften (1940), Mainz 1987, 47. Auch für Bernanos gibt es keinen Stachel, den Paulus nicht gefühlt hätte.

17 G. W. F. Hegel, Die Vernunft in der Geschichte (Ausgabe Hoffmeister), Hamburg 1955, 63.

18 Dazu Kuss, Paulus, 265–269.

19 P. Häberlin, Das Evangelium und die Theologie, 57 ff.

20 F. Nietzsche, Der Antichrist, § 42.

21 S. Freud, Das Unbehagen in der Kultur, in: Kulturtheoretische Schriften, Frankfurt 1974, 234.

22 A. von Harnack, Lehrbuch der Dogmengeschichte I, Tübingen 1931, 93; O. Pfister, Das Christentum und die Angst, Zürich 1944, 400.

23 F. J. Schierse, Abschied vom paulinischen Christentum? in: Stimmen der Zeit 189 (1972), 351–354.

24 M. Buber, Zwei Glaubensweisen, Zürich 1950, 166.

25 Dazu nochmals Anm. 7.

26 O. Hofius, Paulusstudien, Tübingen 1989, 122.

27 Becker, Paulus, 294–321.

28 A. Schweitzer, Die Mystik des Apostels Paulus, Tübingen 1930, 220; ferner die Ausführungen meiner Studie ›Glaubensprognose. Orientierung in postsäkularistischer Zeit‹, Graz 1991, 151–160.

29 Bornkamm, Paulus, 43.

30 Ben-Chorin, Paulus, 22.

31 Chr. Dietzfelbinger, Die Berufung des Paulus als Ursprung seiner Theologie, Neukirchen-Vluyn 1989, 64–75; 116-137.

32 W. Iser, Der Lesevorgang, in: R. Warning (Hrsg.), Rezeptionsästhetik, München 1988, 253.

33 Dazu A. Kragerud, Der Lieblingsjünger im Johannesevangelium, Oslo 1959; ferner J. Kügler, Der Jünger, den Jesus liebte. Literarische, theologische und historische Untersuchungen zu einer Schlüsselgestalt johanneischer Theologie und Geschichte, Stuttgart 1988.

34 Dazu mein Beitrag ›Was ist mit diesem? Eine theologische Improvisation über das Thema des von Jesus geliebten Jüngers‹, in: Anfänge der Christologie. Festschrift für Ferdinand Hahn, Göttingen 1991, 323–336.

35 Bekanntlich nannte Bultmann die von B. W. Bacon vorgeschlagene Identifizierung des Vorzugsjüngers mit Paulus die »sachlich beste«, obwohl auch sie sich aus theologischen und historischen

Gründen als »unmöglich« erweise: Das Evangelium des Johannes, Göttingen 1950, 370.

36 Näheres dazu in meiner ›Glaubensprognose‹, 284–299.

II. Der Lebensweg

1 BECKER, Paulus, 61 f.

2 Näheres dazu unter ›Fragmente einer Autobiographie‹ (unten S. 168–178).

3 Dazu der Abschnitt »Vom Wissens- zum Erfahrungsglauben« meiner Abhandlung ›Die glaubensgeschichtliche Wende. Eine theologische Positionsbestimmung‹, Graz 1986, 177–185.

4 AUGUSTINUS, Confessiones X, c. 27.

5 BORNKAMM, Paulus, 43.

6 BORNKAMM, a. a. O., 44 f.

7 NIETZSCHE, Nachgelassene Fragmente, in: Sämtliche Werke. Kritische Studienausgabe XIII, München 1980, 161.

8 So BECKER in dem von ihm herausgegebenen Sammelband ›Die Anfänge des Christentums‹, Stuttgart 1987, 119.

9 TERTULLIAN, Apologeticum I, 7. Ähnlich der Brief des PLINIUS an Kaiser Trajan; dazu A. HAMMAN, Die ersten Christen (Originaltitel: ›La vie quotidienne des premiers chrétiens‹), Stuttgart 1985, 15 f.

10 BECKER, Die Anfänge des Christentums, 105; DERS., Paulus, 6 f.

11 Dazu SCHELKLE, Paulus, 95 f.

12 SCHELKLE, a. a. O., 68.

13 Längere Aufenthalte errechnen sich für diesen Zeitabschnitt in Philippi und Thessalonike (Apg 16,11–40), für den Gründungsaufenthalt in Korinth (Apg 18,18 f.; 1 Kor 16,19) und insbesondere für Ephesus, wo Paulus anfänglich in akute Todesgefahr gerät (1 Kor 15,32) und, nach segensreicher Missionstätigkeit, eine längere Gefangenschaft mit neuerlicher Todesgefahr erleidet (2 Kor 1,8 f.; Phil 1,12 ff.).

14 Dazu BECKER, Paulus, 27 f.

15 Außerdem die nach Ansicht zahlreicher Interpreten ursprünglich an Ephesus adressierte Grußliste des Römerbriefes (16,1–16); dazu BORNKAMM, Paulus, 94–103.

16 Die Stelle spricht mit anderen für gelegentliche Berührungspunkte der Paulusbriefe mit dem Johannesevangelium und bezieht sich in diesem auf das Täuferwort vom »Freund des Bräutigams« (Joh 3,29).

17 Dazu Bornkamm, Paulus, 207 f.

18 Das wird deutlich, wenn man das Erlebnis in seiner Analogie zum Zuspruch der Himmelsstimme bei der Taufe Jesu bedenkt, besonders in seiner Fassung durch alte Textzeugen: »Mein Sohn bist du, heute habe ich dich gezeugt« (Ps 2,7).

19 Dazu F. Mussner, Der Galaterbrief, Freiburg 1981, 312 f.

20 Dazu H. Merklein, Studien zu Jesus und Paulus, Tübingen 1987, 385–408; ferner die ebenso hellsichtigen wie erhellenden Ausführungen A. Vögtles in seiner Abhandlung ›Die Dynamik des Anfangs. Leben und Fragen der jungen Kirche‹, Freiburg 1988, 79–87.

21 S. Kiergegaard, Einübung im Christentum I: Die Einladung, § 1.

22 Dazu die Ausführungen meines Jesusbuches ›Der Freund‹, München 1989, 185 f.; 226 f.

23 Overbeck, Brief an Peter Gast (vom 31. Juli 1883).

24 Gregor von Nazianz, Oratio III, c. 54. Unter Berufung auf Forschungen H. W. Schraeders bemerkt E. Seeberg, daß »Mani, der Mann, der sein Leben nach dem Bild des Paulus gestaltet hat«, das »Allen-alles-Werden« geradezu zum Programm seiner Missionstätigkeit erhoben habe, indem er sich den Persern als Perser, den Indern als Inder erwies: Wer war Petrus? Paulus? Wer ist Christus? Drei Beiträge zum Bild von Jesus und der Urkirche, Darmstadt 1961, 46.

25 Nietzsche, Götzen-Dämmerung: Das Problem des Sokrates, § 12.

26 Dazu der Abschnitt über die Todesbestimmung Jesu in ›Der Freund‹, 241 ff.

27 Dazu R. Gebauer, Das Gebet bei Paulus. Forschungsgeschichtliche und exegetische Studien, Gießen 1989, 172–179.

28 Dazu Becker, Paulus, 483 ff.

29 H. Blumenberg, Schiffbruch mit Zuschauer. Paradigma einer Daseinsmetapher, Frankfurt 1988. Ob sich aus der von Blumenberg einbezogenen Zuschauerfigur Rückschlüsse auf die in der Schiffbruchszene kulminierenden »Wir-Berichte« ziehen lassen, müßte ernsthaft in Erwägung gezogen werden. Gerade auch im Hinblick darauf ist es unerfindlich, weshalb Blumenberg die Szene in seiner Darstellung überging.

30 Die Episode vom Schiffbruch bei Malta (Apg 27,39–44) und der wunderbaren Bewahrung des Apostels vor den Folgen eines Schlangenbisses (28,3 ff.) wird durch ein Zusammenwachsen der Paulus-Legende mit mythologischen Lokaltraditionen zu erklären sein, nachdem die auch von ernsthaften Forschern in Erwägung

gezogene Annahme, daß es sich bei dem biblischen Malta tatsächlich um die westgriechische Insel Kephallonia handle (WARNECKE), als »wissenschaftlicher Schiffbruch« erwiesen wurde; dazu die kritische Würdigung von J. WEHNERT, in: Zeitschrift für Theologie und Kirche 87 (1990), 67–99.

III: Die Lebensgestalt

1 Dazu nochmals das S. 34 ff. Gesagte.
2 A. WIKENHAUSER, Die Christusmystik des Apostels Paulus, Freiburg 1956, 86–97.
3 KUSS, Paulus, 302 ff.
4 Dazu auch die Hinweise in meinem Sammelband ›Glaubensimpulse. Beiträge zur Glaubenstheorie und Religionsphilosophie‹, Würzburg 1988, 51 ff.; 123 f.
5 Eindrucksvoll ist O. KUSS der »faszinierenden Fremdheit« des Apostels nachgegangen: Paulus, 282–300.
6 Stellenangabe oben Anm. 16 zum 1. Kapitel.
7 F. NIETZSCHE, Ecco homo. Warum ich so gute Bücher schreibe: Genealogie der Moral.
8 J. BERNHART, Gestalten und Gewalten, Würzburg 1962, 27 f.
9 E. FROMM, Haben oder Sein. Die seelischen Grundlagen einer neuen Gesellschaft, Stuttgart 1976.
10 R. GUARDINI, Das Christusbild, 94.
11 GUARDINI, Das Ende der Neuzeit – Die Macht (1950/51), Mainz 1986, 89.
12 BECKER, Paulus, 174–179.
13 SCHELKLE, Paulus, 83; ebenso BECKER, a. a. O., 171.
14 BORNKAMM, Paulus, 43.
15 BECKER, Paulus, 174 ff.
16 SCHMITHALS, Die Gnosis in Korinth. Eine Untersuchung zu den Korintherbriefen, Göttingen 1956, 34.
17 SCHMITHALS, a. a. O., 142.
18 BECKER, Paulus, 171.
19 Näheres dazu in meinen Abhandlungen ›Menschsein in Anfechtung und Widerspruch‹ (Düsseldorf 1980), 132–138, und ›Glaubensprognose‹, 325–338.
20 IGNATIUS, An die Epheser 12,1 ff.; dazu DASSMANN, Der Stachel im Fleisch, 129 ff.
21 Dazu meine Schrift ›Er ist unser Friede‹, Freiburg 1984, 72–76.
22 Dazu BECKER, Paulus, 322–350.

23 IGNATIUS, An die Römer 4,2; dazu A. HAMMAN, a. a. O., 162 ff.

24 Dazu MUSSNER, Der Galaterbrief, 307.

25 M. BUBER, Zwei Glaubensweisen, 28 ff.; dazu meine Schrift ›Buber für Christen‹, Freiburg 1988, 121 ff.

26 BORNKAMM, Paulus, 150.

27 G. EBELING, Luther. Einführung in sein Denken, Tübingen 1984, 33 ff.

28 BULTMANN, Das Urchristentum im Rahmen der antiken Religionen, Zürich 1949, 46 f.

29 BULTMANN, Theologie des Neuen Testaments, Tübingen 1953, 234–245.

30 Wie Anm. 9.

31 BULTMANN, a. a. O.

32 Dazu H. J. FRÖHLICH, Schubert, Frankfurt 1980, 142 ff.; 164.

IV. Die Berufung

1 Nach P. ST. JUNGK, Franz Werfel. Eine Lebensgeschichte, Frankfurt 1987, 164; 167 ff.

2 Zur Ausgestaltung gehört das den frühen Darstellungen noch unbekannte, später aber geradezu obligatorisch gewordene Pferd, das die christliche Vorstellungswelt auf ähnliche Weise mitbestimmte wie die Darstellung Jesu im Schwebezustand auf RAFFAELS Verklärungsbild.

3 J. BECKER, Paulus, 60–66.

4 Dazu LOHFINK, Paulus vor Damaskus, Stuttgart 1966, 11–26; ferner K. HARTMANN, Vor Damaskus ein Licht. Wie Lukas die Bekehrung des Paulus erzählt, Stuttgart 1987, 10–82.

5 Dazu LOHFINK, a. a. O., 19.

6 K. HARTMANN, Vor Damaskus ein Licht, 49.

7 LOHFINK, Paulus vor Damaskus, 24. Hier spricht Paulus eindeutig als Tradent des ihm überlieferten Urzeugnisses, also mit KIERKEGAARD gesprochen, als »Schüler zweiter Hand«.

8 J. BECKER, Paulus, 62; ferner E. DASSMANN, Der Stachel im Fleisch, 26–32.

9 Dazu F. MUSSNER, Der Galaterbrief, 78–93; ferner LOHFINK, Paulus vor Damaskus, 18 ff.

10 Dazu MUSSNER, a. a. O., 182 f.; ferner H. KESSLER, Sucht den Lebenden nicht bei den Toten. Die Auferstehung Jesu Christi in biblischer, fundamentaltheologischer und systematischer Sicht, Düsseldorf 1985, 152.

11 A. SCHWEITZER, Die Mystik des Apostels Paulus, 36.

12 G. BORNKAMM, Paulus, 44f.

13 J. BECKER, Paulus, 66.

14 U. SCHNELLE, Wandlungen im paulinischen Denken, Stuttgart 1989, 21.

15 BORNKAMM, Paulus, 45; BECKER, Paulus, 65.

16 HARTMANN, Vor Damaskus ein Licht, 113.

17 Dazu K. KERTELGE, Grundlagen paulinischer Theologie, Freiburg 1991, 46–61.

18 A. a. O., 86

19 KL. BALTZER, Die Biographie der Propheten, Neukirchen-Vluyn 1975, 117f.; ferner LOHFINK, Paulus vor Damaskus, 63.

20 Dazu BEN-CHORIN, Paulus, 21; ferner LIETZMANN, An die Korinther I/2, 113ff.

21 Dazu A. VÖGTLE, Offenbarungsgeschehen und Wirkungsgeschichte, 70–108.

22 Dazu BECKER, Paulus, 87–99.

23 Dazu W. BOUSSET, Die Offenbarung Johannis, Göttingen 1966, 200f.; ferner K. M. WOSCHITZ, Erneuerung aus dem Ewigen. Denkweisen – Glaubensweisen in Antike und Christentum, Wien 1987, 130f.; 152.

24 Dazu BECKER, Paulus, 489f.

25 Näheres dazu in meinem Jesusbuch ›Der Freund‹, 158f.

26 BORNKAMM, Paulus, 52.

27 Nach BECKER, 94.

28 Mit der Frage, wie ein schon eine Generation später bedeutungslos gewordenes Ritualzeichen – die Beschneidung – zum Anlaß einer der schwersten Lebenskrisen der jungen Kirche werden konnte, rührt BORNKAMM (Paulus, 55f.) schon deshalb an ein besonders gravierendes Problem, weil es sich in abgewandelter Gestalt im Lauf der Kirchengeschichte wiederholte: im selbstmörderischen Protest der Altgläubigen (Raskolniken) gegen die Reform Peters des Großen und in dem nach dem Zweiten Vatikanum aufgeflammten Streit um die Liturgiereform. Es liegt ganz auf der Linie seines Denkens, wenn Paulus die Vertreter des konservativen Legalismus als die »Schwachen« betrachtet, denen die vom christlichen Freiheitsimpuls getragenen »Starken« aber nicht mit Überheblichkeit, sondern mit schonender Rücksicht begegnen sollten; dazu auch A. VÖGTLE, Die Dynamik des Anfangs, 65f.; 93f.

29 Dazu SCHELKLE, Paulus, 66f.

30 Dazu nochmals das auf Seite 26 mitgeteilte Zitat aus den Paulusakten.

31 Becker, Paulus, 138–148.

32 Dazu Bornkamm, 119f.; ebenso Becker, a. a. O., 506.

33 Auf jeden Fall zeigt der weitgespannte Reiseplan, daß Paulus nicht zu jenen Begünstigten gehört, die ihr Leben wie Goethe in dem Bewußtsein beschließen durften, das ihnen aufgegebene »Hauptgeschäft« vollendet zu haben, sondern zu der ungleich größeren Zahl jener, die wie Beethoven über der Planung weiterer, womöglich noch größerer Werke starben oder wie Thomas von Aquin und Dostojewskij unvollendete Werke – im einen Fall die Summa theologica, im anderen die als Christusroman angelegten ›Brüder Karamasow‹ – hinterließen. Es sind jene, auf die das oft mißdeutete Wort aus Grillparzers Grabrede auf Schubert zutrifft, daß mit ihnen ein »reicher Besitz, aber noch schönere Hoffnungen« hinsanken.

34 So das Buch von D. Hildebrandt, Saulus/Paulus. Ein Doppelleben, München und Wien 1989, 301 ff.

35 H. Fischer, Gespaltener christlicher Glaube. Eine psychoanalytisch orientierte Religionskritik, Hamburg 1974, 62 f.

36 Näheres dazu im folgenden Kapitel (S. 154–159).

V. Das Selbstporträt

1 Augustinus, Confessiones X, c. 16,25; dazu Claus von Bormann, Der praktische Ursprung der Kritik, Stuttgart 1974, 22.

2 Paulus zitiert dabei Ps 115,1 nach der Septuaginta.

3 Bornkamm, Paulus, 244; ferner W. Schmithals, Die Gnosis in Korinth. Eine Untersuchung zu den Korintherbriefen, Göttingen 1956, 74 f.

4 Dazu Lietzmann, An die Korinther I/2 (85), der auch darauf hinweist, daß sich durch die Bemerkung, die nicht in Ephesus geschrieben sein kann, die Frage des Entstehungsorts des Briefes kompliziert.

5 Lietzmann, a. a. O., 78.

6 Lietzmann, a. a. O., 20.

7 Dazu Lietzmann, a. a. O., 21. Wie sehr dieses Bild Schule machte, zeigt seine rollenverkehrte Verwendung in Tertullians Schrift ›Über die Schauspiele‹, nach der die Christen im jenseitigen Welttheater von den Zuschauerrängen aus die Höllenqualen ihrer einstigen Verfolger genießen: »Das wird eine Vorstellung von noch ganz anderem Format geben! Da werden wir staunen, da werden wir lachen! Welch ein Spaß, welch ein Vergnügen, wenn ich die

Menge der Könige sehe, von denen es hieß, sie seien in den Himmel eingegangen, wie sie nun zusammen mit Jupiter und den angeblichen Zeugen dieser Vorgänge im Abgrund der Finsternis stöhnen, und wie dann die Statthalter, die den Namen des Herrn verfolgten, in gräßlicheren Flammen vergehen als diejenigen, mit denen sie so lustig gegen die Christen gewütet haben!« (c. 30). Begreiflich, daß NIETZSCHE hier von den von ihm vermuteten heimlichen Racheinstinkt des Christentums bestätigt sah (Zur Genealogie der Moral I, § 15), zumal auch der Kirchenhistoriker H. VON CAMPENHAUSEN urteilt, daß weder ein Grieche noch ein mittelalterlicher Christ »etwas derartiges bis zum Sadismus Wildes, Grausig-grandioses je wieder zu Papier gebracht« habe: Lateinische Kirchenväter, Stuttgart 1960, 30.

8 Das gilt im Blick auf die von H. U. VON BALTHASAR vorgelegte ›Theodramatik‹, in welcher der Autor, vermutlich aus Sorge, dadurch in den Anschein einer theologischen Innovation zu geraten, im Widerspruch zu meiner Deutung keinen Kategorienwechsel erkennen wollte; dazu meine Ausführungen in ›Die glaubensgeschichtliche Wende‹ (Graz 1986), 235–240.

9 KÄSEMANN, Die Legitimität des Apostels, in: Das Paulusbild in der neueren deutschen Forschung, 475–521.

10 Dazu F. MUSSNER, Der Galaterbrief, 417–420.

11 PSEUDO-DIONYSIUS, De divinis nominibus, c. 2,9.

12 Näheres dazu in meiner Schrift ›Paulus für Christen‹, Freiburg 1985, 20.

13 Außer WERFEL und STRINDBERG (vgl. S. 109) sind in diesem Zusammenhang vor allem die altchristlichen Mosaikdarstellungen, die Paulusbilder REMBRANDTS und das Paulus-Oratorium von MENDELSSOHN-BARTHOLDY zu nennen.

14 Dazu E. SEEBERG, der sich dabei auf Forschungen H. W. Schraeders beruft: Wer war Petrus? Wer ist Christus?, 46.

15 Dazu G. EBELING, Luther. Einführung in sein Denken, 31 f.

16 Dazu die von TH. HAECKER übertragene und mit einem Vorwort versehene Kierkegaard-Schrift ›Der Pfahl im Fleisch‹, Innsbruck 1914, 10.

17 A. a. O., 46.

18 A. a. O., 47.

19 A. a. O., 46.

20 Dazu K. L. SCHMIDT, KOLAPHIZO, in: Theologisches Wörterbuch zum Neuen Testament III, Stuttgart 1938, 820 f.; ferner O. KUSS, Paulus, 200 f.; J. BECKER, Paulus, 185 ff., und H. FISCHER, Gespaltener christlicher Glaube, 62 f.

21 Lietzmann, An die Korinther I/II, 156 f. In diesem Sinn votierten bereits Eusebius (Kirchengeschichte V, 28, 12) und Hieronymus (Epist 22,30).

22 Dazu Becker, Paulus, 187 f.

23 Dazu J. Gerdes, Sören Kierkegaards ›Einübung im Christentum‹. Einführung und Erläuterung, Darmstadt 1982, 1–14.

24 Von einer »akustischen Täuschung« spricht Kierkegaard im Vorgriff auf einen Grundgedanken seiner ›Einübung im Christentum‹ im dritten Kapitel seiner ›Philosophischen Brocken‹; Näheres dazu in meinem Jesusbuch ›Der Freund‹, 190 ff.

25 Kierkegaard, Der Pfahl im Fleisch, 30 f.

26 Ob Lietzmann die Himmelsreise des Apostels im Zusammenhang mit seiner Damaskusvision sieht, läßt sich allerdings nicht eindeutig ausmachen: An die Korinther I/2, 155.

27 Für diese Übersetzung entscheidet sich aufgrund neuer Forschungen und der Textfunde vom Toten Meer Kl. Baltzer in seiner Untersuchung ›Die Biographie der Propheten‹, 110 f.

28 Dazu W. Lowrie, Das Leben Sören Kierkegaards, Düsseldorf–Köln 1955, 180 f.; dazu auch dessen Ausführungen zum »Pfahl im Fleisch«, 112 f.

29 Dazu Lowrie, a. a. O., 128–138; zum Problem seiner Pseudonymität äußerte sich Kierkegaard selbst in dem als »erste und letzte Erklärung« betitelten Nachtrag zum zweiten Teil seiner ›Abschließenden unwissenschaftlichen Nachschrift zu den Philosophischen Brocken‹ (vom Februar 1846).

30 Dazu das Kapitel II (Der Gott als Lehrer und Erlöser) der ›Philosophischen Brocken‹.

31 So das Eingangsgedicht der ›Dionysos-Dithyramben‹.

32 So das Gedicht ›Zwischen Raubvögeln‹ aus demselben Zyklus.

33 Nietzsche, Ecco homo: Warum ich ein Schicksal bin, § 1. In diesem Zusammenhang verdient angemerkt zu werden, daß sich die expressionistische Nietzsche-Begeisterung tatsächlich zu dem Ruf verstieg: »Betet zu Nietzsche!« Dazu meine Schrift ›Gottsucher oder Antichrist? Nietzsches provokative Kritik des Christentums‹, Salzburg 1982, 21.

34 Dazu nochmals die angegebene Stelle aus ›Ecco homo‹; ferner die Ausführungen meiner Schrift ›Gottsucher oder Antichrist?‹, 110–116.

35 Dazu nochmals die Stellenangabe S. 82.

36 Dazu Becker, Die Anfänge des Christentums, 119.

37 Wie S. 407, Anm. 11.

38 Goethe, Tasso, Fünfter Aufzug, 5. Auftritt; dazu die Ausführun-

gen meines Essays ›Menschsein und Sprache‹, Salzburg 1984, 20–27.

39 Auch Vielhauer rechnet den Hymnus zu den »Einlagen«, die dem Apostel zwar aus formalen und inhaltlichen Gründen nicht abzusprechen sind, wohl aber »vorher schon, in anderem Zusammenhang ausgearbeitet« wurden: Geschichte der urchristlichen Literatur, 69 f.

40 E. Hoffmann, Platonismus und christliche Philosophie, Zürich und Stuttgart 1960, 187–206. Der Eingang setzt die charismatische Erscheinung des »Zungenredens« (Engelzungen), womöglich aber auch eine Kenntnis des Jesusworts vom Berge versetzenden Glauben (Mt 17,20) voraus, sofern es sich dabei nicht um eine sprichwörtliche Wendung handelt; dazu auch W. Marxsen, Anfangsprobleme der Christologie, Gütersloh 1960, 39.

41 Hoffmann, a. a. O., 190.

42 A. Oepke, Probleme der vorchristlichen Zeit des Paulus, in: Das Paulusbild in der neueren deutschen Forschung, 435 ff.

43 Zur Problematik des Textzusammenhangs siehe auch R. Reitzenstein, Paulus als Pneumatiker, in: Das Paulusbild in der neueren deutschen Forschung, 294 ff.

44 Zum Zweck des Besuchs bei Petrus: O. Hofius, Paulusstudien, 255–267.

45 Dazu Bornkamm, Paulus, 48 f.

46 H. Schell, Christus, Paderborn 1902, 14.

VI. Die Konzeption

1 Becker, Paulus, 120.

2 Dazu K. Jaspers, Nietzsche und das Christentum, München 1963; ferner G.-G. Grau, Christlicher Glaube und intelektuelle Redlichkeit. Eine religionsphilosophische Studie über Nietzsche, Frankfurt 1958.

3 A. a. O., 80.

4 A. a. O., 83; 399.

5 A. a. O., 80. In seinem Werk über die ›Vision‹ (Stuttgart 1969, 642) übersteigert das E. Benz sogar zu der Behauptung, daß die eine Vision von Damaskus genügte, »um eine ganze Welt aus den Angeln zu heben«.

6 Weitere Entsprechungen vermutet R. Geiselmann, in: Fragen der Theologie heute, Einsiedeln 1957, 93 f.

7 Dazu Becker, Paulus, 126 f.

8 Dazu Chr. Dietzfelbinger, Die Berufung des Paulus als Ursprung seiner Theologie, 60 ff.

9 Zu diesem Begriff nochmals Kertelge, Grundthemen paulinischer Theologie, 55 f.

10 Aufschlußreich für den damit nochmals angesprochenen Einwand Bornkamms ist seine Behauptung, daß der Ausdruck »Offenbarung« in diesem Kontext »einen anderen Sinn haben« müsse: Paulus, 44.

11 Dazu E. Käsemann, Der gottesdienstliche Schrei nach der Freiheit, in: Paulusstudien, Tübingen 1969, 224 f.

12 Dazu Dietzfelbinger, Die Berufung des Paulus, 60 ff.

13 Dazu außer meinen Ausführungen in ›Der Freund‹ (198–204) auch X. Tilliette, Der Kreuzesschrei, in: Evangelische Theologie 43 (1983), 3–15.

14 Dazu Käsemann, a. a. O., 219–236; ferner G. Theissen, Psychologische Aspekte paulinischer Theologie, Göttingen 1983, 336 ff.

15 Dazu Dietzfelbinger, a. a. O., 62 ff.

16 Dazu Lietzmann, An die Korinther I/II, 13.

17 Dazu R. Schnackenburg, Die Johannesbriefe, Freiburg 1953, 49 ff.

18 Bornkamm, Paulus, 170 f.

19 Lietzmann, a. a. O., 153.

20 Nach dem Zeugnis der Kirchenväter (Hippolyt, Irenäus) berufen sich auch die Gnostiker auf ihre Einsicht in die »Tiefen«. In polemischer Verzerrung zu den »Tiefen Satans« könnte darauf auch das (antipaulinische) Sendschreiben an die Gemeinde von Thyatira (Apk 2,24) anspielen.

21 Pascal, Pensées, Frgm. 793; dazu R. Guardini, Christliches Bewußtsein. Versuche über Pascal, Leipzig 1935, 38–44.

22 Irenäus, Adversus haereses IV,6,4; dazu E. Seiterich, Die Glaubwürdigkeitserkenntnis, Heidelberg 1948, 62 f.

23 Dazu A. Wikenhauser, Die Christusmystik des Apostels Paulus, 48–56.

24 Dazu R. Giesriegel, Die Sprengkraft des Geistes. Charismen und apostolischer Dienst des Paulus im 1. Korintherbrief, Thaur 1989, 68 ff.

25 Dazu O. Hofius, Paulusstudien, 114–120.

26 Dazu R. Schnackenburg, Das Johannesevangelium III, Freiburg 1975, 152 ff.

27 Zum Problem der Glossolalie G. Theissen, Psychologische Aspekte paulinischer Theologie, 169–340; ferner Giesriegel, a. a. O., 169–175.

414

28 Dazu Käsemann, Die Legitimität des Apostels, in: Das Paulusbild, 494f.; ferner Becker, Paulus, 120f.

VII. Die Botschaft

1 H. Lietzmann, Paulus, in: Das Paulusbild, 390ff.; G. Bornkamm, Paulus, 19–25.
2 Näheres dazu in meiner Untersuchung ›Religiöse Sprachbarrieren‹, München 1980, 9f.; 44ff.
3 Lietzmann, a.a.O., 391.
4 Nach A. Deissmann hat diese tendentiell den Tod des Verurteilten zur Folge: Licht vom Osten, 257; dazu auch Vögtle, Die Dynamik des Anfangs, 77f.
5 Dazu Bornkamm, Paulus, 167; ferner F. Mussner, Der Galaterbrief, 206f. Paulus bezeichnet hier seine Kreuzespredigt als einen mit Worten ausgefertigten Brief und rechtfertigt damit die Annahme, daß er das Kreuz als die am Ende der Lebensgeschichte Jesu stehende Todeschiffre versteht; Näheres dazu auf S. 212ff.
6 F. Nietzsche, Nachgelassene Fragmente (Sommer–Herbst 1882), Sämtliche Werke, Kritische Studienausgabe X, 89.
7 Dazu G. Theissen, Psychologische Aspekte paulinischer Theologie, 194–204; ferner R. Gebauer, Das Gebet bei Paulus, 131–135.
8 F. Nietzsche, Der Antichrist, § 40; Näheres dazu in meiner Schrift ›Gottsucher oder Antichrist?‹, 42–47.
9 Nietzsche, a.a.O., § 37.
10 F. Mussner, Der Galaterbrief, 362f.; wie weit davon auf das Existenzverständnis des Apostels zurückgeschlossen werden kann, ist eine offene, aber doch wohl zu bejahende Frage.
11 G. Bornkamm, Paulus, 168.
12 Auf die Schlüsselfunktion dieser Stelle verweist Käsemann, Die Legitimität des Apostels, 501; dazu auch Becker, Paulus, 188.
13 Platon, Phaidros, 247d. Mit Recht polemisiert Käsemann gegen die von Stolz vertretene Ansicht, daß aus dem »Hören« geschlossen werden könne, daß die Entrückung den Apostel nicht zur letzten Höhe geführt habe; vielmehr hat auch die jenseitige Schau für den »Dialogiker« Paulus den Charakter einer erfüllenden Verständigung mit dem sich mitteilenden Gott: Die Legitimität des Apostels, in: Das Paulusbild, 513f.
14 F. W. J. Schelling, Philosophie der Offenbarung, Stuttgart und Augsburg 1858, 32. Vorlesung.

15 Zum Folgenden J. KREMER, Das älteste Zeugnis von der Auferstehung Christi, Stuttgart 1970; ferner U. WILCKENS, Der Ursprung
der Überlieferung der Erscheinungen des Auferstandenen, in:
P. HOFFMANN (Hrsg.), Zur neutestamentlichen Überlieferung von
der Auferstehung Jesu, Darmstadt 1988, 139–193, und W. MARX-
SEN, Die Auferstehung Jesu von Nazareth, Gütersloh 1972.

16 Dazu KREMER, Das älteste Zeugnis, 18.

17 Im Unterschied zu der verbreiteten Tendenz, das in der Stelle
überlieferte »Urzeugnis« auf die Nennung des Kephas und der
Zwölf zurückzunehmen und den Rest als paulinische Ergänzung zu
werten, liegt hier der Akzent auf dem kompositorischen Gesamt-
aufbau des Textes.

18 Noch immer darf die von HARNACK vorgeschlagene Gleichsetzung
der Fünfhundert mit dem Pfingstbericht der Apostelgeschichte die
größte Wahrscheinlichkeit beanspruchen, sofern man das der Peri-
kope zugrundeliegende Datum nur gegen den Zwang der lukanischen Chronologie auf ein kollektives Ostererlebnis bezieht; dazu
KREMER, a. a. O., 72.

19 KESSLER, a. a. O., 152–157.

20 A. a. O., 116.

21 A. a. O., 110-115.

22 A. a. O., 152.

23 A. a. O., 151.

24 BUBER, Zwei Glaubensweisen, Zürich 1950, 100 f.

25 Dazu E. LOHMEYER, Kyrios Jesus. Eine Untersuchung zu
Phil 2,5–11, Darmstadt 1961.

26 BUBER, a. a. O., 101 (im Anschluß an JOHANNES WEISS).

27 Dazu BORNKAMM, Paulus, 48 f.; ferner MUSSNER, Der Galaterbrief, 92.

28 Mit dem Lichtmotiv der lukanischen Darstellung befaßt sich ein-
gehend V. STOLLE in seiner Studie: Der Zeuge als Angeklagter.
Untersuchungen zum Paulus-Bild des Lukas, Stuttgart 1973,
171–74.

29 HÖLDERLIN, Versöhnender, der du nimmergeglaubt.

30 Die Datierung spricht nur solange gegen eine Gleichsetzung mit
der Damaskusvision, als der Text nicht in seinem Charakter als
autobiographisches Fragment, das vermutlich gegen Ende der antiochenischen Zeit des Apostels entstand, erfaßt wird.

31 MARXSEN, Die Auferstehung Jesu als historisches und als theologisches Problem, Gütersloh 1964.

32 Zum Folgenden siehe meine Schrift ›Gottsucher oder Antichrist?
Nietzsches provokative Kritik des Christentums‹, 42 ff.; ferner

meinen Beitrag ›Der kritische Nachahmer Jesu‹, in: G.-KL. KAL-
TENBRUNNER (Hrsg.), Antichristliche Konservative, München
1982, 67–81.

33 NIETZSCHE, Der Antichrist, §§ 39 f.

34 NIETZSCHE, Nachgelassene Fragmente (November 1887 bis März
1888): Sämtliche Werke, Kritische Studienausgabe XII, München
1980, 161.

35 NIETZSCHE, Der Antichrist, § 41.

36 Zum Folgenden H. VON LIPS, Weisheitliche Traditionen im Neuen
Testament, Neukirchen-Vluyn 1990, 318–355; ferner THEISSEN,
Psychologische Aspekte, 341–389.

37 Dazu G. VON RAD, Weisheit in Israel, Neukirchen-Vluyn 1970,
229 ff.; ferner B. L. MACK, Logos und Sophia. Untersuchungen
zur Weisheitstheologie im hellenistischen Judentum, Göttingen
1973, 63–78.

38 SCHLIER, Kerygma und Sophia. Zur neutestamentlichen Grundle-
gung des Dogmas, in: Die Zeit der Kirche, Freiburg 1956;
WILCKENS, Kreuz und Weisheit, in: Kerygma und Dogma III
(1957), 77–108.

39 WILCKENS, a. a. O., 108.

40 BECKER, Paulus, 112; 299 ff.

41 Dazu H. KESSLER, Erlösung als Befreiung, Düsseldorf 1972.

42 WIKENHAUSER, Die Kirche als der mystische Leib Christi nach
dem Apostel Paulus, Münster 1937, 235 ff.; BULTMANN, Das Urchristentum im Rahmen der antiken Religionen, 212 f.

43 NIETZSCHE, Ecco homo. Warum ich so gute Bücher schreibe: Also
sprach Zarathustra, § 3; dazu TH. MANN, Nietzsches Philosophie
im Licht unserer Erfahrung, in: Neue Studien, Frankfurt 1948,
121 ff.

44 Zur Spannung zwischen den ausladenden Wundergeschichten
der Apostelgeschichte und dem Originalbericht des Paulus, der
»nur nebenbei und summarisch« auf die seine Predigt bekräftigenden Wunderzeichen zu sprechen kommt, siehe BECKER, a. a. O.,
135 f.

VIII. Die Verkündigung

1 DIETZFELBINGER, Die Berufung des Paulus, 33 ff.; 37 ff.; 70 f.

2 A. a. O., 39.

3 Dazu G. KAFKA und H. EIBL, Der Ausklang der antiken Philosophie und das Erwachen einer neuen Zeit, München 1928, 190.

4 Dazu Schelkle, Paulus, 160 f.; ferner Bultmann, Das Urchristentum im Rahmen der antiken Religionen, 90 f.

5 H. Heine, Zur Geschichte der Religion und Philosophie in Deutschland (von 1835); dazu meine Studie ›Gottsucher oder Antichrist? Nietzsches provokative Kritik des Christentums‹, 63 ff.; 130 f.

6 Dazu die Hinweise bei H. I. Marrou, Augustinus in Selbstzeugnissen und Bilddokumenten, Reinbek 1958; ferner im Descartes-Band von R. Specht derselben Reihe.

7 Becker, Paulus, 301 f.; dazu nochmals die Ausführungen auf Seite 201 ff.

8 Dazu H. von Lips, Weisheitliche Traditionen im Neuen Testament, 351 f.

9 Dazu W. Schmithals, Die theologische Anthropologie des Paulus, Stuttgart 1980, 73–81; ferner Dietzfelbinger, Die Berufung des Paulus, 87 ff. Aus der Wahl der falschen Fundstelle kann jedoch keinesfalls auf die Verkehrtheit der Fragestellung zurückgeschlossen werden; Näheres wurde dazu bei der Erörterung der paulinischen »Vorgeschichte« gesagt.

10 So Scheler in seiner Abhandlung ›Philosophische Weltanschauung‹ (von 1928), vor allem aber in seiner Schrift ›Die Stellung des Menschen im Kosmos‹ (von 1928), München 1947, 44.

11 Nietzsche, Also sprach Zarathustra IV: Der Notschrei; Das Zeichen.

12 Dazu meine Abhandlung ›Menschsein in Anfechtung und Widerspruch‹, Düsseldorf 1980, 39 ff.

13 Bernhart, Tragik im Weltlauf (von 1917), Weißenhorn 1990, 116.

14 Dazu Bornkamm, Paulus, 140 ff.

15 Näheres dazu bei W. Schmithals, Die theologische Anthropologie des Paulus, Stuttgart 1980, 34–75.

16 Dazu M. Heidegger, Platons Lehre von der Wahrheit. Mit einem Brief über den Humanismus, Pfullingen 1954, 104–115.

17 Dazu O. Hofius, »Gott hat unter uns aufgerichtet das Wort von der Versöhnung« (2 Kor 5,19), in: Paulusstudien, 15-32.

18 Hofius, a. a. O., 15 ff.

19 Hofius, Sühne und Versöhnung, in: Paulusstudien, 33–49.

20 H. Kessler, Die theologische Bedeutung des Todes Jesu, 326 f.

21 Hofius, Sühne und Versöhnung, 34 f.

22 A. a. O., 36.

23 Dazu R. Schnackenburg, Der Brief an die Epheser, Zürich, Einsiedeln, Köln und Neukirchen-Vluyn 1982, 187 ff.

24 Dazu Becker, Paulus, 91.

25 Dazu Bornkamm, Paulus, 249 ff.
26 K.-J. Kuschel, Geboren vor aller Zeit? Der Streit um Christi Ursprung, München 1990, 305–329; 354–358; 394 ff.
27 Dazu E. Jüngel, Paulus und Jesus. Eine Untersuchung zur Präzisierung der Frage nach dem Ursprung der Christologie, Tübingen 1964, 31. Zu der von Novalis übernommenen Wendung »Christus und Sophie« siehe mein Jesusbuch ›Der Freund‹, 33–36.
28 Kuschel, a. a. O., 358; dazu auch H. von Lips, Weisheitliche Traditionen, 336 ff., und Theissen, Psychologische Aspekte paulinischer Theologie, 352 ff.
29 Dazu von Lips, a. a. O., 299; ferner Becker, Paulus, 402 f.
30 Bornkamm, Paulus, 126 f. Bekanntlich hat lange vor Schweitzer schon W. Wrede bestritten, daß die Rechtfertigungslehre als der »Zentralpunkt bei Paulus« gelten könne: Paulus (1904), in: Das Paulusbild in der neueren deutschen Forschung, 67.
31 Wie S. 404, Anm. 28.
32 Becker, Paulus, 294–304.
33 Becker, a. a. O., 301.
34 Näheres dazu in meiner ›Glaubensprognose‹, 151–160.
35 G. Rohrmoser, Geistige Wende – warum, Mainz 1984, 67.
36 Becker, a. a. O., 376–394; ferner Kertelge, a. a. O., 111–147.
37 Dazu der Beitrag »Bach als Wiederentdecker der paulinischen Heilsbotschaft« in meinem Sammelband ›Glaubensimpulse‹, 324–336.
38 Dazu W. Schmithals, Die theologische Anthropologie des Paulus, 82–92.
39 Schmithals, a. a. O., 127; ebenso Käsemann, Der gottesdienstliche Schrei nach der Freiheit, in: Paulinische Perspektiven, 223 f.
40 Dazu A. Wikenhauser, Die Kirche als der mystische Leib Christi nach dem Apostel Paulus, Münster 1937, 85 ff.; 99 ff.
41 Dazu H. Merklein, Studien zu Jesus und Paulus, 319–344; zur Frage nach dem paulinischen Verständnis von Kirchengemeinschaft, Charisma und Amt: F. Hahn, Exegetische Beiträge zum ökumenischen Gespräch, Göttingen 1986, 142–153; 201–225.
42 A. Schweitzer, Die Mystik des Apostels Paulus, 117.
43 Nach Lietzmann, An die Korinther I/II, 62 f.; dazu Theissen, Psychologische Aspekte, 327 ff., und Käsemann, Paulinische Perspektiven, 178–210.
44 F. Hahn, a. a. O., 143 f.
45 A. Stolz, Theologie der Mystik, 48 ff.
46 Dazu Wikenhauser, Die Christusmystik des Apostels Paulus, 6–15; 19–25.

47 Dazu A. Vögtle, Offenbarungsgeschehen und Wirkungsgeschichte, 191–204.
48 Schelkle, Paulus, 223 ff.; Bornkamm, Paulus, 196 f.; dazu H. Schlier, Die Zeit der Kirche, Freiburg 1956, 47–56.
49 Dazu Hahn, Exegetische Beiträge, 303–314.
50 Augustin, Sermo 272, nach H. de Lubac, Katholizismus als Gemeinschaft, Einsiedeln und Köln 1943, 82.
51 Dazu R. Giesriegel, Die Sprengkraft des Geistes, 85–195; ferner Theissen, Psychologische Aspekte, 326 f.
52 Theissen konstatiert überhaupt im Fortgang der paulinischen Charismenlehre ein »Zurücktreten irrationaler Geistesgaben« (a. a. O., 326).
53 Dazu Bornkamm, Paulus, 226 ff.
54 Auf die Differenz gegenüber der Erstaussage verweisen Schelkle, Paulus, 252, und Becker, Paulus, 153.
55 Dazu Becker, a. a. O., 226; ferner Schmithals, Die Gnosis in Korinth, 228 ff.
56 Lietzmann, An die Korinther I/II, 118 ff.
57 Bornkamm, a. a. O., 230.
58 Dazu Schnackenburg, Der Brief an die Epheser, 57 ff.; zur Fortbildung der Stelle in Gestalt der irenäischen Rekapitulationstheorie siehe die Ausführungen meiner ›Glaubensprognose‹, 100–106.
59 J. Bernhart, De profundis (1935), Weißenhorn 1985, 192.

IX. Die Dokumentation

1 Chrysostomus, De sacerdotio IV, c. 7.
2 Chrysostomus, Kommentar zum Römerbrief, hom. 1, c. 1.
3 Bornkamm, Paulus, 21.
4 Nach G. Ebeling, Luther, 145.
5 W. Wrede, Paulus, in: Das Paulusbild in der neueren deutschen Forschung, 1; Lietzmann, Paulus, ebd., 390.
6 Wrede, a. a. O., 16.
7 Dazu nochmals die S. 82 mitgeteilte Stelle.
8 Lietzmann, a. a. O., 391.
9 Ebd.
10 Dazu nochmals die Einleitung zu seinem Römerbrief-Kommentar, oben Anm. 2.
11 Augustinus, De doctrina christiana IV, c. 11.
12 Bornkamm, Paulus, 24.
13 Bultmann, Der Stil der paulinischen Predigt und die kynisch-stoi-

sche Diatribe (von 1910); Deissmann, Das Urchristentum in den unteren Schichten (von 1908); nach N. Fuerst, Der Schriftsteller Paulus, Darmstadt 1989, 70f.

14 A. Schweitzer, Geschichte der paulinischen Forschung (von 1911), nach Fuerst, a.a.O., 12.

15 Kuss, Paulus, 84.

16 Fuerst, a.a.O., 127.

17 W. Kayser, Das sprachliche Kunstwerk, Bern und München 1963, 244; 272.

18 Nach Fuerst, Der Schriftsteller Paulus, 121.

19 Dazu W. Iser, Der Lesevorgang, in: R. Warning (Hrsg.), Rezeptionsästhetik, 252.

20 Dazu nochmals der Schluß des Eingangskapitels (S. 36f.).

21 Blumenberg, Die Lesbarkeit der Welt, Frankfurrt 1986, 22ff.

22 Dazu Ph. Vielhauer, Geschichte der urchristlichen Literatur, 515; 684f.

23 F. Overbeck, Über die Anfänge der patristischen Literatur (von 1882), Basel o. J., 19; dazu aber auch die Kritik von E. Norden, AGNOSTOS THEOS: Untersuchungen zur Formengeschichte religiöser Reden (von 1930), Darmstadt 1976, 306f.

24 Deissmann, Licht vom Osten. Das Neue Testament und die neuentdeckten Texte der hellenistisch-römischen Welt, Tübingen 1923, 194ff.

25 Wesentliche Beiträge leisten dazu M. Dibelius, Geschichte der urchristlichen Literatur II, Berlin und Leipzig 1926, 9–32; P. Wendland, Die urchristlichen Literaturformen, Tübingen 1912, 317–321, und O. Roller, Das Formular der paulinischen Briefe, Stuttgart 1933, 20f.

26 E. Lohmeyer, Die Briefe an die Kolosser und an Philemon, Göttingen 1954, 174.

27 Rigaux, Paulus und seine Briefe. Der Stand der Forschung, München 1964, 170.

28 Ebd.

29 W. Haug, Schriftlichkeit und Reflexion, in: A. J. Assmann und Chr. Hardmeier (Hrsg.), Schrift und Gedächtnis. Archäologie der literarischen Kommunikation, München 1983, 141–157.

30 Dazu meine Akademieabhandlung ›Die Bibel als Medium. Zur medienkritischen Schlüsselposition der Theologie‹, Heidelberg 1990.

31 Näheres dazu im Schlußkapitel (S. 393–398).

32 Becker, Paulus, 63.

33 Platon, Phaidros (274c–e); dazu J. Goody und I. Watt, Konse-

quenzen der Literalität, in: Literalität in traditionalen Gesellschaften, hrsg. von J. Goody, Frankfurt 1981, 77–81.

34 Cl. Lévi-Strauss, Strukturale Anthropologie, Frankfurt 1967, 74; dazu G. Schiwy, Der französische Strukturalismus, Reinbek 1969, 46f.; daß schon Rousseau zu derartigen Vorstellungen vorstieß, zeigt J. Derrida am Schluß seiner ›Grammatologie‹, Frankfurt 1983, 451–458.

35 Käsemann, Geist und Buchstabe, in: Paulinische Perspektiven, Tübingen 1969, 237–285; dazu der von G. Ebeling zum gleichen Thema verfaßte Artikel in: Religion in Geschichte und Gegenwart II, Tübingen 1959, 1290–1296; ferner die thematischen Beiträge von E. Kamlah und E. Schweizer, in: Evangelische Theologie 14 (1954), 276–282; 15 (1955), 563–571 sowie das Kapitel »Gramma und Pneuma«, in Balthasars Theodramatik II/1: Der Mensch in Gott, Einsiedeln 1969, 336–362.

36 O. Michel, Der Brief an die Römer, Göttingen 1963, 85–93.

37 Bornkamm, Paulus, 20.

38 Rosenzweig, Das Büchlein vom gesunden und kranken Menschenverstand, 89; dazu die Ausführungen meiner Studie ›Theologie als Therapie‹, Heidelberg 1985, 41–47.

39 Dazu Ph. Vielhauer, Geschichte der urchristlichen Literatur, 68ff.; ferner N. Fuerst, Der Schriftsteller Paulus, 65f.

40 In den Evangelien geschieht das dann auf geradezu paradigmatische Weise in der lukanischen Emmausperikope (24,13–35), die das von der Urgemeinde praktizierte Verfahren durch die Rückspiegelung auf den Auferstandenen zu autorisieren sucht.

41 Dazu H. Merklein, Studien zu Jesus und Paulus, 76–84; ferner Hofius, Paulusstudien, 75–120.

42 Dazu nochmals der von Ebeling verfaßte Durchblick (Anm. 35).

43 F. D. E. Schleiermacher, Über die Religion. Reden an die Gebildeten unter ihren Verächtern, Leipzig 1911, 77.

X. Kritik und Mystik

1 E. Jüngel, »Meine Theologie« – kurz gefaßt, in: J. B. Bauer (Hrsg.), Entwürfe der Theologie, Graz 1985, 179.

2 Nietzsche, Nachgelassene Fragmente (von 1888), in: Sämtliche Werke, Kritische Studienausgabe XIII, 622.

3 So K. Jaspers, Nietzsche und das Christentum, München 1963.

4 E. Käsemann, Geist und Buchstabe, in: Paulinische Pespektiven, Tübingen 1972, 245f.

5 Dazu Bornkamm, Paulus, 131 ff.; Ders., Sünde, Gesetz und Tod, in: Das Ende des Gesetzes, München 1963, 51–69.

6 So in stringenter Beweisführung O. Hofius, Das Gesetz des Mose und das Gesetz Christi, in: Paulusstudien, 50–74.

7 Dazu Theissens Deutung der »Hülle des Mose«, in: Psychologische Aspekte paulinischer Theologie, 121–161.

8 O. Hofius, a. a. O., 52; W. Wrede, Paulus, in: Das Paulusbild in der neueren deutschen Forschung, 67–74; ferner K. Kertelge, Grundthemen paulinischer Theologie, 111–122.

9 Wrede, a. a. O., 70.

10 A. a. O., 71.

11 Dazu K. Löwith, Mensch und Welt in der Metaphysik von Descartes bis zu Nietzsche, Göttingen 1967, 9–23.

12 Dazu Bultmanns Ausführungen über den »Begriff kosmos« in seiner Theologie des Neuen Testaments, 249–255.

23 Dazu auch die Hinweise in Bultmanns Darstellung ›Das Urchristentum im Rahmen der antiken Religionen‹, 210 ff.; 215 f.

14 Dazu Löwith, Sämtliche Schriften II: Weltgeschichte und Heilsgeschehen, Stuttgart 1983, 127–137.

15 Dazu Bultmann, Das Urchristentum im Rahmen der antiken Religionen, 164 ff.

16 Dazu Theissen, Psychologische Aspekte, 374–381.

17 Nach Th. W. Adorno, Valérys Abweichungen, in: Noten zur Literatur II, Frankfurt 1963, 77.

18 Dazu Lietzmann, An die Korinther I/II, 130 f.

19 Beker, Der Sieg Gottes. Eine Untersuchung der Struktur des paulinischen Denkens, Stuttgart 1988, 24–40.

20 So Lietzmann, An die Korinther I/II, 153. In einer »Mischung von Keuschheit und Ironie« spreche der Apostel, urteilt Ben-Chorin: Paulus, 122.

21 Dazu F. Mussner, Der Galaterbrief, 182 f.

22 Dazu R. Gebauer, Das Gebet bei Paulus, 114–123.

23 Schweitzer, Die Mystik des Apostels Paulus, 376.

24 Auch hierin berührt sich Paulus mit Beethoven, der es als die Absicht seiner Missa solemnis bezeichnete, »sowohl bei den Singenden als Zuhörenden religiöse Gefühle zu erwecken und dauernd zu machen«; nach A. Schmitz, Beethoven, Bonn 1927, 140.

25 Schweitzer, a. a. O., 122 f.; Wikenhauser, Die Christusmystik des Apostels Paulus, 37.

26 Schweitzer, a. a. O., 123.

27 Wikenhauser, a. a. O., 37 f.

28 Wikenhauser, a. a. O., 28; 32.

29 NIETZSCHE, Nachgelassene Fragmente (Herbst 1881), in: Sämtliche Werke, Kritische Studienausgabe IX, 582.
30 SCHWEITZER, a. a. O., 127; ferner BORNKAMM, Paulus, 179.
31 WIKENHAUSER, a. a. O., 44.
32 Näheres dazu in meiner ›Glaubensprognose‹, 265–275.
33 BECKER, Paulus, 120f.
34 ANGELUS SILESIUS, Der Cherubinische Wandersmann IV, 31.
35 BUBER, Zwei Glaubensweisen, Zürich 1950, 138f.
36 BUBER, Begegnung. Autobiographische Fragmente: Eine Bekehrung, Heidelberg 1986, 58–61; dazu die Ausführungen meiner Schrift ›Buber für Christen‹, Freiburg 1988, 14f.; 46–60.
37 Nach H. DE LUBAC, Katholizismus als Gemeinschaft, 72.
38 K. HARTMANN, Vor Damaskus ein Licht, 37.
39 R. GEBAUER, Das Gebet bei Paulus, 5–112.
40 GEBAUER, a. a. O., 206ff.
41 A. a. O., 206.
42 Dazu mein Beitrag über Bach als Wiederentdecker der paulinischen Heilsbotschaft, in: ›Glaubensimpulse‹, 324–336.
43 BUBER, Gottesfinsternis. Betrachtungen zur Beziehung von Religion und Philosophie, Zürich 1953, 149.
44 Dazu die freilich in zweifacher Hinsicht – bezüglich des Zusammenhangs mit der Damaskusvision und ihres Zeugniswertes für die Gebetsweise des Apostels – abschwächenden Ausführungen von GEBAUER, a. a. O., 114–123.
46 Dazu W. SCHMITHALS, Die theologische Anthropologie des Paulus, 152ff.; ferner E. KÄSEMANN, Der gottesdienstliche Schrei nach der Freiheit, in: Paulinische Perspektiven, 219–236, und THEISSEN, Psychologische Aspekte, 314ff.; 336ff.
47 In der Frage des vom Geist ausgesagten Eingehens auf die menschliche Gebetsnot sah SCHLATTER zweifellos richtiger als sein Kritiker KÄSEMANN, a. a. O., 227.
48 GEBAUER, a. a. O., 224.
49 Literaturhinweise bei GEBAUER, a. a. O., 351.
50 Dazu SCHMITHALS, a. a. O., 125-132.
51 GEBAUER, a. a. O., 145.

XI. Der Vordenker

1 Die von BÜCHMANN veranstaltete Sammlung ›Geflügelte Worte‹ entnimmt den Paulusbriefen mehr als fünfzig derartige Wendungen (Ausgabe ELSTER, Stuttgart 1977, 69–75).

2 K. L. Schmidt, Paulus und die antike Welt, in: Das Paulusbild in der neueren deutschen Forschung, 217.

3 Näheres zu diesem Begriff in meiner ›Glaubensprognose‹, 265–283.

4 M. Weber, Wissenschaft als Beruf (von 1919), in: Gesammelte Schriften zur Wissenschaftslehre, Tübingen 1973, 605; dazu meine ›Glaubensprognose‹, 341.

5 Kuss, Paulus, 282–305.

6 Dassmann, Der Stachel im Fleisch, 193.

7 Nach Kuss, Paulus, 304.

8 Guardini, Das Bild von Jesus dem Christus im Neuen Testament, Freiburg 1981, 43.

9 Kuss, a. a. O., 302.

10 Näheres dazu in meinem Jesusbuch ›Der Freund‹, 190–195.

11 Wie S. 403, Anm. 4.

12 Dassmann, Der Stachel im Fleich, 222–260.

13 Nach Dassmann, a. a. O., 236 ff.

14 Dazu Kuss, nach dem es beinahe so aussieht, als solle das anfängliche Lob »im Grunde nur die Warnung einleiten«: Paulus, 232; ferner Vögtle, Offenbarungsgeschehen und Wirkungsgeschichte, 280–294.

15 Kuss, a. a. O., 302 f.

16 Dazu K. Jaspers, Descartes und die Philosophie, Berlin 1956, 13.

17 Augustinus, De libero arbitrio II, c. 3; De Trinitate X, c. 10; De Civitate Dei XI, c. 26.

18 G. Becker, Theologie in der Gegenwart. Tendenzen und Perspektiven, Regensburg 1978, 108 ff.

19 H. Fischer, Systematische Theologie, in: G. Strecker (Hrsg.), Theologie im 20. Jahrhundert, Tübingen 1983, 355 ff.

20 Gotthold Ephraim Lessing, Werke in drei Bänden (Ausgabe Göpfert) III, München 1982, 349–354; 768 f.; dazu H. Thielicke, Offenbarung, Vernunft und Existenz, Studien zur Religionsphilosophie Lessings, Gütersloh 1957, 141–156.

21 H. Heine, Zur Geschichte der Religion und Philosophie in Deutschland (von 1835), in: Sämtliche Werke (Ausgabe Kaufmann) IX, München 1964, 235 f.

22 Dazu R. Gögler, Zur Theologie des biblischen Wortes bei Origenes, Düsseldorf 1963, 230–281.

23 Augustinus, De doctrina christiana II, c. 40.

24 Dazu G. Ruhbach und J. Sudbrack, Christliche Mystik, München 1989, 135 ff.

25 Nach G. Ebeling, Luther, 261 ff.

26 A. Grillmeier, Der Logos am Kreuz. Zur christologischen Symbolik der älteren Kreuzigungsdarstellung, München 1956; ferner Kierkegaard, Philosophische Brocken, Kap. II (Der Gott als Lehrer und Erlöser); Ders., Einübung im Christentum, Nr. II, § 2 (Das Inkognito) und § 4 (Geheimnis der Leiden Christi).

27 H. Jonas, Der Gottesbegriff nach Auschwitz. Eine jüdische Stimme, Frankfurt 1984. Die Rückfrage wurde bereits durch J. Bernhart in seinem ›De profundis‹ gestellt, muß aber jetzt im Blick auf die von Jonas behauptete Dekomposition der göttlichen Attribute ungleich entschiedener erörtert werden; dazu die Ausführungen meines Jesusbuches ›Der Freund‹, 198–204; ferner mein Beitrag ›Der ferne und der nahe Gott‹, in: Stimmen der Zeit 209 (1991), 403–410.

28 Dazu J. Ernst, Anfänge der Christologie, Stuttgart 1972, 60; ferner Dietzfelbinger, Die Berufung des Apostels Paulus als Ursprung seiner Theologie, 66.

29 Dazu Buber, Zwei Glaubensweisen, 98f.

30 Nach H. Rahner, Die Gottesgeburt, in: Zeitschrift für katholische Theologie 59 (1935), 376.

31 Dazu K. Flasch, Augustin. Einführung in sein Denken, Stuttgart 1980, 191–212.

32 Dazu außer den Hinweisen auf S. 258f. die Ausführungen meiner ›Glaubensprognose‹, 153f.

33 Die Korintherstelle ist dabei freilich von einem vergleichsweise geringeren Gewicht, da hier der Gedanke von der durch Adam verursachten Todesverfallenheit aller offensichtlich durch das Stichwort »Auferstehung der Toten« eingegeben ist.

34 Dazu Schelkle, der den Satz mit der Umschreibung erläutert, daß die Sünde ihrem Knecht den Sold in Gestalt des Todes auszahlt (Paulus, 204ff.).

35 Bornkamm, Paulus, 170.

36 G. W. F. Hegel, Die Vernunft in der Geschichte, Hamburg 1955, 63.

37 Dazu nochmals die auf S. 146 angeführte Augustinus-Stelle; ferner Hegel, a. a. O., 181.

38 Guardini, Das Christusbild der paulinischen und johanneischen Schriften, Mainz und Paderborn 1987, 94f.

XII. Die Anfragen

1 GUARDINI, Die Existenz des Christen, Paderborn 1976, 409.

2 BUBER, Zwei Glaubensweisen, Zürich 1950, 17; 33–38; 98 ff.; dazu die Ausführungen meiner Untersuchung ›Die glaubensgeschichtliche Wende. Eine theologische Positionsbestimmung‹, 185–193.

3 Näheres dazu in meiner ›Glaubensprognose‹, 203–227.

4 Dazu O. HOFIUS, Paulusstudien, 176.

5 Dazu BORNKAMM, Paulus, 133 ff.

6 Dazu die Ausführungen meines Jesusbuchs ›Der Freund‹, 44 f.

7 Dazu H. THIELICKE, Offenbarung, Vernunft und Existenz. Studien zur Religionsphilosophie Lessings, Gütersloh 1957, 114–120.

8 Dazu die Hinweise meiner Studie ›Glaubensverständnis. Grundriß einer hermeneutischen Fundamentaltheologie‹, Freiburg 1975, 28 ff.

9 KIERKEGAARD vertritt somit den kühnen Gedanken, daß die Differenz von historischer und unbedingter Gewißheit durch das »geheime Leiden«, das der allbekannten Passion Jesu zugrundeliegt, gegenstandslos wird.

10 Näheres dazu in meiner ›Glaubensprognose‹, 812; 410 f.; ferner die von BÖHME und J. SUDBRACK herausgegebene Schrift ›Der Christ von morgen – ein Mystiker‹? Grundformen mystischer Existenz, Würzburg und Stuttgart 1989.

11 GUARDINI, Von dem lebendigen Gott. Geistliches Wort, Mainz 1930, 90.

12 LE FORT, Die Letzte am Schafott, München 1930, 16 f.; 23; 130; dazu meine Studie ›Überredung zur Liebe. Die dichterische Daseinsdeutung Gertrud von le Forts‹, Regensburg 1980, 119–125.

13 LE FORT, Die Frau und die Technik, in: Autobiographische Skizzen II, Zürich 1959, 39.

14 E. KÄSEMANN, Der gottesdienstliche Schrei nach der Freiheit, in: Paulinische Perspektiven, 210–236.

15 Näheres dazu in meiner Schrift ›Interpretation und Veränderung‹, Paderborn 1979, 17; 123 f. Um der Problematik dieses Programmwortes auf die Spur zu kommen, muß man es im Zusammenhang mit GUARDINIS Postulat sehen, daß es »auch das unmittelbare Verhältnis zur Kirche in der Fülle ihres Wesens« geben müsse, von dem her es dann möglich werde, »in Zuversicht, wie Paulus sagt, voranzugehen« (Berichte über mein Leben. Autobiographische Aufzeichnungen, Düsseldorf 1984, 118); dazu H. MERCKER, Christliche Weltanschauung als Problem. Untersuchungen zur

Grundstruktur im Werk Romano Guardinis, Paderborn 1988, 14–30.

16 Dazu mein auf M. McLuhan (Die magischen Kanäle, Frankfurt und Hamburg 1970), W. Wimmel (Die Kultur holt uns ein, Würzburg 1981), H. von Hentig (Das allmähliche Verschwinden der Wirklichkeit, München und Wien 1984) und N. Postman (Wir amüsieren uns zu Tode, Frankfurt 1985) gestützter Beitrag ›Der Mensch im Medienzeitalter‹, in: Theologisch-praktische Quartalschrift 138 (1990), 313–329.

17 Dazu nochmals meine in Anm. 30 zum 9. Kap. angegebene Akademieabhandlung ›Die Bibel als Medium‹.

Nachwort

1 R. Kunze, Das weiße Gedicht, Frankfurt 1989.
2 A. Schweitzer, Die Mystik des Apostels Paulus, 385.

Personenregister

Adorno, Th. W. 423
Allo, E. B. 157
Anders, G. 243
Angelus Silesius 334, 424
Anselm von Canterbury 201, 240, 363
Athanasius 358
Augustin 30, 36, 45, 57, 72, 85, 168, 201, 209, 223, 240, 247, 259, 262, 269, 281 f., 287, 325, 348, 352, 355 f., 362 ff., 368, 372, 405, 410, 420, 425

Bach, J. S. 259 f., 338, 387
Bacon, F. 348
Balthasar, H. U. von 356, 411, 422
Baltzer, Kl. 121, 409, 412
Barth, K. 20, 356, 359
Becker, G. 356, 425
Becker, J. 32, 53 f., 89 ff., 111, 114, 117–128, 137, 157, 179–182, 240, 257, 259, 272, 296, 403–409, 411 ff., 417–421
Beethoven, L. van 21, 51, 281, 410, 423
Beker, J. Chr. 323, 423
Ben-Chorin, Sch. 31, 33, 122, 403 f., 409, 413
Benz, E. 413
Bernanos, G. 404

Bernhart, J. 82, 243, 276, 407, 418, 420, 426
Blumenberg, H. 74, 249, 289, 406, 421
Bormann, Cl. von 410
Bornkamm, G. 21, 29, 31, 33, 45, 61, 90, 104, 117, 131 f., 147, 184, 204, 213, 230, 256 f., 268, 274, 278, 282, 288, 303, 352, 367 f., 403–407, 409 f., 413–416, 418, 422, 427, 429
Bousset, W. 409
Bradford, E. 403
Buber, M. 19, 31, 93, 103, 153, 219 f., 335 f., 339, 378 f., 389, 404, 408, 416, 424, 426
Buddha 130
Büchmann, G. 424
Buffon, G. L. 288
Bultmann, R. 22 f., 105, 283, 319, 397, 403 ff., 408, 417, 420 f., 423

Campenhausen, H. von 411
Chrysostomus 277, 282, 284, 420
Claudianus Mamertus 93, 336
Clemens Romanus 21

Dassmann, E. 29, 351, 403, 407 f., 421, 425
Deissmann, A. 293, 415, 421
Derrida, J. 422

429